흰돌산기도원 설립자
서인애 원장의 자서전

주의 일은
주님이
하십니다

— 서인애 지음 —

쿰란출판사

주의 일은 주님이 하십니다
흰돌산기도원 설립자 서인애 원장의 자서전

1판 1쇄 인쇄 _ 2025년 3월 29일
1판 1쇄 발행 _ 2025년 4월 10일

지은이 _ 서인애
펴낸이 _ 이형규
펴낸곳 _ 쿰란출판사

주소 _ 서울특별시 종로구 이화장길 6
편집부 _ 745-1007, 745-1301~2, 743-1300
영업부 _ 747-1004, FAX 745-8490
본사평생전화번호 _ 0502-756-1004
홈페이지 _ http://www.qumran.co.kr
E-mail _ qrbooks@daum.net / qrbooks@gmail.com
한글인터넷주소 _ 쿰란, 쿰란출판사
페이스북 _ www.facebook.com/qumranpeople
인스타그램 _ www.instagram.com/qrbooks
등록 _ 제1-670호(1988.2.27)
책임교열 _ 이주련·김준표

ⓒ 서인애 2025   ISBN 979-11-94464-49-5 03230

책값은 뒤표지에 있습니다.
이 출판물은 저작권법에 의해 보호를 받는 저작물이므로 무단 복제할 수 없습니다.
파본(破本)은 구입처에서 교환해 드립니다.

주의 일은 주님이 하십니다

흰돌산기도원 설립자
서인애 원장의 자서전

추천의 글 1

제가 서인애 원장님을 처음 뵈온 것은 나의 믿음의 어머니이신 엄묘선 권사님께서 삼각산 구국 기도원을 운영하시던 1970년경, 그러니까 반백 년이 넘는 55년 전입니다. 당시 서인애 원장님은 개신교 수도원 수도사님으로서 삼각산 구국 기도원 원장이신 엄묘선 권사님의 초청을 받아서 수시로 삼각산기도원에 오셔서 말씀을 전해 주셨습니다.

그가 전하는 말씀은 수도자로서의 깊은 영성에서 나오는 오염되지 않은 맑은 생명수와도 같은 은혜롭고 지혜로운 귀한 생명의 말씀이었습니다.

인간적으로는 연약한 여성의 몸이지만 일생을 주님과 천국 복음과 나라와 민족을 위하여 결혼도 포기하고 독신 서원을 지키며 복음을 전하는 서인애 수도사님의 신앙심과 애국심은 마치 구약에 등장하는 여사사 드보라와 같습니다. 또 동족 구원을 위하여 죽으면 죽으리라는 각오로 동족을 구해낸 에스더와 같으며, 우리나라의 애국자요 산 순교자이신 안이숙 여사를 방불케 합니다.

서인애 수도사님은 수도를 마치고 수원에 흰돌산기도원을 개원하시고 제1차 성전과 제3차 대성전을 건축하실 때 성전 건축 기공 예배를 집례하도록 저를 초청해 주셨습니다.

그리고 해마다 흰돌산기도원에서 개최하는 대성회 때 저를 부흥 강사로 초청해 주셔서 은혜를 나누도록 배려해 주셨습니다. 저는 이렇듯 서인애 원장님 및 흰돌산기도원과는 복음 전파의 동역자로서 50년 이상의 오랜 친분과 교류가 있는 동지이며 산 증인입니다.

그런데 만시지탄 늦은 감이 없지 않으나 서인애 원장님께서 자신의 여든넷 평생 삶과 23년 기도원 사역, 26년 미주 지역 선교 사역 동안 자신과 함께하신 하나님의 은혜를 진솔하게 간증하고 회고하는 자서전을 출판하시게 되었습니다.

이를 기쁘게 생각하며 옛날 흰돌산기도원과 서인애 원장님을 통하여 은혜와 영성훈련을 받은 동역자들과 성도님들께 예전에 받은 은혜를 되새김질하고 새롭게 영적으로 재무장하는 계기가 되기를 바라며 이 책을 추천해 드립니다.

대한예수교장로회 합동 제92회 총회장
김용실 목사

추천의 글 2

제가 흰돌산기도원 서인애 원장님과 복음 전파의 동역자로 영적인 교제를 나눈 지는 반백 년이 넘습니다. 저보다 먼저 서산에서 염전을 운영하셨던 선친 안상각 장로님께서는 생전에 흰돌산기도원과 서인애 원장님을 사랑하셔서 종종 기도원을 출입하시면서 은혜를 받으셨습니다.

그리고 해마다 흰돌산기도원에 자신이 직접 생산하신 천일염 소금을 봉헌하심으로 기도원을 출입하던 수많은 성도를 섬기는 일을 하셨습니다. 까닭에 안 장로님의 아들이며 목사인 저 역시도 대를 이어서 수원 흰돌산기도원과 서인애 원장님과는 동역자로서의 친분을 나누며 교류해 왔습니다.

그뿐 아니라 제가 섬겼던 수원 명성교회와 흰돌산기도원의 거리가 매우 가까워 우리 명성교회 성도들은 흰돌산기도원을 마치 우리 교회 기도원처럼 여기며 기도원 집회 때마다 봉사하며 헌신적으로 섬겼습니다.

그러나 아쉽게도 대성전 건축 공사를 진행하던 도중 금융실명제를 맞이하면서 상당량의 빚을 진 가운데 어렵사리 건축을 완공하였습니다만, 엄청난 빚을 청산하기 위한 고육지책으로 그동안 흰돌산기도원을 빌려서 목회자 사모 세미나를 진행했던 연세중앙교회 윤석전 목사에게 양도하기에 이르렀습니다.

그러나 그 이후 서인애 원장님은 사역지를 미국으로 옮겨 캘리포니아주 로스앤젤레스에 흰돌교회를 설립하시고 아울러 비영리 선교 단체인 흰돌선교회를 조직하여 미국 연방정부와 캘리포니아주 정부에 정식으로 등록하였습니다.

그리고 문화적 또는 언어적으로 인종차별을 받으며 방황하고 있는 한인 1.5세 청소년들을 구원하고 복음화하는 청소년 사역을 활발하게 하셨습니다. 현재 84세의 노구임에도 나이는 숫자에 불과하다는 말과 같이 가나안 땅 정복 시 갈렙과도 같은 건강을 유지하시면서 청소년 선교 사역을 해나가고 계십니다.

수십 년 전 흰돌산기도원과 서인애 원장님으로부터 많은 은혜를 받은 동역자들과 성도들은 서인애 원장님의 이후 사역과 소식을 궁금해하고 있었습니다. 그런데 금번에 84년의 삶을 살아오시면서 하나님과 함께한 개신교 수도원 수도 생활과 흰돌산기도원 사역, 미주 지역 선교 사역을 회상하면서 매우 진솔한 은혜로운 간증과 회고록을 겸한 자서전인 《주의 일은 주님이 하십니다》를 출판하시게 되었습니다.

이에 과거에 흰돌산기도원과 서인애 원장님을 통하여 은혜를 받고 사역하셨던 수많은 동역자와 성도님들께 기쁜 마음으로 추천해 드립니다.

대한예수교장로회 합동 제98회 총회장
안명환 목사

추천의 글 3

　30년 전쯤일 것입니다. 제가 워싱턴 버지니아에서 목회할 때 안나산기도원에 서인애 목사님이 오셔서 집회를 인도하셨습니다. 저는 그때 목회를 하면서 필요할 때마다 기도원 일을 도와주고 있을 때였습니다.
　흰돌산기도원을 이끌고 계신 서인애 원장, 말로만 들었던 그 유명한 분이 과연 어떤 분일까, 어떻게 말씀을 전하실까 너무 궁금했습니다. 그런데 첫날부터 충격이었습니다. 말씀을 이렇게 맛깔스럽게, 찬양을 섞어가면서 그리고 쉽고도 재미있게 전할 수 있다니…. 30년 넘게 목회한 저에게는 충격이었고 도전이었습니다.
　그 후 우리 부부는 종종 그때를 떠올리며 서 목사님의 근황이 궁금했습니다. 그런데 한국에서 설립하고 20여 년간 운영하시던 흰돌산기도원을 연세중앙교회 윤석전 목사님께 양도해 주시고 LA에 와서 사신다는 소식을 듣게 되었습니다.
　저도 목회 사역에서 은퇴하고 LA에 와서 신학교를 운영하면서 살게 되었는데, 몇 년이 흘렀는데도 뵙지 못하다가 집사람의 신학교 동창회 모임에서 드디어 서 목사님을 만나 뵙게 되었습니다. 너무 반가워서 눈물이 날 정도였습니다. 그 이후 계속 목사님과 교제하며 옆에서 살고 있습니다. 이제 연세가 드셔서 오래전 그때 그 모습과 비교가 되기도 합니다.

어느 날 저에게 그동안 틈틈이 써놓으신 원고를 주시며 "출판하고 싶은데 한번 읽어봐 주세요" 하셨습니다. 그것을 집에 가져와서 몇 날 며칠을 읽었습니다. 그 속에는 그동안의 목사님의 삶과 사역의 현장이 진솔하게 고스란히 담겨 있었습니다. 그런데 특이하게도 이것은 간증집이 아니었습니다. 삶의 순간순간을 설교로 엮은 것이었습니다.

정말 특이한 관점으로 인생의 삶을 보고 있는 한 구도자의 설교집이요 철학서라고 할 수 있을 것 같았습니다. 그래서 출판을 도와주기로 해서 여러 방면으로 알아보고 있었는데 드디어 이번에 출판하게 되었다는 반가운 소식을 듣게 되었습니다.

황송하게도 저에게 추천서를 써달라고 하여 감히 붓을 들었습니다. 저는 출판을 기뻐하며 이 책을 적극적으로 추천합니다. 독자 여러분은 이 책을 드는 순간부터 손에서 책을 놓지 못할 것이고, 이 책이 주는 감동과 은혜에 취할 것입니다.

하나님의 은혜와 평강이 독자 여러분과 함께하시길 빕니다. 샬롬!

ERTS LA 분교 학장, Ph.D., 시인
송인 목사

추천의 글 4

"사랑이 뚝뚝뚝! 말씀이 뚝뚝뚝! 은혜가 뚝뚝뚝! 진리가 뚝뚝뚝!" 이 제목의 설교 말씀은 제가 20세 청년 시절 하나님의 부름을 받고 신학에 입문하여 기드온신학교 재학 중 당시 용문산기도원 산상 심령대부흥 성회에서 서인애 수도생님으로부터 들은 간증 설교였습니다.

55년이 지난 지금까지도 잊지 않고 생생하게 기억하고 있는 은혜로운 말씀입니다. 한국 교회에 수많은 기도원 원장님들이 계시고 수많은 부흥 강사님들이 계시지만, 저는 아직도 서인애 원장님만큼 은혜롭게 말씀을 전하는 설교자를 만나 본 일이 없습니다.

초기 기독교 성도들은 교부 크리소스톰을 향하여 '황금의 입'이라고 칭송하였습니다. 마찬가지로 저는 감히 서인애 원장님이야말로 이 시대에 우리나라와 세계 교회의 성도들의 영성을 깨우치기 위하여 하나님께서 한국 교회와 세계 교회에 보내 주신 '황금의 입'이라고 부르기를 주저하지 않습니다.

그의 입을 통하여 선포되는 은혜롭고 귀한 생명의 말씀을 듣기 위하여 1975년부터 1998년까지 23여 년 동안 서울을 비롯한 수도권 일대에서 신앙생활하시던 수많은 주의 종들과 성도들이 수원 근교 흰돌산기도원으로 몰려와 인산인해를 이루었습니다.

그런데 그러한 은혜롭고도 귀한 말씀을 이제 한국에서는 더는 듣지 못하게 되어 안타깝습니다. 이는 저 혼자만의 생각이나 착각이 아닐 것입니다. 흰돌산기도원에서 은혜 받으신 많은 주의 종들과 성도들은 대부분 공감하실 것입니다.

서인애 원장님의 진솔한 신앙과 삶의 간증이자 과거와 현재를 돌아보는 회고록인 이 자서전 출판을 통하여 이러한 영적인 공허함이 조금이나마 해소되기를 희망합니다.

그동안 흰돌산기도원과 서인애 원장님을 사랑해 주시고 후원 협력해 주셨던 목사님들과 성도님들께서는 서인애 원장님이 26년 전 흰돌산기도원을 연세중앙교회와 윤석전 목사님께 양도하시고 현재는 어디에서 무엇을 하며, 어떻게 지내며, 어떤 사역을 하고 있을까 매우 궁금해하셨을 것입니다.

서인애 원장님은 그러한 의문을 가지고 계시는 분들에 대한 이해와 궁금증 해소와 선교 사역 보고 및 문서 전도용으로 진술한 간증과 회고록을 겸한 자서전을 이번에 출판하시게 되었습니다.

그러므로 이 자서전을 통하여 그동안의 모든 궁금증을 해소하고 앞으로도 서 원장님께서 미국에서 전개하고 계시는 한인 1.5세 청소년 선교 사역에 동참하여 계속적으로 후원해 주시고 기도해 주시길 부탁드립니다.

　끝으로 지난 55년 동안 가까운 거리에서 서인애 원장님의 사역을 지켜본 산 증인이자 목사이며, 제부인 저의 소망은 서 원장님의 이 자서전 출판을 계기로 특히 과거에 흰돌산기도원에서 서인애 원장님을 통하여 은혜를 받으셨던 분들이 그 은혜를 되새김질하고 재충전하시는 것입니다. 그러한 간절한 마음으로 이 책을 적극 추천합니다.

총신대학교 신학대학원 제28대 총동창회 회장
총회장상 밀알상 및 자랑스러운 동문상 수상자
박광재 목사

책머리에

　10년이면 강산이 변한다는데 저의 복음 사역도 강산이 여섯 번이나 변하는 세월을 지나왔습니다. 석양에 노을이 지듯 자연의 법칙은 거스를 수 없다는 암시가 제 삶의 곳곳에서 드러나는 것을 절감합니다.
　젊은 맥박의 리듬에 맞추어 숨 가쁘게 달려온 외길을 되돌아보면 혼자서는 도저히 걸을 수 없는 형국의 가시밭길이었습니다. 하지만 언제나 저와 함께하신 주님의 힘이 앞에서 이끌어 주시고 뒤에서 호위하여 주심을 체험하는 현장이었기에 울고 웃던 옛 추억을 더듬으며 먼저 하나님의 은혜에 감사를 드립니다.
　그리고 헤아릴 수 없는 성령의 감동을 따라 물심양면으로 협력하며 저와 함께 주의 일을 성사시켜 오신 수많은 하나님의 사람들께도 진심으로 감사를 드립니다. 이렇게 사랑에 빚진 자로 감금되어 좌로나 우로나 치우칠 겨를 없이 저의 젊은 날에는 입으로 하는 전도에만 힘쓰며 살아왔습니다.
　하지만 이제는 붓끝을 통한 문서 전도가 필요하다는 지인들의 권유를 하나님의 인도하심으로 받아들여 순종이 믿음의 미덕임을 깨닫고 조심스럽게 용기 내 첫 붓을 들었습니다. 한편으로는 어색하기도 하지만 있는 사실 그대로 꾸밈없이 진솔하게 옮기며 풋내기의 글을 적어 봅니다.

　초고속과 최첨단으로 표현되는 시대 코드에 부합하여 읽는 분들의 높은 문화 수준과 까다로운 입맛을 충족시켜 드릴 수 있는 흥미로운 글이 되어야 하고, 또 아름답고 부드러우며 달콤한 것을 추구하는 시대 감각에도 부응해야 한다는 부담감이 있는 게 사실입니다.

　한편으론 촌스럽게도 하늘만 쳐다보며 눈물, 콧물이 고드름 되도록 땅을 치고 울던 미련하고 바보스러웠던 제 지난날의 간증이 행여나 외면당하는 글이 되지나 않을까 염려가 되기도 합니다. 그런데도 천수답처럼 하늘만 쳐다보며 산나물을 먹으면서도 감사하며 기뻐하던 그때가 제 일생에서 가장 행복했던 황금시대였음을 고백하며 주안에서 자랑하고 싶습니다.

　오늘을 살아가는 현대인들이 삶에 지치고 힘들 때 희극, 비극의 TV 드라마에서도 한 가닥 희망을 회복하며 새롭게 호흡하듯이 제 부족한 신앙의 글에도 그러한 은혜가 있어서 모두가 함께 그 은혜를 나눌 수 있기를 기대하며 고개 숙여 주님께 기도드립니다.

　끝으로 이 자서전 출판의 총책을 맡아 교열과 교정에 온정성과 힘을 다 쏟아부어 주신 제부 박광재 목사와 편집과 출판을 담당해 주신 쿰란출판사 이형규 사장님을 비롯한 직원들에게 고마운 마음을 전합니다.

주후 2025년 3월 1일
미국 LA 세리토스 골방에서
지극히 작은 자 서인애 목사

목차 contents

추천의 글_ 1. 김용실 목사(대한예수교장로회 합동 제92회 총회장) • 4
2. 안명환 목사(대한예수교장로회 합동 제98회 총회장) • 6
3. 송인 목사(ERTS LA 분교 학장, Ph.D., 시인) • 8
4. 박광재 목사(총신대학교 신학대학원 제28대 총동창회 회장,
총회장상 밀알상 및 자랑스러운 동문상 수상자) • 10

책머리에 • 13

1부 출생과 복음의 사역자로 부르심

1장 암태도 소작 쟁의 선봉장의 딸로 출생하다_ 20
2장 나는요, 예수 안 믿고는 못 살아요!_ 25
3장 복음의 사역자로 부르심을 받다_ 32
4장 개신교 수도원 입도와 영성훈련_ 45

2부 국내 복음 전파와 기도원 사역

1장 수도와 수행 중 집회를 인도한 교회들_ 62
2장 나라와 민족을 위한 쉬지 않는 기도_ 79
3장 흰돌산기도원 설립까지의 여정_ 91
4장 은혜의 동산 흰돌산기도원 설립_ 102

3부 국외 복음 전파와 청소년 사역

1장 일본 오사카국제기도원 교역자 집회_ 224
2장 아메리칸 드림에 고통당하는 자녀들_ 239
3장 한인 1.5세 청소년 선교 사역의 비전_ 244
4장 국내외 영적 지도자들의 축하 메시지_ 251

4부 평생 잊을 수 없는 후원 동역자들

1장 한국에서의 기도원 사역과 동역자들_ 288
2장 미국에서의 청소년 사역과 동역자들_ 313
3장 재미 기드온신학교 동문 동역자들_ 322

5부 현재 나의 신앙과 삶의 이야기

1장 세리토스장로교회에 출석하다_ 328
2장 병상에서 본 천국 가는 길_ 338
3장 자서전을 마무리하며_ 340

부록 수도와 수행, 기도 중 지은 성가_ 344
화보_ 353

1부

출생과 복음의 사역자로 부르심

1장

암태도 소작 쟁의 선봉장의 딸로 출생하다

나는 바울의 신앙고백을 자주 생각해 봅니다. 그는 거듭나기 전에 가장 힘이 있고 살기등등한 자였으나 거듭난 후에는 극에서 극으로 변화된 모습이 되었습니다. '지극히 작은 자 중에 더 작은 나'라며 자신을 표현하는 성경 구절은 바울의 변화를 단적으로 표현해 주고 있으며, 그가 모든 신앙인으로부터 존경을 받는 이유가 되었습니다.

그는 많은 것을 자랑할 만한 사람임에도 낮아짐을 은혜로 기록하였지만, 나 자신을 돌이켜 보면 나는 처음부터 지극히 작은 자 중에 더 작은 자였습니다. 자랑할 것이 아무것도 없었기 때문입니다. 나의 어릴 적 생활은 슬픔과 저주의 연속이었습니다.

나는 1942년 10월 19일, 암태도의 소작 쟁의 선봉장이셨던 부친 서창석 씨와 모친 임양임 씨의 1남 4녀 중 셋째 딸로 평범한 가정에서 태어났습니다. 그 당시는 해방 후였습니다. 모든 국민이 대단히 가난하고 살기 힘들었습니다.

요즘 사람들은 도저히 이해할 수 없는 보릿고개, 쑥죽고개, 아리랑고개 등으로 불리는 그야말로 삶과 죽음의 경계를 넘나드는 고비 고비가 참 많았던 숨 가쁜 시절이었습니다. 농사도 요즘같이 양수기가 있는 것도 아니어서 기계 문명의 혜택이 전혀 없이 천수답에 의지해야 했습니다.

하늘에서 비가 오지 않으면 가뭄에 시달려 기근을 면하지 못했던 불모의 땅. 그 시절을 기억해 보면 그야말로 내가 살던 곳은 최일선의 선교 대상지였습니다. 당시 우리 민족은 그나마 농사해서 얻은 수확의 70퍼센트를 악덕 지주들과 일본에 공출로 바쳐야 했습니다.

농민들은 겨우 30퍼센트만으로 생명을 유지해 가야 하는 민족적인 큰 어려움을 겪으며 분통한 마음이 하늘에 사무치는 삶을 살아야 했습니다.

나의 아버지 서창석 씨는 애국심이 매우 강하셨습니다. 그 당시에 백의 민족임을 상징하는 흰옷을 입고 머리띠를 두르고 악덕 지주들과 일본을 향해 죽음을 각오한 농민 항쟁을 주도적으로 일으키는 선봉장 역할을 감당하셨습니다.

#일경의 고문, 옥고를 치른 아버지

아버지께서는 소작 쟁의 사건을 일으키신 후 일제에 검거되어 갖은 고문과 옥고를 치르셨습니다. 잔인한 일본 군경에 의해 멀쩡한 생니를 다 뽑히는 모진 고문을 받았습니다.

고향의 친척 어른들의 말씀에 의하면 "당시 조선일보, 동아일보 등에 실린 기사들을 확인해 보면 암태도 소작 쟁의 사건의 전모를 자세히 알게 될 것이다"라고 했습니다.

하지만 나는 변변치 못한 사람이라서 한 번도 찾아보거나 확인해 보지 못했습니다. 패트릭 헨리(Patric Henry)가 "자유가 아니면 죽음을 달라"(Give me liberty, or give me death)라고 외친 결과 미국 독립선언의 역사가 시작되었습니다. 그렇듯이 당시 아버지께서 서씨 문중 사람들, 암태도에서 소작 농사를 짓고 살아가던 주민들과 한마음 한뜻으로 동참하여 주도했던 소작 쟁의 사건은 농민들 사이에서 커다란 반향을 불러일으켰고, 일제 강점기에 친일 악덕 지주들로부터 억압과 착취를 당하는 소작인들의 권익을 보호해 주는 농지 제도 개혁이라고 하는 성공적인 결과를 얻어냈습니다.
부친 서창석 씨와 사촌오빠 서태석 씨가 주동한 사건의 결과로 우리나라 소작인들이 악덕 지주들에게 내던 소작량이 많이 줄어들어 전체 수확의 30퍼센트만 내면 되는 것으로 결론이 났습니다.
역사가들의 증언에 의하면 암태도 소작 쟁의 사건은 동학혁명 이후 농민들이 자신들의 권리를 찾기 위하여 일으킨 최초의 소작 쟁의 사건으로, 당시는 지금같이 시민의 자유와 권리가 보장되어 있는 때도 아니었습니다.
일제가 활개 치던 시절에 그들의 총부리에 대항하여 맞서 싸웠던 '암태도 소작 쟁의' 사건은 애국·애족적인 농민 항쟁 사건으로서 우리나라 역사 속에 귀하게 간직될 만한 혁명적인 사건이었습니다. 암태도 소작 쟁의는 한국 근대사에서 잊혀서는 안 될 중요한 사건 중 하나입니다.

#부친께서 건국훈장 애족장을 받다
'암태도 소작 쟁의' 사건이 애국·애족운동으로 인정되어 부친께서는 대한민국 정부로부터 건국훈장 애족장을 받으셨습니다. 전남 신안군 암태도에 가면 암태도 소작 쟁의 운동에 목숨을 걸고 참여한 분들을 위한 기념공원이 조성되어 있고, 참여한 분들의 이름을 기록한 기념비와 추모탑이 건립되어 있습니다.
그 시절에 민족과 소작 농민들의 권익을 위해 목숨을 걸고 싸웠다는 것은 우리나라 역사에서 귀하게 간직될 만한 혁명적인 역사적 사건이었습니다. 그런 연고였는지는 모르나 그 후 아버지는 무안군수로 임명되셨습니다.
그러나 아버지의 출세에도 가족들의 고난은 계속되었습니다. 당시 친일파들이 군청에서 충성파가 되어 일하는 가증스러운 모습이 눈에 몹시 거슬리면서 아버지께서는 얼마 후 결국 군수직에서 물러나셨습니다. 그 후 아버지께서는 사업과 농사를 겸하시면서 집안을 이끌어 가셨습니다.

#6·25 동란으로 풍비박산 난 가정

그런데 1950년 6월 25일 주일 새벽에 북한 공산군의 갑작스러운 남침에 따라 6·25 동란을 맞게 되었습니다. 6·25 전쟁의 북새통 속에서 우리 형제들은 아버지와 어머니를 잃었습니다. 가정은 풍비박산이 나서 전쟁의 잿더미에 나앉게 되었습니다.

우리 형제와 자매들은 졸지에 전쟁고아 신세로 전락하고 말았습니다. 그때 내 나이가 열 살, 동생 서금복의 나이는 겨우 네 살이었습니다.

그나마 생사고락을 함께할 수 없는 처지가 된 우리는 뿔뿔이 친척 집으로 흩어지는 아픔을 안고 유년기를 살아갈 수밖에 없었습니다. 어느 누구에게도 사랑을 받지 못하는 슬픔의 나날들 속에서 어린 나이에 나는 자살도 여러 번 시도했습니다.

#이웃집 집사님의 전도를 받다

국가적으로나 개인적으로나 어려운 나날을 보내며 말로 형용할 수 없는 고난의 극치를 맛보던 중 나는 옆집 집사님의 전도로 처음으로 교회에 출석하게 되었습니다. 그 교회는 목포중앙교회였습니다. 당시 이국선 목사님께서 담임하고 계셨던 것으로 기억합니다. 대한예수교장로회 기장측 교회였습니다.

나는 아무것도 알지 못했지만 다음 날 새벽기도회부터 시작해서 열심히 예배와 기도회에 참석하였습니다. 내 기억에 당시 새벽기도회에 출석하시는 분들은 끙끙 앓는 듯이 기도하다가 집으로 돌아가는 것이 일상적인 모습이었습니다.

권사님들과 장로님들, 집사님들의 기도는 겨우 들리는 소리가 "주님이시여!" 하고 한숨을 쉬는 것이었습니다. 나는 새벽기도는 다 그렇게 하는 줄로 생각하게 되었습니다. 그때 내 나이가 17세였습니다. 어른들의 앓는 기도 소리를 따라 나도 앓는 기도를 하다가 집으로 돌아오곤 했습니다.

지금 돌이켜 생각해 보면 그 교회는 경건하고 정숙한 교회였던 것 같습니다. 나는 비록 어렸지만 적극적으로 교회 예배 등에 참석하였습니다. 그리고 하루에 세 번 기도하지 않으면 먹지도 않겠다고 결심했습니다.

어떤 방법으로든지 새 돈을 모으면 헌금을 하기로 작정하고 실천하며 신앙의 습관으로 삼게 되었습니다. 그렇게 하다 보니 올케언니가 나를 심하게 핍박하곤 했습니다. 나 같은 죄인은 욕을 먹어도 된다고 생각했지만 교회와 예수님에 대한 모욕은 매우 참기가 힘들었습니다. 마태복음 5장 10절에 의를 위하여 핍박을 받는 자는 복이 있다고 기록되어 있지만, 나는 어린 신앙이었기에 핍박을 당하는 것을 더는 견딜 수가 없었습니다.

바닷가 사람들은 미신적인 관념이 강합니다. 그래서 여자가 새벽에 대문을 열고 나가면 복이 빠져나간다고 여겼기 때문에 재수 없게 계집애가 새벽마다 대문을 열고 교회에 간다는 것은 집안 어른들의 신경을 자극하기에 충분했습니다.

그야말로 아슬아슬한 영적 전투의 연속이었습니다. 하기야 한 달에 한 번씩 떡시루를 놓고 고사를 지내며 사업 잘되기를 싹싹 비는 집안이었으니 그 당시 내가 교회에 나가는 것이 얼마나 싫었을지 이해가 됩니다.

그렇지만 당시 나는 그들을 이해하기보다는 북받치는 감정 때문에 아픔이 더 강해지면서 신앙생활의 자유를 원하는 기도를 하게 되었습니다. 집에서 벗어나 신앙생활을 자유롭게 하는 것이 나의 단순한 기도 제목이었고 내 소원의 전부였습니다.

기도를 해보면 언제나 내 수준과 범위에 맞게 기도하고 바랄 때 그것이 그대로 이루어지는 것을 체험하게 됩니다. 마침내 내 기도는 응답되었습니다. 어느 부잣집에 수양딸로 들어가게 된 것입니다.

2장
나는요, 예수 안 믿고는 못 살아요!

'가는 날이 장날'이라는 옛 속담처럼 내가 양부모의 집에 들어가던 날은 양어머니의 생일잔치 날이었습니다. 그분의 모습은 옛날 궁전에서나 볼 수 있는 귀부인의 모습이었습니다. 온 동리 사람들과 친척들과 가족들이 대청마루에 가득하고, 안방에는 그분의 친구들이 잔뜩 앉아 있었습니다.

그때 나는 허름한 모습에 손에 든 보따리가 전부였습니다. 땡전 한 푼 없는 신세였고 재산 목록 1호인 성경과 찬송가가 그 보따리에 들어 있었습니다. 그분께서 나에게 이렇게 말씀하셨습니다.

"얘야, 참 잘 왔다. 나는 너를 공부시키고 시집 보내는 것을 내 임무로 생각한다. 너의 부모님께 받은 은혜를 갚기 위해서 너를 책임지려는 것이다. 그런데 늘고온 성경과 찬송을 보니 예배당에 다니는구나? 네가 원하는 것은 다 들어줄 수 있는데 교회에 가는 것은 허락할 수가 없구나! 네가 보는 대로 우리 집에는 식모들이 있다. 머슴도 있다. 그러니 일을 시키려고 너를 오게 한 것이 아니다. 그러므로 밤낮으로 다니는 예배당을 어떻게 보내겠느냐? 내가 듣기로는 예배당이 연애당이라고 하더라. 그러니 이 모든 사람 앞에서 예배당에 가지 않겠다는 약속 하나만 해다오. 우리 집은 아침마다 불공드리는 불교 집안이다."

나는 그 말이 떨어지자마자 보따리를 챙기면서 딱 한마디를 했습니다. "나는요, 예수 안 믿고는 못 살아요." 그리고 전혀 망설임 없이 즉시 그 집을 나와 버렸습니다. 그 수많은 사람에게 나는 어른도 모르는 당돌하고 건방진 계집애의 모습이었을 것입니다.

그러나 예수쟁이라는 핍박이 싫어서 집을 떠났고 신앙의 자유를 찾아 양딸로 들어가려던 것이 내 생각의 전부였기에 예배당 가는 것만은 안 된다는 요구 앞에서 단 1분도 지체할 수 없다는 것이 내 신앙고백이며 결단이었습니다.

지금 생각해 보면 믿음의 조상 아브라함이 갈 바를 알지 못하고 정처 없이 고향 친척 아비 집을 떠난 광경과 흡사하여 그야말로 갈 곳 없는 막연한 신세가 되었습니다. 나는 당시 그 집을 나설 때 뱃삯도 차비도 없었습니다.

땡전 한 푼 없는 거지 신세로 부둣가에 주저앉아 울고 있었습니다. 그랬더니 그 집 식모가 날 찾아와서 살살 달래며 그 댁으로 돌아가자고 타이르며 하는 말이 "웃어른의 말씀에 그렇게 당돌하게 대꾸하면 안 된다"는 것이었습니다. 그러면서 예수는 다음에 차차 믿어도 되지 않겠느냐고 했습니다. 그때도 내 대답은 여전하였습니다.

"나는요, 예수 안 믿고는 못 살아요." 그 역시 내 신앙의 고집을 꺾지 못하고 돌아갔습니다. 어떻게 갔는지 잘 모르겠지만 갈 곳 없었던 나는 다시금 올케언니 댁으로 돌아갔습니다.

#올케언니에게 심한 핍박을 받다

올케언니는 내가 복을 차버리고 왔다며 갖은 욕설을 퍼부었습니다. 하지만 "나는요, 예수 안 믿고는 못 살아요"라는 그 한마디는 예나 지금이나, 아니 영원히 변할 수 없는 나의 순교자적인 신앙고백이며 사명선언문입니다.

그 한마디는 지금까지도 존재하는 나의 가장 값비싼 신앙 골동품 1호입니다. 불에 타서 없어질 세상의 골동품도 진품은 부르는 것이 값이라고 합니다. 나는 그런 세상 골동품이 아닌 영원히 없어지지 않을 신앙의 골동품을 가졌다고 생각합니다. 그래서 그때 내가 했던 그 대답은 감추인 보화라고 생각합니다.

나의 신앙의 기초는 그의 나라와 그의 의를 구하는 것입니다. 그럴 수밖에 없었던 것은 저주스러운 환경에서 전도를 받아 교인이 된 것은 사망에서 생명으로 옮겨진 엄청난 변화였으며 천하를 주고도 바꿀 수 없는 기쁨과 감사거리였기 때문입니다.

나에게 있어서 천하의 어떤 큰 영광도 예수님보다 귀할 수는 없었습니다. 그것이 나의 첫 믿음이었다고 생각하면 지금도 그때가 감사하기만 합니다. 그런 과거가 있었기에 오늘의 결과가 있다고 생각해 봅니다.

예수님께서는 "누구든지 사람 앞에서 나를 부인하면 나도 천사들과 사람 앞에서 너를 부인하리라"라고 하셨습니다. 내게 가장 어려웠던 그 시절에 주님을 내 인생 최고의 가치로 인정했던 나의 신앙고백은 신앙의 제1차 합격증이 되었다고 생각합니다.

그런 일이 있고서 3년 후에 나를 양녀로 삼고자 했던 그 집 소식을 들었습니다. 가정이 경제적으로 크게 실패하여 집이 폐가가 되었다고 했습니다. 나는 마음이 아프면서도 그 당시 내가 예수를 부인하고 그곳에 머물렀으면 같이 망했을 것이라고 생각하며 얼마나 감사했는지 모릅니다.

크고 작은 일에 사람들은 당장 무엇을 마실까, 무엇을 먹을까, 무엇을 입을까 하는 의식주 문제에 먼저 매달리게 됩니다. 하지만 나의 경험은 먼저 그의 나라와 그의 의를 구하는 신앙이 인생의 기초가 되어야 한다는 것입니다.

뿌리가 깊으면 큰 거목이 되고, 큰 산은 골이 깊듯이, 역사 속에 숨어 있는 혈맥을 찾아보면 신앙심이 깊은 축복의 사람들은 핏줄을 따라 연대를 이어 가며 감동적인 은혜의 사건들을 이루어 간다는 사실을 발견하게 됩니다.

우리는 성경 말씀에 기초를 든든히 세워 놓고 눈물의 기도 생활을 하며 자기를 쳐서 복종시킴으로 신앙을 반석 위에 세우는 생활을 해야 합니다. 그리하여 좌로나 우로나 치우치지 않는 프로 그리스도인이 됨으로 개인이나 가정이나 하나님께서 뜻하시는 역사를 이 땅에서 이루어 가는 일에 쓰임 받아야 합니다.

"나는요, 예수 안 믿고는 못 살아요!" 하던 나의 신앙고백은 지금도 나의 전부입니다. 왜냐하면 예수는 나의 생명이요 기쁨이며 힘이시기 때문입니다.

세상에서 가장 약한 자인 나를 보면서 성경 말씀이 그대로 이루어진 것을 더욱 실감하게 됩니다. 복음은 약한 자와 병든 자와 가난한 자를 위한 것입니다. 자랑할 것이 없는 자들을 택하셔서 자랑할 것 많은 세상 사람들을 부끄럽게 하시는 것은 예나 지금이나 영원토록 동일한 하나님의 방법입니다.

베드로의 신앙고백은 "은과 금은 내게 없으나 내게 있는 것으로 네게 주노니 곧 나사렛 예수의 이름으로 걸으라"는 것이었습니다. 우리 속에 있는 복음의 씨앗은 무가치한 세상 것들에 둘러싸여 너무나 무겁게 짓눌려 있기 때문에 싹이 나지 못하고 있습니다.

그러기에 삶의 온갖 진통 소리들이 초산하는 여인들의 고통 소리처럼 천지에 진동하고 있습니다. 하나님께서는 우리가 평화롭고 행복하게 살아가도록 이 땅에서 얼마든지 누릴 수 있는 마음의 천국, 지상 천국, 그리고 내세 천국까지 누구에게나 선물로 주기를 원하십니다.

하나님께서 주시고자 하는 선물은 예수의 이름입니다. 그 이름만이 천국의 열쇠요, 행복의 열쇠이며, 승리의 열쇠입니다.

"나는요, 예수 안 믿고는 못 살아요!" 이 한마디는 지금까지 나의 삶에서 어려운 문제를 해결하는 마스터키 역할을 해주었습니다. 이 열쇠를 지키는 것은 곧 나의 생명을 지키는 것입니다. 우리는 우리에게 주신 복음을 삶의 재산으로 삼고 무엇보다 중요시해야 합니다.

"나에게는 예수 이름이 전부예요"라고 고백하며 무겁게 짓누르는 삶의 무게들을 하나하나 벗겨 내며 오직 그 이름만 빛나기를 바라며 살아야 합니다. 인생 설계도의 중심 자리는 예수님이 차지해야 합니다. 유명인의 예술작품이 값비싼 이유는 그의 혼백이 담겨 있기 때문입니다. 복음의 예수 정신이 담긴 나의 인생이 천국 전시장에서 빛을 발할 것이라고 믿으면 마음이 뿌듯해집니다.

나는 세상적으로 가진 것이 없는 사람입니다. 그러나 하나님이 내 속에 계시니 이것이 복음 인생입니다. 이 복음 안에 전부가 들어있으니 나는 더는 바랄 것이 없는 사람입니다. 나는 없으면 구하고, 있으면 감사하며 살아왔습니다.

나는 예수 믿은 그날부터 지금까지 단 한 번도 믿음에 대해 후회해 본 일이 없습니다. 그 이유는 그날부터 예수께서 나의 슬픔의 보따리를 모두 없애 주셨기 때문입니다. 나는 예수 외에는 내 속에 든 것이 없어서 속없이 기쁘게 살아갑니다. 속이 자기 자신으로 꽉 찬 사람은 복음이 들어갈 자리가 없기 마련입니다.

예수님께서는 말구유에 오셨습니다. 그분은 하늘의 천사와 땅의 최고의 박사들과 가장 낮은 데 처한 목자들에게까지 두루 비추는 빛으로 오셨습니다. 그 빛은 장소와 아무런 관계가 없이 하늘에는 영광이요 땅에는 기쁨입니다. 우리의 복잡한 마음도, 무거운 죄의 짐도, 겉치레와 허황한 마음도 모두 점검하고 내려놓아야 합니다.

그래야만 우리의 결단 가운데 복음이 우리 속에서 능력을 발휘하게 됩니다. 순간의 결단이 일평생과 영원한 축복을 좌우할 수 있습니다. "나는요, 예수 안 믿고는 못 살아요." 우리 모두 순결한 처녀와 같이, 철없고 속없는 천진한 어린애처럼 오직 주만 바라보는 복음의 사람이 되기를 노력해야 합니다.

#내 생애 첫 번째 기도 응답을 받다

"난 예수 안 믿고는 못 살아요!"라고 하는 나의 첫 번째 신앙고백으로 인해 주님은 나에게 첫 번째 기적을 나타내셨습니다. 나에게 죽어도 잊지 못할 신앙체험을 하게 하셨습니다. 양녀로 들어가려던 시도가 실패한 후 나에게는 새로운 기도의 제목이 생겼습니다.

첫 번째 양어머니로 나를 부른 분은 불교 신자였으니 이제는 이왕 양어머니를 주실 바에는 예수 잘 믿고, 자식도 없고, 그렇지만 물질은 있는 부자 어머니를 달라고 기도하기 시작했습니다.

하루에 세 번씩 기도의 자리를 정해 놓고 짧은 기도를 드리는 나의 마음은 주님께서 외면치 않으시고 들어주시리라는 믿음으로 가득 차 있었습니다. 기도의 자리는 옛날 변소 구석 자리였습니다.

"주님, 이렇게 누추하고 냄새나는 곳에서 기도하는 것을 용서해 주세요." 사람들의 눈에 띄는 것이 싫어서 숨어서 기도하기 위해 이곳을 기도의 자리로 정했으니 용서해 달라는 회개 기도와 함께 나의 은밀한 소원을 아시는 주님께 사람에게 말하듯이 간절하게 아뢰었습니다.

그러던 중 목포 북교동성결교회에서 부흥 강사로 오신 이성봉 목사님의 매우 능력 있는 설교를 듣게 되었습니다. 평소에 보던 기도 모습과는 사뭇 달리 통성으로 회개하며 눈물로 기도하는 집회에 참석하여 무척 많은 은혜를 받게 되었습니다. 그러고 나서 크게 은혜를 받는 일이 또 한 번 있었습니다.

그 당시 목포 경찰서장의 아들이 용문산기도원에서 신학을 공부했습니다. 그런데 그가 부흥 강사가 되었습니다. 말하자면 깡패가 회개하여 은혜를 받고 새사람이 되어 전도사가 된 후 고향으로 돌아와 집회를 인도한 것입니다. 얼마나 뜨겁게 열정적으로 간증하던지 나는 큰 감동을 받게 되었습니다.

깡패 아들이 회개하고 고향으로 돌아와 전도 집회를 하자 경찰서장인 아버지가 그 아들을 배려하여 목포 도깨비시장에 천막을 치고 성대한 집회를 할 수 있도록 도와주었습니다. 성악대가 나팔을 불며 북을 치고 찬양을 하였습니다. 그야말로 하늘에서 천사들이 내려온 것처럼 은혜로운 집회의 맛을 보게 되었습니다.

그때부터 나의 기도 제목이 변하여 이제는 나도 저 사람들처럼 은혜를 받아야겠다고 결심하게 되었습니다. 자나 깨나 또 집을 떠날 준비 기도를 하게 되었습니다. 나는 전쟁고아이니 내가 하고 싶은 것을 하도록 도와줄 사람은 한 사람도 없다고 생각했기에 오직 기도하는 수밖에 없었습니다.

#핍박을 피하여 집에서 도망쳐 나오다

기도의 제목이 바뀌었을 뿐 기도의 장소는 같았습니다. 나의 기도의 장소는 여전히 변소였습니다. 그때 감추어 놓고 보던 성경책 마태복음 5장의 "목숨을 위하여 무엇을 먹을까 무엇을 마실까 몸을 위하여 무엇을 입을까 염려하지 말라…공중의 새를 보라 심지도 않고 거두지도 않고 창고에 모아들이지도 아니하되 너희 하늘 아버지께서 기르시나니 너희는 이것들보다 귀하지 아니하냐"라는 말씀에 크게 힘을 얻고 죽기밖에 더하겠느냐 하는 믿음의 용기를 내 굳은 결심을 하였습니다.

남자는 3일 굶으면 죽고 여자는 7일 굶으면 죽는다는 말을 기억하고는 일주일만 예수 신나게 믿으며 기도하다가 죽어 천국 가자는 결심이었습니다. 결심하고 나자 무서울 것이 없다는 듯 행동을 개시하였습니다. 나는 핍박을 견디다 못해 집에서 도망쳐 나와 난생처음 열차를 타고 추풍령에 도착하였습니다.

복음의 사역자로 부르심을 받다

#은혜의 본산 용문산기도원에 들어가다

추풍령역에서 20리 길을 걷고 고개를 넘어 드디어 그토록 사모하던 용문산기도원에 들어가게 되었습니다. 그때가 1960년 8월 13일이었습니다. 그날은 산상 집회 마지막 날이었습니다. 사사봉이라는 해발 800미터 산 꼭대기에서 수없이 많은 사람이 철야를 하면서 마지막 밤 집회에 참석하고 있었습니다.

나는 죽으러 간 사람이었기에 그날 강사였던 나운몽 장로님의 설교를 듣고 죽음을 앞둔 자로서 마지막 심정으로 간절하기 이를 데 없는 기도를 하나님께 올려 드리게 되었습니다. 그날 밤은 나의 일생에 전무후무한 기도의 밤이었다고 생각합니다.

땅을 치며 울고 통곡하며 회개하는 생명을 내던진 나의 기도는 지금은 정확히 기억나지 않지만 대략 내 영혼을 받아 달라는 기도였던 것 같습니다.

밤새도록 기도하고 아침이 되니 옆에 앉아 계시던 어느 분이 내 기도 소리를 들었는지 나에게 말을 건넸습니다. 어디서 온 사람이기에 그렇게 밤새 땅을 치며 기도했느냐고 물었습니다. 그때 나는 부끄러워서 대답도 제대로 못 했습니다.

그런 가운데 산에서 내려와 보니 그분은 기도원에 아예 숙소를 정하고 계신 분이셨습니다. 그리고 알고 보니 전남 고흥군 고흥읍교회에서 오신 분으로 고흥읍 삼세보육원 원장이신 김영은 집사님이셨습니다.

그분의 남편은 장로님이시면서 병원장이셨습니다. 김 집사님은 아이를 낳지 못한 채 보육원을 운영하고 계셨습니다.

그분이 나를 믿음의 딸로 삼겠다고 목사님과 하나님 앞에서 약속하셨습니다. 이렇게 하여 그분이 내가 성경고등학교에 입학하여 신학교를 마칠 때까지 내 후견인이 되어 주셨습니다.

사람이 무엇이든 기도하면 하나님께서는 반드시 응답하십니다. 나의 구체적인 기도의 내용은 하나님을 믿는 엄마를 달라는 것이었습니다. 자식 없는 분이라야 될 것 같아서 그런 분을 달라고 했습니다. 물질도 있어야 하니 부자이면 좋겠다고 기도했습니다.

그 사사봉 꼭대기에서 밤을 새우며 목숨을 바치다시피 간절히 기도한 후 나의 기도는 정확하게 응답되었습니다. "여호와 이레, 곧 여호와의 산에서 준비하시리라"라는 아브라함에게 주신 응답처럼 하나님께서는 내가 공부할 수 있도록 준비해 놓으시고 나를 그 산으로 인도하셨습니다.

이것이 나에게는 생활 속에서 생생하게 겪은 체험이 되어 이후로 나는 여호와 이레의 하나님을 확실하게 믿으며 살아가게 되었습니다.

#고등성경학교와 기드온신학교에 입학하다

우리 기독교는 하나님의 살아 계심을 삶 속에서 체험하는 살아 있는 생명의 종교입니다. 기독교인들은 누구나 그런 체험의 증거가 있는 산 증인들입니다. 이후로 하나님은 강한 연단의 과정을 통해 나를 훈련하기 시작하셨습니다.

고흥 삼세보육원에서 보내오는 생활비는 겨우 굶어 죽지 않을 정도의 액수였습니다. 어느 때는 몇 달이고 소식이 끊기기도 하였습니다. 그럴 때마다 굶는 일은 다반사였습니다.

나는 굶주림에 아주 익숙해져 갔습니다. 그 당시 기숙사에서는 각자가 밥을 해 먹었습니다. 밥을 지어 먹을 수 있는 시간은 1시간 30분이었습니다. 내가 만들어 먹을 수 있는 음식이라고는 밀가루 풀죽이 고작이었습니다.

그것도 없을 때는 산에 올라가 울며 조상들의 죄까지 회개하며 기도하였습니다. 얼마나 부모님이 죄를 많이 지었으면 이렇게 자식이 배가 고파야 하며 고생을 해야 하는가 생각하며 부모로 인한 저주를 내 대에서 끊어 달라고 기도하였습니다.

소낙비를 맞아 가면서 죄인이 벌을 받는 것처럼 회개하며 기도하다 일어나 헐레벌떡 학교로 달려가곤 했습니다. 교실에 앉아 있으면 배가 고프다 못해 아프기도 했습니다. 아픈 배를 움켜쥐고 견디다 보면 하루해가 지곤 했습니다.

#가난한 이 목사님 댁에서 식모살이를 하다

때로는 고학도 해야 했습니다. 나는 이 목사님 댁에서 식모살이하면서 학교에 다니기도 했습니다. 이 목사님 댁은 무척 가난했습니다. 아이들은 많고 사모님은 또 임신 중이라 몸이 무거워 시장에 다니실 수가 없었습니다. 그래서 한 푼이라도 절약하기 위해 추풍령 장까지 장장 20리나 되는 길을 오가며 시장을 보아 오도록 내게 시키시곤 했습니다. 나는 겨우 보리쌀, 대두 한 말을 사기 위하여 학교도 결석하고 삼복더위를 무릅쓰며 시장까지 왕복 40리 길을 걸어서 다녀야 했습니다.

시골 장은 5일에 한 번씩 열렸습니다. 그때는 추풍령 장 아니면 옥산장을 다니곤 했습니다. 그러나 나는 불평 한번 하지 않고 장에 다녔습니다. 오는 길에 잠시 쉬기 위해 보리쌀 자루를 내려놓고 기도했던 순간들이 생각납니다. 그런 상황에서도 나는 감사에 감사를 연발하는 기도를 하였습니다. 죽을 몸이 살아났고 이런 작은 일이라도 할 수 있으니 얼마나 감사한지 몰랐습니다.

하루는 목사님께서 병이 들어 기진맥진하게 되셨습니다. 사모님께서 목사님이 기름기 있는 음식을 잡수시면 건강이 좋아지실 거라고 하셨습니다. 그러니 장터에 가서 약으로 쓸 닭을 한 마리 사고 보리쌀도 한 자루 사 오라고 하셨습니다. 그래서 나는 검정 닭 한 마리를 사서 시장바구니에 넣어 손에 들고 머리에는 보리쌀 자루를 이고 옥산 고개를 넘어 잠시 쉬기 위해 용문산 수도실 뒤에 멈추어 섰습니다.

짐들을 내려놓고 잠시 쉬면서 보니 닭이 더위를 먹고 그만 죽어 버렸습니다. 얼마나 더운 날씨였으면 닭이 죽었겠습니까? 그때는 찌는 듯한 삼복더위였습니다. 사모님께서 살아 있는 닭을 사 오라고 하셨는데 죽은 닭을 사 온 꼴이 되었습니다. 사모님께서는 굉장히 화를 내셨습니다.

목사님께 약을 해드리려면 살아 있는 닭이 필요했는데 죽은 닭을 갖다 드렸으니 마음이 몹시 상하셨던 것입니다. 나는 그런 사모님 앞에서 미안해서 어쩔 줄 몰랐습니다. 다른 집 식모들은 잘 먹으며 일했지만 나는 유독 배가 고팠고 고생이 심했습니다.

내 일생에서 가장 배고프고 고생스러웠던 때는 바로 그 시절이었습니다. 산에 가서 나무도 해야 했고, 밭에 나가 콩도 옥수수도 감자도 심어야 했습니다. 그렇게 일하며 간신히 공부했습니다.

#호랑이 같은 사감 선생님

그 당시 기숙사 사감님들은 대단히 엄격하고 철저하셨습니다. 신학교 기숙사에서는 내가 고학생인 줄 뻔히 알면서도 기숙사에 내가 없으면 사람을 보내 불러들였습니다. 사감 선생님은 사정이라고는 전혀 봐주시지 않는 호랑이 같은 분이셨습니다. 학교 수업 후에는 외출도 없고 자유도 없었습니다.

자습하는 시간을 지켜야 했기 때문입니다. 그러나 나는 그 시간에는 남의 집 일을 해야 했기 때문에 내가 공부하는 시간은 새벽 2시쯤부터였습니다. 숙제하고 나면 이내 새벽 4시가 되었고, 곧바로 새벽기도회에 나가야 했습니다. 그런데 하나님께서는 이런 나를 긍휼히 여겨 주셨습니다.

그렇게 공부할 시간이 부족한 나에게 지혜를 부어 주셔서 적은 시간에도 많은 양의 공부를 능히 감당할 수 있게 해주셨습니다. 나는 동기생 중에서 제일 높은 점수를 받았습니다.

나는 인간적으로는 아주 미련한 사람입니다. 하지만 이러한 체험을 통해 하나님께서 주신 지혜로 말미암아 생활 전반에 걸쳐 지혜롭게 대처하는 법을 터득하게 되었습니다.

하나를 생각하면 열 가지가 열리는 체험이 계속되었습니다. 고난 속에서 캐낸 보석과 같은 은혜였습니다. 금을 캐기 위해서는 금맥을 따라 깊이 파야 합니다. 그리고 캐낸 금은 불에 단련이 되어야 진정한 순금이 됩니다.

진주를 따려면 깊은 바다에 들어가 채취해야 하듯이 주님의 뒤를 따르는 주의 종들의 연단도 마찬가지입니다. 눈물과 땀과 피가 뒤엉기는 고난의 길, 형극의 길을 통과하면 반드시 그에 따른 보상을 받게 되는 것입니다.

'No Cross, No Crown' 곧 고난 없는 영광은 없다는 말은 변함없는 진리입니다. 진리는 아무나 골라잡을 수 있는 진열품이 아닙니다. 더구나 진리는 돈으로 사고팔 수도 없습니다. 진리는 보이는 것이 아니기 때문입니다.

세상 사람들은 새벽부터 밤늦도록 눈에 보이는 것을 추구하며 살아갑니다. 하지만 그리스도인들이 받는 은혜는 불같은 연단 후에 비로소 얻어낼 수 있는 것입니다. 작가의 깊은 고뇌 끝에 이것이라고 외칠 수 있는 예술작품이 탄생하는 것과 같습니다.

그러기에 바울은 "현재 받는 고난은 장차 받을 면류관과 족히 비교할 수 없다"는 진리를 발견하고 성도들을 향해 그렇게 외쳤습니다. 진리는 어느 유력한 논문이나 문학 서적에서 발췌해 올 수 있는 것이 아닙니다.

성경의 역사는 세계 인물사에서 찾아낸 것이 아닙니다. 하나님의 절대적 진리로부터 나온 것이기에 성경을 보는 자마다 감동적으로 변화를 경험하는 것입니다.

진리의 힘은 이렇게 성경에 숨어 있는 것입니다. 고난 속에서 깨닫는 한마디는 지식으로 배운 1만 마디와 비교할 수 없는 지혜를 내포하고 있습니다.

우리나라 10대 대부흥사들은 영적으로 힘 있는 설교를 했습니다. 그런 까닭에 시대를 각성시키고 한국 교회의 놀라운 부흥과 성장을 견인한 공로가 크다는 것을 부인할 사람은 아무도 없을 것입니다. 그런데 이들이 배출된 시대와 배경을 보면 이들도 역시 '3·8·6'을 거친 자들입니다.

일제의 압박 속에서 3·1절과 8·15 해방, 그리고 6·25 전쟁을 거친 자들이었습니다. 암울했던 역사의 한복판에서 쓰디쓴 고난을 맛보며 자란 세대였습니다.

#기묘한 방법으로 나를 인도하신 하나님

1970년경에는 젊은 나이에 갈래 길도 많았습니다. 신학교 졸업은 단지 문자 교육의 졸업일 뿐, 생활 교육은 그야말로 면학 종신의 길이었습니다. 교육이라는 개념에는 생활 교육만이 아닌 양심 교육과 인간관계에 대한 교육까지 포함됩니다.

사망의 음침한 골짜기에서 나를 불러 내신 하나님의 방법은 기묘했습니다. 성경 하나 붙들고 지내는 7년이란 수도실 생활은 엄격하고 제재가 많은 울타리 안의 삶이었습니다.

죄 많은 사람을 모아 훈련과 교육을 하기에 자유는 없었고 규율만이 공동체 관리의 규범이었습니다. 하지만 한 달은 수도 기간이고, 한 달은 수행 기간이었습니다. 그때 용문산기도원은 인산인해를 이루었습니다.

추풍령역에서 하차하면 두 시간 거리의 20리 오솔길에 용문산기도원에서 은혜 받고 기도하려는 사람들의 행렬이 줄을 이었습니다. 50리 길 김천역이나 두원역에서 내려도 마찬가지였습니다.

두 달에 한 번 있는 대집회 때마다 임시 열차를 배차하거나 열차 칸을 늘려서 운행했습니다. 제주도와 울릉도까지 전국 각지에 성령의 바람이 세차게 불었습니다. 사람의 힘으로도, 교단의 힘으로도 막을 수 없는 성령의 역사에 의한 대대적인 집회의 행렬이었습니다. 마치 피난민 행렬과 같았습니다.

당시 나운몽 장로님은 성령의 역사와 능력으로 원고 한 장 없이 불을 뿜어내듯 시간마다 감동적인 살아 있는 말씀을 전하셨습니다. 그 생기 있는 말씀을 들은 청중은 마치 에스겔서에서 골짜기의 메마른 뼈들이 군대가 되듯 살아나는 분위기였습니다.

이런 열광적인 대규모 인파가 운집하는 과정에서 예배 시간이면 옥내는 감당할 수가 없고 옥외 집회의 인파가 2만 명이 넘었습니다. 그 당시 받은 훈련과 교육에 비하면 지금 우리가 받는 훈련은 식은 죽처럼 느껴집니다.

눈 속에서도, 비 속에서도, 낮에도, 밤에도, 혹독한 추위와 무더운 여름 장마에도 노천에 앉아 우산 받치고 우비와 비닐을 뒤집어쓰고 말씀을 들었습니다. 마치 수많은 군중이 갈릴리 바닷가에서 예수님 말씀에 귀 기울이던 광경과 비슷했습니다.

영적 체험은 지식으로나 생각으로 하는 것이 아닙니다. 성령의 역사가 마가의 다락방으로부터 시작되어 세계 각 민족에게 바람 같고 불같은 성령이 임한 것이 사도행전에 엄연히 기록되어 있습니다.

그런데도 높은 지적 수준에 이른 기독교 학자들이 자기들의 입맛과 교리에 맞춰 표현을 공식화하는 것은 마치 그 옛날 바리새인들의 행태와 같다고 생각됩니다. 예수님이 당시 1차로 매정하게 뱉어 내신 말은 "화 있을진저 바리새인들이여!"였습니다. 그들은 복의 대상이 아닌 화의 대상이었습니다.

성경을 잘 가르치고 주석을 기록할 수 있는 수준급이라도 행하지 않으면서 가르치고 기록하면 지극히 작은 자라 일컫겠다고 하셨습니다. 그러나 반면에 성경대로 살고, 성경대로 행하는 자는 지극히 큰 자라 일컬어 주셨습니다.

한국 기독교 140년 역사에 처음에는 선교사들이 들어와 복음을 전했고 1950년대, 1960년대 성령 역사의 첫 번째 주자들은 장로님들이셨습니다. 나 장로, 김 장로, 박 장로, 문 장로, 지 장로 등이었습니다. 박태선 장로의 신앙촌도 처음에는 성령으로 시작하였습니다. 그러나 점차 변질되어 생수 문제, 물질 문제, 이성 문제로 타락하였습니다. 나운몽 장로님을 비롯해 용문산기도원의 초창기인 1960년대에 헌신한 인물들 대부분은 장로님들이었습니다. 나병에서 고침 받은 박만출 장로님은 물론 당시 신학교 학생과장은 지용성 장로님, 교무과장은 김익규 장로님이셨습니다.

당시 6·25 전쟁으로 자식을 잃은 부모, 남편을 잃은 과부, 순식간에 부모를 잃은 고아들의 고통 속에 생기 있는 말씀이 전해지자 회개 소리, 통곡 소리, 성령을 구하는 소리가 하늘을 찌를 듯했고, 나도 가슴을 치고 통곡하며 고아의 아픔을 쏟아냈습니다.

그런 깊이 있는 영적 메시지와 북녘땅에서 남하한 실향민들의 하늘을 향한 한 맺힌 탄식의 기도는 그 어떤 사람의 지혜와 힘과 권세로도 막을 수 없는 신령한 성령의 역사였습니다.

훈련이 엄격하니 뒤에서 유행어처럼 들리는 학생들의 풍자적인 말들이 있었습니다. 김 빠진 김 장로, 지독한 지 장로, 나가라 나 장로, 강퍅한 강 장로 등. 그러나 이분들은 다음 목회 사역을 위하여 목사 안수를 받고 목사로서 사역을 하였습니다.

그 후 성령 충만한 목사님들이 우후죽순 일어나서 대한민국을 십자가의 붉은 밭으로 만든 교회 성장에 크게 공헌했습니다.

지금은 그분들이 대부분 고인이 되시어 아쉽기만 합니다. 하지만 지금도 인터넷에 들어가 이름 석 자를 치고 검색되는 설교를 들을 때면 무척이나 감동적입니다.

그 유명하신 여의도순복음교회 조용기 목사님과 총신대학과 칼빈대학 총장을 역임하신 김의환 목사님, 한국 부흥사계의 대부이신 신현균 목사님의 설교와 강의 뒷배경에는 숨은 기도가 있었고, 그분들의 말씀은 받은 체험의 보따리를 열어 먹이는 것이었습니다.

위대한 사람일수록 기도의 장소가 분명합니다. 언제, 어디서, 어떻게, 무슨 은혜를 받았는지가 확실합니다. 예수님의 기도 동산은 겟세마네요, 모세의 기도 동산은 시내산이었습니다. 엘리야 선지자의 불의 역사의 기도처는 갈멜산이었습니다. 세례 요한이 회개의 복음을 받은 곳은 거친 광야입니다. 야곱이 하나님과 겨루어 이긴 기도처는 얍복강입니다. 다니엘에게는 힛데겔강이 있었고, 에스겔 선지자에게는 그발강이 있었습니다.

총신대학 교수 차영배 박사님을 비롯하여 앞서 말한 김의환 박사님, 조용기 목사님, 신현균 목사님 외에 수많은 부흥사님이 그 옛날 용문산기도원에서 나운몽 장로님께 은혜를 받은 분들입니다.

그리고 각처에 교회와 기도원을 세우며 한국 전역에 성령 운동과 기도 운동이 확산되었습니다. 이런 분들이 활발하게 성령 운동을 전개할 때는 군대 지휘관들도 90퍼센트가 기독교인들이었습니다. 이러한 놀라운 군 복음화에 복음성가와 찬양을 군가처럼 부르던 시절이었습니다.

#사라진 삼각산 구국 기도

삼각산 산등성이에서는 밤마다 기도 소리가 진동했습니다. 그런 불의 역사를 진화시킨 분은 바로 장로 김영삼 대통령이었습니다. 민주화라고 하는 명분으로, 나라와 민족을 위하여 밤을 지새우며 철야 기도하는 기도꾼들의 삼각산 출입을 통제하고 구국을 위한 기도 소리를 그치게 하였습니다.

군대 지휘관들도 기독교인 지휘관들과 군목들을 점점 축소시켰습니다. 반면에 불교 지휘관들과 군승의 숫자는 점점 확대했습니다. 민주주의 원칙에 따라 공평하게 한다고는 했지만 기독교 부흥과 민족 복음화 역사에 찬물을 끼얹는 결과를 가져오게 되었습니다.

오랫동안 기독교 교회가 군대 내에서 군 복음화를 위하여 만들어온 복음의 황금어장과 공든 탑이 서서히 무너져 내리게 되었습니다. 한 생명이 천하보다 귀한데 말입니다. 김 대통령은 대한예수교장로회 합동 총회 충현교회 장로님이셨습니다. 그런 까닭에 자신의 본의로 그렇게 했으리라고는 생각하지 않습니다.

다만 그의 핵심 참모들 가운데 유독 불교도들이 많이 포진되어 있었습니다. 그분의 절대적인 정치적 지지 기반이 불교의 세력이 강한 경상도였기 때문입니다.

나는 김영삼 대통령의 재임 기간에 불교의 교세는 점점 강화되고, 기독교 교회의 교세는 점점 약화되었다고 생각합니다. 그뿐 아니라 금융실명제 도입과 구조조정 명분으로 국가의 돈줄이 막히고 돈들이 사과 궤짝 속에 숨어서 잠을 자게 되었습니다.

그 여파로 흰돌산기도원 대성전 건축은 돌이킬 수 없는 큰 타격을 받았습니다. 대성전 건축 공사를 마무리했을 때 24억이란 큰 빚을 지고 감당할 수 없는 쓰라린 고배를 마시게 되었습니다.

군대는 군대대로, 교회는 교회대로, 민주화라는 슬로건 아래 이루어진 역대 대통령들의 통치 행위는 대한민국의 사상까지 전환하는 계기가 되었습니다.

그 당시에는 통계적으로 볼 때 전국적으로 하루에 5개 교회가 세워지고 민족 복음화와 군 복음화가 활개를 치는 듯했습니다. 하지만 점점 부흥의 날개가 꺾이고, 십자가의 붉은 등불도 사라지고, 삼각산의 기도 열기도 사그라졌습니다.

반면에 우리 조국 대한민국은 종북 주사파들이 각계각층, 각처에서 민주화의 날개를 타고 붉은 깃발을 겁 없이 휘날리게 되었습니다. 이런 과정들은 다 사람들이 하는 것 같아도 실은 '영 대 영'의 싸움입니다.

하지만 이런 과정에서도 나는 나처럼 나이 들어 몸과 마음과 정신이 희미해져 가는 자들과 함께 앞서간 시대의 어른들처럼 희망을 품고 꺼져 가는 등불을 끄지 않는 하나님께 가느다란 기도의 줄을 붙잡고 나아가고 있습니다.

말씀은 홍수처럼 범람하고 예배도 있고 설교도 있지만, 기도는 할 시간도 없고, 장소도 없고, 하고자 하는 마음도 없습니다. 교회 예배에 참석하면 남이 나를 대신하여 대표기도와 찬양을 하고, 목사님 설교에만 의존하는 종교적인 신앙의 시대로 흘러가고 있습니다.

하지만 지금의 이런 신앙 풍조 속에서도 엘리야 시대 바알에게 무릎 꿇지 않은 7천 명의 용사처럼 숨은 기도자들을 보호하시고 인도하시며 쉬지 않고 일하시는 하나님의 섭리를 깨닫는 지혜자들도 많을 것이라고 생각합니다.

#선택의 갈림길, 길은 여럿이다

우리는 신앙생활이나 사회생활을 할 때 종종 중대한 결정을 내려야 하는 선택의 기로에 서게 됩니다. 나도 27세가 되면서 이제 결혼을 하느냐 마느냐의 중대한 선택과 결정의 갈림길에 서게 되었습니다.

그러나 산 속에서 한 신학 공부도 내 힘으로 한 것이 아니고 주님이 베푸신 은혜로 한 것이었고, 주님이 나를 쓰시기 위해 그렇게 역사하셨다는 것을 알았기에 내 개인의 행복을 위해 하나님의 부르심을 거역할 수는 없었습니다.

그리고 또 하나의 길은 수도의 길이었습니다. 그 당시 선배들은 결혼을 포기하고 개신교 수도원에서 수련하였습니다. 수도생으로 들어가 수도사가 되는 과정을 통과하면 수도생 교육반을 담당하는 일과 수행을 나가서 전도를 목적으로 부흥 집회를 인도하는 일이 주어졌습니다.

당시는 강한 은혜의 역사로 말미암아 수도생들이 전국을 휩쓸고 다니고 있었습니다. 내 눈에 그들은 모두 천사같이 보였습니다. 1967년도 당시에는 전국적으로 부흥사들이 희귀한 때였습니다. 교회도 지금처럼 많지 않았습니다.

우리 선배들은 성령의 역사로 인하여 교회에 대단히 큰 영향을 끼치는 분들이었습니다. 그 당시 나는 이 사람 저 사람을 통해 말씀과 살아 있는 간증들을 공급받으며 장래의 진로를 놓고 기도한 결과, 두 마음 먹지 않고 오직 일편단심 주의 일만 하기로 결정하였습니다.

수도의 길을 결정한 나의 마음은 단순했습니다. 먹다 남은 것이나 쓰다 남은 것을 하나님께 드린다는 것이 내 양심에 용납되지 않았습니다. 왜냐하면 그 당시 신학교에 다닐 때 결혼 후 혼자 된 전도사님들도 있었기 때문입니다.

그분들은 거의 과부 아니면 이혼한 분들이었습니다. 온갖 아픔과 상처를 겪은 후에야 두 손 들고 주님께 나아와 겨우 남아 있는 것으로 주님께 드리는 것이나 그 누구를 위해 나를 쓰기 전에 새것으로 주님의 일에 쓰이기를 소원했습니다. 사람들은 내가 독신으로 살아가는 이유가 과거에 무슨 문제가 있기 때문일 것이라고 생각할 수도 있을 것입니다.

그러나 나는 결코 내 개인의 신상에 어떤 문제가 있어서 이 길을 선택한 것이 아닙니다. 다만 주님의 은혜에 감사했고, 내게 가장 중요한 재산인 젊음을, 아니 나 자신 전부를 새것으로 주님께 드리고 내 심혈을 쏟아 드리는 것이 주님께 받은 은혜에 대한 마땅한 보답이라고 확신했기 때문입니다.

그 당시 나의 동기 졸업생들은 40명 정도였는데 예쁘고 똑똑한 분들이 많았습니다. 그러나 수도 입도 원서를 제출한 사람은 단 두 사람뿐이었습니다. 그런데 주님을 위해 청춘을 불사르겠다고 결정하는 데도 절차는 꽤 까다로웠습니다. 나이에도 제한이 있어서 35세가 넘으면 실격이었습니다. 신학교 과정에서 연애한 경험이 있어도 실격이었습니다. 신체상 장애가 있어도 실격이었습니다. 과부는 더욱 실격이었습니다. 무슨 논문을 써서 제출하는 것은 아니었습니다. 오직 복음적 신앙관을 가지고 있어야 하며, 정신적으로 혼탁한 신앙은 실격이었습니다.

나는 기도하는 중에 마침내 내 일생 최대, 최고의 결단을 내렸습니다. '이제 이후로는 일편단심 주님만 사랑하고, 주님만 섬기며, 주님만을 위하여 수도자의 삶을 통하여 은혜의 복음, 십자가의 복음만 전파하는 사역자의 삶을 살자!'

4장
개신교 수도원 입도와 영성훈련

#마침내 들어간 개신교 수도원

나는 수도생으로서의 결격 요건에 하나도 해당하지 않았습니다. 그래서 수도원 입도가 허락되었습니다. 수도원 제1기와 제2기에 이어서 나는 제3기 수도생이 되었습니다. 10명의 수도생이 전부 흰 치마저고리를 입고 성경책을 들고 입도식에 참여하였습니다.

천여 명의 교인이 모인 가운데 그 사이를 뚫고 지나가면서 마치 미스코리아가 행진하듯 발밑에 깔린 흰 천을 밟으며 고개를 다소곳이 숙이고 식장으로 입장하였습니다. 그런데 이곳저곳에서 흐느껴 우는 소리가 들렸습니다. 그분들은 인생을 살아 보신 분들이었습니다.

그들은 우리를 보면서 믿음으로는 손뼉을 치지만, 육적으로 볼 때는 우리의 인생이 세상적 즐거움의 종착역에 와 있음을 알고 있었기에 안타까운 마음에 우리를 눈물로 환송하고 있었습니다. 이렇게 하나님과 성도들 앞에서 손을 들고 서약함으로써 입도식 예배가 끝나고 우리는 수도실로 들어갔습니다.

수도실은 기차간같이 길게 늘어선 일자형이었습니다. 기차에는 특급과 완행의 구분이 있지만 수도원의 수도실은 그런 구분이 없는 일정한 일자형 흙벽돌 집이었습니다. 수도실은 선후배가 번갈아 사용해야 했습니다. 내 수도 방은 제7호실이었습니다.

입실 첫날에는 수도 생활에 대한 훈시가 있었습니다. 수도실에서 지켜야 하는 엄격한 규율에 대하여 사감님께서 설명해 주셨습니다. 그 지시 사항 중에 독특한 것은 "하기 싫은 것은 해야 하고, 하고 싶은 것은 하지 말아야 한다"라는 것이었습니다. 그래야만 자아가 깨어지고 자신을 부인하는 주님의 제자가 될 자격이 있다는 것입니다. 첫날 밤 수도실에서 잠을 자는데 새벽 2시 45분이 되니 사감실에서 기상 종이 울리기 시작했습니다. 간단히 세면을 하고 나자 첫 일정이 시작되었습니다.

새벽에 삼선봉 중턱에 있는 구국 제단에 올라가 나라와 민족을 위해 발성 기도를 하는 것이었습니다. 북녘땅을 바라보고 복음으로 통일이 올 때까지 부르짖으라는 것입니다.

이 기도는 비가 오면 우비를 입고, 눈이 오면 비닐을 뒤집어쓰고 각자 한 시간 동안 의무적으로 해야 하는 기도였습니다. 기도하다 보면 산 아래 대성전에서 새벽종이 울립니다.

그때부터 우리는 구국 기도를 끝내고 산 아래로 내려가 대성전에서 새벽기도회에 참석합니다. 새벽기도회 끝나면 다시 수도실로 들어가 아침 조침을 합니다. 그러다 보면 아침 식사 종이 울립니다.

오전 8시부터 9시까지가 아침 식사 시간입니다. 그리고 오전 9시부터 12시까지는 각자 책상에 앉아 독경합니다. 독경 후에 잠시 오수라는 시간이 있습니다.

앉아서 30분 동안 잠을 자는 연습을 합니다. 도인처럼 마음대로 자고, 마음대로 깰 수 있도록 훈련하는 것입니다. 환난의 때를 대비해서 하는 훈련이었습니다. 그러나 평소에 하지 않던 일을 몸에 익히기가 그리 쉽지는 않았습니다.

어서 빨리 30분이 지나가기만을 실눈을 뜨고 기다리며 시계를 몇 번이고 들여다보곤 했습니다.

오수가 끝나면 점심을 먹고 뒷산으로 올라가 2시간 동안 자기 자신을 위하여 기도합니다. 이곳저곳에서 부르짖는 소리가 들립니다. 나무 그늘 혹은 바위틈에서 10명의 동기들이 일제히 기도하는 소리는 온 산천을 울렸습니다.

이때는 회개하거나 능력을 달라고 하는 등 자기를 위해 기도하는 시간입니다. 혼자 독신의 길을 걸어가려면 먼저 자기를 쳐서 복종시키는 영적 작업이 급선무라 생각한 것입니다. 정과 욕을 십자가에 못 박고 혈과 육도, 시기도, 질투도, 경쟁심도 모두 죽이는 시간입니다.

각자 나름대로 기도하고 나서 오후 2시 30분이 되면 산에서 내려옵니다. 그리고 다시 오후 4시 30분까지 독경 시간에 들어갑니다.

오후 4시 30분이 되면 각자 자신과 연결된 분들을 위해 1시간 동안 중보기도를 합니다.

이 방 저 방에서 기도 소리가 들리는 실내 기도 시간입니다. 이맛살을 찌푸리고 한참 기도하다 보면 식당에서 저녁 식사 시간을 알리는 종이 울립니다.

식단은 간단합니다. 정부미 밥에 된장찌개 아니면 시래깃국이 나옵니다. 그것도 부잣집 상차림이 아닌 저급 식단입니다. 저녁 식사 후에는 몸차림을 단정히 하고 대성전에 가서 저녁 예배에 참석합니다.

예배 후 수노실로 돌아오면 밤 9시쯤 됩니다. 하루의 일과를 돌아보며 1시간 동안 묵상을 합니다. 그러고 나서 30분간 일기를 쓰고 나면 취침종이 울립니다. 그러면 종소리에 맞추어 불을 끄고 자야 합니다. 잠이 오지 않아도 불을 꺼야 합니다. 이렇게 한 주간 동안 단체생활을 하고 나면 토요일 오전에는 근로 작업을 합니다.

수도실에서는 공동체 일도 합니다. 토요일 오후가 되면 1주일에 한 번씩 하는 행사로 큰 가마솥에 물을 끓여 단체로 목욕을 합니다. 지금같이 목욕 시설이 잘 갖추어져 있지 않던 시절이라 1주일에 한 번씩 목욕해도 고급스럽게 생각했습니다.

이렇게 한 달 동안 수도 생활을 하고 나면 한 달 동안 수행 전도 갔던 선배들이 들어옵니다. 그러면 그들에게 우리가 쓰던 방을 비워 주고 대신 우리가 한 달 동안 수행 전도를 나가야 합니다.

선후배가 교차하면서 한 달 동안 기도하고 깨달은 점들을 무기 삼아 나가서 한 달간 전도하는 수행 과정을 만 7년 동안 반복하는 훈련의 과정이었습니다. 처음에 수도실에 들어갔을 때는 천사가 된 듯이 좋은 점만 눈에 들어왔습니다.

나 자신의 어깨에도 천사의 날개가 달린 듯 날아갈 기분이었습니다. 7년이라는 세월 동안 훈련받으며 갈고닦는 과정을 한마디로 표현한다면 자아 발견입니다. 숨겨진 자아의 모습이 발견되면 그것이 큰 기도의 제목이 됩니다.

자기를 다스리는 자는 큰 성을 빼앗는 용사보다 낫고, 자기를 보는 자는 세계를 보는 것이며 내세를 보는 눈이 열립니다. 이것이 바로 수도자의 생활인 것입니다.

신앙의 세계에도 경쟁이 있고 시기와 질투가 있습니다. 다른 사람이 아닌 나에게서 발견한 것입니다. 전라도니 경상도니, 이북이니 이남이니 하는 상호 적대적 성향과 지역 이기주의가 우리의 의식 속에 자리 잡고 있음을 부인할 수 없었습니다.

서로 내면의 전쟁을 하고 있으면서도 나가서 전도할 때는 하나인 척하며 천사의 방언을 하고 돌아오는 그야말로 두 얼굴의 모습이었습니다.

내 속에 간사가 있고, 미움도 증오도 악도 거짓도 있음을 발견하게 되었을 때 나 자신이 순금이 아니라 도금에 불과하다는 생각을 하지 않을 수 없었습니다. 성경에서 주님이 말씀하실 때는 몇 번이고 "진실로 진실로"라고 하시며 강조했습니다. 그러기에 주님의 말씀은 순금이요 진리입니다.

  나 자신을 성경에 비추어 봄으로 진짜와 가짜가 드러나면서 도금에 불과한 나의 신앙을 순금 신앙으로 바꾸기 위해 새벽 2시가 되면 일어나 아무 인적도 없는 골짜기로 들어가 홀로 기도하며 영적 싸움을 했습니다.

  그것은 다름 아닌 내적 싸움의 시간이었습니다.

  과거로부터 내 속에 숨겨져 온 근본적 악성들, 즉 조상 적부터 내 핏속에, 살 속에, 정신 속에 깊이 감추어져 온 그 악성들을 발견하면 나는 나 자신을 용서하는 데는 상당히 후했지만, 남의 허물을 덮어 주는 데는 아주 인색했습니다.

  이것을 정반대로 바꾸는 영적 작업이 필요하였습니다. 하루 일과 중에 영적 작업량이 점점 많아졌습니다.

  신앙적 교만이 발견되면 깊은 산골짜기 아래로 내려가 겸손하게 해달라고 회개하며 울었습니다. 또한 신앙이 침체하여 낙심될 때는 천하가 다 내려다보이는 사사봉 정상으로 올라가 죄 없는 소나무, 상수리를 향해 호통치듯 기도하면서 장래 영적 지도자가 될 수 있는 자질을 갖추는 연습을 하게 되었습니다.

  암송한 성경 구절을 천하를 향해 외치면 바람에 살랑살랑 흔들리는 소나무 가지들이 "아멘! 아멘!" 하며 화답하는 것처럼 느껴지기도 했습니다. 그때는 나무가 사람으로 보였기 때문에 소나무 숫자로 대중의 숫자를 짐작해 보곤 했습니다.

  나는 나의 나 됨을 알았기에 공동체 생활을 하면서도 밤이 되면 남들이 잠을 자는 동안 손전등을 들고 방석을 업고 산 높은 곳에 혼자 올라가 밤과 어둠을 정복하며 기도하는 것이 일상적인 습관이었습니다.

  왜냐하면 보이는 어둠도 정복하지 못하면서 사람들 심령 속에 깃든 어둠을 정복하고 그들을 다스린다는 것은 언어도단이라고 생각했기 때문입니다.

사사봉 높은 곳에 올라가면 모진 바람이 강하고 세차게 불어옵니다. 기도하는 밤이면 그 바람을 잡고야 말겠다고 결단하며 기도해 보지만 오히려 바람에 떠밀려 바위 속에 숨게 되는 날도 많았습니다.

나는 그렇게 연약한 인생이었습니다.

이렇듯 젊은 날 바람과 흑암과 추위를 이겨 나가며 받은 연단은 고생스러웠지만 아무도 모르게 숨어서 주님께만 시선을 고정하는 재미는 나 혼자만 아는 비밀창고를 가진 것보다 더 뿌듯한 것이었습니다.

바람이 이기느냐 기도가 이기느냐 씨름하는 장면은 마치 권투 선수가 링 위에서 싸우는 것과 같았습니다. 둘 중 한 선수는 승리의 팔을 들게 되지만, 다른 선수는 패배의 쓴잔을 마셔야 하는 것이 권투 시합입니다. 어차피 나에게 정해진 길을 가야 한다면 철저하게 집중하여 그 길을 돌파해 나가는 것이 필요하다고 생각했습니다.

옛날 야곱이 얼마나 집중력을 가지고 기도하였으면 하나님께서 승리의 팔을 들어 주실 때까지 밤을 새워 기도할 수 있었겠는가 생각해 보았습니다. 인내와 믿음을 가지고 하나님을 향하여 얼마나 끈질기게 기도의 씨름을 하였으면 환도 뼈까지 위골되었을까 생각해 보았습니다. 우리는 발이 저릴 정도까지만 기도해도 뛰어나게 될 것입니다.

감사하게도 주님은 내가 너무나 부족한 존재라는 것을 나 자신이 깨닫게 해주셨습니다. 그리고 그것은 내가 항상 주님께 은혜를 간구하는 계기가 되었습니다.

내가 남보다 더 나은 점이 많다는 생각을 하는 자였다면 그런 피나는 연단의 기회가 내게 더는 없었을 것입니다. 어떤 이들은 그 연단을 견디지 못하여 하산하기도 하였습니다.

더러는 결혼을 하는 사람도 있었습니다. 그러나 하나님께 한 서원을 어긴 탓인지 얼마 후에는 한결같이 어려움을 겪는다는 소문을 듣게 되었습니다.

마귀의 영적 바람, 그 유혹의 바람은 참으로 대단합니다. 그 바람이 세차게 몰아칠 적에는 누구나 넘어지기 쉬운 것입니다. 에덴동산에서 하와의 유혹의 바람에 아담이 타락하였습니다. 들릴라의 간사함의 바람에 삼손의 힘이 빠져 버렸습니다. 사울 왕의 부정한 정치의 바람에 사울 왕조가 무너졌습니다.

그러나 반면에 하나님의 마음에 맞은 다윗의 왕권이 세워졌습니다. 다윗의 기도의 바람에 나라가 든든히 세워졌던 사실을 성경이 우리에게 조명해 줍니다. 이리저리 몰아치는 악한 시대적 바람은 사방에서 일어납니다.

반대로 성령의 불바람이 불어야 승리의 즐거움을 맛볼 수 있습니다. 이렇듯 모든 보이는 형상은 보이지 않는 것들의 그림자와 같으므로 영육이 강건해야만 하는 것입니다.

선수들의 기본은 잘 먹는 데서 다져집니다. 그리고 선수는 훈련되어야 합니다. 날마다 땀을 흘려야 합니다. 땀을 아끼면 피를 보게 되기 때문입니다. 예수님의 기도는 땀방울이 핏방울같이 된 기도라고 성경은 증거합니다. 그 피 맺힌 기도는 인류를 살리는 힘이 되었습니다.

주님께서 승천하시면서 약속하신 성령의 바람이 죄로부터 사면받은 자들에게 오순절 날 강하고 급한 바람 소리와 같이 부어진 은혜의 역사도 주님의 그 간절한 기도 때문에 일어난 사건이었습니다. 주님께서는 제자들에게 기도 외에는 이런 유가 나갈 수 없다고 말씀하셨습니다.

기도 없이도 일을 잘하는 사람은 아마 다른 복음을 가진 사람일 것입니다. 땀방울이 핏방울이 되도록 기도하셨던 예수님의 그 기도 소리가 성령의 바람을 타고 나의 영적인 귓전에 들리기를 바랐습니다. 그 옛날 모세와 엘리야의 기도 소리도 들리고, 다윗의 기도 소리도 들리기를 바랐습니다.

시대가 위인을 만든다고 하지만, 위인이 있으므로 시대가 만들어지기도 합니다. 하나님의 사람들의 피 맺힌 영적 기도가 새 역사를 창조하기도 하는 것입니다.

다윗은 그에게 입혀진 사울 왕의 갑옷을 모두 벗어 버렸습니다. 세례 요한은 제사장의 법복을 벗어 버렸습니다.

그리고 우리 주님은 화려한 하나님 아들의 영광조차 벗어 버렸습니다. 우리도 무겁고 화려한 모양새는 벗어 버리고 하나님의 말씀으로 무장하여 우는 사자와 같이 삼킬 자를 찾고 있는 마귀와 더불어 싸워야 합니다. 그러기 위해서는 기도의 실탄이 절대적으로 필요합니다.

우리 수도생들이 입었던 도복은 무게가 있고 거룩해 보였습니다. 여름에는 하늘색으로 입고, 겨울에는 검은색으로 갈아입었습니다. 머리는 길게 땋아 올려서 핀을 꽂았습니다. 그리고 머리에는 모자를 썼습니다.

그때 수도생 대부분이 30대 초반으로 한창 젊을 때인지라 무엇을 입혀 놓아도 거룩한 천사들 같다고 좋아하는 분들이 많았습니다. 하지만 반대하는 자들도 있었습니다. 이렇게 찬반이 엇갈렸지만 단체 생활의 규율을 따라 도복을 입는 데 순종해야 했습니다.

그런데 하루는 그 도복을 입고 명동 거리를 지나가던 중 천주교 수녀가 수녀복을 입고 지나가는 것을 보게 되었습니다. 내가 입고 있는 옷과 똑같다는 사실을 알게 되었습니다. 왠지 그 옷을 입은 나는 수녀들 앞에서 떳떳하지 못했습니다.

그때부터 우리 수도생들 고유의 옷이 아니라 천주교 수녀들의 옷을 모방해서 만들어 입은 옷이라는 생각이 들면서 뭔가 잘못한 것을 들킨 것 같아 마음이 거북해지기 시작했습니다. 그래서 나는 우리만을 위한 단체복이 있어야 한다고 사감님께 말씀드렸습니다.

사감님의 허락을 받고 명동에 있는 양장점에 가서 좀더 시원하고도 간편한 옷을 만들어 원장님께 가져갔습니다. 그리고 원장님 앞에서 패션 쇼를 하듯이 그 옷을 입어 보였습니다. 원장님께서는 "그 옷 괜찮구나!"

하셨습니다. 원장님께서는 제복을 교체해도 되겠다고 생각하시는 듯했습니다.

그래서 나는 몹시 기뻤습니다. 그러나 수도생 전체의 의견을 묻기 위하여 찬반 투표를 한 결과 11대 14로 제복을 그대로 유지하자는 견해가 우세했습니다. 결국 내가 만들어 온 간편한 옷으로 바꾸지 못하고 수녀복 같은 제복을 그대로 입게 되었습니다.

그러나 나는 왠지 거북하고 자랑스럽지 못했습니다. 세례 요한도 제사장의 옷을 버리고 광야에서 약대 털옷을 입고 하나님의 말씀이 임할 때까지 빈들에 있었다고 성경은 기록하고 있습니다.

더욱이 루터의 종교개혁을 통해 벗어 버리게 된 구교의 법복을 우리가 다시 입고 있다는 것을 깨달으면서부터 지금까지 나는 담대히 평범한 사복을 입고 지내게 되었습니다. 스승님이나 우리 공동체에게 미안하기도 했지만, 그럼에도 결코 떳떳하지 못한 구교의 옷을 벗어 버림으로써 주 안에서 자유를 누리게 되었고 해방을 얻었습니다.

그리고 그 이후로 나에게 결코 성령의 책망은 없었습니다. 물론 무게 있고 권위 있고 품위 있게 생긴 박사님들의 가운과 목사님들의 성의도 다 그들의 수고와 가치를 드러내며 연륜과 공로가 내포되어 있는 옷들입니다.

그러나 그보다 한 차원 더 귀한 것은 영원히 광채를 발하는 믿음과 선한 행실로 짜인 세마포 단장입니다.

세례 요한이 담대히 제사장복을 벗어 버린 후 빈 들에서 말씀을 사모하다가 회개의 복음을 받아서 전하자 요단강에서 회개하는 자들의 숫자가 점점 더하여졌습니다. 각계각층이 회개하는 역사는 그의 사역 영역의 실태를 보여 주었습니다.

다윗도 거추장스러운 사울 왕의 갑옷을 벗어 버리고 목동의 모습으로 물맷돌 5개로 골리앗을 죽이는 새 힘을 하나님의 능력 안에서 체험하였습니다. 나는 이러한 사실들을 성경 속에서 발견하면서 그 힘이 내 힘이 되기를 소망하며 연단 중에 힘써 기도와 말씀으로 다지기 위해 최선을 다하여 노력했습니다.

그러나 생각해 보면 나는 수도를 제대로 정확하게 해내지 못한 미숙한 사람입니다. 수도원 생활은 절대 복종해야만 가능한 생활이었습니다. 산에 가서 자기를 죽이는 기도의 시간도 어떤 때는 지루하고 힘들었습니다. 틀에 박힌 생활을 반복하면서 사람의 마음이 청개구리와 흡사한 점이 많다는 것을 발견했습니다.

봄철이 되어 뒷동산의 새들이 요란하게 울어 대고 진달래꽃이 만발하면 바람 따라 마음도 설렜습니다. 그래서 남몰래 더 높은 산으로 들어가 사람이 있는가 없는가 두리번거리다가 아무도 없으면 혼자서 신나게 유행가를 불러본 때도 있었습니다. "진달래 피고 새가 울면 정든 님이 찾아오겠지"라는 내용이었습니다.

그런 다음 혼자서 내려오다 보면 동기들은 모두 찡그린 얼굴로 눈물을 흘리며 우렁차게 기도하고 있었습니다. 그런데 나는 마치 내가 하나님이나 된 듯이 이 사람 저 사람 기도하는 소리를 듣고 그 수준을 평가해 보기도 했습니다.

이렇게 늘 기도에 집중한 것이 아니라 때로는 혈기 방자하고 산란한 마음을 다스리지 못해 산토끼처럼 혼자서 살금살금 돌아다니며 시간을 보내기도 했습니다. 그뿐 아니라 가기 싫은 화장실을 몇 번이고 왔다 갔다 하고, 물 주전자를 들고 수돗가에 왔다 갔다 하기를 몇 번이고 반복하면 시간을 보내기가 좀 수월했습니다.

기차간 같은 일자로 된 수도실 윗집에는 사감님이 계셔서 우리의 일거수일투족을 살피고 계셨습니다. 그러다 누가 밖에서 "사감님 계십니까?" 하고 부르면 아랫방에 앉아 독경하다가도 내가 사감님이나 된 듯이 벌떡 일어나 손가락에 침을 묻혀 창호지에 구멍을 내고 문구멍을 통해 내다보면서 무언으로 간섭하기도 했습니다.

30대 초반 아니면 중반인 젊은 사람들을 한곳에 모아 놓고 7년이라는 긴 세월 동안 연단시키는 어른들의 고생도 짐작해 보지만 그것은 그들을 희귀한 작품으로 만들어 가는 과정이었습니다. 이 수도의 길을 택하여 각오하고 연단을 받는 독신들은 거의 거센 성격의 소유자들이었습니다.
　얌전한 사람들도 있었지만 대부분 자기 주관이 강한 분들이었습니다. 거센 만큼 추진력도 있고 적극적이어서 기도하고 일한 결과를 큰 열매로 거두는 것을 볼 수 있었습니다. 이런 과거를 돌아보면 철없이 한세월을 보낸 것 같으면서 좀더 잘했더라면 하는 아쉬움도 남습니다.
　그러면서도 나의 모난 성격과 생각을 깎아 내며 둥글고 폭넓게 되는 인내와 이해를 배우는 장점도 있었습니다. 넓은 마음에는 이해뿐이나 좁은 마음에는 오해가 있기 때문입니다.
　공동생활에서는 서로 부딪히면서 살아갔습니다. 부딪힐 적마다 오해와 상처와 고통이 찾아왔지만 그런 부딪힘 속에서 나의 장단점을 발견하면서 밤송이 같은 육신의 껍질을 벗겨 내기 시작했습니다.
　제아무리 비싼 다이아몬드도 깎아야 보석이고, 정원의 한 그루의 나무도 다듬어 놓은 정원수라야 아름답습니다. 내 생각대로 내 뜻대로 마구 뻗어 가는 덩굴을 다듬지 않은 나무에서는 극상품 포도를 딸 수 없습니다.
　공동체가 있었기에 경쟁이 있었습니다. 그런 경쟁 심리에서 신앙의 키도 자란 것 같습니다.
　부딪힘 속에서 이해와 사랑의 폭이 넓어졌음을 발견했을 때는, 고양이가 쥐 잡는 재미에 본능적인 쾌감을 느끼듯이 하나님의 사람으로 육체를 휘어잡는 영적 쾌감을 느꼈습니다.
　그때는 콧노래로부터 시작하여 흥겨운 찬양과 영적인 새 노래로까지 번지게 되면 생활 속에서 얻은 한 편의 글은 나름대로 성가가 되었고 전할 수 있는 메시지의 핵심들이 되었습니다.
　발견한 메시지를 전할 때는 꼭 노래가 동반되었습니다. 사도 바울이 말쏠한바 1만 마디 방언보다 깨닫는 다섯 마디를 전하는 것의 의미를 강조한 것도 그런 기도와 생활과 메시지 전달의 경험에 의한 것이었습니다.

이렇게 단순히 청춘을 불사르며 새벽부터 밤중까지 오직 자기를 쳐서 복종시키는 극기의 생활을 하며 좁은 문으로 외길을 걷다 보면 인간의 의와 공로가 목을 빼고 일어나기도 하는데, 이것마저 죽이는 작업이 더 필요했습니다.

왜냐하면 바리새인들이 자기 의를 자랑하고, 이단들도 처음에 회개하고 은혜 받는 것까지는 다 같은 과정을 겪지만 결국에는 십자가보다 자기 의와 은혜를 더 앞세워서 문제가 발생하기 때문입니다.

이런저런 체험 속에 깨달으며 조심스럽게 좁은 길을 걷다 보니 이곳저곳에서 부흥 집회 강사로 오라는 초청이 있었습니다.

한 달간 온몸을 바쳐 기도하고 나면 좀 쉬고 싶어도 쉬지를 못했습니다. 기도가 끝나는 대로 가방을 들고 집회 인도 장소로 가야 했기 때문입니다. 그 집회 코스도 내가 잡은 것이 아닙니다. 왜냐하면 특별 수련 기간에는 편지가 내 이름 앞으로 와도 주지를 않고, 한 달 동안 계속 모아두었다가 수도가 끝나는 날 한꺼번에 전달하기 때문입니다.

기도 중 영적 집중력이 흐트러질까 봐 그렇게 한 것입니다. 이런저런 편지 내용은 특별기도 기간에 걸림돌이 되기 때문입니다. 그런 고로 전국적으로 부흥사가 필요할 때는 사감실로 연락이 옵니다. 몇 월 몇 시에 수도가 끝난다는 것을 기도원에 다녔던 교인들은 대부분 알고 있었기 때문입니다.

그때는 산상 집회가 두 달에 한 번씩 있었습니다. 오후 간증 시간에는 우리 수도생들이 돌아가면서 간증 설교를 했습니다. 은혜도, 은사도 각자의 사명에 따라 달랐기 때문에 강사 초청도 달랐습니다.

이렇게 전국 각지에서 초청을 받으면 두 명씩 짝을 지어 보냅니다. 한 사람은 메시지를 전하고, 한 사람은 새벽기도 인도와 사회를 주로 맡았습니다. 두 사람이기 때문에 서로가 힘이 되었습니다.

지금 생각하면 전도 코스를 참 잘 짠 것 같습니다. 독신 생활에 유혹도 많을 텐데 혼자가 아닌 두 명씩이었으니 어느 누구도 사적인 시간을 가질 수 없었습니다. 마치 서로를 지켜 주는 파수꾼들처럼 지낸 것 같습니다.

#돌을 깨 갱엿처럼 먹은 꿈

영과 육의 부족함을 채우는 데는 공동체에서의 피나는 연단이 필요하였습니다. 산상에서의 연단이 단 1초의 낭비도 없이 장장 15년이었습니다. 30대의 황금기를 연단이란 명목으로 성경 읽기와 기도에만 전념하였습니다.

성경은 볼수록 하나님의 감동으로 된 지혜의 글이요, 기도는 할수록 하나님의 능력을 체험하는 훈련이었습니다. 하나님의 일을 하는 데는 이 두 가지 은사가 필요했습니다. 나에게 이 두 가지 은사가 있었다면 그렇게 산 기도의 과외 훈련까지는 하지 않아도 되었을 것입니다.

그러나 나는 내가 이 세상을 살아가는 데 기본적으로 모자람이 있음을 알고 있었고, 그런 까닭에 그 부족함을 채우기 위해서는 하나님의 능력과 지혜를 받아야 했습니다. 그리고 그것을 받는 첩경을 아는 이상 생각만 하거나 남들 하는 정도만 할 수는 없었습니다.

나를 알았기에 남보다 간절했고 남보다 바빴습니다. 수도실에 들어가 젊음도 목숨도 바쳤습니다. 적극적이고 긍정적인 훈련 속에서 이루어진 패자의 훈련이 아닌 승자의 훈련에서는 자기와의 전쟁이 곧 육과 영에 대한 상대와의 대결이었습니다.

영에 대한 훈련은 곧 자아 발견이었습니다. 내 속에 깊이 숨어 있는 인간의 전적인 타락과 전적인 부패의 죄악 된 근성과 속성에 대한 발견이었습니다.

그러므로 질적인 회개가 필요했습니다. 사람을 상대로 하는 것은 그런 대로 수월했습니다. 하지만 내면의 거짓과 어둠과 간사와 핑계와 욕심과 시기와 질투는 옛 그대로 가면 속에, 너울 속에 숨어서 작용하는 내면의 다툼이요 치열한 전쟁이었습니다.

공동생활은 엄격했고 걸음걸이에서조차 거룩한 제사장들과 같은 모습이 몸에 배어 있어야 했습니다. 하지만 회칠한 무덤같이 얼마든지 외식할 수 있었습니다. 예수님이 "화 있을진저 바리새인이여!" 하셨던 그 외식을 발견한 것입니다. 고집이 바위 같고, 욕심이 바다 같은 데다 거짓과 위선으로 가득한 나와의 싸움을 위하여 과외의 시간에 이것을 장사시킨다는 결심으로 인적 없는 해발 800미터 고지로 올라가서 하나님 앞에 울부짖었습니다.

이러한 비밀은 엄격한 사감님도 알지 못했기에 그분은 아마 나를 10시 취침 종이 울리면 잠 잘자는 착한 어린애로 보았을 것입니다. 동기들도 눈치 채면 들통날까 염려하여 여분의 신발을 항상 윗목 세숫대야에 준비해 놓았습니다.

거의 매일 밤 산에 가지 않으면 마치 내가 죄인이 된 것 같은 생각이 들어서 살금살금 남몰래 지팡이를 짚고 산으로 올라갔습니다.

육성이 깨지고 영성이 새로워지는, 밤이면 기도에 전념하고 낮에는 성경에 집중하는 훈련이었습니다. 동기들의 눈과 엄격한 사감님의 시선은 피했지만 감찰하시는 하나님께서는 다 보고 계시며 나에게 영적 체험의 특혜를 주신 것임을 알게 되었습니다.

채점하시고 살피시는 하나님이 매일 밤 10시 30분에 남몰래 시키시는 과외활동은 나로 하여금 하나님의 사랑을 체험한 듯 뿌듯하고 담대하게 했고, 나는 아무도 없는 곳이었기에 산상의 바위와 나무에게라도 복음을 외쳤습니다.

비가 오는 날이면 산에 올라가지 못하고 신학교 교실에 가서 기도하였습니다. 눈이 오는 날은 눈 맞고 기도하다가 털어 버리면 되기 때문에 기도의 자리로 올라갔습니다.

당시 사람들이 이러한 사실들을 알았다면 비정상적이라고 했겠지만 나의 이러한 노력은 내 속의 어둠과 죄악을 뿌리 뽑기 위한 것이었습니다.

하루 시간표대로 새벽 2시 40분부터 밤 10시에 취침하기까지 혹독한 극기 훈련과 회개 훈련을 만 7년 동안 하였습니다.

앞서 말했듯 오전 독경 시간은 오전 9시부터 정오 12시까지입니다. 독경 후에는 책상 앞에 앉아서 30분간 낮잠을 잡니다.

보통은 이 시간에 오만 잡동사니 생각에 잠이 잘 오지 않습니다. 그런데 그날은 이상하게 잠을 잘 잤습니다. 그 짧은 30분간의 낮잠 시간에 꿈까지 꾸었습니다.

내 손에는 커다란 망치가 들려 있었고 커다란 돌을 깨는 작업을 하였습니다. 돌을 깨는 작업은 매우 힘들었습니다.

그 돌을 다 깨고 나니 매우 맛있는 송이꿀 같은 갱엿으로 변했습니다. 내가 먹을 것은 책상 밑에 감추고 숫자를 세어 가면서 남에게 나눠 줄 몫을 챙기고 깨어났습니다.

잠에서 깨면서 찬송을 불렀습니다. "달고 오묘한 그 말씀 생명의 말씀은…." 다윗은 하나님의 말씀의 맛이 꿀과 송이꿀보다 더 달다고 고백하였습니다(시 19:10).

그 이후부터 단상에서 말씀을 전하면 달고 오묘한 생명의 말씀이 뚝뚝 송이꿀처럼 떨어지는 말씀의 은사를 주셨습니다.

내가 선포하는 말씀을 들은 성도들께서 이구동성으로 '서인애 원장님께서 전하시는 말씀은 어찌 그리 송이꿀처럼 달고 오묘한지 모르겠다'고 칭찬해 주셨습니다.

나는 성도들의 그러한 과분한 칭찬의 말씀을 들을 때마다 나에게 그러한 말씀의 은사를 주신 주님께 감사와 찬송과 영광을 돌립니다.

또한 신명기 32장 13절의 "반석에서 꿀을", 시편 81편 16절의 "반석에서 나오는 꿀로 너를 만족하게 하리라", 아가서 4장 11절의 "내 신부야 네 입술에서는 꿀방울이 떨어지고", 시편 119편 103절의 "주의 말씀의 맛이 내게 어찌 그리 단지요 내 입에 꿀보다 더 다니이다"라는 말씀과 요한계시록에서 천사가 사도 요한에게 '이 두루마리를 먹으라. 그것이 네 입에서 꿀같이 달리라'(계 10:9-10)라고 하신 말씀을 되새김질해 봅니다.

훈련은 힘이 들었어도 훈련 후에는 달고 오묘한 삶을 내려받아 이제는 인간의 차원을 넘어 수직으로 하늘로부터 내려오는 하나님의 은혜로 살아가고 있습니다.

비록 나는 나약하지만 쓴 물이 변하여 단물이 되고, 화가 변하여 복이 되고, 강한 훈련 끝에 하나님의 능력을 힘입어 태산도 부수는 능력이 함께하시는 체험을 하고 있습니다.

교만과 고집과 자아가 깨지고 부서지고 주의 오른손에 붙들려 하나님의 능력과 지혜와 권세를 권세자들 앞에서도 담대히 증거한 산 증인들처럼 우리 역시 먼저 내 안이 복음화가 되도록 노력해야 합니다. 그리고 난 다음에 땅끝까지 전도하는 승리자들이 되기를 기도해야 합니다.

말씀과 기도 속에서 내가 깨지고 부서지는 것이 참 그리스도인의 행복의 길입니다. 예수님께서는 "내가 곧 길이요 진리요 생명이니"(요 14:6)라고 말씀하셨습니다. 그러므로 예수님의 길이 내 안에, 예수님의 진리가 내 안에, 예수님의 생명이 내 안에 있기를 날마다 기도해야 합니다.

2부

국내 복음 전파와 기도원 사역

1장
수도와 수행 중 집회를 인도한 교회들

수도와 수행을 하는 동안 집회를 인도한 교회 명단을 수첩에 적어 두었습니다. 수도생으로 나가서 집회를 인도한 교회가 정확하게 150개 교회인 것을 기억합니다. 그중에 잊지 못할 몇몇 교회가 있습니다.

##청주 시골교회

나는 집회 때 가끔 이 교회에 대해 간증했습니다. 이 교회는 청주읍에서 조금 떨어진 시골교회로 안성읍 감리교회 최복래 권사님의 친정 교회였습니다. 최 권사님은 기도원에 자주 오셨습니다. 그래서 연결이 되어 한 번씩 들르게 되었습니다.

그 따님은 안성 모던양장점을 운영했습니다. 내가 양장점을 방문할 때마다 옷을 한 벌씩 맞추어 주신 분이십니다. 그 친정 동리 교회는 70년 역사를 가진 교회였습니다. 부흥 집회를 인도해 달라고 해서 권사님을 따라갔습니다.

100여 명 되는 시골교회였습니다. 최씨 문중 부락인 것 같았습니다. 그런데 얼마나 강퍅한지 좀처럼 마음의 문이 열리지 않는 답답함이 나에게 느껴졌습니다.

나는 설교가 끝나면 대성통곡을 하고 강대상에서 몸부림을 쳤습니다. 그런데 참 이상한 것은 성도들이 같이 울며 기도하기는커녕 오히려 왜 저렇게 통곡하는가 하며 더 숨을 죽이는 것이었습니다.

그다음 날은 설교하기가 끔찍할 정도로 무서워지면서 내일은 다시 봇짐을 싸 새벽에 슬쩍 도망해야겠다고 결심했습니다. 2~3일이 지나도 회개를 한다든지 은혜를 받는 모습이 보이지 않았기 때문입니다.

지금 생각하면 다 나의 영력이 부족한 탓이었겠지만 그 당시에는 답답하고 교만하고 강퍅한 교회로 판단했기 때문에 다시스로 도망한 요나의 심정을 처음으로 이해하며 결정을 내리고 그날 밤 잠을 잤습니다.

그런데 이상한 꿈을 꾸게 되었습니다. 시골 논둑 길을 지팡이를 들고 지나갔습니다. 그런데 뱀의 뱃속에서 알들이 터지면서 죽는 꿈이었습니다. 그 집회는 다른 사람 때문에 열린 것이 아니고 특별한 하나님의 계획이 있으셨습니다.

그 동리 무당 아주머니에게 베푸신 은혜의 기회였습니다. 새벽 2시쯤 되어 예배당 종소리가 그분의 귀에 들리면서 그 종소리를 따라 새벽에 교회에 나와 있었습니다. 새벽뿐 아니라 계속 나왔다고 했습니다.

그런데 마지막 날 그 무당 아주머니가 나에게 이렇게 고백했습니다. "선생님이 하는 것 같은 설교는 내가 이 나이 먹도록 처음 들었습니다." 그러면서 자기가 믿는 신을 어떻게 하면 좋겠냐고 물었습니다.

그래서 목사님과 교인들이 함께 그 댁에 가서 그가 섬기던 대감 신과 터주 신을 다 불태우고 예배를 드리고 그분은 교회에 출석하기로 결심했습니다.

그분은 결단한 뒤 남편, 큰아들 내외, 작은아들 내외까지 여섯 식구의 명단을 적어 주었습니다. 그 집회는 해산하는 여인과 같은 고통을 통해 무당 일가를 구원한 집회가 되었습니다.

몇 년 후 해남 흑석산기도원에서 부흥회를 인도하고 있을 때였습니다.

부흥회에 참석하신 한 사모님이 인사를 하시면서 자기를 기억하느냐고 물으셨습니다.

나는 죄송하지만 기억이 나지 않는다고 했습니다. 알고 보니 무당이 회개했던 그 교회 사모님이셨습니다. 그곳에서 전라도 해남 지방으로 목회지를 옮기셨다고 했습니다.

그래서 그 무당은 어떻게 되었냐고 물어보았습니다. 그 집 식구들이 얼마나 신앙생활을 잘하는지 다 권사들이 되었다는 반가운 소식을 뒤늦게 듣고 하나님께 감사를 드렸습니다.

우리는 그때 오래된 교인들이 은혜를 받을 줄 알고 기대했습니다. 그러니 그들이 아닌 무당이 은혜를 받을 줄은 꿈에도 생각하지 못했습니다. 이처럼 하나님의 뜻은 아무도 모릅니다.

하나님의 생각은 인간의 생각과 다르기 때문입니다. 주의 일은 주님께서 하시지 인간이 하는 것이 아닙니다. 다만 그때 쓰이는 것일 뿐입니다. 어떤 이는 인간에게 쓰이고 악에 쓰이기도 합니다. 그러니 하나님의 뜻대로 쓰임이 감사할 뿐입니다.

신갈 능안교회

하루는 수원에서 가까운 신갈 능안 동네로 이사 가신 유 권사님에게서 연락이 왔습니다. 그 동리도 최씨 문중들이 사는 곳이었습니다. 그분이 다른 곳에서 살 때는 교회 봉사도 많이 하시고 은혜 충만한 삶을 사셨습니다. 그런데 생활 문제 때문에 최씨 문중의 묘지기로 들어갔습니다.

최씨 조상들의 묘 관리를 하면서 농사를 짓고 살다 보니 심령이 메마르고 답답하여 나를 강사로 초청한 것입니다. 교회 집회도 아니고 가정 집회를 사흘 동안 해달라고 하셨습니다. 그 당시는 어디에서 부르든지 상관하지 않고 규모가 크든 작든 부르면 무조건 가서 집회를 인도했습니다. 그래서 그 집 대청마루에서 찬송하며 말씀을 전했습니다.

그때 한 아주머니가 찾아와서 함께 말씀을 들었습니다. 그런데 기도 시간에 이상한 행동과 말을 하였습니다. 즉, 마귀 방언을 하고 있었습니다. 그래서 누구냐고 물었더니 동리 무당이라고 했습니다.

나는 무당이 방언하는 소리를 처음 들었습니다. 푸, 푸, 푸 하며 거품을 내뿜었습니다. 그다음 날도 그분이 찾아왔습니다. 그리고 그 가정 집회가 끝날 때까지 계속 참석했습니다.

그다음 날 나는 그곳을 떠났습니다. 몇 달 후에 유 권사님으로부터 연락이 왔습니다. 그때 왔던 그 무당이 그곳에 예배당을 지으면 예수를 믿겠다고 했다는 것입니다.

그래서 당시 내가 기도원 자리를 물색하던 중인지라 행여나 그런 산이 있나 하여 겸사겸사 다시 찾아갔습니다. 기도원을 할 만한 산맥이 아니었습니다. 그러나 한 사람의 생명이 천하보다 귀하기 때문에 그대로 둘 수는 없었습니다.

그래서 당시 신학교에 재학 중이던 내 여동생 서금복에게 휴학하게 하고 개척을 맡기게 되었습니다. 내 동생 서금복 전도사는 체구는 작지만 속이 꽉 찬 사람이라 작은 고추가 맵다는 소리를 늘 듣고 산 사람입니다.

그래서 서금복 전도사는 재학 중이던 신학교를 졸업도 하기 전에 첫 목회로 무당을 중심으로 해서 신갈 능안교회를 개척했습니다. 그때 무당이 얼마나 열심히 교회를 섬기고 예수를 잘 믿는지 소문이 났습니다. 개척 1년 후에 교인 80여 명이 모였습니다.

당시 시골 사람들은 병이 나면 무당을 찾아갔습니다. 그런데 그 무당이 예수를 믿으니 갈 곳이 없게 되어 교회를 찾아와 전도사를 찾게 되었던 것입니다.

"전도사님, 우리 아이가 낫기만 하면 예수 믿을게요" 해서 믿고 기도하면 기적같이 열이 떨어지고 치유를 체험하게 되었습니다. 그래서 무당 찾아가서 푸닥거리 세 번 하는 것보다 교회 가서 기도 한 번 받는 것이 더

효과적이라는 소문이 나게 되었습니다.

그 동리에 사는 사람 중에 황 씨라는 청년이 있었습니다. 그 청년은 집에서도 불효자식이요, 동리에서는 칼과 낫을 휘두르는 무서운 깡패였습니다. 그 청년이 교회 처녀 전도사의 목회를 방해하기 위하여 동리 불량배들을 소집해서 예배드리는 시간에 습격해서 쳐부수기로 단합하였습니다.

그래서 예배당 옆에 잠복해 있다가 대장의 명령만 떨어지면 "와" 하고 소리 지르고 소란을 피우자고 작당을 했습니다. 그런데 대장이 유리창 밖에서 예배드리고 있는 내부를 보면서 설교를 몇 마디 듣다가 그만 설교에 빠져들고 말았습니다.

그는 유리창 밖에서 듣던 설교에 감동해 윗옷을 벗은 채 예배당 안에 들어와 앉아서 말씀을 잘 듣더니 이렇게 고백하였습니다. "저렇게 말 잘하는 사람은 세상에서 처음 보았다." 그리고 그 시간부터 적극적인 신자가 되어 충성된 황 집사가 되었습니다.

이러한 간증 끝에 동생이 자기 교회 첫 부흥회를 해달라고 부탁해서 동생이 섬기는 능안교회 집회를 인도하게 되었습니다.

집회 다음 날이었습니다. 낮 성경공부가 끝나고 나니 그 무당이 내 손을 잡고 자기를 따라오라고 했습니다. 그리고 나를 자기 농장으로 데리고 갔습니다. 토마토, 참외, 오이, 고추, 수박을 재배하고 있었습니다.

그런데 군데군데 수박이 주렁주렁 열렸는데 큰 수박에는 반창고를 붙여 놓았습니다. 하도 이상하여 물어보았습니다. 십자가 반창고 붙여 놓은 수박은 왜 그런 거냐고 물었습니다. 그가 대답하기를 "우리 서금복 전도사님이 십일조를 가르쳐 주셨습니다. 첫 열매는 하나님 것이라고 가르쳐 주셔서 한 나무에서 첫 번째로 열린 것은 십자가 표를 해놓은 것입니다"라고 했습니다. 그 말을 듣고 얼마나 웃었는지 지금도 생각하면 웃음이 나옵니다.

그분은 자기가 작물 중에서 첫 열매를 한 바구니씩 따오면 주일학생으로부터 어른까지 모두 먹고도 남을 정도라고 자랑삼아 이야기할 때가 한두 번이 아니었습니다.

귀신 섬기던 정성이 변하여 하나님 섬기는 일에도 지극 정성이었습니다. 무당은 다시 내 손을 잡고 자기 집으로 나를 데리고 갔습니다. 다 쓰러져 가는 오두막집에 아들이 한 명 있었습니다.

그 아들이 목사가 되도록 기도해 달라고 해서 그 어머니의 믿음대로 기도해 주었습니다. 오랜 세월 후에 다시 만났습니다. 그때는 벌써 큰 교회 강도사가 되어 있었습니다. 어머니는 수원 모 교회의 집사로 섬기고 있었습니다. 지금은 아마도 큰 교회에서 목사로 사역하고 있을 것입니다.

이처럼 때를 얻든지 못 얻든지, 규모가 작든지 크든지, 집에서나 성전에서나 언제든 복음을 전하면 됩니다. 이렇게 신갈 능안교회는 날로 부흥, 발전해 갔습니다. 동생은 신학 공부를 마쳐야 했기에 후배 전도사님에게 교회를 맡기고 기드온신학교를 졸업한 후 영락교회가 설립한 영락신학교를 다니게 되었습니다.

그런데 담임 교역자가 용문산 출신이라고 반대하는 일에서부터 문제가 시작되었습니다. 후임자의 사례도 제대로 주지 않았습니다. 그 일의 주동자는 능안교회 개척 시부터 가정에서 함께 예배드린 분이었습니다.

한번은 그분의 남편이 부엌 식칼을 들고 강대상에 올라가 위협하며 다 죽인다고 칼을 휘두르고 고함을 치는 바람에 순진한 여전도사님이 강대상에서 순교한다고 엎드려 "주여! 주여!" 부르며 운 적도 있었습니다.

이 일 외에도 여러 가지 괴롭히는 일들이 많았습니다. 교회에서는 그들이 교회의 기름이며 연장이며 공과 사를 가릴 줄 모르고 사용하며 너무나 함부로 날뛰기 시작했다는 소식과 더불어 나에게 기도를 부탁하였습니다.

그런데 그 후 얼마 못 가서 그 집에 큰 변이 일어났습니다. 그 당시에는 연탄가스 중독으로 죽는 일들이 많았습니다. 서울에서 직장생활하는 그 분의 아들 내외가 있었습니다. 아들이 직장에 갔다가 돌아와 보니 세 식구가 가스에 질식되어 죽어 있었습니다. 오직 딸아이 하나만 목숨을 겨우 건지게 되었습니다. 죽은 이들은 서울 영락교회에서 장례를 치러 주었습니다.

한 집에서 관이 세 개가 나가는 슬픈 일을 보게 된 것입니다. 그때 전임 전도사와 후임 전도사가 그 장례식에 참석했습니다. 하루아침에 한 집에서 관이 세 개나 나가는 장례식장에서 그들은 울며불며 통곡하며 회개하게 되었습니다.

"전도사님, 잘못했습니다" 하며 자기 죄로 인하여 새끼들을 다 죽였다고 뒹굴며 회개했지만 죽은 세 식구가 살아나지는 못했습니다. 듣기만 해도 무서운 사건이었습니다.

항상 교회에는 이런 표적들이 있으므로 삼가 조심해야 합니다. 그 교회는 그 이후 대형 교단인 통합 측 총회에 속하게 되었습니다. 교회를 누가 세웠든지 간에 교회의 머리는 그리스도입니다. 그리스도가 다스리는 교회입니다. 사람이 주인 노릇을 해서는 안 됩니다.

안양 그리스도의교회

안양 그리스도의교회에서 부흥회 신청이 들어왔습니다. 그 당시 잊지 못할 분이 한 분 계시는데 지금은 고인이 되셨습니다. 그때 은혜를 많이 받고 나를 무척이나 사랑해 주신 분입니다.

겨울이면 털 바지도 손수 짜서 보내 주시고, 미숫가루, 손목시계 등 그 당시 필수품들을 많이 보내 주신 구세군 교회 재무님이셨습니다. 그래서 상경 길에 그 재무님이 부르시면 잠시 들르곤 했습니다.

하루는 기적적인 기쁜 소식이 들렸습니다. 그분은 아이가 없는 분이셨습니다. 그런데 안양에 은사가 대단하신 모 권사님이 계셨습니다.

어느 날 그 권사님께서 찾아와 예언을 했다고 합니다. 하나님께서 옥동자를 준비하셨는데 서원 기도가 없어서 안 주신다고 했다는 것입니다.

그래서 그러면 어떻게 했으면 좋겠냐고 물었더니 40일간 특별 제단을 쌓자고 해서 40일을 매일같이 그 재무님의 집에서 함께 특별기도 제단을 쌓았습니다.

그 후 그 예언하는 권사님이 '나에게는 응답이 왔는데 당신은 응답이 없느냐'고 물었습니다. 그때부터 월경을 안 하는 것이 아이를 가진 증거라며 매우 기뻐했습니다.

그 후 한방병원 산부인과에서 검진한 결과 임신 3개월이라는 판명을 받았다는 소식이 왔습니다. 나도 역시 기뻐하며 우리 선배님과 같이 가서 예배를 드리고 왔습니다. 그 선배님은 방언 기도와 안수 기도를 해주었습니다. 그런데 임신 9개월 만에 그분이 하혈을 많이 하면서 충격을 받았고, 그 결과 세상을 떠나고 말았다는 비보를 듣게 되었습니다.

나는 그때 그 일로 인하여 은사와 안수에 대하여 깊이 생각해 보게 되었습니다. 사람들은 우리를 보고 청춘을 불사르는 천사 같다고, 신령하다고 말했습니다. 사람들의 말대로 우리가 신령했다면 왜 그 재무님이 상상 임신을 했는데도 분별을 못 하고 그러한 형식의 기도와 방언을 했겠습니까?

많은 의심과 더불어 결단을 내린 결과, 지금까지 안수 기도나 방언 기도의 은사를 성경적으로는 믿지만 사용하는 것은 깊이 삼가는 사람이 되었습니다.

그때부터 지금까지 내 자신이 신령하지 못하고 평범할 뿐 아니라 오히려 다른 사람들보다 더 부족함을 부끄럽게 느끼면서 살아가게 되었습니다. 생각해 보면 내가 저지른 사고는 아니지만 분별력 없는 종이 되었다는 사실 앞에 지금도 부끄럽고 조심스럽습니다.

이처럼 성경에 있는 은사는 확실하지만 사람들이 가진 은사를 사용함에서는 신중해야 합니다. 아무리 큰 은사라도 먼저 성경에 비추어 보아야 합니다. 자기 자신은 물론 하나님과 사람과 양심 앞에 가책이 없는 확실한 은사라야 합니다.

바울은 자신이 쓰임 받고도 버림받을까 봐 항상 자신을 쳐서 복종시켰습니다. 그리고 '나는 날마다 죽노라'고 고백하였습니다. 만에 하나라도 거짓된 요소는 배설물같이 내어 버려야 합니다.

그리고 겸손하고 진실하게 자신이 죄인임을 날마다 고백해야 합니다. 악에 지지 말고 선으로 악을 이기는 승리가 있도록 노력하고 또 노력해야 합니다.

충남 당진 고대감리교회

한번은 당진 고대감리교회에서 집회 신청을 받았습니다. 그 교회는 그다지 크지 않았습니다. 그때는 내가 나 자신과 싸움을 하며 한 달간 몸부림치며 기도한 때였습니다. 이미 언급했듯이 내 속에서 발견된 세 가지의 고민거리 때문이었습니다.

천사가 될 듯한 희망은 사라지고 공동체 속에서 동기들과 부딪히면서 세 가지 자아를 발견하였습니다. 하나는 미움과 증오였습니다. 또 다른 하나는 간사와 거짓이었습니다. 그리고 마지막 하나는 끝없는 악으로 회칠한 무덤 같고 도금한 18금도 못 되는 신앙에 대한 외식적인 두 얼굴이었습니다. 내 속에 그런 응어리가 있으면서, 강대상을 치고 소리를 지르며 회개하라고 외치는 이중적인 모습에 대한 발견이었습니다.

그것도 30대의 젊은 나이에 목에 핏대가 서고 목이 쉬도록 외쳤습니다. 부흥사는 어디서나 천사와 같이 외치고 천사의 대접도 받는 법입니다.

그런데 유난히도 이 세 가지 모순 때문에 수도원 뒷동산 골짜기에서 땅에 뒹굴며 몸부림을 쳤습니다. 내 자신 속 깊이 숨겨진 내적 문제가 해결되기를 바라며 몸부림쳤습니다.

아무리 악하고 거짓된 사람도 성령을 받으면 성령의 성품으로 변화가 됩니다. 자아 발견은 내 속에서 영과 육이 싸우는 가운데 시작됩니다. 바울도 그 죄 문제로 무척 괴로워했던 것을 로마서가 증거합니다. "오호라 나는 곤고한 사람이로다." 자기가 원하는바 선은 행치 않고 원하지 않는바 악을 행하는 데에 대한 갈등과 고백입니다. 그래서 나는 새벽 2시나 3시가 되면 어김없이 뒷동산 골짜기에 가서 이 문제만 놓고 울면서 한 달 내내 기도하였습니다.

기도의 내용은 나의 마음을 수술해 달라는 것이었습니다. 가짜는 싫으니까 진짜가 되게 해달라는 기도였습니다. "주여, 꿀 병에 꿀이 가득하면 뚜껑을 열 때 꿀 방울이 뚝뚝 떨어지고, 기름 병에 기름이 가득하면 기름이 뚝뚝 떨어지는 것처럼, 내가 입만 열면 말씀이 뚝뚝 떨어지고, 사랑과 진실이 꿀 방울과 기름처럼 뚝뚝 떨어지게 해주세요"라는 부르짖음이었습니다.

그런 기도를 한 달 내내 한 후 추풍령역에서 3등 완행열차를 타고 집회 장소로 갔습니다. 그날따라 완행열차는 대만원이었습니다. 젊은 나이에 하루에 몇 시간씩 진액을 짜는 듯한 기도를 하면 사람이 탈진하여 기진맥진하고 환자와 같이 보입니다. 이때는 체중이 43킬로그램밖에 안 되었습니다. 몸이 약해져 멀미도 심했습니다.

어느 만큼 가다 자리 하나가 나자 먼저 앉아 있던 분들이 선심을 쓰는 양 "처자, 여기 앉으시오" 하고 자리를 선뜻 내주길래 고맙다는 말과 함께 자리에 앉아 이런저런 인생 이야기를 하면서 자연스럽게 복음을 전했습니다.

그런데 내 옆에 앉아 계시던 할아버지가 "아니, 이 처자는 인정이 뚝뚝 떨어지게 생겼소!" 하시면서 내가 전하는 복음을 잘 받아들였습니다. 나는 그 할아버지께서 하시는 말씀을 듣고 굉장히 기뻤습니다.

왜냐하면 한 달 내내 사랑이 뚝뚝, 선이 뚝뚝 떨어지게 해달라고 기도

한 후 불신자 할아버지를 통해서라도 이런 소리를 들으니 기도가 응답된 것 같았기 때문입니다. 기쁘게 대화하는 동안 그 기차 안에 우리의 좌석에서는 말씀을 잘 받아들이는 광경이 펼쳐졌습니다.

그런데 할아버지가 또 내게 물으셨습니다. "도대체 처자는 무엇을 하는 사람이요?" 그때 나는 독신 수도 생활에 대한 여러 가지를 설명해 드렸습니다.

그 말이 떨어지자마자 할아버지는 "안 되지 안 돼. 짐승도 좋은 것은 종자를 남기는 법인데 이런 훌륭한 처자가 독신이라니 말이 안 되는 법이요" 하시면서 나를 조용히 타이르시며 자기 막내아들을 남편으로 주겠다는 의사를 밝히셨습니다. 할아버지는 대전역에서 하차하시면서 뒤돌아보시며 무척 아쉬워하셨습니다.

나는 목적지에 도착했습니다. 목사님이 앞마당에서 열심히 강사를 소개했습니다. 그런데도 성도들이 강사님은 어디 있느냐고 물었습니다. 왜냐하면 강사가 너무 환자 같고 여자인 데다가 상상 밖의 사람이었기 때문입니다. 한 장로님이 유독 실망한 것 같았습니다.

부흥 강사라고 하면 대장부처럼 큰소리로 호령할 만한 사람인 줄 알았던 것 같습니다. 그날 저녁 혼자 밥상을 받고 얼마나 웃었는지 모릅니다. "하나님, 사람은 이렇게 외모를 보지만 하나님께서는 사람의 중심을 보시지요? 저 장로님부터 은혜 받게 해주세요" 하고 기도하고 저녁 설교가 시작되면서 첫날부터 은혜가 쏟아졌고, 다음 날 낮 성경 공부 시간이었습니다.

나는 집회 인도를 할 때 저녁 설교는 항상 대중적인 회개 설교를 하고, 낮에는 신앙의 체계를 잡는 설교를 하고, 새벽에는 기도를 중심으로 하는 설교를 했습니다. 성도들이 기도도 없고 말씀의 체계도 없이 은혜만 받으면 교회에 덕이 되지 못하고 어지러운 사건만 일으키기 때문입니다.

그래서인지 집회에 큰 요란한 역사는 없어도 늘 무난했고 부작용도 들어 보지 못했습니다. 그날 낮 성경 공부 시간이었습니다. 나를 마중 나왔던 젊은 두 처녀 교사들이 있었습니다. 주일학교 교사들이었습니다.

한참 설교를 하고 있는데 그 두 사람이 이상한 행동을 하였습니다. 눈을 비비고, 웃고, 머리를 들어 하늘을 쳐다봤다 또 내려다보며 강사의 시선이 쏠리게 하였습니다. 그날 하나님께서 내려 주신 은혜는 내가 인도한 부흥회 역사상 제일 많았다고 생각합니다.

낮 성경 공부 시간이 끝나고 그 두 교사가 벌벌 떨면서 와서 무릎을 꿇고 하는 말이 "이제 보니 강사님이시네요. 아까 말씀 전할 때는 천사로 보였어요. 천사가 손에 큰 황금 나팔을 들고 불면서 이리 돌리고 저리 돌리고 해서 천사의 날개를 보다가 나팔을 보다가, 이것이 꿈인가 생시인가 하여 살을 꼬집어 보다가 눈을 비벼 보기도 했어요.

어떻게 보면 천사이고, 어떻게 보면 강사님이어서 혼동이 왔어요. 그런데 이제 보니 강사님이시네요"라고 했습니다. 장로님도 처음에는 여자라고 무시하며 뒷자리에 계시다 나중에는 제일 앞자리로 와서 은혜 받고 회개하며 집회가 되었습니다.

나는 하나님의 말씀을 전하는 시간은 내 시간이 아니라 하나님의 시간으로 초자연적인 역사도 나타날 수 있다고 믿습니다. 유난히 한 달 동안 진실이 뚝뚝, 사랑이 뚝뚝, 은혜가 뚝뚝, 말씀이 뚝뚝 떨어지게 해달라고 몸부림치고 난 후에 간 집회에서 천사의 대접을 받고 돌아왔기에, 그 교회는 작았지만 내 기억에 길이 남아 있는 교회입니다.

강대상에서 전해진 말씀이 하나님의 말씀이라면 그 말씀에는 기적도 있고, 축복도 있고, 변화도 있는 법입니다. 말씀에 거짓이나 인간적인 방법이 섞이지 않으면 말씀 자체는 천지를 창조하는 권세가 있고, 홍해를 가르는 기적이 있고, 죽은 자를 살리는 권능이 있는 법이라고 나는 확신합니다.

나는 늘 나 자신을 위하여 기도하기를 순금 같은 믿음에 진실이 뚝뚝,

사랑이 뚝뚝, 은혜가 뚝뚝 떨어지기를 기도합니다. 오늘날에는 사람들이 입만 열면 거짓말과 욕, 세상적이고 정욕적인 언사들을 매연을 뿜듯이 쏟아내 세상을 오염시키고 있습니다.

그러므로 참기름병에 기름이 가득 차면 기름방울이 뚝뚝 떨어지듯, 꿀병에 꿀이 가득 차면 넘쳐서 꿀이 뚝뚝 떨어지듯 우리의 마음속에 진리가 넘쳐서 그야말로 성령 충만한 사람이 되어야 합니다.

바닥난 나의 마음에 오늘도 채우고 내일도 채워 진리가 넘치는 그릇이 되기를 기도하며 살아갑니다. 빈 수레가 요란하듯 빈 깡통처럼 요란한 실속 없는 부끄러운 신앙생활이 되지 않기를 소망합니다.

시산교회

나의 황금 같은 젊은 시절에는 기도하며 전도하는 것이 삶의 전부였습니다. 한눈팔고 있을 기회도 없이 내 앞에 기다리고 있는 집회 코스마다 참석하여 은혜를 받았습니다. 이번에는 집회가 열리는 시산교회를 향하여 기차를 타고 또 버스를 갈아타고 전북 순창에서 내렸습니다.

집회는 그날 저녁부터 시작이었습니다.

그런데 기차와 버스의 연결 시간이 잘 맞지 않아 순창에서 시산 가는 버스를 놓친 나는 어디가 시산 방향인지도 모른 채 주소만 보고 시골길을 걸어야 했습니다. 그때가 겨울인지라 두꺼운 검은색 코트에 속에는 흰 깃이 보이는 수도복을 입고 있었습니다.

머리에 가방을 이고 시산 마을을 향해 혼자서 걷기 시작하였습니다. 그런데 또 옛 근성이 살아 움직였습니다. 불평하는 마음을 쏟아내며 걷기 시작한 것입니다. 아무리 시골교회지만 읍내까지 마중 나올 줄도 모르는 꽉 막히고 답답한 교회라고 생각했습니다.

몇 발자국 걸어가며 신세타령 같은 노래를 불렀습니다. "짜증을 내어서 무얼 할까" 하는 노래였습니다. 그 노래는 세상에서 부르는 타령인데 나의 입에서 타령이 나온 것입니다.

그러면서 한적한 농촌 길이었기에 혼자서 실컷 목소리 높여서 노래를 불러 버렸습니다. 그리고 이어서 "참으로 아름답다. 우리의 농촌은 뒷동산 녹음에 새들은 울고, 냇가의 맑은 물에 고기는 놀며, 푸른 풀밭에는 송아지 뛰네. 산기슭 초가집에 예수를 모시고 아침 녘에 식구가 모여 감사 찬송하니 여기가 우리의 낙원이라" 하는 노래를 3, 4절까지 목소리 높여 부르며 시골길을 걸어가고 있었습니다.

이 노랫소리를 듣고 어디서 왔는지 어린이 대여섯 명이 노래 부르는 내게로 달려와서 하는 말이 "노래를 참 잘 부르시네요. 또 불러 주세요" 하는 것이었습니다. 그 소리에 나는 길가에서 애들과 같이 또 노래를 불렀습니다.

노래를 부른 후 애들에게 물었습니다.

"얘들아, 버스가 언제 떠났니?"

"한참 되었어요."

"그래? 버스 좀 잡아 올 수 없니?"

"가만히 계셔 보세요. 내가 잡아다 드릴게요."

한 명이 가니 아이들이 우르르 참새 떼같이 몰려갔습니다. 한참 후 애들이 "수녀님! 수녀님!" 하고 불렀습니다. 아마 검은색 코트와 흰 깃을 보고 나를 수녀님으로 생각한 모양이었습니다.

"왜 그러니?"

"버스 잡아 놓았으니 빨리 오세요."

아이들이 소리를 질렀습니다. 나는 허둥지둥 뛰어갔습니다. 진짜로 버스가 거기에 기다리고 있었습니다.

보아하니 시골 신작로 길은 산길인 데다 마지막 버스가 지나가려 하는데 반대쪽에서 벌목을 싣고 나오는 대형 트럭 한 대가 나무 토막을 가로, 세로로 잔뜩 싣고 나오게 되자 차 두 대가 서로 교차할 수 없었습니다.

그래서 그 큰 버스가 계속 뒷걸음질 치며 벌목 차에 밀려 나오고 있었습니다. 그 차를 발견한 새 떼 같은 아이들이 소리를 지르고 있었습니다.

그래서 "애들아, 고맙다" 하고 그 차에 올랐습니다. 아이들은 나를 붙잡고 또 한마디했습니다. "버스 잡아 주었으니 노래 한 번만 더 해주세요" 하는 것이었습니다.

그래서 한 곡조 또 부르는데 버스가 떠났습니다. 천사와 같은 그 아이들은 내 노래를 다 듣지도 못하고 나와 헤어졌습니다. 애들이 다 듣지 못한 노래를 그 막차에 타고 있던 시골 사람들이 구경이라도 난 듯이 나에게 시선을 집중하며 들어 주었습니다.

한 편의 토막극과 같은 진풍경이 연출되었습니다. 그 차에서 부른 노래는 이런 내용이었습니다.

"하나님 사랑하고 땅을 사랑하며 동족 사랑하는 나라가 되어 성경의 말씀으로 토대로 삼고서 예수의 마음으로 살게 되면은 신령한 지상 낙원 이루어서 세계의 모범국이 되리라. 농민들과 용사들아, 나가서 일하자. 때 잃고 늙으면 못 하리로다."

이렇게 나는 어디서나 성령이 감동을 주시면 그 감동을 따라 움직이면서 그곳을 무대처럼 만들어 전도의 기회로 삼았습니다. 젊었던 그때는 버스에서나 기차에서나 성령이 내게 말씀하시면 일어서서 "차 안에 계시는 승객 여러분! 잠시만 제 소리에 귀를 기울여 주시면 감사하겠습니다" 하며 나를 소개하는 것으로부터 시작하여 예수님을 눈물로 소개하며 호소했고, 그러면 반응들이 참 좋았습니다. 그런 경험이 있었기에 나는 그날 버스 안에서도 자연스럽게 전도할 수 있었습니다.

어느덧 시산 동리에 도착해 내리니 등불 들고 신랑을 기다리듯 교인들이 막차 정거장에 마중을 나와 있었습니다. 그날 저녁부터 설교를 시작해 일주일 동안의 집회를 은혜 중에 마치고 돌아왔습니다.

이렇게 때로는 우리가 가는 길이 막힐 수도 있고, 끊길 수도 있습니다.

그러나 그럴 때마다 우리는 항상 마음 운전을 잘해야 합니다. 버스 지나간 뒤에는 손을 들어도 이미 늦어 버린 것이 되지만, 하나님 안에서는 어떤 방법을 동원해서라도 그것을 반전시키시는 하나님의 역사가 있다는 것을 명심해야 합니다.

막상 사업의 길이 막혀 막차가 떠나 버린 것 같은 실망감이 들어도 결코 실망하지 않고 기다리며 기도하면 새 길도, 새 방법도 다양하게 열리게 됩니다. 내 한 가지 방법이 무너져도 다양한 방법이 하나님께 있음을 믿어야 합니다.

#숯덩이가 된 소 다리 곰탕

젊은 나이에 혈기왕성해야 하는데 몹시 허약해진 나는 무릎이 약해져서 걸어가다가도 저절로 쓰러지곤 하였습니다. 수도실에서 한 달간 수련하고 바깥세상으로 나가면 사람들이 어디 아프냐고 묻곤 했습니다.

기침을 심하게 하고 얼굴은 핏기가 없으니 흡사 3년 동안 교도소에 있다가 나온 죄수 같다고도 했습니다.

그 당시 영양 보충이라고 하면 소 다리 곰탕을 제일로 꼽았습니다. 내가 사랑하는 선배님께서 곰탕 재료를 선물로 보내 주셨습니다. 통통한 소 다리였습니다. 식당에 가서 가마솥에 푹 고아 달라고 식당 일을 하는 분에게 부탁했습니다.

그는 열심히 불을 때며 성성껏 고았습니다. 기도가 끝나면 입술이 끈적거릴 정도로 맛있는 곰탕을 잔뜩 먹으리라 기대하며 시간이 빨리 지나가기만 기다리고 있었습니다.

그런데 이게 웬일입니까? 얼마나 먹을 복이 없는지 그분이 곰탕 뼈다귀가 새까맣게 타버리도록 고았습니다. 그런데 그 타버린 뼈다귀를 보는 순간 성령의 감동이 마음을 스쳐 갔습니다.

죽은 소뼈가 더 귀하냐, 산 사람이 더 귀하냐는 소리 없는 질문이었습니다. "주여, 죽은 소뼈보다 산 사람이 더 귀합니다" 하고 두말없이 미소 짓고 돌아섰습니다. 기대했던 곰탕은 먹지 못했어도 성령의 감동을 먹었으니 감동한 나에게는 속사람이 살찌는 보약을 먹은 것과 같은 좋은 기회가 되었습니다.

2장
나라와 민족을 위한 쉬지 않는 기도

#구국 결사대가 되다

　용문산 삼선봉 중턱에 하루 24시간 쉬지 않고 나라와 민족을 위해 기도하는 구국 제단이 1960년 초반에 세워졌습니다. 이 구국 기도는 남과 북이 복음으로 통일되는 날까지 계속될 것입니다. 돌담으로 사방을 둘러쌓았으나 지붕이 없는 노천 제단입니다. 눈이 오나 비가 오나 그 속에서는 밤낮으로 기도가 드려지고 있습니다.

　한 사람이 한 시간씩 배정을 받습니다. 배정받은 사람은 끝나는 기도 시간을 알지 못하고 계속 기도합니다. 그러면 후임 기도자가 딱딱이로 소리를 내서 신호를 보냅니다. 이런 식으로 서로 나오고 들어가면서 기도합니다. 한 날에 한 번이라도 이 기도를 하겠다며 전국에서 사람들이 몰려옵니다.

　제단 주변에는 사방으로 시멘트 바닥이 넓게 깔려 있습니다. 개인 기도 하는 사람들은 그 주변에 앉아서 기도합니다. 나는 기드온신학교 때부터 새벽 3시에 기도를 드리러 올라가는 것이 습관화되어 있었습니다. 3시 기도를 하려면 2시부터 일어나서 준비하고 30분쯤 올라가야 합니다.

　수도실에서 공동체가 올라가서 이 기도를 하는 것이 그날의 과제 중 첫 번째였습니다. 뒤집어쓸 수 있는 비닐은 항상 지참해야 합니다. 비가 와도 눈이 와도 뒤집어쓰고 기도를 해야 하기 때문입니다.

이걸 뒤집어쓰면 바람을 막아 줍니다. 어떤 이는 얼굴이 얼어서 새빨개지면 밤에 홍시를 얼굴에 발랐습니다.

그렇게 홍시를 약으로 사용하면서 함께 웃기도 했습니다. 손발이 얼어붙기도 하고, 새벽에 기도하다 울면 눈물이 고드름이 되기도 하고, 코가 얼어서 막힌 적도 있었습니다.

그럴수록 고생이 되면서도 속은 시원하여 무엇을 해낸 기분이었습니다. 우리 수도생 10명이 굵직한 목소리로 한 시간씩 기도하면 고요하던 산천도 깨어나는 듯했고, 억센 바람은 한층 더 매섭게 불어왔습니다.

그렇게 한다고 알아 주는 자는 아무도 없었고, 오히려 우리는 이단이라는 소리를 듣는 데 익숙해졌습니다. 그러나 주의 길을 가려면 기도는 능력의 기본이 되는 것이며, 기도 외에는 이런 유가 나갈 수 없다는 주님의 말씀을 되새기면서 우리는 열심히 기도했습니다.

어떤 때는 옆 사람의 기도 소리가 계속 들리면 경쟁심이 생겨 먼저 자리에서 일어나지 못하는 때도 있었습니다. 네가 이기느냐, 내가 이기느냐 하는 무언의 씨름이었습니다.

새벽 3시부터 4시까지는 기도하는 시간입니다. 보통 4시에 울리는 종소리에 따라 기도의 자리를 털고 일어나 대성전으로 찬송을 부르며 내려갑니다.

그런데 그날따라 한 사람의 기도 소리가 내 귓전에 계속 들려왔습니다. 그 소리가 안 들려야 내가 일어날 텐데 그는 좀처럼 기도를 끝내지 않고 있었습니다. 그날 나는 대성전에서 드리는 새벽예배에 불참했습니다.

누가 먼저 일어나느냐 하는 두 사람 간의 무언의 경쟁이었습니다. 결국 아침 8시가 되니 그가 자리를 털고 일어나 내려가는 소리가 들렸습니다. 얼마나 반갑든지, '그러면 그렇지, 네가 나를 이기랴' 하고 승리한 듯 몇

마디 더 하고 뒤따라 내려온 일은 평생 잊지 못할 추억거리로 남아 있습니다.

기도는 기도 그 자체보다 기도하겠다는 의지가 더 귀중한 것입니다. 무슨 일이든지 귀중하다고 생각되는 일에는 견디는 인내의 연단이 있어야 합니다.

돌이켜 생각해 보면 어린아이들 같은 경쟁이었습니다. 그러나 단체생활이요 공동생활이었기에 서로 간에 경쟁도 있고 비교의식도 있는 것이 당연했다고 봅니다.

이것이 상대성의 원리가 아닌가 생각합니다. 세상은 모두 상대성의 원리 속에서 이뤄지고, 오직 하나님 한 분만이 절대자로 계신 분이십니다. 그러므로 피조 세계의 사람들은 절대자로 계시는 오직 한 분이신 성삼위 하나님 한 분만 믿어야 합니다.

이것이 신앙의 기본 원리입니다. 이 원리 안에서 선한 싸움을 하면서 면류관을 받을 때까지 분투하고 노력해야 합니다. 이 세상의 금메달도, 하나님의 면류관도 피나는 노력과 연단 끝에 얻게 되는 상급입니다.

운동장에서 다 달음질할지라도 오직 상 받는 자는 하나라는 사도 바울의 외침을 따라 열심히 푯대를 향해 달려가야 합니다.

#판문점 자유의 다리를 뛰어넘다

나는 1967년에 기느온신학교를 졸업하고 그해 개신교 수도원 입도식에 참여하여 수도생이 되었습니다. 수도생이 되자마자 국가의 사태가 난감한 지경에 이르렀다고 외치시는 나운몽 원장님의 눈물 섞인 설교를 들었습니다. 나운봉 장로님의 설교는 애국지사의 외침과 같은 설교였습니다.

그분의 고향은 이북의 평양 근교 백천인 것으로 알고 있습니다. 그러므로 실향민이라는 아픔 속에 남북통일은 그의 숙원이 되었습니다.

용문산기도원은 이북에서 월남하신 분들이 많이 왕래하는 곳이 되었습니다. 우리 신학생들과 수도생들의 기도 못지않게 그런 분들의 기도의 열기 또한 따라갈 수 없을 만큼 뜨거웠습니다.

나운몽 장로님께서 불을 토하는 설교를 뿜어내면 그 많은 군중의 기도 소리와 통곡하는 소리는 천지를 진동시키는 우렛소리와도 같았습니다.

실향민들은 빈손으로 대동강을 넘었고, 태평양까지 넘는 용기뿐 아니라 홍해를 건너는 적극적인 사고방식으로 화끈하게 돌파해 나가는 힘이 있습니다. 우리나라 어떤 임금이 전국 각 도민의 성격을 풍자적 또는 해학적으로 표현한 것이 생각납니다.

함경도 사람은 진흙밭에서 개싸움하는 것 같고, 평안도 사람은 숲속에서 나오는 호랑이 같다고 했습니다. 숲에서 사냥하러 나온 호랑이는 그 용맹을 따라잡을 사람이 없을 것입니다.

강원도 사람은 바위 위에 앉아 있는 늙은 중이라고 했습니다. 경상도 사람은 태산준령이요, 전라도 사람은 수양버들이라 바람 부는 대로 날린다고 했습니다.

그 후부터 나도 이북분들을 보면 무서운 호랑이 같다고 생각했습니다.

실제로 이북 사람들은 이북 산맥 숲으로부터 남으로 월남하여 빈손으로 왔는데도 남한의 상권을 거의 장악했고, 미국까지 건너가서 거의 대성을 했습니다.

이북 산맥의 정기도 무시하지 못하며, 낮은 기온을 견뎌 내는 인내 역시 환난을 이겨 내는 데 도움이 되기도 합니다. 그러한 적극적인 사고 방식이 있으므로 기도를 해도 영적인 힘이 있고 추진력도 대단했습니다.

1968년 2월, 늦추위 속에서 매서운 눈보라가 몰아칠 때였습니다. 3천 명이 모이는 대성전에 난방 시설은 전혀 없었습니다. 두꺼운 외투를 입고 수건을 써야 견딜 수 있는 예배였습니다.

그날 그런 열정과 눈물로 호소하는 설교에 300명의 신학생의 마음이 한결같이 뜨거워졌습니다. 내용은 미국의 해군 정보함 푸에블로호가 이북에 납치되었다는 것이었습니다.

  미국이 그들을 구출하기 위한 협상을 할 때 우리 남한을 무시하고 이북과 단독 비밀회담을 한다는 것이었습니다.

  그 배에 탄 군인들이 80명이었습니다. 나운몽 장로님은 그 80명이 귀하여 구출 작업을 하는 데 우리 남한 정부를 무시했다는 약소민족이 당하는 설움에 대하여 설교하셨습니다.

  이런 설교를 들은 당시 젊은 학생들도 한마음 한뜻이 되어 긴급집회를 개최하였습니다. 금식하고 밤을 새우며 이 억울함을 세계에 알리는 내용의 메시지를 작성하고, 무기 없는 평화 행진 부대가 맨손으로 판문점을 향해 가는 계획을 세우고 기도하며 성토대회를 하게 되었습니다.

  외치는 내용은 "한국에도 피가 있다"라는 것이었습니다. "한국 땅에서 한국 몰래 비밀회담이 웬 말이냐? 즉각 물러가라. 비밀회담에 3·1 혼이 통곡한다" 하고 울면서 앞에서 선창하면 뒤따라 300명이 하나같이 맨주먹을 불끈 쥐고 하늘을 향해 소리를 지르며 집회를 하기로 했습니다.

  그때 판문점에 세계 30여 개 나라에서 온 기자들이 카메라를 메고 있는 상태에서 우리의 억울함을 세계에 알리기 위한 작전이었습니다. 이렇게 무시만 당하는 민족이 아니라 "한국에도 피가 있다"라는 것을 알리자는 것이었습니다.

  북진도 아니요, 판문점까지 가서 알리는 것이 목적이었습니다. 데모대로 빌각되면 경찰의 제지를 받게 되니 주의를 낭부하고 각자가 지혜롭게 서울역을 벗어나 문산감리교회에서 모이기로 했습니다.

  기차간에서는 모두가 언어 장애인 흉내를 내며 무언으로 출발한 뒤, 그곳에 도착하자 행동을 개시해서 허리에 숨겼던 띠를 두르고 플래카드를 들고 1대부터 6대로 열을 지어 판문점을 향하여 걷기 시작했습니다.

  "한국에도 피가 있다"라고 외쳐 대며 행진하였습니다. 이 소식을 들은 성도들이 줄을 이어 따라왔습니다. 각 신문사 기자들도 대단한 특종 기사인 듯 관심을 보이며 뒤를 따랐습니다. 파주 경찰서와 강화 경찰서에 초비상이 걸렸습니다.

파주에 있는 양공주들이 이곳저곳에서 음료수 통들을 들고 와서 제공하기도 했습니다.

"한국에도 피가 있다"를 계속 외치면서 자유의 다리를 건너게 되었습니다. 이 자유의 다리는 아무나 건널 수 없는 다리입니다. 허락받지 않고 무단으로 건너면 미군으로부터 사격을 당합니다. 그러나 우리는 목숨을 걸었기에 뛰어든 것입니다. 출발 전에 유서를 남긴 이들도 있었습니다. 그 자유의 다리에는 몇 명의 미군들이 지키고 있었습니다.

몇 명쯤은 밀어내고 계속 구호를 외치며 들어갔습니다. 계속 총소리가 들렸습니다. 그러나 무장 부대가 아닌 맨손으로 전진하며 외치는 우리에게 정면 충격은 없었고 요란한 총소리만 많이 들렸습니다. 우리 학생 중에 부상자가 18명이나 생겼습니다. 머리와 허리와 다리에 파편들이 박힌 것입니다.

이렇게 자유의 다리를 지나 판문점으로 돌진했습니다. 그때 군사들이 동원되어 장갑차가 나왔습니다. 우리 선배 한 분이 장갑차 바퀴 앞에 누워 버렸습니다. "나를 밟고 지나가라", "내 피를 바치련다" 하며 돌진하라고 했습니다. 그때 "Go home! Go home!" 하며 우는 미군들도 있었습니다. 우리 맨 앞에는 영어를 하는 분들이 몇 분 계셔서 의사소통이 되었습니다.

그런데 선두자들을 먼저 잡아갔습니다. 우리 숫자보다 군인들의 숫자가 더 많아졌기에 강제로 두세 명만 태워도 트럭은 어디론가 사라져 버렸습니다. 단체로 태우지 못했던 것은 차에서 뛰어내렸기 때문입니다.

그때 영어를 하는 분들과 미군들 사이에 대화가 되어 미국의 존슨 대통령에게까지 전달되었습니다. 존슨 대통령은 한국에 군사 원조와 상당한 보상을 할 것을 약속했습니다. 그 사건으로 미국뿐 아니라 이북에도 초비상이 걸렸다고 합니다.

김일성은 남한의 60만 대군보다 남한의 기독교가 더 무섭다는 것을 알고 있었습니다. 빈손 돌격대 300명 뒤에는 수많은 기독교인이 있다는 점에서 총칼로 해결하지 못할 골칫거리라는 것이었습니다.

  이와 같은 정보는 북한의 이필은 해군 대위를 통하여 직접 들은 소식입니다. 이필은 대위가 남한으로 귀순하여 첫마디로 용문산 돌격대들이 있는 곳을 물어서 용문산기도원을 찾아와 여름 산상 대집회 때 간증했기 때문에 알게 된 사실입니다.

  그가 북한에서 해군 대위로 근무하고 있을 때 그 사건으로 말미암아 북한 전군에 비상사태 경계령이 내려졌다고 하였습니다. 지금 남한에서 민간 돌격대가 들어오고 있으니 비상 대비하라는 명령을 받았다고 하였습니다.

  이렇게 공산주의 사상이 강한 것 같아도 목숨 내던진 신앙이 더 무섭다는 것을 북한의 수령 김일성도 알게 된 것입니다. 우리는 비록 저지는 당했지만 한국에도 피가 있다고 외친 정신은 신문마다 머리기사가 되었습니다.

  그리고 미국 CNN 방송을 통하여 세계의 특종 뉴스거리가 되었습니다. 이렇게 하여 강제 압송이 되어 트럭을 타고 그 추운 날씨에 입산해 들어왔습니다. 우리가 용문산으로 입산하는 날 마침 하얀 함박눈이 내렸습니다. 마치 하늘에서 꽃가루를 뿌려 주며 환영해 주는 것 같았습니다.

  며칠 동안 금식한 얼굴들, 포장도로가 아닌 흙길에서 달린 말들처럼 흙먼지가 쌓이고 눈물 흘린 자국이 남은 얼굴을 서로 쳐다보면서 웃기도 하고 울기도 하였습니다. 부상당한 18명은 군인 병원으로 이송되었으며 다행히도 사망자는 없었습니다. 무슨 일이나 찬반이 있기 마련입니다. 그래도 "장하다. 기드온의 용사들이여!" 하는 지지자들이 더 많았습니다. 그런데 더 늦게 알게 된 사실은 그중 30여 명이 입산하지 못했다는 것이었습니다.

#임명숙 수도사님과 얍복강기도원 설립

기드온 신학생 300명 중 30여 명이 아직도 남아서 완충 지대에서 철야 농성을 하고 있다는 것입니다. 나라와 민족을 위하여 목숨을 바치러 간 것인데 산 것이 죄송하여 그곳에 남아서 계속 농성을 하게 된 것입니다.

그중에 리더는 임명숙 수도사님이셨습니다. 임 수도사님의 어머니는 함경도 출신이요, 아버지는 평안도 출신이었으니 그 적극적인 신앙의 불길은 누구도 끌 자가 없었습니다. 이 일로 임명숙 수도사님은 이북의 총칼을 기도로 막아 내자는 애국적이고도 구국적인 결단과 헌신으로 북녘땅이 보이는 임진강 건너편 봉서산 기슭에 얍복강기도원을 설립하게 되었습니다.

봉서산 꼭대기는 북한을 감시하는 레이더망이 설치되어 있고 임진강이 내려다보이는 곳입니다. 1사단 포 부대에서 포 쏘는 훈련을 임진강에 대고 하면 그 대포 소리에 기둥이 울리고 땅이 흔들리는 곳입니다.

동아건설 회장님 모친께서 서울에서 며칠 작정 기도를 하러 오셨다가 포 소리에 놀라 그냥 되돌아가신 일도 있었습니다. 밤새도록 콩밭에서 방언으로 기도해 이북에 암호를 보낸다고 오해하여 고발되기 직전에 처하기도 하였습니다.

임 목사님은 냇가에 목욕하러 온 사람들이 자신을 간첩으로 오인하고 돌로 쳐서 죽이려 하는 고비를 넘기면서 기도원을 개척하셨습니다.

이런 신앙의 정신에 압도당한 나는 항상 임명숙 목사님을 존경하고 사랑하며 섬기는 마음으로 그곳을 자주 왕래했습니다. 고생하지 않아도 될 만한 분이 그렇게 청춘을 불사르며 확고부동한 신념으로 움직이는 것을 보면서 내게 있는 것을 다 쏟아 드렸습니다.

나는 항상 비상금을 그곳에 털어 놓게 되었고, 헤어져 있으면 기도로 응원하게 되었습니다.

하루는 기도하는 중에 얍복강 노래를 지었습니다(부록: 수도와 수행, 기도 중 지은 성가에 수록—편집자 주). 펜을 들고 몇 자 적어 본 것입니다. 그래서 노래를 지어 얍복강기도원에 가서 불러 드렸습니다. 임 목사님의 어머니 되시는 권사님은 덩실덩실 춤을 추고 뛰시면서 기뻐하셨고, 또 감격의 눈물을 흘리며 기도하셨습니다. 임명숙 원장님도 감격하여 따라 부르셨습니다.

그뿐 아니라 임명숙 원장님은 1사단 군인 전도를 많이 하셨는데, 전도할 때마다 이 노래를 부르면 군인들이 은혜를 받고 같이 합창을 했고, 그러다 보니 군가가 되었다는 이야기를 임 목사님을 통해 들었습니다.

그때는 남북관계가 얼어붙은 빙산과 같았습니다. 남한에서는 박정희 정권을 비롯해 반공 사상이 투철했습니다. 북한은 북한대로 간첩을 바다로, 산으로 남파하였습니다. 심지어는 두더지처럼 땅굴을 파고 넘어오려고 최후 발악하는 냉전이 계속되던 때인지라 구국 기도를 처처에서 많이 하였습니다.

전국의 산마다, 특히 서울 삼각산의 경우 바위 위에나 나무 아래에는 마치 바닷가 바위 밑에 고둥이 붙어 있듯이 성도들이 따닥따닥 붙어서 밤을 지새워 가며 기도하던 시절이었습니다.

#1사단 중심의 군 선교를 하다

우리는 그 당시 군 선교에 힘썼습니다. 1사단을 중심으로 해서 강원도 인제군 원통면에 한 연대가 있었습니다. 우리 후배 전도사님이 군종 하사로 일하시면서 우리를 초청했습니다.

그곳에 배치된 군인들은 누구나가 원통히 여기는 곳이라 "인제 가면 언제 오나 원통해서 못 살겠네" 하고 한숨 짓는 곳이라는 말을 들었습니다. 그곳 연대장님은 체구가 크시고 상당히 잘생기셨습니다.

그분의 부인이 기독교인이었고 그분도 마찬가지였기에 군 신자화 운동이 확산되면서 그 부대에서 3일간 집회를 인도하게 되었습니다. 그곳에서 치마를 두른 사람은 우리밖에 없었습니다.

남자만 있는 곳에 여자들이 가니 사방에서 낄낄거리며 웃어 댔습니다.

무슨 구경거리라도 생긴 듯이 2천 명이나 되는 군인들 사이에 새로운 분위기가 만들어졌습니다.

부대원들이 다 모인 다음에는 연대장님이 지휘봉 하나를 들고 앞에 가시고 우리 두 사람은 그 뒤를 따라 군인들 사이의 중앙선으로 걸어갔습니다. 역시 낄낄대는 소리가 들렸습니다.

환영해서 웃는 것도 아니었고, 놀려 대는 웃음소리도 아니었습니다. 도대체 겉으로 보기에는 평범한 여자들인데 이런 군부대에서 열리는 집회의 강단에 오르는 강사라 하니 궁금하기도 하고 반신반의에 찬 표정들이었습니다.

드디어 황세형 대령님의 훈시와 더불어 강사 소개가 있은 뒤 열렬한 박수로 환영을 받고 먼저 임명숙 목사님이 설교하고 뒤이어 내가 말씀을 전했습니다.

특이하게도 그곳에는 군인 전용 가수가 있었습니다. 이상하게 생긴 사나이였습니다. 모자는 삐딱하게 걸치고 군복은 갈기갈기 찢어진 데다 얼굴 모양은 직사각형이었습니다.

이는 뻐드렁니였는데 조영남 가수가 부르던 '물레방아 인생'을 불렀습니다. 2천 명 군인들의 앙코르 박수가 터져 나왔습니다. 목소리는 가수 조영남 씨 저리 가라 할 정도로 뛰어났고 매력적이었습니다. 강사님들에 대한 답례의 노래라고 소개했습니다. 그 노래가 끝나자 우리도 복음성가를 불렀습니다. 우리는 밤낮으로 목이 터지도록 목을 사용했기에 음성은 곱지 못하나 굵직한 소리라서 대중을 휘어잡는 데는 한몫했습니다. 우리가 부른 노래는 '전도대가'였습니다.

"우리는 십자가 군병이로다 나가자 싸움터로 어서 나가자 하나님의 명령 받은 장병들이니 용감하게 돌진하자 적진 속으로."

이렇게 시작되어 7절까지 있는 성가였습니다. 노래 소리보다 가사가 은혜로웠습니다. 집회를 마치고 일어나면서 장병들이 하는 말이 들렸습니다. "사내자식들은 죄다 죽어야 한다"는 말이었습니다.

여자들도 저렇게 외치는데 사내들은 무엇하느냐 하는 말같이 들렸습니다. 이렇게 교회는 교회대로 군 선교에 최선을 다했습니다.

서울영락교회 한경직 목사님께서 말씀하시기를 기독교에서 군 선교 자금 11억을 만들었을 때 불교의 군 포교 자금은 30억이라고 하였습니다. 불교는 신자가 적었고, 기독교는 자금이 적었습니다.

우리의 다른 선배들도 사단이고 연대고 부대마다 들어가서 합동 세례식을 거창하게 하였습니다. 그중에 부산에서 사역하시던 이옥란 수도사님은 20사단에서 집중적으로 전도하였습니다.

이옥란 감림산기도원 원장님께서는 한경직 목사님을 비롯한 100여 분의 목사님을 초청하여 20사단 연병장에서 3,478명의 군인에게 진중 세례를 베풀기까지 하였습니다. 그러나 기독교 신자인 김영삼 씨가 대통령으로 선출되면서 그의 정치 공약은 군 신자화에 찬물을 끼얹게 되었습니다.

불교 신자인 대통령 시절 때도 이런 열렬한 군 신자화 운동이 일어났었습니다. 그런데 군 부대 내 종교인의 숫자를 평준화시키겠다고 공약을 했기 때문에 군승들의 숫자를 늘리게 되었습니다. 반면에 기독 장교들과 군목들의 수는 줄여서 천주교, 불교, 기독교 신자 숫자를 똑같이 만들어 버린 것을 지금도 마음 아프게 생각합니다. 그뿐 아니었습니다.

새 정부 출범과 동시에 깨끗한 나라를 만들기 위해 기독교부터 정화해야 한다는 명분으로 나라와 민족을 위하여 기도하는 삼각산 구국 기도자들을 통제하는 바람에 구국 기도의 물결이 마치 썰물 빠지듯 되어 버렸던 것도 역시 마음 아픈 일입니다.

불교 군승들은 30억을 가지고 움직이니 자가용 굴리며 큰소리치고, 11억을 가진 기독 장교 군목들은 오토바이 신세가 되어서 전도 길이 막혀 계급 세계에서 진통을 겪는다는 이야기를 들으면서 역시 마음이 아팠습니다.

지금 생각해 보면 옛날 분들의 신앙이 참으로 존경스럽습니다. 쑥죽

고개, 보릿고개를 넘으면서도 청렴결백했고 청빈 생활의 본을 보였던 골동품 같은 신앙 운동으로 오늘날 한국 교회의 영맥을 이어왔다고 생각합니다.

신앙을 정치가 이용해서도 안 되고, 신앙을 문화가 삼켜서도 안 됩니다. 정치와 문화와 교육이 신앙 안에 있어야 한다는 것을 우리 그리스도인들은 목숨을 걸고 지켜야 합니다.

"우선 먹기는 곶감이 달다"는 옛 속담이 생각납니다. 그러나 너무 많이 먹으면 탈이 나고 고통이 따릅니다. 사람은 세 가지 본능을 채우며 산다고 합니다. 첫째, 먹고 사는 식욕 본능, 둘째, 생육 본능, 즉 애욕 본능, 셋째, 소유욕의 본능입니다.

육에 속한 이 모든 것을 추구하고 사는 것이 쓴 잔을 마시는 신앙생활보다 더 달콤합니다. 마치 10대가 과자 봉지에 좌우되듯이 20대는 이성의 맛에 정신을 잃고, 30대는 천하를 삼킬 듯한 소유욕에 좌우됩니다.

그뿐 아니라 40대의 명예욕에 대한 치열한 경쟁도 마찬가지입니다. 그러나 이러한 모든 것들은 잠깐 후에는 남기고 갈, 떨어져 나갈 떡잎에 불과합니다.

그러므로 떨어져 나갈 유한한 것을 위해 살지 말고 사후에도 영원히 가지고 갈 믿음을 점검하면서 날마다 악에 지지 말고 선으로 악을 이기는 인생을 살아야 합니다.

3장
흰돌산기도원 설립까지의 여정

#하루 한 차례씩 후원자님들께 기도 선물을 보내다

나는 10월이 되면 결실의 달이라고 해서 한 해의 영적 결실을 묵상해 보고, 11월이 되면 감사의 제목을 목록화해 보았으며, 12월이면 총결산의 달이 되면서 성탄의 기쁨을 맞이하곤 했습니다. 그해따라 유난히 추운 12월이었습니다. 12월에는 은혜 입은 자들이 보내오는 크리스마스 소포를 받는 기쁨이 컸습니다.

작든 크든 선물을 받으면 그것의 십일조를 드릴 수는 없어서 언제나 먼저 남에게 대접하고 나누게 됩니다. 그 어려운 시절에도 나의 책상 밑에는 먹을 것이 많았습니다. 그리하여 나의 수도실 방은 부엉이 굴이라고 불렸습니다. 받는 기쁨, 나누는 기쁨, 모두가 다 주님의 은혜였습니다.

주님의 사랑을 받으면 일생 빚진 자가 되고, 성도들의 사랑도 받으면 사랑의 빚을 지게 됩니다. 사람이 멀리서 남에게 소포를 보낸다는 것은 시간과 금전과 수고가 필요한 일입니다. 적은 것에도 감사하며 보내 주신 사랑을 갚을 길이 없었습니다.

육으로 받은 사랑이었으나 기도로라도 갚아야 했습니다. 그래서 10일 동안 한 사람을 위하여 하루 저녁씩 기도의 선물을 보내기로 작정하고 자정만 되면 구국 제단으로 올라갔습니다. 먼저 선물 꾸러미를 만들듯이 내 몸을 담요로 감쌌습니다. 그리고 '오늘은 아무개에게 보내는 선물입니다' 하고 그 가정과 손길을 위해 기도했습니다.

3~4일은 무난하게 할 수 있었으나 5일이 지나고 나니 너무 힘들었습니다. 그러나 작정한 대로 계속 구국 제단으로 올라갔습니다. 마지막 10일째에는 나를 위한 헌신의 밤을 보냈습니다.

선배들처럼 산에 더 있고 싶어도 못 있고 기도원 개척을 위해 산에서 나가야 하는 차례가 다가오고 있었기 때문입니다.

다 각각 섬기는 제단이 있는데 나는 아무런 대책이 없었기 때문에 더더욱 기도해야만 했습니다. 몸을 바칠 준비는 되었는데 드릴 제단은 어디 있느냐며, 땀과 눈물과 피 3대 액체를 쏟을 수 있는 제단을 달라고 입을 열어 주님께 기도드리는 마지막 밤이었습니다.

로고스의 말씀이 아무리 많아도 레마의 말씀으로 내게 와닿지 않으면 생명력이 없습니다. 그저 하나의 지식에 불과한 것입니다. 간절히 울면서 이 몸을 드릴 준비가 되었다고 기도하는데 성령께서 아브라함에게 주셨던 '여호와 이레'라는 말씀으로 내가 확신할 수 있도록 응답해 주셨습니다. 응답하셨다는 것은 하나님께서 책임지시겠다는 약속이었습니다.

그렇다고 하늘에서 어떤 것이 뚝 떨어지는 것은 아니었습니다. 내가 믿는 그분이 내게 감동을 주셔서 나를 평안케 하시면 나는 그것을 믿고 때를 기다리며 인내하는데, 이렇게 하는 힘은 나만의 탁월한 재산이었습니다.

우리는 이 땅에서 무엇을 하든 허가서가 필요합니다. 불법적인 것은 항상 불안하게 합니다. 세상에서도 그러하지만 보이지 않는 하나님의 세계에서도 사명을 받고 일하는 일꾼들은 하나님 나라의 승인이 필요합니다. 그런데 구하는 자에게 주시게 되어 있는 것이 하나님의 섭리입니다. 찾는 자가 만나게 되어 있는 것입니다. 이것은 성경에 문서화되어 있는 언약입니다.

　목숨을 바치고 젊음을 바쳐 주님의 일을 감당하고, 밤을 밝히며 얼음을 녹일 듯한 눈물의 기도로 몸 바칠 제단을 달라고 기도하는 사람에게 응답이 없다면 그 모든 것은 바알의 종교 의식과 다를 바가 없다고 생각합니다.

　그러나 내가 믿는 그분께서는 예나 지금이나 살아 계셔서 역사의 수레바퀴를 돌리시며 일하시는 분이십니다. 그분은 졸지도 않고 주무시지도 않는 분이시며 감찰하시는 하나님이십니다. 그날 이후 지금까지 지식이며, 건강이며, 재물이며 어느 것 하나 내가 준비한 것은 없습니다. 다만 주의 일을 위해 하나님께서 만세 전부터 준비해 놓으시고 감추어 놓으신 것이 필요하니, 이제 약속대로 달라고 기도드렸습니다.

　하나님께서는 아브라함에게만 '여호와 이레'가 아니라 그분을 믿는 믿음을 소유하면 누구에게나 '여호와 이레'가 되십니다. 그분은 아브라함의 하나님이요, 이삭의 하나님이요, 야곱의 하나님이시며, 동시에 나의 하나님이 되시는 분이십니다.

　무슨 일이든지 시작보다 끝이 더 아름다워야 합니다. 하지만 일하기 전의 준비도 참 귀한 것 같습니다. 기도원을 개척하러 나가기 위하여 날마다 준비 기도를 하게 되었습니다. 공동생활의 시간표에 따라 규칙대로 하는 기도 외에 이미 언급했듯이 숨어서 나 혼자 준비하는 기도가 나에게는 더욱 귀중한 과제였습니다.

　'여호와 이레'라는 응답도 숨은 기도를 통하여 받은 것이었습니다. 그 외에 크고 작은 응답들 모두 오직 하나님과의 일대일 면담 같은 만남의 시간 가운데 얻은 것들이었습니다. 하나님을 만나는 시간을 나 자신 스스로가 만들어 내기 위해서는 환경의 어려움을 물리쳐야 하는데 이것부터가 큰 작업이었습니다.

　나는 그 당시 젊은 여자였기에 밤에는 남자들도 무서웠고, 간첩도 짐승도 귀신도 무서웠지만, 하나님으로부터 외면당하지 않고 일대일로 그분을 만나기 위해 마음의 싸움과 시간의 싸움을 치열하게 해야 했습니다.

#김한순 권사님과 올드미스 김한수 집사

나는 용문산기도원 집회 시간에 간증 설교를 했습니다. 그때 은혜 받은 성도가 나를 찾아왔습니다. 그때부터 그분은 나를 돕기 시작했습니다. 을지로에서 인쇄소를 운영하고 있는 분이셨습니다.

그분은 경기도 의정부 사람인지라 서울 근교의 지리를 잘 알고 있었고 유명한 산맥도 잘 알고 있었습니다. 더구나 우리 3기 수도생들이 7년 만기가 되면 각자 기도원을 개척하러 전국으로 흩어져야 하는 것을 알고 나를 택한 분이셨습니다.

그분은 올드미스 김한수 씨였습니다. 그분의 언니는 홍은동장로교회 개척 멤버로 교회에 충성하시는 김한순 권사님이셨습니다. 그즈음 나는 아무런 대책도 없이 천수답처럼 하늘만 쳐다보고 기도하고 있었습니다. 그때 내가 부러워한 사람이 있다면 그것은 부모로부터 재산을 상속받은 사람이었습니다. 부모로부터 상속받은 돈으로 땅을 구입하고 집을 짓는 광경을 보면서 부러워하였습니다.

그런데 김한수 씨는 그때 이미 서울 강북구 우이동에 있는 도봉산 땅을 구하려고 돌아다니고 있었습니다. 그리고 창동에 있는 자신의 논을 팔아 8천 평이나 되는 도봉산 땅을 매입하기 위해 계약까지 했습니다.

나는 너무나 감사했습니다. 우리 동기들은 그 소식을 듣고 나서 나를 보면 "너는 복덕방에 앉았다"라고 하며 부러운 듯 이야기하곤 했습니다. 그야말로 산 좋고 물 좋고 경치 좋은 곳으로 서울에서도 가깝고 나쁜 점이라고는 찾아볼 수 없는 곳이었습니다.

그런 데다 나는 서울 병이 든 사람처럼 항상 서울을 동경하였습니다. 부흥회를 인도해도 서울에서 하는 것이 좋고, 사람을 상대해도 서울 사람을 상대하는 것이 좋았습니다. 사람들의 수준이 다르다고 느꼈기 때문입니다.

"사람을 낳으면 서울로 보내고, 말을 낳으면 제주도로 보내라"는 속담이 있듯이 나 역시 서울이라는 곳에서 기도원을 하고 싶은 사람이었습니다. 서울 근교에 있는 도봉산을 올라가 보니 얼마나 좋은지 몰랐습니다. 흐르는 물에 붕어가 헤엄치며 놀고 있는 땅이었습니다.

그보다 더 좋은 조건은 을지로에서 사업하는 분이 십일조로 기도원을 운영하게끔 밀어 준다는 것이었습니다. 주의 종이 금전 문제에 시달리면 영력이 약해지니 적극적으로 밀어 주겠다는 약속이었습니다. 나는 정말 감사하고 감개무량한 마음에 그동안 해왔던 고생이 하루아침에 다 풀린 듯 기뻤습니다. 그래서 당연히 전능자 하나님께 무릎을 꿇었습니다.

"주여, 감사합니다. 나의 육안으로 볼 때는 다 좋습니다. 하나님께서도 좋으신가요?" 하고 물었습니다. 그런데 나 좋은 대로 마옵시고 아버지 좋은 대로 허락해 달라는 기도가 이상하게 자꾸 흘러나왔습니다. 내가 좋아하면 나의 일이 되고 하나님께서 좋아하셔야만 주의 일이 된다고 부르짖었습니다.

나는 산 좋고 물 좋고 경치 좋은 것만 알지만 주님은 나의 장래와 주의 일의 장래를 알고 계시니 주께서 만약 이곳이 좋으시다면 일이 되도록 열어 주시고, 아니면 어떤 방법으로든 막아 달라고 기도했습니다. 그러나 내심 기도를 그렇게 했으니 주님이 그곳으로 길을 열어 주시겠지 생각하고 있었습니다.

그래서 도봉산에 주둔하는 군부대에 가서 내가 도봉산기도원 원장이라고 미리 소개까지 하고 다녔습니다. '도봉산기도원 원장 서인애'라는 직함으로 감사장을 받은 적도 있습니다.

그런데 이게 무슨 일이란 말입니까? 도봉산에서 큰 사건이 하나 생겼습니다. 당시 그곳 산맥을 타고 간첩이 남파되었다는 소식이 전해지면서 그곳에 콘크리트 장벽이 설치되었고 임시 사격장도 생겨 버렸습니다. 엎친 데 덮친 격으로 그곳이 그린벨트 지역 제1호로 지정되기까지 하였습니다.

그때 김한수 씨는 당시 중앙정보부장과 잘 아는 사이라고 하면서 돈을 들여서라도 이 상황을 해결할 것이라고 나에게 말했습니다. 그런데 이보다 더 중요한 문제가 하나 있었습니다.

칼빈신학교를 나오신 여전도사님이 무허가이지만 이미 그곳에 천막을 치고 집을 한 채 짓고 도봉산제일기도원이라는 이름으로 간판을 내걸고 기도를 해온 지 2년이나 되었다는 것입니다.

사격장이야 늘 이용하는 곳이 아니라 비상시에만 사용하는 곳이니 별 상관이 없었다고 하더라도 기도원이 이미 있다는 사실은 예사로 여길 일이 아니었습니다. 문제는 그 여전도사님의 기도 눈물이 이미 그곳에 바쳐졌다는 점이었습니다.

만약 무당의 신당이나 절간이라면 목숨 걸고 들어가겠지만, 교파만 달랐지 같은 그리스도의 일꾼으로 일하는 사람이 이미 시작하고 있는 기도원을 철거할 수는 없는 노릇이었습니다. 그때 나는 문득 "남의 눈에서 눈물 나게 하면 내 눈에서는 피눈물 난다"는 옛말이 생각났습니다. 그래서 신앙 양심상 도저히 들어갈 수가 없었습니다.

그랬더니 김한수 씨가 말하기를 삼각산에는 기도원이 120개나 되는데 도봉산에 제일기도원이 먼저 세워져 있는 것이 무슨 문제가 되냐면서 우선 들어가고 보자는 것이었습니다.

그러나 나는 김한수 씨에게 어차피 똑같은 주의 일이니 그분을 밀어주고 그 산은 그냥 가지고 계시라고 말했습니다. 그랬더니 그분은 몹시 화를 내면서 내가 다른 곳에 가서 기도원을 한다면 땡전 한 푼 도와줄 수 없다고 말했습니다.

그때 나는 "좋습니다. 나는 이미 당신의 도움을 받은 것이나 다름없지만 주님께서 이모저모로 막으시니 할 수 없는 일입니다"라고 대답하고 미련 없이 그곳을 떠났습니다. 사람이 받기는 쉽지만 거절하기는 참 어렵습니다.

#엄묘선 권사님의 은혜와 사랑

어려운 고뇌의 길에서도 어느덧 7년 동안의 공부를 마칠 즈음 기드온 신학교 졸업반인 나는 미래를 향한 새로운 길을 찾아야 했습니다. 언제나 선택의 갈림길에서 길은 하나가 아니라 복수로 주어집니다.

한 길은 가기가 쉬운 길이어서 쉽게 선택할 수 있습니다. 하지만 다른 길은 선택하기가 망설여지는 길입니다. 나에게 주어진 한 길은 공부를 더 하는 진학의 길이었습니다.

나를 기도와 물질로 도우시던 서울의 엄묘선 권사님은 항상 나에게 합동 측 총회신학을 권했습니다. 그분은 당시 한남동에 있던 단국대학 학장님의 모친이었습니다. 또한 예장 합동 측 총회 소속인 성도장로교회 권사님이셨습니다.

내가 어려울 때마다 그 당시 한국 돈으로 2만 원씩 용돈을 주신 분이십니다. 그분은 나에게 산에 있지 말고 나와서 사회 신학을 하라고 늘 권했습니다.

학자 집안 출신으로 매우 조용하셨던 그분은 나뿐 아니라 마음에 감동이 오는 대로 다른 학생들도 장학생으로 많이 길러내셨습니다. 대한예수교장로회 합동 측 제92회 총회 증경 총회장님이신 심용실 목사님노 그분의 힘을 크게 입은 믿음의 아들입니다.

권사님은 이북에서 월남해 오신 분으로 자궁암 말기 사형선고를 받았습니다. 아들이 억지로 권하여 수술 날짜를 받아 놓고 계셨습니다. 그런데 이분이 몰래 은행에 가서 자신이 예금해 놓은 돈을 다 찾았습니다.

그리고 그 돈을 일일이 나누어 흰 봉투에 넣고, 요 밑에 넣어둔 다음 병문안 와서 자신을 위하여 기도해 주는 분들에게 봉투를 하나씩 꺼내 주셨습니다.

　마지막으로 병문안 오신 분에게 드리려고 요 밑을 보니 그 나눠 놓은 돈 봉투가 모두 다 없어졌더랍니다. 그분의 이런 믿음을 보신 하나님께서 그 병을 자신도 모르게 치료해 주셨습니다.

　아들과 함께 의사를 찾았을 때 의사가 놀라며 하는 말이 다 치료되었다는 것이었습니다. 권사님은 치유를 기뻐하며 하나님께 감사하는 마음으로 삼각산에 구국 기도원을 세워 다달이 집회를 열었습니다.

　그런 신앙의 체험이 있는 그분을 나는 존경하며 따랐습니다. 서울에 갈 적마다 후암동 버스 종점 부근에 있던 그분 댁을 늘 들르곤 했습니다. 하루는 그 댁을 들렀더니 그분이 한숨 소리를 크게 내면서 하시는 말씀이 "내래 큰 마귀가 붙었소이다" 하셨습니다.

　그 이유인즉 이러했습니다. 권사인은 후암동 자택 옆에 있는 집을 세를 주고 월세를 받아 생활하셨습니다. 그런데 마침 세를 준 사람이 무당이었다는 것입니다. 그 여자 무당은 신굿을 하고 유명해서 돈을 잘 버는 사람이었습니다. 그러나 월세도 내지 않고, 나가라고 해도 나가지 않았습니다.

　그런 까닭에 큰 마귀가 붙었다고 걱정을 하시면서 나보고 그 집에 같이 가보자고 했습니다. 그리하여 권사님을 따라나섰습니다.

　그 집에 이르러 마루 끝에 앉아서 잠시 묵상 기도를 하고 있었습니다. 묵상 기도 중에 "주님이시여" 하고 주의 이름을 부르는 소리가 내 입 밖으로 한숨처럼 흘러나왔습니다.

　그런데 그 작은 소리가 들렸는지 그 무당이 마루에서 소리를 지르며 내 흉내를 냈습니다. "주님이시여" 하더니 어디 와서 주님을 찾느냐고 호통을 쳤습니다.

　그리고 얼굴이 벌개지더니 급하게 자기 방으로 들어가 노랑 저고리에 빨강 치마를 입고 나와서는 두 팔을 벌리면서 자기 신을 불렀습니다.

"훠이, 나의 군사들 다 어디 갔나?" 하고 귀신 군사들을 모집했습니다. 그래도 나는 꼼짝하지 않고 마루에 걸터앉아 "주님이시여!" 하고 기도만 하고 있었습니다.

그 무당은 우리 주변을 몇 바퀴 돌더니 내 앞에 정면으로 다가왔습니다. 그러더니 어디 새벽 2시에 보자고 하면서 내 눈앞에서 나를 위협했습니다.

그래도 나는 "주님이시여!" 하고 앉아 있었습니다. 그런데 갑자기 그 큰 여자 무당이 내 앞에서 벌떡 뒤로 넘어졌습니다. 그리고는 입에 거품을 물고서 버들버들 떨더니 벌떡 일어나 대문을 열고 혼비백산 도망갔습니다.

그래서 우리 두 사람은 때는 이때다 싶어 곧바로 그 안방에 들어가 차분하게 예배를 드렸습니다. 그리고 여유 있게 그 여자를 기다리고 있었습니다. 그러나 그 여자는 나타나지 않고 대신 그 친구가 나타났습니다. 그래서 웬일이냐고 물었더니 그 친구가 말하기를 그 무당이 너무 무서워서 못 가겠으니 자기더러 대신 가서 말해 달라고 해서 왔다는 것입니다.

그러면서 언제까지 그 집을 비워 준다고 약속하길래 다짐을 받고 그 집을 떠나왔습니다. 그 후 물어보니 진짜 집을 비워 주었다고 했습니다. 그 사건이 있어서인지 그 권사님은 나를 무척 사랑해 주었습니다.

그리고 나에게 사당동 총회신학을 하라고 많이 권하셨습니다. 그래서 나는 졸업 후 사회 신학을 할 것인가 하는 문제를 놓고 많은 고민을 했습니다. 그러나 워낙 기본 실력이 부족한 데다 서울에서 공부한다는 것이 그리 쉽지 않다는 판단에서 생각을 접었습니다.

#엄묘선 권사님께서 땅 오천 평을 기증하기로 약속하다

도봉산기도원의 꿈을 접은 후 그래도 서울에 대한 미련이 남아서 다시 기도하면서 서울에 있는 관악산을 헤매고 다녔습니다. 그러던 중에 누군가로부터 수원에 있는 땅을 소개받았습니다.

도봉산이나 관악산 정도를 보고 다니고 있었기에 마음에 썩 내키지 않았습니다. 그래서 단번에 싫다고 뿌리치고 다시 서울로 올라와 관악산, 불암산 등 서울에 있는 좋다는 산은 다 헤매고 다녔습니다.

그렇다고 해서 준비해 놓은 재정이 있는 것도 아니었습니다. 그저 막연하게 이 산 저 산을 찾아다니는 모습이 처량하기 짝이 없었습니다. 서울 근교에 있는 불암산은 도봉산 못지않게 경치도 좋았고 바위가 높이 솟아 있어 운치가 있는 멋쟁이 산인 것 같았습니다.

그때 엄묘선 권사님께서 땅 5천 평을 기증하겠다고 하시면서 나를 데리고 다니셨습니다.

그런데 나는 그 땅을 내가 속한 교단의 재단법인으로 하겠다고 하고 그 권사님은 내 개인 명의로 해야만 그 땅을 사주겠다고 하셔서 우리 둘의 의견이 맞지 않았습니다.

그분이 그러시는 이유는 이러했습니다. 내가 독신으로 주의 일을 하고 있으므로 나의 장래를 위하여 그 땅을 내게 주시는 것이지 그 어느 누구를 위한 것도 아니라는 것이었습니다.

그러나 그때는 내가 소속되어 있던 교단의 재단법인이 아니면 개인적으로 기도원을 운영할 수 없는 때였습니다. 그래서 나는 잠깐 좋다가 말았습니다.

#주님이 계신 곳이 서울이요, 명동이요, 천국입니다

그러나 나는 여전히 서울 근교를 떠나지 않고 계속 관악산 등 이 산 저 산으로 기도원 자리를 물색하고 다녔습니다. 잠시도 이 산 저 산에서 눈을 뗄 수 없어 정처 없이 이곳저곳으로 다니고 있었습니다.

그런데 갑자기 주님의 음성이 들려왔습니다. "얘야, 명동 한복판에 앉아 있어도 내가 없으면 거기가 서울이겠니?" 하는 음성이었습니다. 그래서 "주님 계신 곳이 서울이요, 명동이요, 천국입니다"라고 대답했습니다. 내 생각이 서울이라는 틀을 벗어나지 못할 때였습니다.

명동 거리는 서울의 대표적인 거리로서 최신 유행의 거리요, 비싼 땅이요, 고층 건물에 돈 있고 멋있고 배경 있는 사람들만 으스대며 왕래하는 거리라고 생각했습니다. 그런데 주님의 음성이 들려왔습니다.

서울 명동 한복판에 앉아 있어도 주님이 없다면 내가 성공하겠느냐는 질문이었습니다. 나는 그때 열 번이고 백 번이고 주님이 없는 명동은 서울도 아니고, 천국도 아니라는 것을 고백하면서 "주님 없는 천국은 내가 원치도 않고요, 주님 있는 지옥도 나는 싫지 않아요"라고 대답하였습니다.

사실 우리는 장소 탓을 많이 합니다. 그날 주님의 그 질문 앞에서 나는 서울이라는 장소에 대한 집착에서 완전히 해방되었습니다.

예수의 이름 때문에 밧모섬으로 유배를 갔던 사도 요한은 그곳에서 예수를 만나 천국을 보는 눈이 열리게 되었습니다. 복음을 전하다가 로마의 감옥에 갇혔던 베드로도 예수의 이름 때문에 극적으로 감옥에서 탈출하는 초자연적인 기적을 체험하였습니다.

내가 서울 명동 한복판에 있어도 거기에 예수의 이름이 없으면 내게는 아무런 의미가 없습니다.

그러나 내가 강원도나 전라도 끝에 있더라도 예수님의 이름이 나와 함께한다면 거기가 바로 서울이라는 확신을 갖게 되면서 "나 어느 곳에 있든지 늘 맘이 편하다"라는 찬송은 나의 것이 되었습니다.

그러면서 세상의 가장 높은 곳 서울의 명동을 바라보며 높아질 대로 높아졌던 나의 콧대와 의지가 여지없이 꺾이고 나니 그렇게 싫었던 수원 땅을 향하여 발걸음을 옮길 수 있게 되었습니다.

은혜의 동산 흰돌산기도원 설립

#경기도 화성군 세곡리 흰돌산기도원

그 땅은 내가 가장 사랑하고 존경하던 임명숙 목사님 이모님의 땅이었습니다. 그 당시 이모님께서는 미국에 계셨습니다. 땅 관리는 임 목사님의 모친께서 하고 계셨습니다.

그 땅은 산이었는데 하얀빛이 섞인 비취석 돌산으로 앞뒤로 몇만 평에 걸쳐 있는 넓은 산이었습니다. 그런데 그 산에 들를 때마다 도적들이 돌과 나무를 트럭으로 훔쳐 간 흔적을 많이 발견하게 되었습니다. 그런 까닭에 나에게 산지기를 겸하여 산도 지키면서 기도원도 운영하라는 제안을 하셨습니다.

애초에는 마음에 들지 않아서 가지도 않았던 땅, 마치 시집갈 처녀가 선을 보는데 미남만 보다가 추남을 만난 것처럼 마음에 들지 않았던 땅, 화성 깍쟁이, 개성 깍쟁이, 안성 깍쟁이라 하여 한국의 3대 깍쟁이에 든다고 소문난 곳이었습니다.

그곳은 동리를 끼고 깊숙이 들어가 있는 땅, 물 없는 땅, 길 없는 땅, 인심 나쁜 땅, 절간이 있는 땅, 그늘진 땅으로, 정말 육안으로는 내 마음에 들지 않는 땅이었습니다.

하나님은 내가 가고 싶어 하는 땅은 막으시더니 돈 없고 힘없는 나약한 나를 이제 빈손 들고 주님 이름 하나만 부를 수밖에 없는 사람으로 만들어 놓으셨습니다.

'유'(有)는 없고 '무'(無)만 있는 사람인 듯 콧대도 낮아지고 소망도 사라져 버렸습니다. 산으로 들어가려 하니 정식으로 계약이 필요했습니다. 몇 만 평 되는 산 중에서 천 평만 나눠서 평당 150원에 외상으로 매매 계약을 하고는 천막 하나를 사서 몸 바칠 제단을 쌓기 위해 산으로 들어갔습니다. 천 평 되는 그 땅은 동북 방향의 그늘진 땅이었습니다.

건너편 남향 쪽에는 명당처럼 자리 잡은 천광사 절간이 있었습니다. 그때는 1974년 3월 25일로 늦추위가 기승을 부리는 쌀쌀하고 매서운 날씨였습니다.

나는 첫날 밤을 천막에서 지냈습니다. 다음 날 아침 산에서 제일 먼저 들리는 소리는 천광사의 목탁 소리와 염불이었습니다. 내 기도 소리보다 그 소리가 먼저 온 산천에 메아리쳤습니다. 그날부터 나의 심장 박동은 빨라지기 시작했습니다.

그 절간은 지어진 지 15년이 되었는데 이미 자리가 잡힌 절간이었습니다. 내가 가진 것은 주님의 이름과 나의 눈물뿐이었습니다. 나의 전 재산은 오직 그것뿐이었습니다.

다음 날 아침 나는 이장님 댁을 찾아가 인사를 드리고 나의 사명에 관하여 이야기해 드렸습니다. 그 이장님은 전명환 씨로 연세가 좀 있고 이장을 9년이나 하신 분이시며 군 내에서 알아주는 존경받는 분이셨습니다.

내가 산속에서 천막을 치고 지낸다고 했더니 여자가 산에서 지내다 해동기에 땅이 녹으면 질퍽대고 습기가 많아져 병이 난다고 하시면서 동리에 셋방을 얻어 주셨습니다.

못 이기는 척 동리로 내려가 셋방살이를 시작했는데 알고 보니 천광사에 열심히 다니는 신도의 집이었습니다.

내가 방에서 기도하면 안방에서는 그분이 염불하고 경을 읽었습니다. 서로가 서로에게 거슬리는 데다 동네 아낙네들이 구경거리라도 생겼다는 듯이 무더기로 찾아와 원숭이 구경하듯 했습니다.

나는 금세 그들에게 구경거리가 되었고, 또한 말거리가 되었습니다. 그러면서 나를 반대하는 그룹이 생겨나는가 하면, 절간 신도들로부터 압력이 들어오기 시작했습니다.

절간의 스님은 부인과 자녀 4남매가 있었고 그 장모님은 산 너머에 사는 무당이었습니다. 누군가가 나를 찾아와 호통을 쳤습니다. 어디서 무슨 짓을 못해 먹어서 절간 입구에 와서 방해하느냐 하면서 행패를 부렸습니다.

그때 머릿속에 지혜가 떠오르기를, '나는 이 산에 산지기로 왔는데, 그럼 당신들이 이 산의 돌과 나무를 지켜 주시겠냐'고 질문했습니다.

'당신은 당신 땅 지키고, 나는 내 땅 지키는데 무슨 상관이 있냐'고 했습니다. '대한민국 땅 당신이 다 지킬 힘이 있느냐'고 하면서 어디서 힘이 났는지 당당하게 말했더니 좀 수그러진 듯하였습니다.

이제 바야흐로 싸우며 건설하고, 또 싸우며 건설하는 일이 시작된 것입니다. 사람을 사서 나무를 베고 땅을 파기 시작하면서 공사가 시작되었습니다.

공사가 시작되자 땅 주인으로부터 땅값을 먼저 계산하라는 전갈이 왔습니다. 평당 150원에 외상으로 계약했는데 땅 매입금 전액 15만 원을 당장에 만들 길이 없었습니다. 그래서 엄묘선 권사님을 찾아갔고, 유 권사님도 찾아갔습니다.

두 분께 땅값 이야기를 드렸고 그분들이 땅값을 지불해 주시기로 했습니다. 그런데 땅 주인이 갑자기 전체 땅값을 20만 원으로 올려 버리는 것이 아닙니까? 그런 법이 어디 있느냐고 따졌지만 소용이 없었습니다.

땅 주인의 요구대로 값을 지불했습니다. 그러고 나서 눈물로 공사가 시작되었습니다. 우선 사람이 거할 집을 짓게 되었습니다. 그래도 평소에 알고 지내던 분들께서 한 분 한 분 찾아와 주셨습니다.

제일 먼저 오신 분은 현재 캐나다에 계시는 김복화 권사님이셨습니다. 그 권사님은 우리 형제가 고생한 것을 알고 안타까워하시며 위로해 주시던 분이십니다.

캐나다 이민 수속을 끝내시고는 가시기 전에 전국 기도원 순방을 하고자 하셨습니다. 제일 먼저 우리 기도원에 들르셨습니다. 내가 사는 동리 셋방에 오셔서 며칠을 함께 머무시던 중에 고추장, 된장을 담가 주고 가야겠다고 하시더니 동리를 다니시며 물건을 사들이기 시작하셨습니다.

그리고 하루는 잠깐 기도하고 오겠다고 하시며 산에 올라가셨습니다. 한참 동안 내려오시지를 않아 이상하다고 생각하고 있는 중에 그제야 내려오시는데 머리는 흙으로 범벅이 되었고 옷도 형편이 없었습니다.

그분께서 "야, 이 산이 보통 역사가 있는 산이 아니다. 큰 역사가 있을 곳이다" 하시면서 말씀하시기를, 자리에 앉아 기도하자마자 성령의 불이 임하는데 얼마나 뜨겁게 임하는지 땅바닥에 떼굴떼굴 굴렀다는 것입니다.

그러면서 전국 기도원 순회할 비용과 헌금을 우리 기도원에 내고 다른 기도원 순회는 하지 않기로 하셨습니다. 더욱이 자기가 쓰던 살림살이를 모두 다 우리 기도원에 기증하고 캐나다로 떠나셨습니다. 얼마 후에 편지가 왔습니다. 혼자 일하기 힘드니 결혼을 하라는 내용이었습니다. 목사님이 한 분 계시니 만나 보라는 것이었습니다. 친부모같이 신경을 써주시는 것이 감사했지만 그것은 나와 상관없는 생각이었습니다. 이렇게 우리 기도원은 돈으로 시작한 것이 아니고 눈물의 기도로 시작하여 그때그때 성령의 감동을 입은 자들의 협력하에 벽돌 한 장 한 장이 모여 지어지게 되었습니다.

성도 한 분의 감동에 벽돌 한 장이 올라가는 식이었습니다. 그렇게 하여 겨우 '디귿 자' 모양의 집을 짓고, 큰 방에는 30~40명이 모여 앉아 예배

드릴 곳을 만들었습니다. 그 해에 첫 집회를 했습니다.

그 방이 가득 차도록 사람들이 모였습니다. 그해 내 나이가 34세였습니다. 그동안 방황도 많았지만 좋은 연단의 기간이었습니다.

드디어 큰 방 하나, 작은 방 하나가 생겼습니다. 나는 정말 재벌이 부럽지 않을 정도로 뿌듯했습니다. 문은 미닫이문이었고 창호지를 발라 붙인 문인지라 사방에서 불어오는 바람을 창호지 한 장이 막아 주는 집이었습니다.

돌쩌귀도 없고, 대문도 없었습니다. 낮에는 일하고 밤에는 기도하며 새벽 예배로 시작하여 저녁 예배로 마치는 일과 후에 자는 잠은 진짜 꿀잠이었습니다.

젊은 여자가 산에서 지내다 보니 아마 동리 남자들의 호기심을 자극했던 모양입니다. 그들은 낮에는 일하고 저녁때가 되면 은근히 술을 먹고 나를 찾아오곤 했습니다. 어떤 이는 윗옷을 벗고 술로 가득해진 배를 그대로 드러낸 채 싱글싱글 웃으며 찾아오기도 했습니다.

그날 방 앞에는 개 한 마리가 있었습니다. 방 안에는 춘자라는 스무 살짜리 아가씨가 함께 있었습니다.

캄캄한 밤에 산 너머 무당집 아들이 술김에 우리 집을 찾아와 기웃거렸습니다. 어디선가 쌍소리가 들리는 듯하여 내가 "이놈, 나쁜 놈이지?" 하고 산에서 기도하던 큰 목소리로 소리소리 지르며 가만히 놔두지 않을 것이라고 고함을 질렀습니다.

나의 고함에 놀란 그는 허겁지겁 도망가다가 논 시궁창에 빠져 버렸습니다. 한밤중에 드라마 같은 장면이 펼쳐진 것입니다. 그때 그 광경을 생각하면 지금도 웃음이 납니다. 밤이면 두려움 때문에 눈물로 기도하고, 낮에는 공사가 있으니 땀 흘려 일해야 했습니다.

하루는 해 질 녘이 되어 일꾼들과 함께 흙 묻은 손을 털고 감사하며 사중창을 했습니다. 일하는 사람들은 모두 성가대 경험이 있었습니다.

"주 하나님 지으신 모든 세계"를 한 곡 불렀습니다. 기도원 앞에서 사람들이 웅성대는 소리가 들렸습니다.

그래서 이 시골에 음악 소리가 나니 사람들이 모여드는구나 생각하고는 한 곡을 더 뽑았습니다. 그런데 그분들은 내 예상과는 달리 기도원 설립 반대 시위를 하려고 모인 아저씨들이었습니다. "그거 조용히 못 하겠소!" 하고 시위를 시작했습니다.

나는 겁도 없이 그들이 모여 있는 곳으로 찾아갔습니다. "여러분, 듣기 싫으면 귀를 막아 보시지요"라고 응수했습니다. "귀를 막는 것이나 나오는 기쁨의 노래를 막는 것이나 힘든 것은 마찬가지요. 세상 음악도 있지만 우리는 지금 그리스도인들로서 종교 음악을 하고 있는데 무슨 죄가 있단 말이요? 일제 탄압 때도 종교는 막지 못한 것처럼 엄연한 종교의 자유가 있는데" 하고 대꾸했더니 틀린 말이 아니라는 듯이 한 명 한 명 슬금슬금 물러갔습니다.

그다음 날부터 그들의 대표 되는 분이 직접 재배한 채소를 종종 갖다주곤 하셨습니다. 그리고 어려운 일이 있으면 자기에게 말하라고 하셨습니다. 나도 산에 딸린 논이 있으니 쌀농사를 짓는가 하면, 산의 나무를 없애고 밭을 만들어 농작물을 심고 가꾸어 먹었습니다.

시골에 살면 시골 사람이 됩니다. 검붉은 얼굴에 그동안 진액을 쏟는 기도의 연단 기간을 거치면서 피골이 상접되어 그 동리 사람들은 나를 '갈비'라고 불렀습니다. 갈비인 내가 지나가면 길가에 있는 집에 모여 놀던 청년들이 구정물을 끼얹으며 나를 방해했습니다.

#시골 사람들의 무서운 텃세

내가 지나가기만 하면 이곳저곳에서 휘파람을 불어 대며 놀려 대곤 했습니다. 논에 물을 대려고 해도 낮에는 할 수가 없었습니다. 그들은 괭이나 삽을 든 사람들이었기에 조금이라도 자기네 논을 건드리면 인심이 사나워졌습니다.

밤에 산에서 기도하던 경험이 있었기 때문에 한밤중에 나가서 논에 물을 대고 논둑을 다독다독하고 들어오곤 했습니다.

동리 사람들은 하나님은 믿지 않아도 귀신은 무서워했습니다. 흰돌산 기도원은 옛날 처녀가 목 매달아 죽은 자리라고 해서 저녁 해만 지면 동리 사람들이 언덕을 넘어오지 못하는 자리에 있었습니다. 그래서 그들은 여자 혼자 어떻게 그곳에 사느냐면서 대단하다고들 했습니다.

그곳 사람들은 해만 지면 우리 논 쪽에는 얼씬도 하지 않았기 때문에 내게 밤은 논에 물을 대기에 너무 좋은 시간이었습니다.

그럭저럭 한여름이 지나고 가을도 지나 겨울이 오고 12월 크리스마스가 되었습니다. 내 짧은 생각으로 우리 기도원에는 식구도 없고 교인도 없고 사람도 많지 않기에 겨우 쌀 한 말 분량의 가래떡을 뽑고 빈대떡만 조금 구웠습니다.

그런데 오후가 되니 동리 아낙네들이 석가 생일날이 더 성대한지 예수 생일날이 더 성대한지 보자면서 청하지도 않았는데 기도원으로 모여들었습니다. 그래서 나는 동리 부인들에게 조금 준비해 놓은 음식을 대접했습니다.

저녁때가 되자 남자들의 소리가 요란스럽게 들려왔습니다. 나는 엉겁결에 "춘자야! 음식도 적은데 저 남자들 소리가 나니 어떻게 하냐? 원장 없다고 해라" 하고는 방에 들어가 숨은 듯이 있었습니다.

춘자가 거짓말이나마 원장님이 없다고 하면 그들이 돌아갈 줄 알았는데 오히려 정반대로 문짝을 발로 걷어차는 소리가 들렸습니다.

"뭔 예수 생일이 이렇게 시시껄렁해?" 하고는 행패를 부리기 시작했습니다. 발로 문짝을 쿵쿵 차는 소리를 듣고는 가만히 방에 앉아 있을 수가 없었습니다. 겨우 건물 하나 짓고 재벌 부럽지 않게 살고 있는데 그런 건물에 발길질하는 순간 내 살점이 떨어져 나가는 느낌이었습니다. 그래서 나는 큰 소리로 "거 누구냐?" 하고 고함을 질렀습니다. "누가 밤중에 찾아와서 문을 차는 거야?" 하고 소리를 질렀습니다. 내 고함을 들은 그들은 깜짝 놀라서 모두 도망갔습니다. 스무 살 때부터 산에 들어가 죽을 각오를 하고 기도하고 찬양하면서 터진 목소리는 기도원을 개척하면서 위험할 때마다 요긴한 도구로 사용되었습니다.

그날 밤 만약 가녀린 여성의 음성으로 대응했다면 그들이 곱게 물러갔겠는가 생각해 보면 이것도 주의 종에게 필요한 은혜였습니다.

이렇게 간신히 어려움을 모면하고 다음 날이 되어 열심히 일하고 있었습니다. 동리 사람들을 데리고 일을 하면 아랫마을부터 윗마을까지 동리 사정을 속속들이 알게 됩니다.

그런데 그날 동네에 초상이 났다는 것입니다. 누군가가 나에게 누가 죽었는지 아냐고 물었습니다. 그래서 나는 그저 "몰라요. 누가 죽었어요?" 하고 되물었습니다.

그런데 듣자 하니 어제 저녁에 함께 기도원으로 몰려왔던 청년 중 문짝을 발로 찬 사람이 전기에 감전되어 갑자기 죽었다는 것입니다. 나는 그가 누군지 몰랐습니다. 밤에 몰래 찾아왔다가 갑자기 도망간 사람이 누구인지 알 수 없는 것은 당연한 일이었습니다. 하지만 자기들끼리는 서로 알고 있었는지 소문이 퍼진 것이었습니다. 이렇게 작지만 믿음으로 시작된 하나님의 사업에는 하나님께서 함께하심을 자타가 실감하도록 하시는 것입니다.

그러나 이것은 작은 일이었습니다. 이스라엘이 출애굽해서 가나안 땅에 들어가기까지 하나님께서 함께하신 증거들과 간증들이 성경에 기록되어 있습니다.

출애굽이 인간의 계획이었다면 단막극으로 끝났겠지만 하나님의 계획이었기에 하나님은 이스라엘 백성을 애굽에서 끌어내시기 위하여 한두 가지가 아닌 무려 열 가지나 되는 재앙을 내려서라도 하나님의 일이 진행

되게 하셨습니다.

이것이 바로 하나님께서 역사하시는 방법입니다. 개는 짖어도 기차는 달리듯이, 반대하는 소리와 이단이라 매도하는 소리가 난무해도 하나님께서는 하나님의 사람을 사용하셔서 하나님의 일을 이루어 가십니다.

이렇듯 이런저런 표적을 통하여 하나님께서는 기도원을 반대하는 세력과 여성 기도원장의 약함을 틈탄 온갖 방해를 막아 주는 방패가 되어 주셨습니다.

사람이 살아가는 동안에는 먹고 마시는 문제가 해결되어야 합니다. 우리 기도원은 수원에서 서남방으로 30~40리 길에 자리 잡고 있었습니다. 뒷산의 이름은 건달산입니다. '마를 건' 자에 '달할 달' 자라고 합니다. 땅을 파면 흙보다 돌이 더 많은 산이라서 비가 오면 진흙이요, 비가 그치면 물이 돌에 스며들어 고이는 물이 없습니다.

산 밑 논 옆에 물이 고이는 곳이 있어서 임시로 그 물을 식수로 사용하였습니다. 그러나 기도원에 점점 사람이 많이 모이기 시작하면서 더 많은 물이 필요했습니다. 이 산 저 산을 헤매며 물의 근원지를 찾았습니다. 산꼭대기에 옹달샘이 하나 있었습니다.

참 반가웠습니다. 물 옆에는 옻나무들이 많이 있었습니다. 그 나무의 진이 살에 닿으면 옻이 올라 나병처럼 퍼지는 나무입니다. 그러나 그 물을 끌어 내리는 방법을 연구하고 동리 사람을 불렀습니다. 걸어서 15분에서 20분 올라가야 하는 거리였습니다.

여름에는 호스를 사용하여 물을 내려 마시면 되지만, 겨울에는 땅이 얼어붙기 때문에 삽자루보다 더 깊게 파야 했습니다. 파면 팔수록 돌멩이가 산더미처럼 나왔습니다. 그러나 결국 꼭대기에서부터 파 내려와 부엌까지 파이프가 연결되었습니다.

급기야 그 물은 약물이 되어 물탱크에 찰랑찰랑 채워졌습니다. 마치 물 댄 동산 같았습니다. 그러나 물의 양은 제한이 있었습니다. 가뭄에 비가 오지 않으면 물줄기가 줄어들며 우리 마음을 근심케 했습니다. 물줄기가 마르면 우리의 마음도 타기 시작했습니다.

그래서 또 물 근원을 찾아다녔습니다. 조금만 습기가 보여도 가랑잎을 헤치며 눈여겨 살펴보았습니다. 행여나 므리바 반석 같은 기적이 일어날까 하고 찾았습니다. 그러나 기적은 눈으로 살피는 데 있지 않고 일하는 데 있었습니다.

하루는 수원 영락교회 담임목사님이신 이근섭 목사님을 방문했습니다. 인사를 드린 후 가보아야 한다고 일어서는데 왜 그렇게 빨리 가느냐고 물으셨습니다. 그래서 가서 사람을 사서 샘을 파려고 괭이와 삽을 사러 수원에 왔다고 말씀드렸습니다. 이근섭 목사님께서 하시는 말씀이 지금이 어떤 시대인데 괭이나 삽으로 샘을 파느냐는 것이었습니다.

그럼 무엇으로 물을 파느냐고 물었더니 잠깐만 기다리라고 하시면서 어디엔가 전화를 하셨습니다. 그러고 나서 목사님께서 그 교회 집사님 한 분을 소개하시면서 "이분은 기계로 샘을 파는 분인데 물을 파서 나오면 돈을 받고 안 나오면 안 받는 분"이라고 말씀하셨습니다. 참 반가운 소식이었습니다.

이렇게 나는 사회 경험이 없는 사람이라 그때그때 부닥치는 대로 배우면서 살아갔습니다. 만나는 사람들은 다 나의 선생님들이었습니다. 그래서 약속대로 우물 파는 트럭이 와서 앞마당에서 땅을 파기 시작했습니다.

통통통 소리를 내며 파고 들어가는데 하나에 열 자짜리 쇠파이프를 사용했습니다. 파이프 4개가 들어가고 나자 땅 밑이 전반적으로 반석이라 더는 팔 수 없다고 했습니다. 그래서 다른 장소로 옮겨 다시 파기 시작했습니다.

역시 4개 이상은 들어가지 않았습니다. 그는 이제는 어쩔 수 없다며 실망한 표정으로 기계를 해체하여 옮기기 시작했습니다. 그런데 나는 물을 달라고 기도한 땅에 물이 없다면 기도원은 더는 성장할 수 없는 땅이 아닌가 하며 이상하게 생각했습니다.

나는 그 집사님의 바짓가랑이를 붙들고 늘어졌습니다. "집사님, 군대 갔다 오셨지요? 6·25 전쟁 때 한 대대가 공산군에게 폭격당해 몰살했는데 그중 한 명이 살아남았답니다" 하고 말하기 시작했습니다. 그곳은 설마산인데 공산군의 눈을 피해 군인들이 탄광 굴로 들어가 숨었다가 공산군이 폭격해서 다 죽어 버렸기에 군인들의 희생 탑을 세워 놓은 것이 생각났습니다.

"그때 살아남은 그 사람이 식당을 운영하여 번 돈을 보내와 공원을 만들고 비석을 세우고 도로 포장을 했답니다"라고 말을 이어갔습니다. 다른 사람들이 다 죽어도 한 사람은 살아남았듯이, 이 땅 전면이 다 돌 땅이라도 파이프가 들어갈 흙 땅이 반드시 있을 것을 믿었기 때문입니다. 그래서 그 집사님의 바짓가랑이를 붙들고 늘어졌습니다.

"이제 한 번만 더 옮겨서 파되 물이 또 나오지 않으면 제가 시간에 대한 배상을 해드리겠습니다"라고 했더니 그 말이 그의 마음을 움직였습니다. 나는 옆을 떠나지 않고 지켜보고 있었습니다.

그런데 계속해서 쇠파이프는 들어가고 있으나 물은 나오지 않는다는 것이었습니다. 그러면서 고개를 갸우뚱하며 이 산은 돌산이라 깊은 곳일수록 물이 없는 땅이라고 부정적인 말만 계속 했습니다.

하지만 나는 믿음이 있었습니다. 지하수는 깊은 곳에 있을수록 맛이 좋다는 믿음이었습니다. 14개의 파이프가 들어가더니 급기야 물이 터졌습니다. 검은 반석을 깨뜨리고 물이 나왔으니 이런 물은 약수라고 했습니다.

아닌 게 아니라 검사 결과 그 물의 수질은 너무나 좋았습니다. 그 물은 가뭄도 없고 홍수와 상관이 없어서 좋았습니다. 이렇게 사람이 먹는 식수도 어려움을 통과하고 나서야 질 좋은 것을 얻게 되는 것입니다.

아무리 돌산이지만 하나님의 백성들이 마실 물은 있기 마련이고, 깊이 팔수록 질 좋은 물을 발견하듯이 돌 같은 강퍅한 사람도 파고 들어가면 눈물도 땀도 있는 질 좋은 생수를 공급하게 될 것을 확신합니다. 말씀도 깊이 파야 하고, 묻혀 있는 축복도 깊이 파야 쏟아집니다.

#제1성전 건축과 윤미진 처녀의 헌신

말을 타면 종 부리고 싶은 것이 사람의 마음입니다. 하나가 있으면 또 다른 하나가 더 필요하다고 느끼게 되는 것입니다.

큰 방에서 예배를 드리던 때는 작은 성전 하나만 있으면 원이 없겠다고 생각했습니다. 그래서 믿음으로 기도부터 했습니다. 성전이 생기면 오순절의 초대교회와 같은 성령의 역사가 있기를 원하는 마음으로 50일을 작정했습니다. 50일을 특별기도 기간으로 정하고 기도하는데 드디어 믿음이 왔습니다. 믿음의 기도는 역사하는 힘이 있다고 하셨습니다(약 5:16).

그 믿음은 다름이 아니라 일곱 명이 예배당을 짓게 해달라는 것이었습니다. 한 사람이 지으면 교만하게 될 것 같아서 완전 숫자 일곱 명을 구했습니다. 그 일곱 명이 누구인지는 모르나 믿고 기도했습니다. 그렇게 시작한 기도가 50일이 지나 끝났습니다. 그러고 나서 한 달에 한 번 드리는 가정예배를 인도하기 위하여 서울 모래내의 함 권사님 댁에 갔습니다.

함 권사님은 남대문시장에서 이불 가게를 하시는 분이셨습니다. 그 집에 이불을 만드는 사람들이 같이 살고 예배도 같이 드렸습니다. 그 집에 가성부 아가씨가 있었습니다. 아주 조용하고 얌전한 스물다섯 살 된 윤미진이라는 아가씨였습니다.

전남 여수 돌산 출신의 이 아가씨는 늘 바빴지만 자정에는 꼭 시간을 내어 기도하는 사람이었습니다. 그런데 기도만 하면 성령의 감동이 강하게 임하는데 이번에는 3년 동안 식모살이해서 적금해 놓은 돈을 다 바치라는 감동을 주신 것입니다.

그도 사람인지라 두 마음이 싸우다가 결국은 순종하기로 하고 나를 만났습니다. 예배 후 대문 밖으로 나오는데 나를 따라 나와 주인도 모르게 자기가 받은 감동을 내게 말해 주었습니다.

왜냐하면 성령의 감동을 받은 이야기를 주인 권사님께 했더니 그것은 사탄이 주는 마음이니 물리치라고 하셨다는 것입니다. 주인의 말을 따라 성령의 감동을 물리치고 기도하면 마음에 다시 강한 감동을 주시는데, 이제는 순종치 않으면 그 돈은 병원으로 간다는 마음을 주시더라는 것입니다.

그래서 두려운 마음으로 순종해야겠다고 하면서 다음 달에 적금 만기가 되니까 그때 와서 헌금을 받아 가라는 것이었습니다. 나는 마음이 뭉클해졌습니다. 하나님께서는 왜 많은 사람을 제쳐 놓고 하필이면 이 가난한 사람에게 명령하셨을까 하고 생각했습니다. 그 당시는 내 기도의 응답에 대한 감사보다 그 처녀에 대해 안타까움이 더 컸습니다.

"그럼 너는 어떻게 하려고 그래?" 하니까 "저요? 건강하니까 3년 더 수고하면 돼요. 병들어서 병원 가는 것보다 낫지요" 하는 것이었습니다. 너무 감격스러운 간증이라 나는 우리 기도원 봄 집회 때 이 간증을 했습니다. 이 간증을 들은 성도들은 다 회개하며 은혜를 받았습니다.

'저런 식모도 전 재산 들여 성전을 짓는데 그보다는 나은 형편에 있으면서 불참하면 무슨 복을 받겠는가?' 하고 생각한 것입니다. 봄 집회 때 은혜 받은 사람 중에는 빚을 내서라도 한 몫 담당하겠다며 나선 사람이 6명이나 되었습니다.

그래서 일곱 사람이 재료 한 가지씩을 부담해서 45평 되는 첫 예배당을 건축하고 봉헌식을 거행하게 되었습니다.

하나님의 생각은 사람의 생각과 달랐습니다. 만약 부자가 먼저 감동을 받고 헌금을 하였으면 당연히 돈 많은 부자이니까 헌금한다고 했을 것입니다. 그런데 하필이면 가장 가난한 사람을 앞세워 일하게 하시고 부한 자들을 부끄럽게 만드셔서 회개하게 하고 성전 건축에 동참하게 하신 것은 하나님의 지혜였습니다.

그 후에 일어난 일들은 더 은혜로웠습니다. 우리 기도원에 목수 일을 잘하는 건넛마을 총각이 하나 있었습니다. 매일 같이 출퇴근하면서 일을 성실하게 잘했습니다.

이런저런 이야기 끝에 미진이에 대한 간증을 해주었습니다. 그런데 이 총각이 서둘러 서울로 찾아가 미진이와 선을 본 후 그해에 결혼하게 되었습니다.

미진이는 빈손으로 시집가 시댁 식구들의 미움도 많이 받았으나 다 참고 견뎌 냈습니다. 그 후 서울로 이사가 손수레에 강냉이를 싣고 장사를 해서 남편이 신학을 할 수 있도록 밀어 주었습니다.

나중에 남편은 목사가 되고 그는 사모가 되었습니다. 지금까지 내가 복음을 전파하는 곳에서 이 여인의 간증도 함께 하는 것은 그가 성령의 감동에 순종한 결과이며 하나님께서 나에게 그 일을 생각나게 하시기 때문입니다.

성령의 감동을 배반한 자에게서는 사람이 떠나가지만, 성령의 감동에 순종하는 자에게는 사람이 따르게 되고 그 감동 또한 영원히 전파되는 것입니다.

#수원연수원에서 받은 새마을 교육

이제 겨우 첫 예배당을 짓고 집도 지으면서 흰돌산기도원의 윤곽이 조금씩 드러나기 시작했습니다. 면사무소에서도 면장님을 위시하여 부면장님 등 여러분이 다들 잘 보살펴 주셨고 파출소에서도 상당히 협조적이었습니다.

그때는 박정희 대통령이 새마을 운동을 적극적으로 전개하던 때였습니다. 수원연수원에서는 각계각층의 사람들이 의무적으로 새마을 교육을 받았습니다. 나는 봉담면 종교 지도자로 뽑혀 4박 5일간 이 교육을 받았습니다.

푸른 재건복을 입고 머리에는 새마을 모자를 쓰고 시간표에 맞추어 자고 깨고 먹고 노래하며 새마을 모범 부락을 시찰하면서 훈련을 받았습니다.

"좋아졌네! 좋아졌네! 몰라보게 좋아졌어! 이리 보아도 좋아졌고 저리 보아도 좋아졌네!"라는 노래를 100번 불러야 그 훈련은 끝이 났습니다. 운동장에 모일 때마다 새마을 노래는 지정곡으로 불렸습니다.

그 노래를 부를 때마다 사람들은 춤을 추며 기뻐하였습니다. 그 노래는 지금도 부르면 흥이 납니다. 더욱이 성공 사례 발표 시간은 눈물바다를 이루었습니다. 강사들은 거의 기독교인들이었습니다.

아무래도 새마을 운동 교육을 받았으니 기도원 건축을 해도 새마을 운동 형식으로 하게 되었습니다. 길거리마다 청결 운동을 시작했습니다. 나무를 심고 꽃을 가꾸며 아름다운 동산을 만들어 나갔습니다.

조경하는 데도 적지 않은 돈이 들었습니다. 날마다 달라지는 기도원은 살이 찌는 듯 기름지게 다듬어져 갔고 은혜의 작품으로 빚어져 갔습니다.

나의 정성과 지혜 그리고 전심을 다한 노력이 담긴 동산은 방문하는 모든 사람에게 사랑받는 기도원이 되어 갔습니다.

농촌에서 일손이 부족해지면서 밭이나 논둑, 들판에 농약을 많이 뿌리게 되었습니다. 그러나 우리 땅에는 농약이나 제초제를 사용하지 않았습니다. 신선한 공기와 풀 내음이 그리워 기도원을 찾는 세파에 시달린 교인들을 배려했기 때문입니다.

그들의 어린 자녀들이 맨발로 뛰어놀 수 있도록 하기 위해서라도 농약으로 땅을 오염시켜서는 안 되겠기에 농약을 일절 금지했던 것입니다. 대신 인건비는 많이 들었습니다. 산의 풀을 깎아야 했고 논둑, 밭둑의 잡초도 낫으로 깎아야 하는데 그러기 위해서는 품삯이 많이 들었습니다.

영적으로나 육체적으로 건강을 위해서는 건강한 땅, 건강한 풀잎과 같은 건강한 자연이 주는 싱그러운 영양이 얼마나 좋은지 모릅니다. 사람들이 우리 기도원을 찾아와 "아유, 공기가 참 맛있다" 하고 감탄하면서 신선한 공기를 들이마시는 것을 볼 때 큰 보람을 느끼곤 했습니다.

새벽부터 밤중까지 눈코 뜰 새 없이 바빴습니다. 새벽에는 설교해야지, 그리고 나면 동네 일꾼들이 오기 전에 일거리 찾아 나서야지, 이른 아침부터 바쁜 일과가 시작되었습니다. 원래 우리 기도원은 한 바퀴만 돌아도 한참 걸렸습니다.

모든 수고가 사랑하는 사람들을 위한 것이라고 생각하면 기쁘게 할 수 있습니다. 사랑에는 수고가 따릅니다. 사랑으로 수고하면 얼굴이나 살림에 윤기가 돕니다. 그래서 나는 이렇게 노랫말을 지어 불러 보았습니다.

1. 은혜의 높은 산 흰돌산기도원
이곳에 생명샘 솟는다 넘친다

2. 축복의 보물산 기름진 동산
은혜 진리 쏟아지는 축복의 터전

3. 밤에는 기도하고 낮에는 일한다
눈물과 땀이 있다 건설이 있다

4. 농서남북 산과 늘은 우리의 일터
일구고 가꾼다 늘어난 살림

(후렴)
아름다운 이 동산에 부지런한 우리
생활은 조국 복음화의 일꾼이로다

이 가사를 새마을 노래 곡조에 실어 부르면 춤이 저절로 나옵니다. 이것은 바로 내 생활을 그대로 가사로 만들어 부른 나의 노래였습니다. 나는 그렇게 살려고 애썼습니다.

하박국 선지자의 말과 같이 외양간에 송아지가 없어도, 논밭에 소출이 없어도 나는 여호와로 인하여 즐거워할 것입니다(합 3:17-18). 나 역시 없는 것이 많은 사람입니다.

세상적으로 돈이나 학식, 건강, 배경, 자식 등 그야말로 가진 것이나 기뻐할 것 없는 사람입니다. 그러나 내가 해야 할 주님의 일을 행하는 기쁨과 보람은 어디에도 비교할 수 없습니다. 그것은 억지로 만든 인조 천국이 아니라 진정한 내 마음의 천국이었습니다.

그렇다고 나에게 눈물이 없는 것도 아니었습니다. 사실 따지고 보면 나같이 많이 울고 산 사람도 없을 것 같습니다. 울다 보니 내가 더욱 불쌍하게 여겨져 더 울 때도 있었습니다.

그래서 내 눈의 장마는 언제나 그칠까 생각해 보기도 했습니다. 대선지자 예레미야는 왜 그렇게 울었을까? 울어 보지 않은 사람은 성경을 이해할 수 없습니다.

#새벽종 치는 자들에게 주시는 축복

수도실에서는 시간을 철저히 지키면서 1분, 1초의 빈틈도 없이 살았습니다. 동작이 늦으면 항상 처지는 사람으로 낙인이 찍혔습니다. 그런 와중에 나는 기숙사에서 신학생들의 사감직을 맡아 본 일도 있었습니다.

그때 마지막 종이 울리기 전에 사감실 방문을 열고 광고를 하곤 했습니다. "5분 전에 먼저 교회 가서 준비 기도 하고 은혜 받을 준비를 하십시오." 매일 같이 같은 광고를 하였습니다.

순진한 사람들은 5분 전에 성경 들고 방석 들고 대성전에 미리 가서 앞자리에 앉아 준비하고 있는가 하면, 종이 재차 울려도 떠나지 않는 학생들도 있었습니다.

그중 하나가 책을 많이 읽는 사람 중에 성경보다 책을 우선시하는 자들이었습니다. 그 당시 신학생들은 나의 별명을 '5분 내'라고 지어 불렀습니다. 그러나 학생들에게만 '5분 내'를 말한 것은 아니었습니다. 나 역시 그렇게 생활했습니다.

나는 언제나 교회 갈 때 적어도 30분 전에는 미리 가서 기도하고 예배를 드렸습니다.

그때 용문산기도원의 종각은 칠성촌 제일 윗집 근처에 있었습니다. 탁신애 권사님의 남편이 늘 종을 쳤는데 그 존함은 기억하지 못해도 그분의 얼굴은 알고 있었습니다.

나는 첫 종이 울리기 전에 항상 교회 가서 준비 기도 하고 예배를 드렸습니다. 그럴 때마다 그분이 등불을 들고 종각의 줄을 잡고 1분, 1초도 놓치지 않으려고 종각 밑의 시계를 뚫어져라 바라보고 계셨습니다.

아침저녁 하루 두 번씩 예배를 드렸고, 그때마다 두 번씩 하루에 네 번 정성껏 종을 치셨습니다.

그 부인 탁 권사님은 기도의 은사가 있어 정신 질환자 몇 명을 돌보며 여러 식구가 함께 산상 기도 생활을 하게 되었습니다. 어느 날 탁 권사님께 질문을 드렸습니다. "어떻게 하여 그렇게 큰 복을 받으셨습니까?"

그러자 "한 가지뿐입니다. 우리 영감님께서 6년 동안 자원하여 무보수로 종을 친 일밖에는 복 받을 아무런 공로가 없습니다"라고 말씀하셨습니다.

6년 후 그 어르신은 용문산기도원 건너편 내남산을 개발하여 정신병원과 농장을 세우고 거대한 갑부가 되어 금릉군 유지가 되었습니다. 그리고 자손들이 승승장구하는 명예와 재물을 얻는 큰 부자 가문이 되었습니다.

그 어르신은 박사도 아니고, 회사 사장도 아니고, 설교 잘하는 목사나 유명한 신학자도 아니었습니다. 그저 양복도 아닌 하얀 바지저고리에 등불을 들고 시계를 보며 종을 치던 꾸부정한 시골 할아버지였습니다. 그런데 금릉군에서 제일가는 복을 누리는 가족이 되었습니다.

#영국 니콜라이 집사의 종 치는 사명과 축복

나는 어느 날 문학 전집에서 영국 캔터베리 교회 니콜라이 집사의 종 치는 사명에 대한 글을 읽었습니다. 꾸부정한 허리에 흰 바지저고리 입고 등불 들고 종을 치며 그 작은 주님의 일에 최선을 다하며 섬기신 탁 권사님 남편분의 이야기와 비슷한 내용을 보면서 무척 인상 깊게 읽었습니다.

니콜라이 집사가 17세 때부터 교회 종을 치고 교회 사찰 직을 수행하다가 76세에 임종을 앞두고 가족들이 지켜보는 가운데 일어나서 옷을 입고 마지막으로 종각의 종을 울리고 종각에서 운명하게 된 사연입니다.

이 이야기를 들은 엘리자베스 여왕이 왕실 묘지를 주어 그를 장사하게 하고 그날을 국가 공휴일로 정했습니다. 그의 아들들은 케임브리지 대학과 옥스퍼드 대학 교수들이 되었습니다.

하나님은 이런 자들을 관찰하시고 보상하시는 분이십니다. 하나님은 오늘도 이러한 충성된 사명자들에게 상 주시기 위하여 찾고 계십니다.

교회마다 바리새인파와 은혜 받고 겸손히 봉사하는 두 가지 부류의 사람이 있습니다. 우리 모두가 죽도록 충성하고 낮은 데로 임하시는 성령의 역사 속에서 현세와 내세에 백 배의 축복을 받기를 소망합니다.

#기도원 개척 당시 새벽마다 친 종

1974년 달랑 천막 하나 치고 기도하던 때였습니다. 주변의 나무를 베는 작업과 집을 짓는 과정에서 제일 먼저 '디귿 자' 집을 짓고, 큰 방을 기도하는 임시 예배실로 정하여 작은 강대상을 준비하고 정식 예배를 드렸습니다.

베는 석 자라도 틀은 갖추어야 하듯이 아무리 개척이지만 흰돌산기도원에도 종이 필요하였습니다. 경북 경주에서 산 큰 쇠로 무거운 종을 만들었습니다. 종탑을 세워 놓고 아침저녁 예배 때마다 직접 종 줄을 잡고 예수님 나이 33세를 알리는 33회의 종을 쳤습니다. 직접 종을 칠 때마다 탁 권사님 남편 생각을 많이 하게 되었습니다.

그런데 어느 날 종 치는 시간을 놓쳐서 그날은 건너뛰었습니다. 그날 아랫동네의 주민 한 분이 기도원에 올라와서 항의를 했습니다. 기도원에서 종을 치지 않아 자기 일정에 문제가 생겼다는 것입니다.

예수는 안 믿어도 온 동네 사람들은 기도원의 종소리에 깨어나서 새벽부터 일과가 시작되었기에 세곡리 동리에서는 기도원 종소리가 첫닭의 울음소리 역할을 했던 것입니다.

그 종소리가 울려 퍼지면서 한 계곡에 살고 있는 천광사 스님과 가족들의 신경을 자극해 영적인 싸움이 치열했습니다.

그들은 산중에 사는 무당들까지 동원했지만 일사각오의 순교 정신으로 대응해 결론은 우리의 승리였습니다.

지극히 작은 일에도 최선을 다하면 승리가 있음을 새삼 경험했습니다.

새벽마다 울리던 교회 종소리는 천하와 영혼을 깨우는 우렁찬 복음의 소리였습니다. 그 소리가 들릴 때가 좋았습니다. 지금은 새벽종 소리를 듣고 싶어도 들을 수 없는 시대입니다.

마지막 때는 신령한 양식이 없어 기근, 기갈이 온다고 하셨습니다. 그러므로 복음이 우리 맘에 저장되어야 합니다.

#흰돌산기도원과 시각장애인 홍순남 씨

기도원 개척과 함께 또 하나의 움막이 생겼습니다. 새마을 사업을 통해 동리에 회관도 하나 생겼습니다. 그런데 동리에 불쌍한 사람이 한 분 계셨습니다. 거지 시각장애인 홍순남 씨였습니다. 그는 동리 회관에서 날마다 얻어먹고 살았습니다.

그런데 마을 사람들이 우리 기도원 앞 언덕길 옆에 움막을 하나 지어 주었습니다. 짚단으로 침대같이 쌓고 굴을 파고 거처를 만들어 그분을 그곳으로 옮겨 드렸습니다. 기도원에 오가는 사람들에게 구걸하고 살라는 것이었습니다.

기도원에서 그분에게 늘 먹을 것을 갖다주었습니다. 그러다 어느 날부터인가 서울 반포교회에서 구제 헌금을 다달이 보내 주기 시작하였습니다. 그즈음 그분은 제법 먹을 것이 생겨 여유가 좀 있었습니다.

그는 늘 술도 얻어먹고 살았습니다. 서당 개 3년이면 풍월을 읊는다고 언제부턴가 그는 기도의 풍월을 읊을 줄 알게 되었습니다. 어느 날 기도원에 있노라니 이상한 소리가 들렸습니다. 내려다보니 그가 울면서 소리 지르며 남의 묘지 앞에 앉아서 기도하고 있었습니다.

나는 가만히 그의 옆으로 다가가서 기도를 엿들어 보았습니다. 그런데 그 순간 성경에 나오는 거지 바디매오가 생각났습니다. 콧등이 시큰해지면서 더 귀 기울여 듣고 싶은 마음이 생겨났습니다. 그는 술김에 기도하고 있었습니다.

부끄러워서 그리고 마을 사람들 눈치 보느라 기도도 못 하던 사람인데 술을 먹었으니 취한 김에 기도하고 있었던 것입니다.

그는 기도원과 동리 사이의 소식통이었습니다. 동리 일 중에 궁금한 것이 있으면 그분을 통해 잘 알게 되었습니다. 기도원에서 일어나는 일은 그분을 통해 동리 사람들에게 알려졌습니다.

나는 가끔 그 움막에 내려갔습니다. 이런저런 이야기를 하면서 언제부터 눈이 그렇게 되었냐고 물었더니 27세 때 보리 가시 록이 들어가서 보지 못하게 되었다고 하였습니다.

그래서 내 동생을 시켜서 서울에서 유명하다고 소문난 안과로 데리고 갔습니다.

당시 동생은 미혼이었는데 언니에게 순종하는 마음으로 그분의 손을 잡고 버스를 타고 그 안과에 다녀왔습니다. 그런데 너무 늦어서 가망이 없다는 절망적인 진단을 받아 왔습니다.

동생이 말하기를 모든 사람이 부부인 줄 알고 쳐다봐 혼이 났다고 했습니다. 그러나 눈감은 소경을 눈뜬 사람이 도와주어야지 누가 돕겠느냐 하며, 능력이 없으면 그런 수고라도 해야 한다고 대꾸해 주었습니다.

그런데 그는 말만 했다 하면 장가를 가고 싶다는 것이었습니다. 그러나 어떤 정상적인 사람이 거지 시각장애인에게 시집을 가겠는가 싶었습니다. 그즈음 기도원 대성전을 짓는 데 어려움이 많았습니다. 이분은 주일마다 자기가 구걸하여 얻은 돈을 헌금으로 바쳤습니다. 한 번은 5만 원, 그다음에는 3만 원, 이런 식으로 구걸하여 얻는 대로 그 돈을 헌금으로 자꾸 바치는 정성이 있었습니다.

어느 날 헌금 봉투가 또 강대상에 올라와 있길래 보았더니 '홍순남 건축헌금 2백만 원'이 적혀 있었습니다. 봉투가 꽤 두툼했습니다. 나는 깜짝 놀랐습니다. 그가 노후에 쓰려고 적금했던 통장에서 돈을 모두 빼내 전액을 헌금으로 바쳤던 것입니다.

예수님 당시에도 5천 명에게 떡이 필요한 때가 있었습니다. 한 작은 아이가 오병이어를 바쳤습니다. 그의 이름은 성경에 기록되어 있지 않습니다. 그러나 그는 주님이 필요한 때에 자신의 것을 내어놓을 수 있었습니다.

주의 일에 동참한다는 것 자체가 참으로 귀중한 것입니다. 홍 씨도 지극히 작은 자 중 한 사람으로서 주의 일에 감동적으로 참여하는 사람이 된 것입니다. 그러므로 복음이 전파되는 곳에서는 이분의 이름도 함께 기념하게 되리라는 감동이 뒤따랐습니다.

기도원 문서에 그분의 이름도 올라갔습니다. 동리 사람들은 "사람은 집터가 좋아야 해", "홍 씨 집터는 명당이야" 하고 놀려 댔습니다.

하루는 전북 부안군 부안읍에서 한 아주머니가 나를 찾아왔습니다. 자기는 갈 곳이 없다고 했습니다. 그래서 부엌에서 주방장을 도우며 여기서 살라고 했습니다.

그는 주방에서 설거지하고 청소를 하며 일을 도왔습니다. 그런데 일주일이 못 되어 주방에서 쫓겨났습니다. 정신이 좀 온전하지 못한 듯했습니다. 이분을 어떻게 하면 좋을까 생각하다가, 저 아래 시각장애인 홍순남 씨 밥하고 빨래나 해주면서 같이 살아가라고 권해 보았습니다.

그랬더니 감히 자기에게 장애인 따위에게 시집가라는 것이냐고 화를 버럭 냈습니다. 그러면서 "그래도 나는 눈뜬 사람인데" 하는 것이었습니다. 그래서 그럼 그만두라고 일단 말해 주었습니다. 그리고는 홍 씨에게 운을 슬쩍 떼보았습니다. 그런데 그는 '아무나 좋소'였습니다. 눈감은 소경이 쌀밥, 보리밥 가리겠냐고 했습니다.

그래서 동리 이장을 찾아가 홍 씨를 장가 보내자고 의논했습니다. 그랬더니 아예 말도 꺼내지 말라고 하셨습니다. 가끔 적당한 여자를 홍 씨에게 데려다주면 하룻밤 자고는 물건을 훔쳐서 도망을 갔다는 것입니다. 또 그런 일을 당하면 하지 않은 것만 못하니 아예 말도 꺼내지 말라는 것이었습니다. 그래서 "알겠습니다" 하고 물러나서 며칠을 지냈습니다.

그런데 어느 날 그 아주머니가 원장실로 찾아왔습니다. 왜 오셨냐고 했더니 하는 말이, 자기가 며칠 동안 곰곰이 생각해 보았는데 아무래도 홍 씨 밥이나 해주고 빨래나 해주면서 불쌍한 사람들끼리 서로 의지하면서 살면 되겠다 싶으니 자기를 홍 씨에게 데려다 달라는 것이었습니다.

그러나 이장님도 반대한 일이기 때문에 그러자고 할 수가 없어서 사실대로 이야기를 했습니다. 그리고 홍 씨도 싫다고 했다고 했습니다. 그랬더니 또 화를 냈습니다. "아유, ××!" 하더니 "나는 눈뜨고 사는데 봉사 주제에 꼴값하네!" 하고 악담을 내뱉었습니다. 그리고는 아무 말 없이 며칠이 지났습니다.

그런데 그 아주머니가 병이 나서 죽게 되었다는 것입니다. 그래서 찾아가서 "아줌마, 왜 병이 나셨어요?" 하고 물었더니 자기를 홍 씨에게 데려다주지 않아서 병이 났다는 것입니다. 사람들이 하는 말이 그 병은 상사

병이라고 했습니다.

그래서 나는 서둘렀습니다. 그래도 움막에서는 결혼 생활을 할 수 없으니 기도원 건너편 밭에 간단하게 두 사람이 살 수 있게 슬래브집을 한 칸 짓고 보일러 시설을 하고 동리에서 수도를 끌어들여 현대식 집을 자그마하게 지어 주었습니다. 그리고 장에 가서 이불과 신랑 신부 옷을 준비해서 이장님과 의논하고 결합해 주었습니다.

그랬더니 얼마나 웃으면서 잘 사는지 동리 사람들에게 놀림거리가 되고 구경거리가 되었습니다. 나도 밭에 가면서 알게 모르게 지켜보면 두 사람이 서로 발을 만져 주며 낄낄대는 웃음소리가 들리고 행복해 보였습니다. 부부란 형편이 서로 같아야 행복하다는 말은 이분들을 두고 하는 말이었습니다.

서로 부족한 사람들이었으니 서로에게서 행복을 발견한 것입니다. '한 사람이 지나치게 똑똑하면 서로 싸우는데…' 하며 여러모로 느낀 바가 컸습니다. 아주머니는 아침에 기도원에 올라와서 일하고, 점심때가 되면 밥상을 한 상 차려 '우리 집 양반 점심 차려 드린다'고 하며 남편을 찾아 내려갔다 오곤 했습니다.

항상 그는 홍 씨를 '우리 집 양반'이라고 불렀습니다. 이들의 소문이 건넛마을까지 퍼졌습니다. 이들은 제법 사람대접을 받으며 살았습니다. 그러나 사람이 살 만하면 일이 생기는 법입니다. 결혼 전에는 하루에 한 끼 또는 두 끼를 그럭저럭 먹고 살던 홍 씨가 결혼한 뒤로는 삼시 세끼를 꼬박꼬박 먹고 살았습니다.

그런데 홍 씨는 운동을 전혀 하지 않아 얼굴은 평안해 보였으나 배가 솟고 얼굴이 붓기 시작했습니다. 몇 년 후 어느 날 홍 씨는 급기야 뇌졸중으로 쓰러져 병원으로 실려갔습니다. 부인이 울며불며 병원 원장님에게 매달려서 제발 좀 살려 달라고 애원하였습니다.

하지만 홍 씨의 명과 복이 거기까지였는지 그는 세상을 떠나고 말았습니다. 사람은 고생이 끝나면 생명도 끝이 나는 것인가 싶었습니다. 돌이켜 생각해 보면 홍 씨가 내 덕을 본 것보다 내가 홍 씨 덕을 본 것이 더 많았습니다.

동리에서 가끔 소를 잡고 돼지를 잡는 날이면 제일 좋은 부위를 골라 고기를 사서 우리 기도원으로 가지고 왔던 홍 씨였습니다. 많을 때는 다섯 근도 넘는 고기를 사 왔고, 그가 내 자랑도 많이 한다고 들었습니다.

이보다 훨씬 큰 은혜를 입은 적도 있습니다. 우리 동리는 뒷산의 산맥이 좋고 앞에는 낮은 산들이 있었는데 양지바른 남향받이에 묘터가 하나 있었습니다. 서울 청량리의 대형 호텔인 M 호텔 사장님이 그곳에 가묘를 해놓았습니다. 그런데 그것이 호화판 묘지로 어느 방송국 기자의 고발 리스트에 올랐습니다.

그 리스트에는 당시 이름만 대도 알 수 있는 가구 제조회사와 M 호텔 사장님의 별장도 호화 별장으로 분류되어 신문과 TV 보도에 오르내리게 되었는데 이 역시 우리 기도원 근처에 있었습니다. 그리고 흰돌산기도원도 세 번째로 물망에 올랐습니다.

그런데 이런 보도가 나가기 전에는 언제나 관공서부터 들러 그 지역 민심부터 조사하기 시작합니다. 그래서 동리 이장님을 만난 기자단이 사진을 찍고 대서특필해서 TV에 방영하게 되었습니다.

그런데 이장님과 반장님들이 말한 홍 씨 사건이 그들에게 전달되면서 그 감동적인 사연에 취재반들까지 감동했습니다.

덕분에 나는 지역 사회에 좋은 일 하는 사람으로 평가받게 되었습니다. 그런 까닭에 우리 기도원은 극적으로 TV 방영에서 제외되었습니다.

생각해 보면 아슬아슬한 일들도 많았습니다. 그러나 겨자씨만 한 믿음의 행위에 따르는 축복이 엄청나다는 것에 감사하며 살아왔습니다. 성경에서 하나님은 말씀하셨습니다. "사람이 무엇으로 심든지 그대로 거두리라"(갈 6:7). 내가 곤란을 겪을 때 홍 씨가 나의 방패가 되어 줄 줄은 꿈에도 몰랐습니다. 더더욱 그 공로가 군내에 퍼지면서 그해에 나는 화성군청으로부터 모범 표창까지 받게 되었습니다.

#기도로 정복한 발안농고 교장 선생님의 선영

9천 평을 땅 뺏기로 차지했으니 또 한 뼘 더 뻗어야 했습니다. 하나님께서 여호수아에게 '네 발이 닿는 곳마다 너의 지경이 되리라'는 말씀을 주셨듯이 나에게도 그 성경 말씀이 그대로 이루어질 줄 믿고 내 주변 땅을 하나하나 밟으면서 기도했습니다.

기도원 주변에는 발안농고 교장 선생님의 땅이 있었습니다. 그 교장 선생님의 선영은 안성 땅에 있다고 했습니다. 그는 지관의 말을 믿었는데, 지관이 말하기를 이 땅은 4대 안에 왕손이 나올 땅이라고 했습니다.

그래서 그 땅에 부모의 묘를 중심으로 본인의 가묘와 자손들의 가묘까지 만들어 놓고 지극정성을 들였습니다. 발안농고에서 좋다고 하는 상록수와 예쁜 꽃들, 비석들과 사자 모양을 한 석상을 비롯한 여러 석상을 가져다 놓은 것은 물론 노래까지 작사, 작곡해서 음표까지 그려 게시판에 걸어 놓았습니다.

그는 새벽에도 이곳에 왔다 가는 등 시간만 나면 찾아와 풀을 뽑고 동산을 사랑하며 아끼는 모습이 더 없는 효자 같았습니다. 가족 사랑의 대명사로 불려도 손색이 없을 것 같은 그런 분이셨습니다. 그 동산에 들러 정성스럽게 돌보고 나면 우리 기노원에 들르곤 하였습니다.

그분께서 하시는 말씀이 기도원 손님들이 자기 부모님과 함께 놀아 주기를 바라는 마음에서 놀이터와 공원같이 꾸민다는 것이었습니다. 벤치까지 갖다 설치해 놓았으니 그늘진 곳에서 사람들이 성경을 보면서 찬양하며 노는 것을 자기 부모님이 보면 기뻐하실 것이라고 하였습니다.

그래서 나는 늘 그 묘터에 가서 기도했습니다. 부활절 예배도 그곳에서 드렸습니다. 그 땅이 기도원 부지가 되었으면 하는 마음에서였습니다.

그곳에서 드린 기도의 제목은 "주여, 산 자와 죽은 자가 함께 주의 일을 하게 해주세요" 하는 것이었습니다.

산 사람이 열 번 말하는 것보다 죽은 영혼이 꿈에 나타나 한마디만 하면 상당한 역할을 할 것으로 생각했기 때문입니다.

나는 과거에 그런 기도를 드려 응답으로 땅을 얻은 경험이 있었기 때문에 그렇게 기도했습니다.

땅 뺏기 놀이처럼 야금야금 기도하며 기도의 침을 발라 놓은 땅을 집어먹고 나면 운동선수들이 금메달을 목에 걸었을 때 성취감에 만족하는 것같이 뿌듯한 마음을 감출 길이 없었던 것이 내 경험입니다. 주의 일을 하는 과정에서는 필요하면 먼저 기도하는 일이 급선무입니다. 어떤 방법으로든지 구하는 자에게는 응답하시는 하나님이십니다.

어느 정도 구하고 난 후 결실을 보는 날이 왔습니다. 교장 선생님의 사모님은 여걸 스타일이었습니다. 수원에서 여성 활동도 많이 하시고 선견지명이 있는 분이셨습니다. 늘 기도원에 오시면 남편 집안에 대한 푸념을 했습니다. 산 사람보다 죽은 조상에게 시간과 정성을 지나치게 들이는 점에 대한 푸념이었습니다.

그러던 어느 날 암으로 세상을 떠나시면서 유언을 남기셨는데 자기의 묘를 안성 선영으로 옮겨 달라는 것이었습니다. 그분의 유언대로 갑자기 묘를 옮기는데 부인의 묘부터 쓰지 않고 부모님 유골부터 옮겨 이장한 후 부인의 묘를 이장하게 되었습니다. 그렇게 아끼고 사랑하던 에덴 같은 동산이 허물어졌습니다.

그곳에 있던 나무와 꽃들은 기도원 정원으로 옮겨 심어졌습니다. 그리고 그 땅은 기도원 용지가 되어 넘어오게 되었습니다. 모든 일은 때가 되면 이루어지는 법입니다. 우리가 믿고 구한 것은 때가 되면 이루어 주시는 하나님이십니다.

우리는 성급해서 기다리는 동안 먼저 실망하고 좌절하고 포기합니다.

그러나 하나님은 우리 생전에 이루어지지 않으면 사후에라도 이루어지게 하시는 분이라는 것을 알고 인내로 기다리며 기도해야 합니다.

목적을 놓고 기도를 시작했으면 이루어질 때까지 기도해야 합니다. 이것이 나의 생활 현장에서 지경을 넓히는 체험의 원동력이 되었습니다.

전도자의 신에서 떨어진 먼지가 증거가 된다고 하신 말씀대로 믿음으로 걸어 다니며 알게 모르게 기도한 결과 두부 모판처럼 반듯한 묘지 땅을 차지하게 된 것은 입으로나 글로나 분명히 전할 수 있는 하나님의 역사였습니다. 내가 기도의 침을 발라 놓은 땅은 모두 다 하나님으로부터 소유를 허락받는 땅이 되었습니다.

#보약 한 제 먹고 싶던 어느 날

주의 사역을 하다 보면 육체적으로는 기진맥진할 때도 많았습니다. 그 동리에서 얻은 나의 별명은 '갈비'였습니다. 몸무게 43킬로그램으로 항상 체중 미달이었습니다.

영적, 정신적, 육체적으로 활동이 많은 탓에 약해진 육체를 대하면서 이상한 느낌이 들 때 생각나는 것이 하나 있었습니다. 보약 한 제 먹었으면 좋겠다는 생각이었습니다.

그래서 나는 우리 재정을 맡아보고 계시는 이성욱 권사님을 불렀습니다. "이성욱 권사님, 원장의 건강 관리를 이렇게 해도 되는 것입니까?"라고 물었습니다. 그분 내답은 "난들 어떻게 해요. 주머니 사성이 뻔한 걸"이었습니다.

그래서 권사님 쳐다보아야 국물도 없겠다 싶은 생각에 이야기를 나누다가 그대로 뒤로 돌아앉았습니다. 그리고 그 자리에서 하나님께 말씀드렸습니다.

"하나님, 권사님 얼굴을 보니 국물도 없네요. 하지만 이 나이에 다른 집에 시집가서 고생하고 기진맥진하면 가만히 놔둘 남편이 있겠습니까?

병원으로, 약국으로 데려가지 않겠습니까?" 하고는 속내를 드러내며 "이제 나도 보약을 한 제 먹어야 하지 않겠습니까?" 하고 돌아앉았습니다.

이성욱 권사님은 배꼽을 잡고 웃으셨습니다. 이 권사님은 웃음을 참지 못하시며 이 사람 저 사람에게 흉인지 자랑인지 이 이야기를 했습니다. 그런데 사흘 후 수원감리교회 정상례 권사님이 찾아왔습니다. 그분은 몇 달 전에 처음 기도원에 다녀가신 분이셨습니다.

그런데 갑자기 사흘 전에 나에게 보약을 해주고 싶은 마음이 생겼다고 말씀하셨습니다. 그러나 산속에서 기도만 하시는 분에게 보약을 갖다 드리면 오히려 피해가 되는 것은 아닐까 하고 망설이다가 이제라도 물어보고 가져와야겠다고 생각했다는 것입니다. 그때 옆에 있던 이성욱 권사님이 웃으며 사흘 전 내가 했던 말과 행동을 그대로 전했습니다.

그분은 하나님의 응답으로 알고 한걸음에 뛰어가서 기쁘게 그 보약을 가져오셨습니다. 그 덕에 나는 난생처음으로 보약을 한 제 먹어 보았습니다. 이렇게 세밀하신 하나님이십니다.

광야에서 하나님께서 주시는 만나를 맛본 자는 하나님이 함께하심을 맛본 자이기에 먹든지 마시든지 그 맛을 계속 사모하게 됩니다. 고기도 먹어 본 사람이 찾는다는 속담이 있습니다. 기왕 보약에 관한 이야기가 나왔으니 또 하나 재미있는 이야기를 소개하고자 합니다.

#보약을 두 제나 먹게 해주신 하나님

임정원 권사님께서 한국에 계실 때 주도하시는 모임이 있었습니다. 한 달에 한 번씩 내가 거기서 설교를 하게 되었습니다. 그중 한 분은 전혀 믿음이 없이 친목계에 참석한 친구였습니다.

처음에 나를 소개할 때 입을 삐죽삐죽하면서 그 나이 먹도록 시집도 못 가고 왜 구질구질하게 사느냐고 했던 분입니다. 끈질긴 친구의 설득으로 결국 그분도 예수를 믿고 신앙생활을 하게 되었습니다.

그리고 나중 된 자로서 먼저 된 신앙으로 권사님이 되셨습니다. 남편도 장로님이 되셨습니다. 남편은 유명한 건축가이셨습니다. 그분은 돈암동에 소망감리교회를 세우는 데 주축이 되셨습니다. 나중에 예수를 잘 믿게 되고서는 나를 가끔 자기 집에 초대하기도 하셨습니다.

하루는 그분에게서 전화가 왔습니다. 서울에 한번 올라오라는 것이었습니다. 그리고 전화통을 잡고서 배꼽이 빠지게 웃으시는 것이었습니다. 왜 그러시냐고 물었더니 하여튼 할 말이 있으니 올라와 보라는 것이었습니다. 올라가서 뵈었더니 꿈꾼 이야기를 하셨습니다.

그분은 자기 교회 목사님을 매우 존경했습니다. 그래서 알래스카에서 사 온 사슴뿔로 자기 남편과 본 교회 목사님의 보약을 지어 드리려고 했습니다. 그런데 그날 밤 꿈에 내가 힐끗 웃으며 자기 방에 들어오더니 내 각 속을 가리키면서 저것 내가 필요하니 달라고 하더라는 것입니다.

그래서 시치미를 뚝 떼면서 "저것이 무엇인데요?" 하고 되물으니 대답하기를 "그 비싼 것 말이요" 하더라는 것입니다. 그 말을 듣고 잠에서 깨어나셨다는 것입니다. 그래서 옆에 잠자는 남편을 깨워 "여보! 여보! 나 이러이러한 꿈을 방금 꾸었는데 이상하지 않소?" 하고 물었습니다.

그랬더니 남편이 손을 흔들면서 "아니야. 그 보약은 내 것도 아니고 목사님 것도 아니니 아예 생각도 하지 마세요. 그것은 그분 것이에요"라고 해서 보약을 지어 놓고 나를 불렀다는 것입니다.

그 당시 내가 교회 부흥 집회를 인도하러 가면 성도들이 강사님 대접한다고 상다리가 부러지도록 차려 놓곤 했습니다. 그런데 나의 몸이 채식화되어 있었는지 기름진 냄새가 나면 밥상 뒤로 넘어지곤 했습니다. 워낙 영양이 부족한 탓에 일어나는 현상이었습니다.

그때는 밥상을 보면 한두 번씩 뒤로 누웠다가 일어나서 다시 그 밥을 먹고 힘을 내 강대상에 올라가 의자를 붙들고 울던 그런 때였습니다. 철이 조금 들면서 과거를 돌아보니 얼마나 감사한 분들인지 모르겠습니다.

첫 영광은 주님께 돌리고, 다음으로는 이런 숨은 봉사자들께 감사를 드립니다.

#기도원 진입로 확장

세계 어느 나라든지 문명의 발달은 길 따라 물 따라 이루어집니다. 그래서 옛날 로마가 세계를 제패했을 때 "모든 길은 로마로"라고 외치면서 길을 닦았습니다. 그뿐 아니라 세계인류 역사의 모든 문명과 문화는 물길을 따라 발전하였습니다. 바벨론의 유프라테스강, 이집트의 나일강, 영국의 템스강, 프랑스의 센강 등 모든 문명이 물길을 따라 이루어졌습니다. 우리나라도 경부고속도로가 건설되면서 한강의 물길을 따라 역사의 전후가 달라졌습니다.

우리나라 역사에서 가장 훌륭한 세 남자를 꼽는다면 첫째는 세종대왕이고, 둘째는 이순신 장군이며, 셋째는 새마을 운동과 경부고속도로 건설을 이끈 박정희 대통령이라고 어느 책자에 나온 내용을 읽어 본 적이 있습니다.

수원에서 기도원 입구까지는 40리 길입니다. 당시 수원에서 발안 사이의 찻길은 비포장 길이었습니다. 버스가 달려가노라면 머리통만 한 돌들에 튀어 오르는 그런 길이었습니다. 앉아서도 출렁출렁 줄넘기하듯 뛰었습니다.

그런 길을 따라 수원에서 장을 보고 보따리를 머리에 이고 또는 등에 짊어지고 기도원을 향해 되돌아오곤 하였습니다. 기도원에 들어오면 피곤해서 쓰러져 버리던 그런 시절이었지만 나는 "주님, 이 길이 포장되지 않게 해주세요. 내가 이 땅을 다 정복할 때까지는 이대로가 좋으니 개발되지 않게 해주세요" 하고 기도했습니다. 길이 좋아지면 그 길을 따라 지역의 땅값이 솟기 때문이었습니다.

버스 정류장에서 기도원까지는 2킬로미터 거리였습니다. 걸어서 30분쯤 걸렸습니다. 그런데 우리 기도원 쪽에서부터 길을 내기 시작했습니다.

기도원으로 오고 가는 길은 논둑 길밖에 없었습니다.

그 길을 걸으면서 깨달은 것이 하나 있었습니다. 좁은 길은 혼자서밖에 걷지 못한다는 것이었습니다. 절대로 둘이서는 걸을 수 없는 외길 논둑 길이었던 것입니다.

기도원 입구에서부터 논둑 길을 따라 큰길을 내려면 남의 논을 많이 사들여야 하므로 막대한 돈이 들어갈 것 같았습니다. 그래서 돌아가는 길 쪽으로 큰길을 내자니 거기는 큰 바위들이 밑에서부터 위에까지 뭉쳐진 바위산이었습니다. 언제까지 장 보따리를 이고 논둑의 오솔길을 따라 오갈 수는 없었습니다.

나는 그 바위를 부수고 큰길을 낼 각오를 하고 동리 아저씨들을 불렀습니다. 그리고 저 밑에서부터 바위를 부수고 길을 내자고 제안했습니다. 그들은 늘 기도원 일을 해주시는 분들이었습니다. 다이너마이트를 사용하지 않으면 못 한다고 했습니다.

그러나 나에게는 믿음이 있었습니다. 이것 하나도 못 부수면서 앞으로 무엇을 이겨 내겠는가 하는 마음이었습니다. 그들은 시키는 대로만 하면 하루 일당을 벌기 때문에 일을 시작했습니다. 오랜 기간을 두고 밥만 먹고 나면 장정들이 가서 부수기 시작해서 결국은 포장도로를 내고 큰 차나 작은 차나 할 것 없이 기도원까지 짐을 싣고 들어올 수 있게 되었습니다. 기도원의 발전은 길을 내면서부터 본격화되었습니다. 전국의 교회와 성도를 상대로 하는 기도원으로 부상하면서 각처의 교회 차들이 바쁘게 왕래하게 되었습니다.

#자상한 아버지 같았던 전명환 이장님

기도원 진입로 길을 확장하기 전에는 모두가 논둑 길로 걸어 들어와야 하는 불편함이 있었습니다. 그러나 길을 닦아 놓고 나니 우선 마을 이장님이 하는 말이 "이후에 늙으면 주차 정리는 제가 하겠습니다"라고 했습니다. 사방을 다니면서 돌산에 길을 내는 저 조그마한 여자가 보통이 아니라고 하며 사실상 그때부터 그 이장님은 남이 알게 모르게 나와 기도원을 적극적으로 아껴 주셨습니다. 해마다 변함없이 민족의 대명절인 설이 되면 김이 모락모락 나는 가래떡을 방앗간에서 뽑자마자 가져오셨습니다.

딸네 집 챙기듯이 파, 생강, 찹쌀 등을 항상 오토바이에 싣고 오셔서 내려놓고는 말도 없이 가시곤 하셨습니다. 돌이켜 생각해 보면 자상하신 아버지 같은 이장님이셨습니다. 내가 미국에 온 후에 돌아가셨다는 말을 들었습니다. 나는 그분의 죽음이 무척 슬펐습니다. 주님께서 그 자손에게라도 천 배, 만 배 은혜를 베푸시기를 기도했습니다.

#흰돌산기도원이 자리한 산은 한국의 10대 명산?

지관들이 우리 흰돌산기도원이 있는 산은 우리나라 10대 명산 중에 들어가는 산이라고 말했습니다. 기도원 초기에 제1호로 집을 하나 짓고 있는데 지관이 지나가며 한마디를 남겼습니다. 이 집은 터를 잘 잡았다고 하면서 재물이 쏟아질 위치에 앉았다고 했습니다.

비록 지관의 말이지만 싫지는 않았습니다. 그래서인지 산 앞뒤로 무당집도 많았고 절간도 하나 있었는데 양지바른 남향판에 위치해 있었습니다. 무당은 무당대로 징을 들고 기도원 마당에 들어와 두들기면서 왜 하필 무당집 바위에 앉아서 소리 지르며 노래하고 기도하느냐고 행패를 부렸습니다. 목사님들이 싱긋싱긋 웃으면서 "참 듣기 좋은데 더 좀 울려 보세요" 하면 그제야 무당은 화가 풀린 듯 돌아가곤 했습니다.

절간에서는 새벽부터 밤중까지 확성기를 틀어 놓고 불경과 가뱅이를 불러 대며 흘러간 유행가도 불러 댔습니다. 그 때문에 많이 들은 유행가는 다 외울 정도였습니다. 그러다가도 어디서 구했는지 '참 아름다워라' 같은 찬송가를 한 절씩 틀어 줍니다. 알고 보니 그 스님은 과거에 교회에 다닌 신자였습니다. 교회 학생부를 담당했던 교사였다고 합니다.

흰돌산은 한국 10대 명산 중 하나인지라 각종 종교인들이 모여들어 제법 요란하였습니다. 싸움도 잦았습니다. 그러나 종교가 다르지 사람이 다른 것은 아니며, 우리는 모두 서로 이웃이라고 생각했습니다. 그래서 길에서 그들을 보면 나는 친절하면서도 공손하게 인사하며 지냈습니다.

그 절간 스님은 4남매를 두고 있었는데 모두 청년이었습니다. 어느 날 그들 중 한 사람이 술을 마시고 기도원에서 기도하는 사람의 목에 낫을 들이대며 위협하였다가 살인미수죄에 걸리게 되었습니다. 어른들이 찾아와 정말 잘못했다고 빌기에 경찰에 넘기지는 않았습니다.

그러나 마음은 평안치 못한 나날을 보내게 되었습니다. 말 그대로 싸우면서 기도원을 건축하게 되었습니다. 산발랏과 도비야와 같이 일을 방해하는 자들이 많았습니다. 그래서 항상 긴장해야 했습니다. 사람들이 괴롭히면 상한 마음을 안고 교회에 들어가 엎드려 기도했습니다. 그때마다 저절로 통곡이 나왔습니다. 하나님 앞에서 세상 약자인 나의 무기는 다름 아닌 기도의 눈물이었습니다.

#기도원으로 몰려온 4H 클럽 회원들

한 문제가 끝나면 또 한 문제가 꼬리를 물듯 찾아오는 방해꾼들도 많았습니다. 어느 날 저녁 예배가 끝날 무렵 동리 20대 청년들이 술을 잔뜩 먹고 기도원으로 찾아왔습니다. 4H 클럽 회원들이었습니다. 나는 얼른 짐작했습니다. 그리고 "어떻게 오셨습니까?" 하고 공손하게 대했습니다. 그랬더니 갑자기 나에게 욕을 퍼붓기 시작했습니다.

그때 나는 "주님, 가만히 계세요" 하고는 젖 먹는 힘까지 다 동원해서 죽자 살자 달려들었습니다. 잡히는 대로 물어뜯고 이성을 잃은 듯 사납게 대했습니다. 욕을 하던 4H 클럽 회장의 허리띠를 붙잡고 "너 이 녀석, 잘 만났어" 하면서 너 죽고 나 죽자는 식으로 덤벼들었습니다.

"아무런 죄도 없이 너 같은 녀석에게 이런 욕을 얻어먹고는 못 살아. 나 이 기도원 안 해!" 하면서 죽을힘을 다해 고래고래 고함을 질러 대자 그들이 빌기 시작했습니다.

"원장님, 그런 게 아니고요" 하자마자 나는 "그런 게 아니라니!" 하며 다시 잡히는 대로 입으로 물어뜯었습니다.

그들은 내 입에 물을 떠다 먹이면서 살살 빌었습니다. 그들은 내가 곧 죽을 것 같은 기세로 이성을 잃은 채 덤벼드니까 야단이 났다고 생각했습니다.

"그럼, 너희들 요구가 무엇이냐? 내가 분한 것은 저 위에 있는 절간의 지시를 받고 너희들이 이 짓을 하기 때문이다"라고 하면서 따지고 물었습니다.

사실 남자의 주먹이나 힘보다 더 무서운 것은 여자가 독기를 뿜어내는 것입니다. 여자를 잘못 건드리면 창자가 뒤집히는 독이 나오는 법입니다. 그래서 여자가 한을 품으면 오뉴월에도 서리가 내린다는 속담이 있습니다. 하여튼 그들은 그날 밤 회개하고 흩어졌습니다. 그다음 날 기도원을 내려가다가 전날 나에게 티셔츠를 찢긴 남자를 만났습니다.

그는 코가 땅에 닿도록 공손히 인사를 하였습니다. 이 소문이 벌써 동리에까지 퍼졌습니다. 마을 사람들에게 "이 ×× 같은 것들이 있나? 그래, 단체로 올라가서 갈비에게 옷이나 찢기고 내려왔어?" 하고 욕을 얻어먹었다는 소문이 들려왔습니다. 이렇게 싸우면서 건축하는 가운데 또 다른 일들을 시작하며 바쁜 하루하루를 보내고 있었습니다.

#네가 얼마나 강하면 군대를 보내겠느냐

어느 날 저녁노을이 지는 황혼 녘이었습니다. 예비군 아저씨들이 기도원으로 올라왔습니다. "어서 오세요, 웬일입니까?" 하고 점잖게 말했습니다. 그러자 아무런 설명도 없이 갑자기 욕을 하더니 내 머리채를 붙들고는 조용한 동네에 들어와서 왜 시끄럽게 떠들고 시골 동네 분위기를 망치냐고 소리를 질러 댔습니다.

나는 또다시 고슴도치처럼 온몸에 소름이 돋는 것을 느끼며 고함을 질렀습니다. "너희가 무시하는 하나님께서는 지금도 살아 계신다. 하늘이 무섭지 않느냐?" 그때 중대장이라는 사람과 다른 한 사람이 우리를 뜯어 말렸습니다. 나는 가만히 있을 수가 없었습니다.

"낮에는 예비군 훈련에 소집되어 가서 훈련받고, 저녁에는 약한 여자 집에 침입해서 행패나 부리는 것이 국가 예비군이냐?" 하고 소리를 질렀습니다. 나는 맨발로 뛰어나가 예비군 사령부에 고발한다고 소리를 지르면서 너무너무 억울하다고 말하였습니다.

미친 사람처럼 돌짝 길을 뛰어가자 고발당하면 불리할 것 같으니 내 양쪽 어깨를 잡고 말리는 자들도 있었습니다.

어두운 밤이 되어 할 수 없이 기도원에 돌아와 그 밤을 보내는데 억울해서 잠이 오지 않았습니다. 나는 날이 새기만을 기다리며 울고 있었습니다. 너무 분하고 억울할 때는 기도도 되지 않습니다. 그러다가 새벽녘이 되어서야 흥얼흥얼하며 기도하기 시작했습니다.

"하나님, 나 너무너무 억울해요" 하고 있는데 갑자기 주님의 얼굴이 스크린처럼 내 앞에 나타났습니다. 너무나 평안하고 여유 있는 모습이었습니다. 이런 모습이었기에 오른편 뺨을 치면 왼편도 돌려 댈 수 있는 분이셨구나 싶었습니다.

그런 주님 앞에서 그날 나의 강한 성격은 산산이 깨지고 허물어지고 말았습니다. 그러면서 들려오는 음성은 "네가 얼마나 강하면 군대가 쳐 들어 왔겠느냐?" 하는 것이었습니다.

억울했던 것이 갑자기 어디론가 모두 사라져 버리고 "주여, 나는 죄인입니다" 하고 고백했습니다. 그날 나는 주님의 크신 사랑과 은혜를 다시금 절절히 체험하게 되었습니다. 사랑도 받지 않으면 할 수 없습니다. 인간의 사랑으로는 원수를 사랑할 수 없습니다.

원수를 사랑하는 힘은 하나님의 선물이요, 은혜입니다. 독사가 아무리 독해도 건드리지 않으면 물지 않습니다. 건드릴 때 독사가 독을 뿜는 것처럼 사람도 건드리지 않으면 성자 같은 법입니다.

그러나 머리채를 건드리고 마음을 건드리니 살인적인 독을 뿜게 된 것입니다. 그 독이 내 속에 숨어 있었기에 그동안 싸움이 계속됐습니다. 그러나 그날 내가 깨어지면서 전날 저녁에 나의 머리채를 잡았던 사람을 끌어안고 용서해 줄 마음이 내 속에서 솟아났습니다. 분하고 억울하다는 생각보다 부끄럽고 죄송한 마음이 앞섰습니다. 그 후 나는 땅과 나무에게도 근신하는 마음을 갖게 되었습니다. 키우는 개에게도 미안해하는 마음을 보여 주었습니다.

악을 악으로 갚는 것은 사람이 사람에게 하는 행동입니다. 악을 선으로 갚는 것은 하나님께서만 하실 수 있는 일입니다. 하나님의 은혜가 아니면 악을 선으로 대할 수 없습니다. 이렇게 주님의 음성을 듣고 마음이 180도로 바뀌었습니다.

전날 저녁에 내 머리채를 잡았던 사람과 이장님이 찾아와 공손히 사과하며 정말 잘못했다고 용서를 빌었습니다. 그 후 그분은 우리 흰돌산기도원의 적극적인 후원자가 되었습니다. 이렇게 싸우면서 건축하고 회개하고 성장하면서 기도원 지경이 넓어져 갔고 건물들이 지어져 올라갔습니다.

제1성전, 제2성전, 제3성전을 짓는데 군청에서 허가를 해주기 전에 요구하는 것이 있었습니다. 그것은 2킬로미터 거리의 진입로를 포장하고 기도원 길을 확장해야 한다는 것이었습니다. 그래야 허가가 떨어진다고 했습니다. 도로 확장 공사와 포장 공사는 건축보다 더 힘든 작업이었습니다.

#혜성교회 설립 터 300평을 기증받다

앞의 사건에서 내 머리채를 잡았던 분께서 자기 땅을 기증해 주셨습니다. 기도원에서 진입로에 마을 교회를 세울 필요가 있다고 하자 교회 부지 300평을 사서 혜성교회 명의로 등기까지 해주셨습니다. 그런데 내가 미국에 가 있는 동안 교인들이 그 땅을 팔아 다른 동리에 혜성교회를 다시 짓는 일이 벌어졌습니다.

나의 뜻은 우리 마을에 교회가 필요하다는 것이었습니다. 그러나 그들이 나 없는 사이에 우리 마을 교회 터를 팔아 옆 마을로 교회를 옮겨 버린 것입니다. 그런 일이 있고 나서 나는 교회 터를 허락해 주셨던 분에게 가장 미안했습니다.

아무튼 혜성교회는 흰돌산기도원에서 시작된 교회였습니다. 이제는 성장한 교회로 우뚝 솟아 있습니다. 사도 바울이 고린도교회에 보낸 편지에서 "심는 이와 물 주는 이는 아무것도 아니로되 자라나게 하시는 이는 오직 하나님뿐"이라고 한 말 그대로입니다.

하나의 기도원이나 교회가 성장하기까지는 많은 우여곡절을 겪어야 하며 모진 비바람을 이겨 내야만 하는 것입니다. 일곱 번 넘어져도 또 일어서는 칠전팔기 정신은 하늘 위에서 내린 힘으로만 가능한 것입니다. 이렇게 악전고투하는 가운데 육성도 죽고, 악성도 죽고, 영성이 살아야 합니다. 2킬로미터 길을 내는 작업을 하는 데도 깎아 내고 두들기는 과정을 거쳐야 겨우 평탄한 길이 만들어지는 것처럼, 우리의 마음도 모난 돌들을 깎아 내야만 평탄하고 부드러운 마음으로 변하는 것입니다.

바위 같은 고집과 자존심과 욕심도, 엉겅퀴 같은 마음의 잡초도 다 뽑혀 우리의 마음이 주님의 마음같이 변화되어야 합니다. 이 길만이 살길입니다. 사실 이런저런 싸움이 치열했지만 자아가 깨어지고 나서부터는 동리 사람들과의 싸움이 사실상 끝이 났습니다.

그 후부터는 술꾼이 와서 행패를 부려도 꿀물을 타 먹여 가며 다독였고, 술이 깨고 나면 그 사람이 오히려 부끄러워 어찌할 바를 모르는 경우도 있었습니다. 이렇게 할 수 있었던 것은 내가 주님의 여유로운 마음을 보았기 때문입니다.

우리나라의 '빨리빨리'는 세계 어느 곳에 가도 잘 알려져 있습니다. 한국 사람의 행동 양식을 단적으로 나타내 주는 말입니다. 우리나라 사람들은 생각하는 여유가 없이 행동을 앞세우는 경향이 있습니다. 시야가 좁아 사방을 넓게 바라보지 못하고 한 치 앞만 보고 달려갑니다.

마치 어린애처럼 무엇인가를 해도 불안해합니다. 사업을 해도, 가정을 꾸려도 안정감이 부족합니다. 나 역시 마음에 여유가 없고 고집이 아주 센 사람이었습니다. 그런 고집이 결국 나에게 가져다준 것은 고통의 짐뿐이었습니다.

그러나 주님의 그 여유 있는 모습과 음성은 나를 돌아보는 기회가 되었습니다. 그 이후로 나는 무슨 일을 하든지 곰곰이 생각하며 앞뒤를 살피는 여유를 갖게 되었습니다. 급할수록 침착하고 여유 있게 남을 먼저 배려하는 습관이 몸에 배게 되었습니다.

#차지철 경호실장 댁에서 온 비보

나는 기도원을 운영하면서 집회 강사로 초청하는 곳이 있으면 마다하지 않고 달려갔습니다. 하루는 차지철 경호실장 댁에서 급한 연락이 왔습니다. 당시 그가 박정희 대통령 경호실장으로 있을 때였습니다. 그 어머니는 권사님으로 매일 기도의 제단을 여섯 번씩 쌓았습니다. 또 말씀과 더불어 살아오신 분이셨습니다.

현관에 들어서자마자 문간방이 하나 있었습니다. 거기는 조그마한 강대상이 있고 식구들이 앉아 예배할 수 있도록 의자가 배열된 기도실이었습니다. 누구든지 거실에 들어가기 전에 먼저 기도실에 들르도록 구조가 되어 있었습니다. 본 교회 목사님을 비롯해서 날마다 여섯 번씩이나 귀한 목사님들이 많이 출입하곤 했습니다. 한 사람이 끝나고 가기도 전에 또 한 사람이 들어오는 마치 밀물과 썰물 같은 출입이었습니다.

세상에는 호롱불로 시작하여 큰 외등과 휘황찬란한 네온사인과 샹들리에에 이르기까지 등이 다양하고 많습니다. 날마다 그 집을 왕래하는 목사님들은 대형 헤드라이트와 같이 영적으로 대단한 분들이었습니다.

그런데 내 역할을 생각해 보니 나는 고작 호롱불이나 반딧불같이 미미한 빛을 발하는 지극히 작은 자로 여겨지는 것이었습니다. 그래서 아침에 태양이 솟아오르면 밤중에는 찬란하고 요란하던 빛도 그 효력을 발하지 못하는 것처럼, 나의 역할도 이즈음에서 끝을 내는 것이 옳겠구나 하는 생각을 하게 되었습니다.

그 댁에서 나를 불러 준다고 해서 그곳을 오래도록 왕래하게 되면 하나의 정치적인 왕래로 오해를 살 여지가 있다는 생각도 했습니다.

나는 단지 나의 작은 등불이 꼭 필요한 곳에 사용되기를 기도하면서 스스로 그 댁 출입을 삼가게 되었습니다. 그 댁과의 교류가 끊긴 지 거의 3년이 지난 후였습니다. 어느 날 땀 흘리며 일하던 일손을 잠깐 멈추고 정오 뉴스를 듣고 있었습니다.

그런데 궁정동 사건이 터졌다는 것입니다. 박정희 대통령과 차지철 경호실장을 비롯해 몇몇 경호원들까지 모두 사망했다는 비보를 들었습니다. 차지철 경호실장의 시신은 서울대병원 영안실에 안치되어 있었습니다.

사건을 일으킨 주범은 당시 중앙정보부장이던 김재규 씨로 밝혀졌습니다. 나는 서둘러 서울대병원 영안실로 갔습니다. 그야말로 통곡 소리가 나는데 아수라장이었습니다. 경호원들의 가족들이 죽은 이의 이름을 불러가며 이리저리 나뒹구는 광경을 목격하였습니다.

차 실장의 모친도 상복을 입고 말문이 닫힌 채로 멍하니 앉아 계셨습니다. 3년 전에 뵙던 분이었지만 나를 금세 알아보셨습니다. 삼청동 자택에 들어가 있으라고 하셔서 그곳으로 갔더니 대문을 지키는 파수병 외에는 집에 아무도 없었고 식모 한 분과 선배님 한 분이 계셨습니다.

그날 밤 허전하고 냉랭한 그 집에서 하룻밤을 지내고 다음 날 장례식을 거행할 때 장지까지 따라갔습니다. 장지는 영락교회 공원묘지였습니다. 평범한 시민의 묫자리와 다름이 없었습니다. 날아가는 새도 떨어뜨릴 정도로 높은 지위에 있던 권력자가 하룻밤 사이에 나라의 역적이나 된 듯 차지철이라는 이름 부르기도 쉬쉬하는 분위기에서 초라하게 장례를 치르는 모습이 몹시 쓸쓸해 보였습니다.

차 실장의 부인은 하관식을 하는 동안 실신하여 넘어져 하마터면 줄초상이 날 뻔했습니다.

당시 김재규 씨는 중앙정보부장이었고 차지철 씨는 대통령 경호실장이었습니다. 국회의원 때보다 지위가 더 높았던 차 실장은 그때 자택이 삼청동에 있었습니다. 나는 그곳을 출입하면서 그 댁이 어떻게 식사를 하는지 설명을 들었습니다.

근검절약하기 위해 분식과 잡곡을 먹어야 한다는 대통령 각하의 훈시 내용을 고위층 인사의 집에서부터 직접 실천하고 있다는 것을 알 수 있었습니다. 대통령을 모시는 분이시기에 그분의 말 한마디를 하나님의 말과 같이 생각하고 받들었던 것 같습니다.

많은 기독교인이 차 실장을 하나님의 편에서 일하는 사람이라고 생각했습니다. 그러나 그가 우리나라 기독교 역사에 기록될 만한 일을 했다는 역사적 증거는 없습니다.

전 중앙정보부장이었던 이후락 씨는 철저한 불교 신자로서 신도 회장직을 맡아 전국 사찰의 문화재 복원 운동을 적극적으로 지원함으로써 우리나라 불교 역사에 큰 공헌을 한 사람으로 정평이 나 있습니다.

성경의 에스더가 "네가 왕비의 위에 있는 것은 이때를 위함이 아니냐?" 하는 책망에 자기의 신분을 사용해 그 민족을 살려낸 역사와 같이, 불교계의 입장에서 볼 때 그는 고위 공무원으로서 마땅히 할 일을 한 것입니다.

우리 그리스도인들은 주께서 우리에게 무엇을 맡겨 주셨든지 그 사명에 살고 또 그 사명에 죽어야 합니다. 하물며 동물들도 각기 사명이 있습니다. 고양이는 쥐를 잡고, 닭은 시간을 알리고, 개는 집을 지키는 것이 사명이듯 우리 그리스도인들도 각기 사명이 있는 것입니다.

궁정동 사건 이후 기독교인들은 얼마 동안 말문이 막혔습니다. 그렇게 기도를 많이 하는 집이요, 대표적인 기독교인 고위 공무원이 사는 집이 그런 일을 당했으니 말입니다. 기가 막히고 변명할 여지가 없었습니다. 물론 인명은 재천입니다. 그러나 하나님은 심판합니다.

청와대에서 한 달에 한 번씩 예배를 드리는 하나님의 큰 종이 계셨습니다. 그분 역시 말문이 막혔습니다. 그분 사모님께서는 사흘 동안 금식하셨습니다. 이제 주님께서는 누구를 위해 기도하라고 하시는가 하고 금식기도를 하셨는데 다음과 같은 응답을 받으셨다고 하였습니다. 그 내용은 그 집에서 하루에 여섯 번씩이나 드린 예배는 모두 자기 자신을 위한 예배였다는 것입니다.

아브라함이 성공한 것은 여호와를 위하여 단을 쌓았기 때문입니다. 많은 그리스도인이 자기 자신을 위하여 신앙생활을 합니다. 자기 보호와 자기만족을 위한 자기 위주의 신앙의 삶을 사는 경우가 많습니다.

그러나 자신의 뜻이 아닌 아버지의 뜻대로 되게 해달라던 주님의 기도와 같이 나 자신을 위한 것이 아닌 남을 위한 헌신과 노력이 필요합니다.

청춘을 불태우며 아무리 열심히 기도한다고 하더라도 자기 자신만을 위하는 신앙의 삶은 무의미합니다. 우리보다 앞서간 신앙의 선진들의 삶의 흔적이야말로 우리의 거울임을 분명히 알고 기독교 역사의 한 페이지에라도 기록을 남길 수 있는 신앙의 삶을 살아야 할 것입니다.

남녀노소, 귀천을 막론하고 누구나 살아 있다는 것 자체가 에스더처럼 '이때를 위함인 줄 알고' 날마다 자신을 쳐서 복종시키며 하루하루 주어진 신앙의 삶을 살아야 할 과제가 우리에게 남아 있는 것입니다.

#흰돌산기도원에 나타난 천사 같은 귀부인

기도원을 개척한 지 얼마 되지 않아 제대로 정리가 되지 않은 때였습니다. 앞마당과 주위 환경은 온통 일거리로 가득 차 있었습니다. 나는 탁 목사님께서 시무하시는 서울 광진구 자양동 성모교회에서 4박 5일 동안 열린 심령대부흥회에 강사로 초빙되어 가서 말씀을 전했습니다. 서울에 내로라 하는 자들이 모여 있는 교회에 가서 촌티가 물씬 나는 여자가 강대상을 치며 산상의 소리로 설교를 하고 다시 기도원에 돌아와 개척자의 땀을 흘렸습니다.

그런데 어느 날 해가 질 무렵이었습니다. 아주 고급스러운 자가용 한 대가 기도원 내로 들어왔습니다. 그 당시 우리의 몰골과는 정반대인 우아한 한복 차림에, 말하자면 하늘에서 내려온 천사 같은 귀부인이 차에서 내리셨습니다. 아무데나 앉기도 꺼리실 것 같은 말끔하신 분이셨습니다.

어디서 이렇게 오셨느냐고 물었더니 서울에서 왔다고 했습니다. 그런데 여기를 어떻게 알고 오셨느냐고 또 물었더니 나의 설교를 듣고 찾아왔다는 것입니다. 내가 서울 광진구 자양동 성모교회에서 집회할 때 낮 성경 공부 시간에 참석했는데 은혜를 받으셨다고 하셨습니다. 그분은 웬만한 사람이면 알 수 있는 당시 모 대그룹의 창업자이셨던 최OO 회장님의 미망인이신 박OO 집사님이셨습니다.

사람은 하루 동안에도 무슨 일을 당할지 예측할 수 없다는데, 남편 되시는 최OO 회장님은 병원에 건강진단 받으러 가셨다가 변을 당했다고 하셨습니다. 그래서 최OO 회장님의 큰아들 되시는 최OO 씨가 회장직을 물려받게 된 것입니다.

모 대그룹의 선대 회장이신 최OO 회장님 부인은 미망인이 되어서 순복음교회에 다니셨습니다. 그런데 명륜동의 남편과 살던 집을 다 정리하지 못하고 거기서 그대로 지내셨습니다.

그 집에는 일하는 사람들도 꽤 많았습니다. 동향 문에 거대한 남향 집이었습니다. 대문은 대궐 문이었습니다. 그런데 그런 대궐 같은 집에 남자 목사님들이 심방 차 출입하는 것이 이 미망인으로서는 편하지가 않았습니다. 그러던 차에 자양동 집회 때 내 설교를 들어보니 자기의 신앙을 부탁해도 될 것 같아서 찾아왔다고 털어놓으셨습니다.

그리고 일주일에 한 번씩 자기 집에 와서 예배를 인도해 줄 수 있겠냐고 물으셨습니다. 그래서 허락했습니다. 그 이후부터 수원의 흰돌산기도원까지 나를 데리고 가려고 차를 보내 주었습니다. 당시 그분이 타는 차는 우리나라에 단 두 대밖에 없다고 하는 차였습니다. 나머지 한 대는 박정희 대통령이 타는 차였습니다.

나는 차 이름도 모르는 그 차를 타고 명륜동에 있는 그 댁으로 심방을 다녔습니다. 월요일이면 서울에서 그 차가 와서 나를 태우고 그 댁으로 갔습니다. 그러면 나는 거기서 예배를 드리고 그날 밤 그 댁에서 잠을 잤습니다. 다음 날이면 수원 기도원까지 또 그 차로 나를 데려다주었습니다.

가정예배를 드리면 그분은 비단 치마가 젖도록 울었습니다. 참 많이 우셨습니다. 그런 대궐 문 출입을 하면서 덩달아 나의 옷도 비단으로 바뀌었습니다. 그분은 심지어 편하게 입는 작업 바지까지 비단으로 만들어 주셨습니다.

그때 나는 기도원 건물을 건축만 해놓은 상태였습니다. 모든 살림살이 도구는 가구부터 그릇까지 모두 그분이 제공하는 고급 제품으로 구비되었습니다. 사람들은 내가 세련되고 견문이 넓은 사람이라고 보았지만 실상은 그런 분들의 손때 묻은 흔적들이 나의 촌스러운 분위기를 바꾸어 놓았습니다. 또한 그분은 철저한 십일조 생활로 하나님께 헌신하셨던 고마운 분이십니다.

그분이 들려주시는 지난날의 이야기에는 태산같이 많은 사연이 숨어 있었습니다. 그분의 옛날이야기를 듣다 보면 배울 것도 많고 회개할 것도 많았습니다. 그래서 나도 예배 때마다 눈물로 기도하고 감사로 생활하게 되었습니다.

#양재동 햇불선교회의 기초석을 놓은 우리 자매

양재동 햇불선교 재단의 기초석은 내 동생 서금복 전도사가 놓았습니다. 한강이 내려다보이는 한남동 유엔 빌리지에 있는 이형자 권사님 댁에서 첫 예배를 드렸습니다. 그런데 사탄의 훼방이 어찌나 심한지 예배를 인도하기가 매우 힘들었습니다. 그래서 동생은 이 권사님께 다음에 예배 드릴 때는 성령 받은 성도들을 데리고 오시면 좋겠다고 부탁드렸습니다.

그랬더니 그 다음 집회 때는 여의도에서 유니 의상실을 운영하시면서 선교하고 계시던 한국 교회 대표적인 순교자이신 주기철 목사님의 외손녀 되시는 윤명선 권사님과 함께 기도하고 선교하는 성령 받은 성도님들 다섯 분을 초청해 와 예배를 드렸습니다.

성령 받은 기도꾼들과 함께 모여 예배를 드리니 큰 은혜가 임하였습니다. 이 소문이 점점 퍼지면서 이형자 권사님의 친구분들 특히 이화여자대학교 동문 중 성령 받은 사람들과 은혜 받기를 원하는 자들이 모이기 시작했습니다. 그러다 시간이 흘러가면서 차차 타 대학 출신 성도들도 모이게 되었습니다. 서울의 내로라 하는 재벌급 사모님들도 은혜 받기 위하여 참석하였습니다.

초기에는 가정과 신동아그룹의 부흥과 발전을 위한 기도회로 시작하였습니다. 그러다 서금복 전도사가 이 권사님께 권고하였습니다. "권사님은 앞으로 큰일을 하실 분이신데 한 가정과 사업을 위하여서만 기도하시지 말고 나라와 민족과 세계선교를 위한 기도회로 모이면 좋겠다"고 말씀드렸습니다.

권사님은 그 권고를 기쁘게 받아들였습니다. 그 후부터는 나라와 민족과 세계를 위한 기도회로 모였습니다. 그러던 중 서금복 전도사가 박광재 전도사와 결혼하게 되면서 사임하게 되었고, 그 후부터는 내가 한남동 횃불회 예배를 인도하게 되었습니다. 이형자 권사님께서는 나를 강사로 데려가기 위하여 매주 화요일마다 기도원으로 차를 보내 주셨습니다. 그런데 시간이 지나면서 모이는 숫자가 50명 선으로 불어났습니다.

사람은 모두 자기 수준대로 모입니다. 그것을 '끼리끼리 모인다'라고 합니다. 그 모임은 다 상류층에 속하는 사람들의 모임이었습니다. 이래저래 한남동 예배가 소문이 퍼지기 시작해 여러 유명한 목사님들을 비롯하여 유능한 은사자들도 알게 되었습니다.

그리고 이형자 권사님이 이화여자대학교 출신이신 까닭에 자연스럽게 이화여자대학교 동문 출신 성도님들이 주로 모여 예배를 드리게 되었습니다. 그러나 이화여자대학교 출신이 아닌 타 대학 출신 성도님들도 모이게 되면서 서로 마음이 맞는 성도들끼리 횃불회의 명칭을 여러 가지로 정하고 나누어서 모임을 하게 되었습니다. 월요일, 화요일 등 해당 요일에 미용 횃불, 이대 횃불 등 다양한 이름으로 모임을 하게 되었습니다. 이런 모임들이 퍼져 양재동 횃불선교회관으로까지 부흥 발전하게 된 것입니다.

이렇게 부흥 발전하다 보니 나의 신앙과 신학 배경에 대한 논란이 생겨났습니다. "서인애 원장은 용문산 나운몽 장로의 제자이다. 용문산 신학교와 용문산 수도원 수도사이다. 그러므로 이단이다"라는 논란이었습니다.

이에 횃불선교회 회장이신 이형자 권사님께서는 난처한 입장에 처하게 되셨습니다. 그리하여 이형자 권사님께서는 하나님께 간절한 기도로 서인애 원장이 이단인지 아닌지를 물었습니다. 그 기도에 대해 "서인애 원장은 이단이 아니다. 내가 사랑하는 종이다"라는 하나님의 응답을 받으셨습니다.

그 사건이 일어난 이후 나는 그분들은 큰 인물들이니 큰 종들이 이끌어 가야 한다고 생각하고, 다만 우리 자매는 그동안 양재동 횃불선교 재단의 초석을 놓고 불쏘시개 역할로 쓰였음에 감사하며 스스로 그 댁 출입을 삼갔습니다.

#흰돌산기도원 대성전 건축용지 확장 공사

해마다 3월 25일이면 흰돌산기도원 설립 기념 집회를 개최하였습니다. 그리고 5월에 또 집회를 개최하였습니다. 사람들이 차고 넘쳤습니다. 집회를 마치고 사람들이 각처로 떠나고 난 후에 남는 것은 쓰레기와 일거리뿐이었습니다. 그 많은 이불 빨래를 비롯해 방마다 털고 닦고 정리해야 할 일들이 가득했습니다.

앞서 말했듯이 나는 한 가지 일만 생각하지 그 외에는 아무런 다른 생각을 할 수 없는 사람입니다. 그런데 성령께서 나의 귓전에 들려준 음성이 있었습니다. 그 내용은 "산파가 바로를 무서워하지 않고 아이를 살렸느니라" 하는 것이었습니다.

나의 체험으로는 하나님의 음성은 항상 간단하였습니다. 간단하지만 그 속에 무한한 지혜가 담겨 있습니다. 성령이 감동을 주신 대로만 순종하면 또 하나의 작품이 탄생하듯 계획부터 과정과 결과에 이르기까지 일이 순조롭게 진행됩니다. 성령께서는 너무나 선명하고 확실한 증거들을 보여 주십니다.

그러나 인간의 생각은 아쉬운 마음부터 먼저 듭니다. 두 번이나 집회를 했는데 사람들이 모였을 때 감동을 주셔서 벽돌 한 장씩이라도 짐을 나눠 지면 가벼웠을 것 아니냐고 똑똑한 불만을 토해 냈습니다. 언제나 똑똑한 사람들이 원망하고 불평하게 됩니다. 그래서 하나님께서는 똑똑한 사람을 쓰지 않고 미련한 사람을 사용하시는가 봅니다.

그 이유는 똑똑한 사람은 자기 지혜와 방법을 동원하지만 미련한 사람은 하나님의 지혜와 방법을 의지하여 매미처럼 매달리기 때문입니다. 십자가의 도가 미련한 자에게는 하나님의 능력이요, 지혜자에게는 미련해 보이는 것입니다.

60회에 걸친 전쟁에서 승리했던 나폴레옹도 예수는 남자 망신 시킨 대표자라는 미련한 생각을 했습니다. 대장부로서 대항 한 번 못 하고 십자가에 달려 죽은 약자를 믿기는커녕 바라볼 가치도 발견하지 못했습니다.

그러나 그가 패배의 쓴잔을 마시고 나서 세인트헬레나섬에 유배되어 있을 때 생각이 바뀌었습니다. 단 한 번의 실패 외에 모두 성공했던 나폴레옹은 자기를 찾아오는 자는 하나도 없었으나, 실패했다고 생각한 예수님에게는 수많은 사람이 그 뒤를 따르는 이유를 발견했습니다.

그것을 깨닫는 순간 그는 예수님 앞에 무릎을 꿇고 그 유명한 한마디를 남겼습니다. "예수여, 당신은 승자요, 나는 패자입니다." 이 말은 많은 영웅들의 콧대를 꺾는 예리한 칼날과도 같습니다.

프랑스 여행을 가서 보면 나폴레옹의 승리를 상징하는 개선문이 열두 갈래 큰 대로에 버티고 서 있습니다. 사람이 존귀하나 깨닫지 못하면 짐승과 같습니다. 그러나 그는 고난 중에 진리를 깨달았습니다.

#히브리 산파들처럼 순종하다

주님의 일은 주님께서 이루신다는 명백한 진리 앞에서 나의 아쉬움을 표현한 똑똑한 한마디는 나의 미련을 나타내는 것이었습니다. 그런데 출애굽기 1장에는 히브리 산파가 하나님을 두려워함으로 바로를 무서워하지 않았다고 기록되어 있습니다. 그래서 주님께서 응답을 주신 대로 히브리 산파처럼 내게 더는 두려움이 없게 되었습니다. 나는 "주여, 그럼 히브리 산파처럼 우선 거짓말부터 해야 합니다"라고 대답했습니다. 나는 항상 법을 무서워했습니다.

그 당시는 건물을 짓고 난 후에 면사무소에 가서 신고만 하면 되었습니다. 그런데 1979년 이후에는 허가제로 바뀌었습니다. 그동안 지은 건물들은 다 불법 건물이었습니다. 불법을 행하면 언제나 불안합니다.

그동안은 불법 건축물을 잡아내는 정찰 비행기만 떠도 가슴이 철렁 내려앉는 듯했습니다. 그런데 히브리 산파처럼 법 기관을 속여 가며 건축을 하라는 것이었습니다.

인간의 똑똑한 머리로는 도저히 이해할 수 없는 일이었습니다. 그러나 감옥행을 각오하고 순종하였습니다. 그때 우리 기도원에는 식당이 있었는데 매우 좁았습니다. 슬래브 지붕의 튼튼한 건물이었습니다. 앞면에 증축하는 것으로 설계도면이 나왔습니다. 그래도 하나님 앞에서 할 수 없다고 또 버텼습니다.

그때 세미한 음성으로 하나님께서 이르시기를 "군청 직원이 바뀌었느니라"라고 말씀하셨습니다. 그래서 용기를 내 사람을 시켜 기초를 파기 시작했습니다. 기초를 파고 있는데 군청 감시원이 나왔습니다. 여기서 무엇을 하고 있느냐고 묻길래 쓰레기장을 파고 있다고 1차 거짓말을 했습니다.

2~3일이 지나서 시국이 어수선해지더니 여기저기에서 소요 사태가 벌어지고 5·18 광주 항쟁 사건이 벌어졌습니다. 5월 한 달 내내 시위대와 전두환 정권의 극렬한 싸움이 계속되었습니다. 그때 모든 관공서의 신경이 5·18 광주 항쟁으로 쏠렸습니다. 우리는 공무원들의 눈을 피하여 공사를 매듭짓고 페인트까지 발라 하나의 건물로 만들어 놓았습니다. 성령의 감동이 올 때 죽음을 각오하고 순종한 결과 하나님께서는 우리가 할 수 없는 것을 할 수 있게 하셨습니다.

사람이 아무리 똑똑한들 5·18 광주 항쟁 사건이 일어날 것을 누가 알았겠습니까? 광주 항쟁 기간에 건축은 마무리가 되었습니다. 아슬아슬한 기회를 이용한 것입니다. 그런 후에 이제 나는 돈이 필요했습니다. 빚을 지고 건축했기 때문에 이제는 빚 갚는 데만 온통 신경을 썼습니다.

어느 날 서울에 갈 일이 있어서 버스를 타기 위해 2킬로미터를 걸어서 정류장에 와 서울행 버스를 기다리고 있었습니다. 그런데 또 하나님의 음성이 들렸습니다. "돌아가라. 기회이다. 오늘은 토요일이다. 공무원도 없다"라는 것입니다. 불법으로 공사를 하니 얼마나 긴장되었겠습니까? 그러니 그것을 아시고 공무원이 없는 토요일을 이용하여 공사하라고 하신 것입니다.

그래서 동리 쪽을 향하여 다시 걸어가고 있었습니다. 그 당시에는 성령 충만하여 성령이 가라 하면 가고, 오라 하면 오는 것이 습관이었습니다. 동리로 오는 도중에 보니 누군가가 굴착기로 일을 하고 있었습니다. 나는 그쪽으로 걸어가서 언제 일이 끝나느냐고 물었습니다. 그는 오전에 일을 마친다고 했습니다.

그럼 우리 기도원에 와서 일을 좀 해달라고 부탁하고 기도원으로 올라갔습니다. 동리 아저씨들을 만나는 대로 낫 들고, 톱 들고 올라와 일해 달라고 부탁했더니 다들 올라왔습니다.

서울 간다고 하던 원장이 다시 기도원으로 올라오더니 다짜고짜 나무를 베어 넘기고 일을 하기 시작하자 우리 기도원 총무는 너무 놀라서 부엌 마룻바닥에서 뒤로 넘어져 버리고 말았습니다.

가슴이 벌렁거리고 너무 놀라 원장님과 살다가는 심장이 뛰어 제명에 못죽겠다고 했습니다. 나는 "네 심장만 뛰는 게 아니라 내 심장도 뛴다"고 대답했습니다. 나무 한 그루가 넘어질 때마다 가슴이 벌렁거렸습니다. '하나님, 왜 이렇게 하십니까?' 하면서 목숨 걸고 일을 시작했습니다.

12시가 지나니 불도저가 들어왔습니다. "아저씨, 여기서부터 저기까지 모두 다 밀어주세요." 그는 시키는 대로 밀어 버렸습니다.

그전까지는 공사를 해도 불법 건물을 세우는 일이기 때문에 괭이와 삽, 곡괭이로 일을 했습니다. 그러나 그날은 담대하게 중장비로 밀어 버렸습니다. 자정이 되어 때아닌 소나기가 쏟아지더니 온통 엉망진창이 되었습니다. 나는 고발 조치 당할까 두려운 마음에 계속 불안했습니다.

이렇게 건물을 지어 놓은 것도 불법인데 영구 보안림으로 감시가 심한 산을 깎아내렸으니 간 큰 여자라고들 했습니다. 아니나 다를까! 면사무소에서 산업계장님이 오토바이를 타고 나타났습니다.

산업계장님이 기가 막힌다며 하늘을 쳐다보고는 "이게 도대체 사람이 한 일이요, 밤도깨비가 한 일이요?"라고 묻더니 어쩌자고 이런 일을 저질렀느냐고 호통을 치길래 나도 큰소리를 쳤습니다.

"계장님, 나는 계장님을 믿고 했소. 이제 계장님 말 한마디에 달렸소. 산에서 살면서 바윗덩어리 좀 골라 냈는데 평평하게 잔디를 깔든지 시멘트로 씌우든지 할 것이니 염려하지 마시오."

그러면서 "나도 10년 전에는 기도원 원장 하는 것을 생각도 못 했소. 당신도 자녀가 있을 텐데 앞일은 모르는 것이오. 아이들이 목사가 될지, 기도원장이 될지 모르는 것이니 너무 큰소리만 치지 마시오"라고 한마디 더 했습니다. 그는 기가 막힌다고 하며 떠나갔습니다.

그리고 그다음 날 술을 잔뜩 마시고 다시 나타나서 하는 말이 "누가 큰소리쳐야 하는지 원. 어제는 내가 당하고 가서 오늘은 일부러 술을 먹고 왔어요. 공무원 목을 자르려는 거요, 뭐요?"라고 호통을 쳤습니다. 그러나 이미 저질러진 일을 어떻게 할 도리가 없었습니다.

그는 결국 군청 산림과에 보고했습니다. 키가 큰 보호계장님과 통통하게 생긴 산림과장님이 와서 야단을 치고 소리를 지르는데 '나는 죄인입니다' 하고 눈물만 흘리고 있었습니다. "나는 무식한 여자라서 뭘 잘 모르고 한 일이었으니 당신들 전문가들께서 빠져나갈 길을 찾아주세요" 하고 사정했습니다. 그날 퇴근 시간쯤 되어 군청에서 전화가 왔습니다.

"원장님, 저는 산림과 보호계장입니다. 내일 아침 9시까지 도장 들고 군청 산림과로 들어오세요" 하는 것이었습니다. 그래서 "예, 알겠습니다" 하고는 다음 날 아침 9시에 화성군 산림과에 도착했습니다. 그 계장님이 나를 보더니 몇 호실로 가라 하고 종이를 하나 꺼내 주면서 하는 말이 빨리 가서 대지 변경을 하라는 것이었습니다.

계장님께 묵례로 감사 인사를 드리고 가서 얼른 대지 변경 신청을 하고 왔습니다. 대지 변경 첫 순서는 측량반이 나와서 줄을 떼어 대는 일이었습니다. 소나무 하나만 있어도 피해갔습니다.

그 광경을 보면서 '이왕 불법을 저지를 바에 더 깎아 버릴걸' 하고 후회했습니다. 이렇게 해서 그 땅 1천 평은 불법에서 합법으로 변경되었습니다. 이제는 두 다리 쭉 뻗고 편히 잘 수 있게 되었습니다. 얼마나 사회 상식이 부족했던지 산림계 과장님께 커피 한 잔 대접 못 한 것을 생각하면 지금도 부끄러워집니다.

일하는 과정이 얼마나 무식하고 미련했는지 모릅니다. 그러나 성령의 감동에 순종할 때는 무식하면서도 담대해졌습니다. 그러면 그 결과는 항상 좋았습니다. 우리의 방법이 미련하므로 정상적인 사고방식으로는 도저히 불가능할 것 같은 일도 하나님의 방법으로는 가능한 것입니다.

사실 그 땅은 불도저가 민 것이 아니라 성령님께서 밀어주신 것입니다. 주님께서는 성령을 소멸하지 말고 훼방하지 말라 하시며 성령을 훼방하면 죄 사함이 없다고 하셨습니다.

그날 내가 길에서 들려오던 성령의 음성을 소멸해 버렸다면 오늘날의 흰돌산기도원은 존재할 수 없었을 것입니다. 나는 사실 간 큰 여자가 아니라 오히려 간이 작은 소심한 사람입니다. 그러나 성령께서 힘을 주시자 산이라도 옮길 수 있는 힘이 솟아난 것입니다.

주의 일은 돈이나 학문으로 하는 것이 아닙니다. 성령의 감동으로 하는 것입니다. 성령의 감동으로 하는 일은 똑똑한 머리로 생각할 때는 다 어리석고 바보스러워 보입니다. 모세 시대에 맨주먹에 홍해가 갈라졌던 것은 세상 이치로는 이해할 수 없고 믿을 수도 없는 것입니다. 그러나 하나님께서 하시는 일을 보면 미련한 자를 들어 가장 미련한 방법으로 하십니다. 그 크고 지혜로운 방법은 감추어 두시고 가장 작고 미련한 방법을 사용하십니다.

하나님의 어리석음이 사람보다 지혜롭고, 하나님의 약하심이 사람보다 강합니다(고전 1:25). 하나님의 독생자가 십자가에 못 박혔을 때 그것은 가장 약한 방법같이 보였습니다. 그러나 온 세상을 구원하는 가장 큰 힘이 되었습니다.

성령의 감동이 스쳐만 가도 이 산을 들어 저 바다에 던질 힘을 발합니다. 산을 밀어 버리는 역사는 나로서는 도무지 할 수 없었던 일입니다. 그런데 결국은 불법이 변하여 합법이 되었고, 그날 이후 기도원은 더욱 부흥 발전했습니다.

수백 대의 차를 세울 수 있는 주차장도 만들어졌습니다. 주차된 차들을 볼 때마다 신기하고 놀랍기만 하여 하나님께서 하시는 일 앞에 머리 숙여 경배를 드릴 수밖에 없었습니다.

#미국 집회 다녀온 후 만난 강도 이야기

나는 1년에 한 차례씩 미국에서 부흥회를 인도하게 되었습니다. 첫 집회를 디트로이트장로교회에서 인도했습니다. 그 교회 송 집사님 내외는 충성된 교인이었습니다. 부인 송 집사님은 이전에 흰돌산기도원에 와서 은혜 받은 분으로서 의료선교 차 간호사로 와서 동리분들에게 봉사했던 분이십니다. 그 남편도 흰돌산기도원에 와서 변화를 받고 섬기는 교회에서도 인정받는 사람이 되었습니다. 그런 만남으로 나를 자신들이 섬기는 교회의 강사로 초청해 주었습니다. 그 덕에 나는 두 차례나 집회를 인도하게 되었습니다. 그다음으로 LA 나성산기도원에서 집회를 인도하고 나서 한국으로 돌아왔습니다.

그런데 그동안 어떤 사람에게서 '원장님 오셨냐'는 전화가 자주 왔다고 했습니다. 아마 내가 미국 다녀왔으니 미국 달러를 많이 가지고 있으리라 생각했던 것 같습니다. 그때 나는 시차 문제로 밤에 깊이 잠들어 있었습니다. 그런데 한밤중에 강도들이 들이닥쳤습니다.

그들은 잠들어 있는 나의 입을 틀어막았습니다. 들리는 말이 소리를 지르면 곤란하다는 것이었습니다. 그래서 나는 "응, 응" 하면서 "몇 분이 왔소?" 하고 물었습니다. 그랬더니 "세 사람이요"라고 대답했습니다.

"요구가 무엇이요?"

"돈이요."

"저 권사님께 달러 천 불이 있으니 가져가시오."

"그것은 이미 가져왔소."

"저를 알고 왔지요?"

"그렇소."

그는 몇 살이냐고 내게 물었습니다. 그래서 대답해 주었습니다. 그는 나를 향하여 정말로 결혼은 한 번도 안 했느냐고 물었습니다.

나는 "그럼 두 번 하나요?"라고 되물었습니다. 그는 다소 점잖은 듯했습니다. 그는 나에게 이불을 뒤집어씌우면서 마루로 나가자고 했습니다. 그대로 따라나섰습니다. 그는 나를 데리고 이성욱 권사님 방으로 갔습니다. 권사님 방에는 여러 가지 살림이 많았기에 그 방이 원장실인 줄 알았던 것입니다. 그는 권사님을 엎어놓고 소리를 지르지 못하게 입을 틀어막았습니다.

나는 기가 막혀 조용히 이야기하기를 "권사님, 이분들이 어려워서 왔으니 돈 있으면 다 드리세요" 하였습니다. 이 권사님은 틀어막힌 입으로 "없어요" 하셨습니다. 그랬더니 그는 이 권사님께 죽이겠다며 욕설을 퍼부었습니다. 그래서 내가 "이 할머니는 법 없이도 사시는 좋은 분이에요"라고 말했습니다. 그 강도가 말하기를 "당신은 뱀과 같은 지혜가 있군요"라고 했습니다.

사실 이런 표현은 기독교인들이 사용하는 것입니다. 그는 또 나에게 말하기를 인질이 되어 산으로 가야 하니 옷을 두껍게 입으라고 했습니다. 나는 그대로 했습니다. 그러나 나를 산으로 데려가지는 않고 또 내 방으로 데려갔습니다. 나는 그의 손을 꼭 잡으면서 조용히 말했습니다. 그는 목장갑을 끼고 있었습니다. 그리고 캄캄한 밤에 얼굴이 보일까 염려해서인지 조그만 깜빡이 등을 들고 있었습니다.

"어느 학교를 졸업했소?"

"중학교를 중퇴했습니다."

"혹시 공부하고 싶은 마음 없소?"

"나의 소원입니다."

"그럼 나를 믿으시오. 내가 당신을 공부시키겠소. 나는 당신 같은 사람을 돈이 있으면 사는 사람이오. 이런 불안한 생활을 정리하고 안정된 삶을 사시오. 내가 밀어주겠소."

그는 고맙다고 했습니다. 그는 왕초였는데 나를 부하에게 맡기고 또 다른 방으로 왔다 갔다 했습니다. 나는 다른 두 명에게도 역시 손을 꼭 잡고 내가 도와줄 테니 공부를 해보라고 권유했습니다. 그날 밤 세 명은 순한 양처럼 내 앞에 무릎을 꿇고 공손한 언어를 사용하였습니다.

그러다가 또 위협을 하는데 칼을 들고 나의 등을 긁었습니다. 그때 "주여, 죄인입니다"라고 했더니 그가 하는 말이 "죄도 많이 지었군요. 당신의 생명은 내게 달려 있소이다"라고 하였습니다. 그 말도 성경에 있는 말씀이었습니다.

"흥, 날이 새면 마음이 바뀔 거요."

"아니오. 날이 새면 당신들이 바뀔 것이오."

"그럼 성경에 손을 얹고 약속하겠소?"

나는 큰 성경이 있는 것을 보고 그 성경 위에 장갑을 낀 그의 손을 얹고 간단히 기도해 주었습니다.

그러고 나서 날이 새면 은행 앞에서 만나자고 하면서 돈 주면 손수레 사서 포장마차라도 하라고 했습니다. 그리고 공부하고 싶으면 언제든지 찾아오라고 했습니다. 그들이 새벽 1시쯤 들어왔는데 벌써 4시쯤이 되었습니다.

"새벽종을 울려야지요?"

"그럼, 울려야지. 그래야 새벽예배를 드리게 되오. 그리고 오늘 10시에 수원에 있는 한일은행에서 만납시다. 그 대신 달러 돈은 십일조이니 당신들이 쓸 수 없소. 내놓고 가시오. 그리고 저 불쌍한 신혼부부 금패물도 놓고 가시오. 당신들보다 더 불쌍한 사람들이오."

그들은 둘 다 내놓고 갔습니다. 약속대로 나는 은행에 나갔습니다. 약속한 은행에 얼굴에 흉터가 많은 작은 사람이 나타났습니다.

"아니, 너 말고 왕초 오라고 해."

그랬더니 저쪽에서 망보고 있던 왕초가 나타났습니다. 그리고 나에게 인사를 했습니다.

"안녕하세요. 저 모르시겠어요?"

"모르겠는데."

"저 오 목사님 아들이에요."

"그래? 오 목사 아들이라고? 오 목사 아들?"

너무나 충격적이었습니다. 나는 그만 울고 말았습니다. 오 목사님은 경기도에서 목회를 하셨는데, 너무 가난한 살림에 쪼들리면서 두 아들이 사춘기에 고민거리가 되어 버렸습니다.

그래서 회개하고 새사람 되라고 아들을 우리 기도원에 보냈습니다. 그래서 그는 한 달간 기도원에서 지내다가 기도원 내부 사정을 알고 두 번이나 도둑질을 시도한 적이 있었습니다.

그런 일이 있고 난 후 기도원에서 내려간 지 오래되었습니다. 그동안 많이 성장했기에 내가 몰라보았습니다. 그날 밤 일을 저지른 세 명 중 두 명이 오 목사의 아들이었습니다. 도둑질도 내부 사정을 아는 놈이 한다는 말이 꼭 들어맞았습니다.

이 일 후에 그들은 자주 기도원으로 왔습니다. 어떤 때는 십일조도 가져왔습니다. 문이 허술하다며 문단속하는 방법에 대해서도 가르쳐 주었습니다. 그리고 늘 내게 하는 말이 있었습니다.

"그때 참 잘하셨어요. 큰소리치지 않고 침착하고 여유 있게 대처하셨잖아요. 그날 밤에 우리가 여러 집에 들어가 보았지만 원장님 같은 분은 처음 보았어요"라고 하는 것이었습니다. 어처구니없게도 나는 졸지에 강도에게 칭찬받는 사람이 되었습니다.

그러나 그날 밤 강도들이 양손을 묶은 채 엎어 놓았던 권사님은 다음 날 아침 얼굴이 붓고 입술이 터져 시퍼렇게 부어올랐습니다. 기도원 사람들이 "어머, 할머니 입술이 왜 그래요?" 하자 권사님은 "몰라. 잠을 잘못 자서 피곤해서 그런가 봐" 하면서 그날 밤 강도들이 들어온 사실을 숨겼습니다.

우리 두 사람은 3년이 지나도록 그날 밤 일을 다른 사람들에게 말하지 못했습니다. 기도원 사람들이 무서워할까 봐 어쩔 수 없었습니다. 우리 흰돌산기도원은 지경이 넓은 데다 울타리도 없고, 대문도 없고, 파수꾼도 없었습니다. 그렇기 때문에 기도원 식구들이 이 말을 들으면 겁에 질려 밤에 도둑 아닌 보통 사람을 만나도 도둑으로 알고 놀랄 것 같았습니다.

그 후에 왕초는 자주 기도원에 와서 밥도 먹고, 또 김장 김치를 가져가 기도 했습니다. 그들이 요구하기 전에 내가 먼저 차에 실어다 그들이 사는 집에 넣어 주기도 했습니다. 너무 가난하고 배고프면 또 남의 집에 들어갈까 염려가 되어서였습니다. 그런데 우리 기도원에 사시는 할머니 권사님은 그들이 우리 기도원에 오는 것을 싫어했습니다. 그놈들만 보면 그날 밤의 악몽 같은 사건이 떠오른다고 제발 좀 보지 않았으면 좋겠다는 것이었습니다.

그렇게 얼마간 기도원을 출입하던 그들에게 나는 사건 당일 밤 그들에게 약속한 대로 공부하는 문제를 꺼냈습니다. 본인도 그것이 소원이라 했기에 서둘러 이야기했더니 기쁘게 응해 주었습니다.

그래서 나는 그를 고등성경학교에 보내려고 준비하게 되었습니다. 기숙사로 보내려고 이불과 여러 비품을 준비했습니다.

그는 일주일 후면 그곳으로 떠나기로 되어 있었습니다. 이 청년을 공부시켜 범죄자가 되는 것을 막아 주는 것이 나로서는 최선의 방법이었습니다.

그런데 어딘가 마음에 소망이 좀 없어 보였습니다. 키는 난쟁이 수준을 조금 면한 편이고, 얼굴에는 흉터가 있고, 학력은 중학교 중퇴이고 어느 한 부분이라도 실상 쓸 만한 모습이 보이지 않는 외형이었습니다. 이렇게 성물을 지출해도 될까 하는 생각이 들어 나는 하나님께 기도드렸습니다.

"주여, 이 사람이 제가 보기에는 이렇습니다. 하나님 보시기에는 쓸 만하신가요? 둘 중 하나를 주님께서 결정해 주세요. 그가 정말 쓸 만하다면 연단받고 새사람으로 거듭나도록 기숙사로 보내 주시고, 아니면 그를 두 번 다시 보지 않도록 해결해 주세요" 하고 간절히 기도를 드렸습니다.

그런데 기숙사로 떠날 날짜를 이틀 앞두고 편지가 왔습니다. "원장님, 정말 죄송해요. 아직은 준비가 덜 되었어요. 다음 기회에 가겠습니다"라는 내용이었습니다.

그 후 지금까지 그의 얼굴을 보지 못하고 있습니다. 편지 내용과 필적도 단정하고 예뻤던 것으로 기억합니다. 이렇게 큰아이인 왕초의 얼굴은 더는 보지 못했습니다.

그런데 작은아이가 또 나타났습니다. 저녁노을 지는 시간에 이 아이가 와서 울고 있었습니다. 왜 우느냐고 했더니 어머니가 돌아가셨다는 것입니다.

두 형제는 나가서 살고 부모님은 양평에서 사글세 방을 얻어 개를 키우며 살았는데, 어느 날 부모님을 방문하러 갔더니 아버지는 안 계시고 어머니는 돌아가셨는데 어떻게 해야 할지 몰라서 왔다는 것입니다.

처음에는 그의 말을 반신반의하였으나 그가 흘리는 눈물을 보니 의심보다 동정심이 생겨났습니다.

나는 기도원 총무를 불렀습니다. 그리고 사연을 이야기하고 곧바로 약간의 돈을 준비하여 그 아이와 같이 가보라고 했습니다. 그들이 가서 보니 그의 말은 사실이었습니다.

방을 살펴보았더니 요 하나 펴고 밍크 담요를 뒤집어쓴 채로 돌아가셨다는 것입니다. 불이 꺼진 데다 사람이 죽어 있는데 방이 얼마나 좁던지 두 사람도 앉아 있을 여유가 없는 방이라고 했습니다.

그런 사실을 주인 할머니도 모르고 있다가 세를 내준 방에서 사람이 죽었다는 소리를 듣고는 놀란 표정을 하면서 우선 욕부터 하더라는 것입니다.

그 할머니는 예수를 믿지 않고 또 교인을 싫어하기 때문에 예수 믿는다고 하면 방을 세로 주지 않을 것을 알고 예수 안 믿는다고 거짓말을 하고 얻은 방이라는 것입니다. 그래서 그 주인 할머니는 세 들어 사시던 오 목사님을 오 영감이라고 불렀다고 하였습니다.

목사의 직분을 외면하고 먹고살기 위해 개장수 노릇을 하고 다니다 알고 보니 오 목사님은 자동차 사고를 내게 되었고, 뺑소니로 수배 중이었습니다. 그래서 그나마 그 좁은 방에 살지도 못하고 도망 다니는 신세였습니다. 그러던 중 혼자 사시던 사모님이 세상을 떠난 것입니다.

주인 할머니는 목사라는 것을 숨기고 들어와 살더니 재수 없게 사람 죽는 꼴을 보게 되었다며 예수쟁이들 욕을 하더라는 것입니다. 그래서 살살 달랜 다음 동리 이장님을 찾아가 이런 딱한 사정을 동리에서 해결해 달라고 부탁드렸더니 펄쩍 뛰더랍니다.

그래서 우리 총무는 자기들도 아무 상관 없는 사람이지만 죽은 사람의 아들이 울면서 찾아와 도와 달라고 하길래 여기까지 왔노라고 하면서 준비한 돈을 먼저 내놓으니 그제야 감동되었던지 '그럼 우리가 장사하겠다'고 하더라는 것이었습니다.

그래서 오 목사님의 사모님은 화장하기로 하고 이장님께 일을 맡기고 돌아왔습니다. 이렇게 목회자가 양을 지키고 사는 길이 힘듭니다. 실패냐 성공이냐 갈림길에서 결국 실패한 목회자가 되기도 합니다.

그래서 다른 이들에게 본받지 말아야 할 타산지석이 되는 예도 있고, 반면 성공적인 목회자로서 좋은 사례를 남기는 예도 있습니다. 양을 생명처럼 지키지 못하면 개를 치는 신세로 전락할 수도 있는 것입니다.

#너는 어찌하여 기도를 쉬느냐?

젊은 탓인지 새벽예배가 끝나면 땅 밟기를 겸해서 흰돌산기도원 산꼭대기와 인근의 이 산 저 산에 올라가 목소리 높여 찬양을 불렀습니다. 찬양을 부르고 그 찬양이 메아리치는 소리를 듣는 일은 나의 일과 중에서 포기할 수 없는 기쁨과 즐거움이었습니다.

생각해 보면 나의 발걸음은 노루나 사슴같이 빨랐습니다. 사람들은 내가 산에서 찬양을 하면 힘을 얻게 된다고 했습니다. 성전에서 내가 통곡 소리를 내면 이제는 걱정이 없게 되었다며 안심하였다고 합니다.

어느 날 산에서 찬양하고 내려오면서 남의 산 소나무 우거진 숲속을 통과하고 있었습니다. 그런데 갑자기 주의 음성이 들렸습니다. "너는 어찌하여 기도를 쉬고 있느냐?" 그래서 나는 이렇게 말대꾸를 했습니다.

"주여, 그럼 밤낮 미친 사람처럼 '주여! 주여!' 하고 있어야 기도를 쉬지 않는 것입니까? 예배도 드리고, 건축도 하고, 일도 하면서 사는 것이 밤낮 '주여! 주여!'만 해야 합니까?"

그랬더니 "쉬지 않는 기도란 목적을 놓고 이루어질 때까지 하는 기도이다"라고 가르쳐 주셨습니다. 그리고 보니 나는 동서남북에 펼쳐진 주변 땅을 놓고 기도하다가 땡전 한 푼 없는 주제에 욕심부리며 기도만 하는 것 같아 기도를 중단하고 있었습니다.

'때가 되면 주시겠지' 하고 무슨 양반이나 된 것처럼 처분만 바란다는 식으로 편안하게 지내고 있었던 것을 주님께서 아시고 그런 음성을 들려주신 것이었습니다. 그래서 그 음성을 들은 후 동서남북 산과 들을 놓고 간절히 기도하기 시작했습니다.

주님의 음성을 들었던 그 자리에는 지금 5천 명이 넘는 사람들이 모여 예배를 드리는 대성전이 들어서게 되었습니다.

모리아산에서 독자 이삭을 번제로 드리려 한 사건에서 아브라함의 신앙은 합격하였습니다. 그곳은 아브라함이 양심의 피를 흘린 자리나 마찬가지입니다. 그 자리는 많은 역사가 흐른 후 다윗이 하나님의 재앙을 받고 나서 회개하고 통곡할 때 하나님으로부터 번제 드릴 것을 명령받은 아라우나의 타작마당과 같은 장소이기도 합니다. 다윗 시대에 이르러 그의 아들인 솔로몬이 그곳에 성전을 건축하여 봉헌한 것입니다.

신앙생활은 경건의 모양으로 하는 것이 아닙니다. 생명 바친 기도를 할 때 응답이 있음을 확신하는 신앙생활이 참 신앙생활인 것입니다. 양심에서 나는 소리는 양심을 움직이고, 생명을 바친 자리에서는 생명의 역사가 일어납니다.

기도의 제목은 누구에게나 있습니다. 이루어질 때까지 쉬지 말고 기도하라는 성령의 뜻에 순종하며 기도하면 하나님의 뜻이 반드시 이루어집니다. 인간은 자신의 지혜와 지식과 생각을 총동원하여 자기의 뜻만 이루려고 합니다. 그러므로 이 세상에서 가장 추한 자는 자기의 유익만을 위하여 사는 이기주의자입니다. 반면 가장 위대한 자는 하나님과 남의 유익을 위하여 헌신하는 자입니다.

하나님께서 아브라함에게 모리아산에서 독자 이삭을 바치라고 명령하신 것은 아브라함의 양심의 피를 요구하는 것이었습니다. 하나님께서는 다윗에게도 갓 선지자를 통하여 지정한 곳 아라우나의 타작마당에서 제사 지낼 것을 명령하셨습니다.

쉬지 말고 기도하라는 것은 하나님의 명령입니다. 깨어서 기도하라는 것도 하나님의 명령입니다. 기도 외에는 이런 유가 나갈 수 없다고 하심도 주님의 명령입니다.

창세기는 천지창조부터 명령으로 이루어진 사건의 기록입니다. 주의 말씀은 다 명령입니다. 명령은 아무나 하는 것이 아닙니다. 힘이 있는 이만 하는 것입니다. 그 뜻을 알고 순종하는 자에게만 요구하시는 하나님의 명령입니다. 하나님께서 요구하시는 것은 바로 우리의 기도입니다.

#기도하다가 울면 주시는 기쁨의 선물

세상과 땅은 제한이 있고 국경도 있습니다. 그런데 사람의 마음은 제한이 없습니다. 외상 땅 천 평에 집 한 칸만 있어도 재벌 부럽지 않던 뿌듯한 마음은 어디론가 사라지고, 어느새 나는 야금야금 땅 뺏는 재미에 빠져 기도원의 땅이 끝없이 뻗어 가는 칡덩굴같이 온 산을 덮을 것 같은 생각에 사로잡혔습니다.

기도원 주변을 놓고 과녁을 향하여 시위를 당기는 양궁 선수처럼 기도의 시위를 당기는 것입니다. 한두 번 연습으로 금메달을 받을 수 있는 것이 아닙니다. 오랜 시간 동안 갈고 닦는 기술이 필요합니다. 집중력도, 땀도, 시간도 필요합니다. 땅을 먹는 기술도 필요합니다. 아래 논부터 밭이나 언덕이나 위의 산까지입니다. 위에 있는 것은 급하지 않습니다.

아래 땅부터 목적을 두고 기도했습니다. 아래 땅을 소유하면 가운데 있는 땅은 꼼짝 못 하고 우리 땅을 밟아야 들어가게 되고, 그곳에서 무엇을 하려면 나의 승인과 동의서가 필요하게 되는 것입니다.

실제로 이런 순서대로 땅을 차지하게 되었습니다. 그런데 내가 생각해도 이상한 일들이 있었습니다. 동리 사람들은 급한 일이 있어서 땅을 팔 때는 먼저 기도원에 와서 의향을 물었습니다.

어떤 젊은 남자는 노름 빚을 청산하기 위해 나를 찾아왔습니다. 땅을 사라는 것입니다. 나는 배짱을 부렸습니다. 이제 땅을 살 돈이 없다고 하자 아예 서류를 등기째로 들고와서 하는 말이 "우선 20만 원만 필요하니 이 서류대로 총액은 차근차근 주시고 일단 이 땅을 사세요" 하는 것이었습니다.

이래저래 땅을 정복하고 장롱에 들어 있는 땅문서 가방을 혼자서 열어 보고 만져 보며 다독다독하다 보니 가방이 아기 크듯이 점점 커지며 무거워졌습니다. 점점 등기 서류가 많아졌기 때문입니다. 그 등기 서류들은 다 하나님께서 내게 안겨 주신 보증수표들이었습니다. 크게는 몇만 평짜리, 적게는 몇백 평짜리였습니다.

이렇게 하여 기도원 지경이 많이 넓어졌습니다. 거의 정복하고 절간만 남아 있었습니다. 기도원 건너편 보리밭도 얻었습니다. 그 밑에 있는 밤 동산은 경치도 좋았습니다. 밤꽃 피는 봄이면 향이 진동했습니다. 꽃도 아름답지만, 가을에 떨어지는 밤알들이 특히 나의 욕심을 부채질해 더욱 침을 삼키며 기도하기 시작했습니다. 눈만 뜨면 밤 동산을 향하여 기도했습니다.

기도원 주변의 땅이 필요해 주님께 매달리는 기도의 생활을 하게 된 것입니다. 마침내 때가 왔습니다. 그 땅 역시 멀리 던져 놓은 외상 땅이었습니다.

그 밤 동산에서 가을에 밤 떨어지는 소리는 내 마음을 더욱 알차게 만들어 주었습니다. 밤 떨어지는 소리를 들으면 마치 하늘에서 복덩어리가 떨어지는 듯한 기분이 들었습니다. 아침마다 자루를 들고 밤을 주우러 나갔습니다. 그러다가 이제는 땅값을 갚을 날이 다가왔습니다.

계약금과 중도금은 해결했지만 잔금을 지불하는 일이 남아 있었습니다. 한 번도 날짜를 어기지 않은 이력에 동리 사람들은 신용 좋은 사람으로 믿고 문서를 맡겼습니다. 이제 날만 새면 정확하게 50만 원이 필요했습니다. 그러나 나에게는 50만 원은커녕 5만 원도 없었습니다. 그러면 나의 머리는 종일토록 회전합니다.

누가 나를 도울꼬 하면서 떡 줄 사람은 없는데 김칫국부터 먼저 마시는 격으로 이 집 저 집 아는 대로 머릿속으로 찾아봅니다. 육신은 사람을 만나는 데 시간과 공간이 제한되어 있습니다. 그러나 나의 영혼은 하나님의 형상을 닮아 시공의 제한 없이 부산 갔다 서울 갔다, 장로님 댁에 갔다 권사님 댁에 갔다, 언니 집에 갔다 혼자 바빴습니다.

머리의 회전 속도가 얼마나 빠른지 그때야 발견했습니다. 하룻밤에 기와집 열두 채를 짓는다는 옛 속담이 맞아떨어졌습니다. 그러나 그날 나는 나의 사정을 알고 돈 문제를 해결해 줄 사람을 한 사람도 만나지 못하고 돌아섰습니다. 나는 나를 아는 사람이기에 그날 나의 약함을 다시 한번 발견하고 하룻밤을 눈물로 지새웠습니다.

#성혜원 원장님이 가져오신 헌금 보따리

그날은 3·1절이라 공휴일이었습니다. 공휴일을 기해서 여러 교회가 교회별로 수련회를 하는데 방마다 초만원이었습니다. 그러나 교회에 나가 보니 강대상에는 헌금 봉투가 하나도 올라오지 않았습니다. 다음 날 잔금 갚는 일에 신경이 쓰여 마음이 편하지 않았습니다.

언제나 먼저 엎드려 기도하면 얼마나 좋겠습니까? 내게 있는 생각을 총동원해서 찾아볼 만큼 찾아도 길이 없을 때, 막다른 골목에서만 하나님을 찾는 인간의 모습은 어리석기만 합니다. 그런 몸부림 끝에 강대상 밑에 앉아 부르기 시작한 것이 옛날 찬송가 507장이었습니다.

"괴로운 인생길 가는 몸이 편안히 쉬일 곳 전혀 없네 걱정과 고생이 어디는 없으리 돌아갈 내 고향 하늘나라." 2절, 3절을 부르는데 눈물이 터지기 시작했습니다. 눈물의 고백은 "하나님, 내가 이렇게 약자입니다. 밤낮으로 머리를 회전해 보아도 돈 50만 원을 달라고 할 사람이 없네요" 하는 것이었습니다.

그렇게 기도하는데 나 스스로가 얼마나 불쌍하던지 그날 나는 내가 너무 불쌍한 사람이라고 생각하며 울었습니다. 그리고 약한 사람이라고 생각하며 울었습니다. 그런 생각을 하며 울다가 갑자기 생각이 바뀌었습니다. 하나님만 믿었는데 하나님마저 내게 이렇게 대하시면 나는 이 살림 못 한다고 목놓아 울었습니다. 어쩌면 헌금 봉투 하나 없게 하시느냐고 따져 물었습니다.

이렇게 그날 새벽 1시부터 울기 시작한 게 몇 시까지 계속되었는지는 모르나 울다가 졸다가 몸이 추워지기 시작했습니다. 몸을 녹여야 새벽기도를 인도할 것 같아 내 방을 찾아가는데 새벽 1시에도 없던 까만 승용차 한 대가 앞마당에 주차되어 있었습니다.

'웬 자가용이야?' 하고 방에 들어가 보니 수원침례교회 집사님으로 불우한 사람들을 위해 일하는 성혜원 원장님이 앉아 계셨습니다. 이분은 원생을 600명 정도 돌보는 화성시의 여걸이셨습니다.

이분이 새벽에 와서 앉아 있어서 깜짝 놀랐습니다. "웬일이세요, 원장님?" 하니 껄껄껄 웃으시면서 하시는 말씀이 기도원 보리밥 생각이 났다면서 어젯밤 있었던 일을 말씀하셨습니다.

"내가 밤새 하나님과 싸웠어요."

"왜요?"

"아니, 내가 빚이 있어서 목장에 있는 소를 팔아 빚 갚을 생각을 하는데 하나님이 주시는 감동이 왔어요. '애야, 너는 감사를 좀 해라. 달라고만 하지 말고'라고요."

"하나님, 내가 빚 갚으려고 소를 팔았지 감사헌금 하려고 팔았나요?" 하고 생각을 접고 잠을 청하는데 밤새도록 잠이 오지 않았다는 것입니다. 그래서 잠을 자기 위해 "알았어요" 하고 마음을 정하고 다시 잠을 청해도 잠이 오지 않더랍니다.

그래서 그는 또 "하나님, 알았어요. 주일날 헌금할 테니 편한 잠을 주세요" 하고 뒤척이는데 주님께서 감동하시기를 "애야, 너희 교회는 부자이다. 흰돌산기도원 원장이 어려워서 울고 있다. 빨리 가보아라" 하셨다는 것입니다. 아무래도 날이 새면 마음이 식을까 염려하여 그 자리에서 감사헌금을 들고 잠자는 기사를 깨워 달려와 그 새벽에 나의 무릎 앞에 신문지에 싼 돈뭉치를 내어놓으시면서 "자, 무엇이 그렇게 어려웠소?" 하셨습니다.

나는 감격하여 또 울었습니다. 시편 121편이 생각났습니다. 나를 지키는 하나님은 졸지도 주무시지도 않고 나의 출입과 영혼을 영원토록 지키신다는 말씀이. 그래서 감격의 눈물을 흘리면서 그 헌금을 받게 되었습니다.

그래서 그날 오후도 아닌 오전에 밤 동산 잔금을 깨끗하게 치르고 하나님의 은혜로 나의 신용도는 더 확실하게 올라가게 되었습니다.

이렇게 내가 약할 때 주님은 강하시고, 내가 울면 주님은 기쁨의 선물 보따리를 주셨습니다.

#천광사 주지승과의 영적 싸움

우리의 싸움은 혈과 육이 아니었습니다. 육신 속에 작용하는 영적 싸움이었습니다. 겉으로는 서로가 인격 대 인격으로 인사도 잘합니다. 길에서 만나면 상냥하고 예절이 바르기는 절간 사람들을 따라갈 자가 없습니다.

4월 초파일이면 푸짐한 음식을 가져오기도 합니다. 도토리묵을 큰 양푼에 많이도 담아 온 것을 기억합니다. 나는 12월 크리스마스 때 카드와 선물을 보내기도 하였습니다. 그 집 큰딸의 이름은 박인애이고 나는 서인애이니 한 골짜기에 같은 이름을 가진 사람이 둘이나 사는 셈이었습니다. 박인애는 예절 바르게 인사도 잘했습니다.

나는 동리 사람들에게 박인애에 대한 칭찬을 많이 하였습니다. 절간 식구들의 좋은 점만 소문냈습니다. 그러니 그분들에게 나쁠 리는 없었습니다. 길에서 천광사 주지 스님을 만나면 그 스님은 합장하면서 고개를 몇 번이고 숙이면서 감사의 말을 했습니다.

"원장님께서 우리 아이들을 그렇게 칭찬해 주셔서 대단히 감사합니다" 하며 이웃으로서 기본은 피차에 지키면서 살아갔습니다.

그러나 피차간에 제아무리 칭찬하며 인사하고 지낸다 하더라도 영적 싸움은 그렇지가 않았습니다. 그들은 새벽 2시 30분쯤이면 염불 소리와 목탁 소리가 은은히 울려 퍼지게 했습니다.

새벽 4시에는 기도원 종소리가 온 산천의 적막을 깨웠습니다. 특별히 동리 사람들에게는 일상에 맞는 기상 종소리였습니다. 비가 오나 눈이 오나 종 줄을 잡아당기면 우렁찬 소리가 울려 퍼졌습니다. 그 종은 경주 불국사가 있는 동네까지 가서 종 만드는 공장에서 80개가 넘는 종 중 직접 두들겨 보고 제일 좋은 종을 골라잡아 구입한 것입니다.

기차 수화물로 운반하여 우리 기도원에 달게 되었습니다. 어쩌다 종이 늦게 울리거나 종을 못 치게 되면 동리 사람들이 올라와 항의하는 때도 있었으니 우리만의 소리가 아니라 동리의 첫닭 울음소리와 같이 사용되었습니다.

그렇게 친절하고 두 손 모아 합장하고 인사해 가면서 서로 사이좋게 지냈지만 기도원 종소리가 울리면 염불 소리, 목탁 소리가 확성기 마이크를 타고 동시에 흘러나와 새벽부터 밤중까지 울려 퍼졌습니다. 기도원이라고 사람들이 찾아와 기도하며 성경을 보려고 하면 염불 소리와 목탁 소리가 들렸으니 이만저만한 방해거리가 아니었습니다.

그러니 누구보다 솜털이 솟아나는 것은 원장이었습니다. 그런 영적 싸움은 선물 꾸러미나 인사나 예절로 해결되지 않습니다. 그러기에 상한 마음을 달래며 기도만 했습니다. 아침저녁으로 예배를 드린 후 옥상에 올라가 찬양하며 기도하는 저녁이면 그 듣기 싫은 절간의 확성기 소리가 또 울려 퍼집니다.

"흰돌산기도원은 들으라. 이 × 같은 것들아! 그만 조용히 해라" 하는 욕지거리였습니다. 온 동리 사람들이 듣게 되니 말거리, 웃음거리가 될 때도 많았습니다. 마을 사람들이 말하기를 '예수와 석가는 밤낮 싸운다'는 것입니다.

누가 이기는가 보자 하는 구경거리가 된 것입니다. 마치 갈멜산에서 엘리야와 아합을 중심으로 한 싸움과 같았습니다. 겉으로는 이웃이요, 사람으로서 인격적으로 친절한 예절을 갖추는 것은 피차간에 똑같았습니다. 그러나 내적 싸움은 감출 수가 없었습니다.

"주여, 이제부터는 영적 전쟁입니다. 하루 계획은 아침에 있고, 1년 계획은 정초에 있는 법입니다. 그런데 나의 올해 계획은 집 짓는 것도 아니요, 땅 사는 것도 아니요, 나의 정신 도둑 같은 저 절간 문제를 해결하는 것입니다. 언제 하시더라도 저 절간 문제는 내가 처리할 일이 아니고 주님께서 하셔야 할 일입니다. 기왕 하실 것, 올해 안에만 해결해 주세요. 나의 젊음, 나의 생명은 주님을 위해 살기 위함이지 저들과 싸우며 신경 쓰기 위함이 아닙니다"라고 하면서 나의 마음, 시간, 에너지를 도둑맞은 심정을 그대로 주님 앞에 쏟아 놓고 눈물을 흘리며 호소했습니다.

"하나님, 제 마음이 너무 아파요. 더는 못 견디겠어요" 하며 내 가슴을 내가 어루만지면서 울었습니다. 눈물은 약자인 나의 무기이니 하나님께 눈물 외에는 보여 드릴 것이 없었습니다. 그해 나의 기도 제목은 오직 절간 문제를 해결하는 것이었습니다. 그 기도는 간단했습니다.

올해 안에만 해결해 달라는 것과 하나님의 선하신 방법 하나만 사용해 달라는 것이었습니다. 하나님께서는 홍해를 가르신 방법도 있고, 여리고 성을 무너뜨린 방법도 있고, 시혼과 옥을 죽이신 방법도 있고, 여러 다양한 방법이 있으니, 당시에 하나님의 이름을 앞세울 때 나타내셨던 그 방법 외에도 전능하신 하나님의 미묘한 방법 하나만 사용해 달라는 믿음의 기도였습니다.

그런데 이게 웬일입니까? 기도하면 할수록 여리고 성벽이 굳어지듯 눈을 뜨고 보면 그해에 해결은 고사하고 절간의 부흥·발전이 위세 부리듯

현저하게 나타나는 사건들에 나는 점점 기가 죽은 듯 말문이 막힐 지경이었습니다. 그해 봄부터 천광사 절간이 열두 칸짜리 법당을 짓고 있었기 때문입니다.

대웅전 골격이 올라가고 서까래와 대들보, 그리고 기와가 올라가는 등 작업이 한창 성공적으로 진행되었습니다. 보란 듯이 염불과 목탁 소리가 더 요란해지고, 확성기 소리도 한층 더 나의 기를 죽이려 들었습니다. 가뱅이 부르는 소리, 징 울리는 소리, 염불 소리, 목탁 소리, 연장 소리 등 온갖 소리가 산을 집어삼킬 듯 의기양양한 분위기였습니다.

더욱이 원장인 나를 놀리는 소리는 더욱 목불인견이었습니다. 박인애를 부르는지 서인애를 부르는지 분간하지 못하게 이름을 불렀습니다. 물건을 운반하는 인부들이 기도원 집 앞을 통과해서 절간으로 올라가면서 무조건 "인애야!" 하고 부르기 시작하며 놀려 댑니다. "인애야!" 하고 부르며 "으라차, 으라차" 하고 무거운 짐들을 옮기는 것이었습니다.

뛰어나가 보면 그들은 짓궂게 박인애를 부르는 시늉을 하고 있었습니다. 이런 놀림이 지속되는데 솔직히 불쾌하고 속이 상할 때가 많았습니다. 그래서 크게 느낀 바가 하나 있습니다. 지나고 보니 그때 큰 진리를 하나 발견한 것 같습니다.

#눈뜨면 안 되고 눈감으니 되더라

눈을 뜨고 절간을 쳐다보면 나는 약해지고 그들은 강해지는 것이 현실이었습니다. 그러나 눈감고 엎드리면 강한 힘과 영감이 내게 임하니 자나 깨나 기도하고, 일을 하면서도 계속 기도했습니다.

"주여, 법당 열두 개를 더 지어도 그것은 나와 아무런 상관이 없어요. 나의 기도 제목은 올해 안에 해결해 주세요"라고 눈감고 기도하면 힘이 생기고, 눈을 뜨면 힘이 약해졌습니다. 그러므로 눈감는 기도 시간이 많을 수밖에 없었습니다.

계속된 기도는 "올해 안에만 해결해 주세요" 하는 것뿐이었습니다. "언제 해도 주님께서 하실 일이지 내가 할 일이 아니에요. 기왕 해주실 것, 올해 안에 해주세요. 그러면 언제든지 이 일은 내가 한 것이 아니고 주님께서 하신 일이라고 간증할게요" 하고 부르짖었습니다.

그런데 기도하면 할수록 현실에서 벌어지는 일은 더 기가 막혔습니다. 열두 칸짜리 법당의 윤곽이 제법 뚜렷해지자 절간에서 주변 땅까지 사들이는 것이었습니다. 절간 주변에 박효진 씨라는 분의 땅이 있었습니다. 나는 항상 그 땅을 달라고 눈독을 들이며 기도해 왔습니다.

그런데 나보다 한 발 앞서서 절간이 그만 그 땅을 사들인 것입니다. 눈을 뜨고 절간 쪽을 바라보면 할 말이 없어졌습니다. 그래서 또 눈을 감고 기도하게 되었습니다.

눈만 감으면 새 힘이 생겼습니다. 절대로 절망은 없었습니다. "하나님, 올해 안에만 해결해 주세요" 하는 기도는 외마디 기도였습니다. 외마디 기도는 간단해서 좋습니다. 간단하니 어렵지 않았습니다.

간단한 외마디 기도는 잠꼬대처럼 이불 속에 들어가서도 할 수 있었습니다. 기막힐 때 말문은 막히지만 간단한 외마디는 터져 나옵니다.

사람이 물에 빠져 죽게 되면 외마디를 외치게 됩니다. "사람 살려!" 하는 그 외마디 앞에는 산천초목도 녹아납니다. 이렇게 오만 간장이 다 녹고 힘들고 다급할 때 부르는 외마디는 구급차로부터 헬리콥터까지 동원할 힘이 있는 소리입니다. 사람의 외마디는 아무 때나 나오지 않습니다. 급할 때만 나옵니다.

#뱀을 죽이는 꿈

지금 생각해 보아도 눈감으면 힘이 오고 눈뜨면 기가 죽던 치열한 영적 싸움이었습니다. 그런 기도를 계속하던 중 전주 팔복교회에서 집회 신청이 들어왔습니다. 그해 9월이었습니다. 복잡하던 일손을 멈추고 나는 전주 팔복교회에 가서 집회 첫날 설교를 은혜롭게 마쳤습니다.

그날 밤 꿈에 주님의 현몽하심이 있었습니다. 지팡이같이 생긴 독이 오를 대로 오른 뱀 한 마리가 입을 벌리고 일자로 일어서서 머리를 나의 얼굴 앞에 꼿꼿이 세우고 나를 겨냥하며 있었습니다. 그런데 꿈에서도 나는 아주 여유 있게 능청을 부렸습니다. 지팡이와 칼을 눈알만 굴리면서 찾았습니다.

얼굴이나 손을 움직이면 뱀이 금방 얼굴을 물 것 같아서 뱀을 안심시키겠다는 뜻으로 눈알만 굴리고 있었습니다. 그런데 내 손에 젓가락이 하나 들려져 있었습니다. 불에 달구어진 부젓가락이었습니다. 그 부젓가락으로 입을 벌리고 있는 뱀 아가리를 찔렀습니다. 그리고 혼을 뺀다고 뱀을 젓가락에 꽂은 채 뱅뱅 돌리는데 그 뱀이 내 손에서 죽은 꿈이었습니다.

그리고 다음 날 또 꿈을 꾸었습니다. 뱀 서너 마리가 나를 둘러 진을 치고 있었습니다. 그런데 내 손에 있는 것은 조그마한 과도였습니다.

우선 급하니 과도를 들고 뱀의 대가리만 자르면 되겠다 생각하고 뱀 대가리부터 잘랐습니다. 이상한 것은 그 작은 칼을 들고 죽을힘을 다해 자르는데 두 번도 아닌 단 한 번에 다 잘려 나가는 것이었습니다.

깨고 보니 꿈이었습니다. 좀 이상했습니다. '왜 밤마다 뱀을 잡는 꿈이란 말인가?' 셋째 날은 은근히 잠자기가 무서워졌습니다. 그날 설교를 마치고 세상에서 제일 싫은 것이 뱀인데 왜 밤마다 뱀이 나타나냐고 기도하고 잠을 잤습니다.

그런데 그날 꿈에 나타난 뱀은 더 큰 구렁이였습니다. 얼굴은 사람인데 얼마나 잘 먹었는지 윤기가 나는 기름진 사람 얼굴이었습니다. 몸뚱이는 구렁이였고, 꼬리 쪽은 문어 다리같이 흐물흐물했습니다.

그런데 그 구렁이가 우리가 야외에 걸어 놓은 흰 솥 곁으로 지나갔습니다. 흰 솥이 뜨거운 줄도 모르고 지나가다가 뜨거우니까 펄떡펄떡 뛰더니 그냥 솥에 붙어 죽어 버렸습니다.

이런 꿈에도 팔복교회 집회는 아무런 기적도, 아무런 시험도 없이 평범하게 진행되었습니다. 나는 메시지만 착실하게 전하고 흰돌산기도원으로 돌아오게 되었습니다. 집회 기간 일주일 동안 나는 뉴스를 전혀 듣지 못했습니다. 그런데 그 집회 기간에 뉴스가 전국적으로 나갔습니다.

전국의 산에 있는 무허가 절간이나 기도원들을 모두 철거하되 올해 안에 철거하라는 박정희 대통령의 불같은 호령이 떨어졌습니다. 그때부터 면사무소 직원들이 산마다 무허가 절간이나 암자 그리고 기도원을 샅샅이 이 잡듯이 뒤지게 되었습니다.

조사반이 나와서 조사 결과 보고를 군청에 올리면 군청에서는 사실과 대조해 본 다음 다시 도청으로 보고하고, 도청은 또 서울 중앙으로 보고를 올렸습니다. 서울에서까지 확인 조사반이 나왔고 철거 작업을 위한 공무원들이 갑자기 동원되었습니다.

1978년 9월부터 조사가 시작되어 10월 말이 되자 우선적으로 산 너머 무당들이 철거를 당해 이사를 하였습니다. 그 자리들은 원상복구가 되었습니다.

11월 말이 되어 15년 넘게 성장하고 드디어 자리가 잡혀 그해에 열두 칸짜리 법당까지 새로 지었던 그 절간도 불법 건물로 낙인찍혀 철거 명령을 받게 되었습니다.

그때 절간 주지승은 왜 늦게 들어온 흰돌산기도원은 그대로 놔두고 천광사만 철거해야 하느냐고 항의하면서 차라리 식유를 뿌리고 분신자살하겠다고 엄포를 놓았습니다. 공무원들이 그를 살살 달래며 그동안 자기들이 도와주었지만 이번에는 국가 최고 권력자인 대통령 각하의 명령이니 자기들도 어쩔 수 없이 국가 정책에 따를 수밖에 없다며 이해하고 동리로 내려가라고 설득하였습니다.

그러면서 새마을 주택 자금을 융자해 주기로 하자 일단 동네로 내려가 불교 신도의 밭에 일자로 생긴 법당을 먼저 짓게 되었습니다.

그런데 공사가 끝나 주택 자금 융자 신청을 하였으나 거절당했습니다. 새마을 주택 자금 융자를 해주기로 약속했지만 법당은 법을 위반하였으므로 융자를 해줄 수 없다는 결과가 나왔습니다. 절간은 난처한 상황에 처하게 되었습니다.

절간은 철거당했지, 법당 짓는 데 빚은 졌지, 천광사 주지승은 할 수 없이 우리 기도원으로 나를 찾아왔습니다. 나에게 간청하기를 "기도원 원장님, 이제 어쩔 수 없으니 우리 땅을 사세요"라고 하였습니다. 그리하여 그해 천광사가 소유한 모든 땅을 우리가 사들이게 되었습니다.

그 일을 마무리하고 나니 12월 말이 되었습니다. 예수님은 "믿고 구한 것은 이미 받은 줄로 알라 그리하면 그대로 되리라"라고 약속하셨습니다 (마 11:21-25).

하나님은 세상의 방법에 눈감은 자와 하나님의 방법을 믿는 자에게만 나타나 일하시는 분이십니다. 누가 무슨 말을 해도 나는 목숨을 다하여 그분께서 행하시는 큰 역사를 나의 생활 속에서 증거할 것입니다. 그리고 온 세상 땅끝까지 복음이 전파되는 곳 어디든지 전능하신 하나님께서 행하신 역사는 계속해서 증거될 것입니다.

사실 그때는 기도원도 무허가였습니다. 당시 법은 신고제였습니다. 나는 해마다 집을 한 채씩 지은 셈이었습니다. 기도원 설립 5년 만에 다섯 채의 집을 지었습니다.

나는 1974년에 산에 들어가 1976년 봄 수원 새마을연수원에서 종교 지도자로서 새마을 지도자 연수를 받은 경험이 있습니다. 그래서 그때의 경험을 살려 기도원을 새마을 운동 형식으로 지어 나갔습니다. 우리 기도원은 새마을 운동 형식의 건축물이었습니다. 그 당시에는 '새마을' 자만 붙어도 무시하지 못할 때였습니다.

우리 기도원에 온 단속반은 건물에 'B-1, 2, 3, 4호'로 번호를 붙여 놓고 헐지도 못하고 더 짓지도 못하도록 보호표를 문지방마다 붙여 주었습니다. 군청 게시판에도 우리 기도원 건물 사진이 나붙게 되었습니다.

적어도 기도원 건축은 이렇게 하라는 뜻으로 군청에서 우리 기도원의 사진을 벽보에 붙이게 되었습니다. 더욱이 이듬해에는 내가 군 당국으로부터 새마을 표창까지 받게 되었습니다. 눈감고 기도한 덕분에 꿩 먹고 알 먹는 식으로 하나님의 은혜를 입은 나는 너무나 감사했습니다.

모름지기 신앙인은 하나님께서 베푸시는 은혜에 감사하여 노루처럼 이리 뛰고 저리 뛰는 기쁨과 즐거움 가운데 작은 입이나마 크게 벌려 하나님의 역사를 전파하는 자가 되어야 합니다. 동서남북 산과 들을 누비며 응답의 땅을 밟는 기쁨은 하나님의 은혜를 받은 자 외에는 아무도 모르는 기쁨입니다.

#내 눈물을 병에 담아 주소서

기도원에 처음 들어와 집 한 칸 짓고 나니 앞마당에 약간의 채소를 심어 먹을 정도의 좁은 땅이 생겼습니다. 밑에 도랑이 가깝고 낭떠러지 땅이 있었습니다. 도랑 옆에서부터는 박 씨 아저씨의 논으로 위에서 아래까지 계속 붙어 있었습니다. 기도원의 오솔길 논둑 길은 그 아저씨의 논둑 길이어서 한 포기의 벼를 심기에도 논둑은 대단히 좁기만 했습니다.

그나마 논 주인의 눈치를 보며 걸어 다녔습니다. 이제는 그 논과 밭을 놓고 기도하기 시작했습니다. 땅 뺏기 놀이는 계속되었습니다. 절간 땅 밑에 계속 연결된 밭과 언덕, 논과 밭을 기도한 내로 받았습니다. 그리고 동리 건너편이나 아래편, 산 너머에서도 땅이 나면 무조건 빚을 내면서도 사들이게 되었습니다.

이유는 다른 것이 아니었습니다. 나는 6·25 동란으로 졸지에 고아가 되어 배운 것도 없고 가진 것도 없는 정말 가난한 약자이기 때문이었습니다. 그래서 기도원 개척 때도 무척이나 울었습니다. 첫째는 돈 때문에 많이 울었습니다. 둘째는 여자이기 때문에 울었습니다. 셋째는 말씀이 너무 좋아서 많이 울었습니다.

　나는 가진 재산은 없어도 눈물은 많았습니다. 그런데 또 울 일이 생겼습니다. 그것은 밭 주인과 돌산 주인이 돌을 팔기 위해 임시로 낸 길이니 이제는 밭을 도로 찾겠다는 것이었습니다.

　그런데 그 밭 주인은 애굽 왕 바로만큼이나 강퍅한 사람이었습니다. 길에서 인사하면 받지도 않고 외면할 정도로 무서운 분이셨습니다.

　찾아가 사정해도 꿈쩍도 하지 않았습니다. 그래서 또 울기 시작했습니다. 길을 막아 버리면 꼼짝도 못 합니다. 새처럼 날아갈 수도 없고, 두더지처럼 땅밑으로 기어 다닐 수도 없습니다. 그러다 그 당시 복덕방 하시는 분을 찾아가 그대로 이야기했습니다. 내가 지금 변호사 찾아가다가 감동을 받고 돌아섰는데 감동을 받은 대로 해결해 달라고 부탁했습니다. 그러나 쉽게 해결되지 않았습니다.

　하나님께 입을 열어 "하나님, 산 넘어 산이요, 강 건너 강입니다. 넘어야 할 강과 산이 너무나 많습니다" 하며 울었습니다. "밭 주인과 대화가 되지 않으니 하나님이 또 해결하여 주세요"라고 간구했습니다.

　"하나님 아버지!" 하고는 통곡하면 나의 울음 소리는 예배당 밖으로 퍼져 나갑니다. 내가 통곡하는 소리가 들리면 직원들은 한결같이 예언했다고 합니다. "이제 다 해결됐다"고 말입니다. 그런 일이 한두 번이 아니었기 때문입니다. 그들은 나의 증인이 되었습니다. 나는 이때도 사흘간을 눈만 감고 "아버지!" 하면서 그렇게 눈물을 쏟았습니다.

　그날도 저녁 예배 후 "아버지!" 한마디 불러 놓고 한없이 울었습니다. 바울의 앞치마와 손수건에는 바울의 진액이 묻어 있기에 그것만 던져도 귀신이 나갔습니다. 그러나 나는 손수건이 내 눈물을 다 받아 내지 못하여 버선을 벗어 버선에 눈물, 콧물을 닦았습니다.

　애통하는 자는 복이 있다고 주님이 말씀하셨습니다. 다윗은 시편에서 자신의 눈물을 병에 담아 달라고 기도하였습니다. 다윗도 그만큼 대적들로 인하여 울 일이 많이 있었기 때문입니다.

#뱀이 내 손에서 죽어 버린 꿈

그날 밤 나는 또 꿈을 꾸었습니다. 누군가가 내 손에 산 뱀을 갖다주었습니다. 나는 오른손으로 뱀의 목을 잡고 있었습니다. 이 뱀은 나를 물려고 애를 쓰고, 나는 물리지 않으려고 손을 쥐고 돌리고 있었습니다.

그런데 땅에서부터 올가미가 나오더니 뱀의 이빨이 몽땅 빠져나가고 그 뱀은 내 손에서 죽어 버린 꿈이었습니다. 나는 "오, 내 손에서 놀아난다" 하면서 일어났습니다. 그날이 왔습니다. 그 복덕방 아저씨가 와서 하는 말이 160만 원에 해결을 잘 보고 왔으니 땅 주인이 두말하지 못하도록 계약금을 많이 내라는 것입니다.

말대로 계약을 하고 그 땅을 매입하게 되었습니다. 그뿐 아니라 그분의 다른 땅까지 더 사게 되었습니다. 그리고 그분은 얼마 있다가 암으로 세상을 떠났습니다. 그때 그 돈은 나에게는 큰돈이었습니다.

꿈에 본 그대로 뱀의 정체는 사탄이었는데 나를 괴롭히는 뱀의 이빨이 송두리째 빠진 다음 내 손에서 놀아났듯이, 내가 원하는 땅을 다 내게로 돌리고 난 다음부터는 마치 독이 빠진 뱀처럼 그가 나에게 얼마나 겸손하게 대하였는지 인상이 달라졌습니다.

손바닥만 한 우리 밭에 비하면 이 밭은 얼마나 큰 밭인지 그 땅에 상추도 심고, 고추도 심고, 옥수수와 들깨도 심고, 파와 무도 심었습니다. 그런데 농사가 얼마나 잘되는지 기도원에 모인 수천 명의 성도가 먹고도 남는 역사가 이뤄졌습니다.

감자는 주체할 수 없게 많이 거두었고, 김장만 해도 배추 3천 포기를 해 김치 공장 같다고도 했습니다. 이처럼 눈물 끝에 받은 하나님의 축복의 땅에서 얻은 수확으로 기도원 1년 살림을 하게 되는 등 응답의 삶이 풍성했습니다.

#흰돌산기도원 김장 김치는 천하일품

서울에서 겨울 김장은 12월에 하지만 우리 기도원에서는 11월 중순에 했습니다. 온 동리 아낙네들이 다 모여 수다라는 수다는 다 떨면서 재미있게 일했습니다. 김장 날이면 해마다 큰 잔칫날처럼 잘 먹었습니다. 아랫마을에서부터 윗마을까지 한 집에서 한 분씩 다 올라와 일하면서 그들은 찬송 대신 유행가를 뽑아 댔습니다.

일의 능률은 우리 마을 부인들을 따를 자가 없었고, 또 김치 맛은 천하일품이었습니다.

나는 지금도 그 김치 맛이 그립습니다. 그 김치는 서울에 사시는 분들도 많이 퍼 갔습니다. 서울의 김장 맛도 얼마나 좋습니까? 그러나 그 맛 제쳐 놓고 가져간 기도원 김치는 한겨울의 입맛을 돋우는 밥상의 왕이라는 것이었습니다.

특별히 우리 주방장 아주머니는 15년 동안 부엌살림을 잘했습니다. 농사일은 농사일대로 잘 처리해 주었습니다. 음식은 음식대로 맛나고 보기 좋게 천 명이고, 오천 명이고, 그 손에만 가면 척척 만들어졌습니다. 나는 다른 분보다 그분을 더욱 믿었습니다.

나는 1인 3역을 해주는 그분을 사랑했습니다. 말로만 사랑한 것 아니고 오른손이 하는 것을 왼손이 모르게 하듯 주방장만 알고 나만 아는 대가를 지불하면서 남이 모르는 비밀 속에 더욱 깊이 사랑했습니다.

나보다 부엌살림을 더 잘하고 아끼는 모습이 훤히 보일 때는 주인의식으로 일하는 그 마음씨가 무척 고마웠습니다. 도둑질도 손발이 맞아야 하듯 맘과 맘이 맞아야 살림도 잘됩니다.

그래서인지 흰돌산기도원의 살림은 점점 좋아져 자타가 공인하듯 살이 찌고 고무줄처럼 늘어나 풍성하게 되었습니다. 나는 처음부터 풍성하게 산 사람이 아닙니다. 인심은 쌀독에서 난다고 했는데 나의 쌀독은 빈 곳간과 다를 바 없었습니다. 그러므로 가난의 저주를 벗겨 달라고 기도한 것은 나의 가난의 저주를 나의 대에서 벗겨 달라는 것이었습니다. 그리고 믿음대로 가난을 벗는 날이 왔습니다.

나는 기도원을 개척하면서 별다른 여유가 없었습니다. 늘 하늘을 쳐다보며 기도원에 손님들이 오면 역시 손님들의 주머니만 보이는 듯 신경이 집중되기도 했습니다. 솔직한 고백입니다. 그날그날 강대상에 올라오는 감사헌금은 어떤 이는 1천 원, 어떤 이는 1만 원입니다. 그러다 10만 원짜리 수표를 볼 때는 심 봉사가 눈뜰 정도로 놀라고 반가웠습니다. 큰돈 낸 사람을 대하는 것과 1천 원 내고 일주일을 보내는 사람을 대하는 것을 스스로 보면서 하나님께서 나를 가르치시는 것 같았습니다. 그때그때 펴 보지 말고 다 돌아간 후에 봉투를 열어 보라는 것입니다. 그런 방법으로 했더니 편견도 없고, 미움도 아부도 없이 평안했습니다.

#꿈에서 본 만리장성과 같은 볏단

"하나님이 말씀하시기를 말세에 내가 내 영을 모든 육체에 부어 주리니 너희의 자녀들은 예언할 것이요 너희의 젊은이들은 환상을 보고 너희의 늙은이들은 꿈을 꾸리라"(행 2:17)라고 성경은 증언하고 있습니다.

내가 지난 60년간 한국에서의 기도원 사역과 미국에서의 선교 사역을 감당하는 동안 하나님께서 나에게는 뱀과 관련한 수많은 꿈을 현몽해 주셨습니다.

꿈도 분석을 잘해야 합니다. 꿈의 종류노 다양합니다. 실몽도 있고, 잡몽도 있고, 사몽도 있고, 허몽도 있고, 영몽도 있습니다. 그러므로 영몽인지, 실몽인지, 잡몽인지, 사몽인지, 허몽인지 분별을 잘해야 합니다. 어떨 때는 꿈보다 해몽이 더 좋은 때도 있습니다.

신학적으로 꿈을 무시하는 이들도 있지만, 다 그런 것은 아닐지라도 어떠한 중요한 목적을 가지고 기도하다가 꾸는 꿈의 경우는 성경적이라고 생각합니다. 아브라함도, 요셉도, 다니엘도, 솔로몬도, 야곱도 다 꿈에서 받은 축복이 현실화한 것입니다.

기도원을 성령의 지혜대로 운영하니 너무나 좋았습니다. 그러던 어느 날 나는 나의 일할 분량을 보았습니다. 엘리야가 갈멜산에서 엎드려 기도할 때 큰비 소리를 들었듯이(왕상 19장) 나는 내가 장차 받을 큰 축복의 배부름에 대한 꿈을 꾸었습니다.

내 꿈의 내용은 황금색 벼들이 태산같이 쌓였는데 쭉정이는 없고 알곡만 있는 것이었습니다. 너무나 선명한 황금빛의 알찬 곡식이었습니다. 그뿐 아니라 짚 볏단 채로 모아 묶어 놓은 볏단들이 이 끝에서 저 끝까지였습니다.

그런데 그 많은 벼를 보고 입을 딱 벌리고 두 주먹에 잔뜩 쥐고 "천 석이냐, 만 석이냐" 하고 팔을 올렸다가 내렸다가 두 번이나 그렇게 하면서 "옆에 늘어서 있는 볏단은 언제 다 털지?" 하고 말했습니다.

꿈에 본 볏단은 만리장성과 같았습니다. 나는 그때부터 마음이 부유해졌고 풍성해졌습니다. 유형의 재산은 없어도 무형의 재산이 끝이 없음을 보고 어려울 때마다 나는 하나님께 무형의 재산을 내놓으라는 억지 간구 기도를 드렸습니다. 그때부터 나는 매물로 나온 동리 땅을 다 사들였습니다.

이 끝에서 저 끝까지 셀 수도 없고 잴 수도 없는 꿈에 본 벼들이 내가 이만큼 천 석, 만 석을 만지게 된다는 것인가, 아니면 셀 수 없는 수많은 사람이 왕래한다는 것인가, 아니면 신령한 양식을 풍성히 주신다는 것인가 생각했습니다.

셋 중에서 한 가지는 선택해야 하니 말씀의 양식이 풍성하기를 빌었습니다. 그러나 육신의 양식도 풍성했고, 밭 곡식은 물론이요, 쌀도 1년 수확이 40가마가 나왔습니다. 대농에 비하면 별 것 아니지만 기도원 주변 땅에서 얻은 수확이었기에 더욱 기뻤습니다.

그 꿈 이후 지금까지 마음의 궁핍함은 느끼지 못했습니다. 우리는 가난이라는 저주에서 탈피해야 합니다. 사람들은 곡식 한 알 만져 보는 꿈만 꾸어도 재수가 있는지 횡재한다는 말을 합니다.

그런데 볏단이 이 끝에서 저 끝까지 보이지 않게 길기만 하니 만리장성이라고 한 것입니다. 만리장성은 매우 긴 성벽입니다. 그래서 묶인 짚단들이 쌓인 것이 만리장성과 같다고 표현한 것입니다.

내가 얼마나 미련했던지 나의 육안으로 이 끝은 기도원이고 저 끝은 세곡리를 가리킴인 줄로 알고 계속 마을에서 땅이 나오기만 하면 그 목적을 달성해 보려고 빚을 져가면서도 땅을 사들이게 되었습니다.

그런데 하나님의 뜻은 그렇지 않았습니다. 이 끝과 저 끝이 동양과 서양이란 것을 알게 된 것은 미국을 1년에 한두 번씩 다닐 때입니다.

#20대 때부터 집회 강사로 섬기다

예수님께서는 성령이 임하면 우리가 권능을 받고 예루살렘과 유대와 사마리아 땅끝까지 주님의 증인이 될 것이라고 말씀하셨습니다. 가장 미약하고 연약하지만 피나는 연단 과정에서 젊음의 힘을 쏟아 최선을 다하며 감동의 힘으로 지나고 보니 이끌어 주신 성령의 인도하심에 감사하기만 했습니다.

전심전력을 다한 적극적인 기도의 연단도 나의 힘으로 하는 것이 아닌 성령의 인도하심이 확실했고, 국내 땅끝까지 단상에 세우심도 성령의 인도하심이었습니다. 소록도와 울릉도는 못 가봤지만 우리나라 웬만한 곳은 거의 다 다닌 것을 내가 적어 놓은 방문 주소록이 증명합니다. 나는 무슨 말씀을 전했는지는 잘 기억나지 않지만 여하튼 20대 때부터 부흥회를 인도하였습니다.

여름방학, 겨울방학이면 순천 삼세보육원에서 40일 동안 매일 아침 원생들과 학부모, 직원 일동과 함께 예배를 드렸습니다. 삼세보육원 원장님께서 방학 때면 삼세보육원 예배 인도를 나에게 맡기셨기 때문입니다. 당시 삼세보육원에서는 매일 아침 예배에서 회개 운동이 일어나게 되었습니다.

그 당시 나는 원생들에게 선망의 대상이 되었다고 뒤늦게 이야기를 듣게 되었습니다. 그 당시 은혜 받은 원생 중에 6명이 목회자가 되었다는 소식은 들었으나 그 후 세월이 많이 흘렀습니다. 그런데 그 증인이 한 분 나타났습니다.

한번은 미주 대한예수교장로교단 목사님들의 모임이 있었습니다. 성경의 제비뽑기 사역자요 선구자인 나의 제부 박광재 목사님의 세미나와 특강이 있어서 LA에 있는 영생장로교회 모임에 나도 참석했습니다. 그때 목사님 한 분이 내게 찾아와 "누님, 안녕하셨습니까?" 하고 정중하게 인사를 하였습니다. 누구신데 나에게 누님이라 하느냐고 물었습니다. 그 목사님께서 "저는 순천 삼세보육원 출신 박안식 목사입니다"라고 자신을 소개하였습니다. 그리하여 수십 년 만에 만나 옛날이야기를 주고받은 것이 몇 년 전 일입니다.

#날마다 내 마음이 열려 있기를

나는 날마다 나의 마음이 열려 있기를 간구합니다. 시골에 가서 보면 장독대의 무수한 그릇들이 저마다 뚜껑이 덮여 있습니다. 고추장 단지, 간장 단지, 된장 단지들이 그것들입니다. 온갖 잡동사니들이 뚜껑이 덮인 채로 옹기종기 장독대에 가득한 것을 보게 됩니다.

어느 집이든 대문으로 들어갔는데 볏가리가 크고, 나무 버들이 크고, 장독대가 크면 그 집은 보나 마나 부잣집입니다. 부잣집 장맛은 단맛으로 그해 운세를 점치는데, 아무리 부자라도 망하는 징조가 보일 때는 장맛이 뒤집히고 구린 냄새가 난다고 합니다. 그래서인지 "인심은 장맛에서 난다"는 소리를 많이 들었습니다.

크고 작은 장독이 아무리 많아도 뚜껑만 덮여 있으면 소나기가 장대처럼 퍼부어도 그 장독은 속이 보송보송합니다. 이유는 뚜껑이 덮여 있기 때문입니다.

요즈음은 은혜의 홍수 시대로, 차를 타고 달려가면서도 차 안에서 말씀을 들을 수 있습니다. 라디오, CD, 인터넷 등 버튼만 누르면 말씀을 골라 먹을 수 있는 시대입니다. 서점에 가면 누구나 골라잡을 수 있도록 즐비하게 꽂혀 있는 말씀 서적들을 보게 됩니다.

오늘날 누구나 입맛에 맞는 음식을 골라 먹을 수 있는 것처럼 미디어를 통해 주체할 수 없으리만큼 많은 양의 말씀을 골라 먹을 수 있는 시대를 살고 있는 것입니다.

그러나 사실상 홍수가 나면 생수를 보기 힘듭니다. 즐비하게 진열되어 홍수같이 쏟아져 나와 있는 말씀에서 해갈의 방법을 찾지 말고 배에서 솟아나는 말씀의 생수를 발견해야 할 것입니다.

우물가에 있으면서도 목이 말랐던 수가성 여인이 예수님과 대화할 때 경험한 기쁨과 감사와 감탄의 영원한 생수를 생각해 보십시오. 영적 고갈 상태에서 허덕이는 우리는 날마다 하늘을 향해 마음을 열어야 합니다.

그래서 나는 날마다 내 마음의 문을 열어 달라고 기도하였습니다. 하늘 문은 열린 문입니다. 누구든지 열기만 하면 언제 어디서나 구하는 것을 받게 되는 문입니다. 거짓 없이 진실로 약속된 성령은 장독 뚜껑 덮여 있듯 닫혀 있으므로 열지 않으면 약속된 말씀도, 축복도 기대할 수 없습니다.

눈물 없는 사람, 회개 한 번 깨끗이 하지 못하는 꽉 닫힌 사람에게는 하늘의 단비와 태양이 닿을 수 없습니다. 그래서 자나 깨나 마음이 늘 열려 있기를 기도할 수밖에 없습니다.

일하면서도 마음은 주께로, 걸어가면서도 마음은 주께로, 이야기하면서도 마음은 주께로 향해야 하고, 잠자는 시간에도 행여나 현몽하시나, 밥 먹으면서도 행여나 좋은 밥 먹고 나쁜 생각 하지는 않나 살펴야 합니다.

언행 심사가 말씀에 사로잡힌 삶이 아니면 쌀 속의 돌 골라내듯 잘못된 것을 제하면서 주님과 동행하는 삶이 되기를 힘써야 합니다. 힘쓰고 애쓰는 자가 천국을 얻는다고 하셨으니 그 말씀을 먹고 살아야 합니다. 누에는 뽕잎을 먹어야 하고, 기계는 기름을 먹어야 하듯 우리는 날마다 말씀을 먹고 말씀 안에서 행동해야 합니다.

오늘날 신앙과 생활이 각각 분리된 영적 장애인이 많습니다. 날마다 이슬에 젖듯 은혜에 젖어 말씀을 먹고 살아야 새 힘이 솟습니다. 하나님의 사람은 생각이 다릅니다. 하나님의 사람은 먹는 게 다릅니다. 마음먹는 것도 다릅니다. 하나님의 사람은 일하는 힘도 다릅니다. 하나님의 사람은 일곱 번 넘어져도 여덟 번 일어납니다. 그래서 하나님의 사람의 생각과 힘을 따를 자가 없는 법입니다. 그 힘과 지혜는 수입품도, 땅에서 나는 생산품도 아닙니다. 오직 뱃속에서, 뼛속에서 솟아나는 생수입니다. 그 힘이 솟아오를 때는 벽이라도 무너뜨릴 수 있습니다.

이사야 40장 31절 말씀과 같이 장정이라도 넘어지고 자빠지되 오직 여호와를 앙망하는 자는 새 힘을 얻게 되는 것입니다. 열린 마음에는 새 힘을 주시는 하나님이십니다. 나같이 보잘것없는 사람에게도 새 힘을 주시는 그런 하나님이심을 나는 목이 쉬도록 전해 왔습니다.

그리고 나이를 먹어 힘이 쇠하여지니 이제는 졸필이나마 글로 표현하여 그 하나님의 힘을 자랑하고 싶은 것입니다. 인간적인 자랑은 죄가 되지만 하나님의 힘은 복음의 능력이기에 내게 베푸신 하나님의 은혜와 기적은 자랑해야만 하는 것입니다.

#겨자씨만 한 믿음이 있으면

하루는 또 산을 깎을 지혜와 힘이 내 속에서 솟아났습니다. 앞서 말했듯이 산에 딸린 논과 밭 이쪽에서 저쪽으로 건너가는 사이에는 논이 차지하는 골이 상당히 많았습니다. 우리 산은 저수지에서 2킬로미터 밖에 있었습니다. 저수지 보호를 위해 4킬로미터까지는 영구 보안림으로 지정되어 있었습니다.

나무 한 그루도 마음대로 자르지 못하는 철저한 산림 보호 지역이었습니다. 그러나 1차로 논밭을 매입한 후 작업을 착수하였습니다. 우리에게 겨자씨만 한 믿음이 있으면 이 산을 들어 저 바다에 옮겨 놓으리라는 성경 말씀이 내 속에서 역사하고 움직였습니다. 만약 하나님이 나에게 이 산을 깎아 저 아산만 바다에 옮기라 해도 그렇게 할 것인데, 이 산을 깎아 논을 메우라는 것은 더 쉬운 일이 아닌가 하고 일을 시작했습니다.

굴착기 두세 대, 트럭 두세 대, 그리고 불도저가 와서 일하는데 온 산을 뒤집어 놓았습니다. 그리고 100개도 넘는 대형 토관을 운반하여 도랑에 넣고 묻어서 이곳과 저곳이 하나가 되도록 평토장을 만들었습니다. 정주영 씨가 아산만 바다를 메워 놓은 후 우리나라 지도가 바뀌었듯이 흰돌산기도원의 지형과 분위기는 완전히 달라져 가고 있었습니다.

절간과 무당집이 철거되어 영적으로 청소가 되었고 지형도 완전히 달라져 새마을 노래처럼 "이리 보아도 좋아졌고 저리 보아도 좋아졌네" 하는, 땅을 정복하고 다스리는 축복의 역사였습니다. 조경사를 불러 대대적으로 돌담을 만들고 나무를 심고 정원을 만들었습니다.

어쨌든 속에서 솟는 힘은 하나님께서 주셨습니다. 하나님은 완성된 작품을 안겨 주시는 것이 아니라, 불모지 사막 같은 땅에서 생수가 솟아나고 그 땅을 가나안 복지가 되게 하는 힘을 주시는 분이십니다. 언제나 하나님께로 마음이 열려 있기만 하면 배에서 솟아나는 생수의 맛을 체험하게 됩니다.

불법적인 기계 소리가 2주간 산에 울려 퍼지는 동안 가냘픈 내 마음이 내려앉기도 했습니다. 합법적인 작업이 아니었기 때문입니다. 그러나 힘 주시는 하나님은 해결책도 가지고 계셨습니다.

#이영무 목사님과 할렐루야 축구 선교단

1980년부터 1990년경까지 이영무 목사님과 할렐루야 축구단 선수들은 젊은 나이에 은혜의 맛을 알아 시합이 끝나면 기도원에 와서 기숙사처럼 자리 잡고 있었습니다. 20명이 넘는 젊은 단원들은 기도원에만 오면 뜨겁게 기도하고 찬양하면서 전국 성도들의 사랑도 많이 받고 은혜도 많이 끼치는 사랑스러운 청년들이었습니다.

그 당시 이영무 감독은 말씀과 기도로 성령 충만하여 세상 사람이 보기에는 신들린 사람처럼 보였습니다. 길에 다니면서도 성경 말씀을 암송하고, 축구 경기에서 한 골을 넣으면 무릎 꿇고 기도하기로 유명한 사람이었습니다.

하나님이 사랑하시고 성도들이 사랑하니 앞길이 유망한 젊은이들에게 아까울 것이 없었습니다. 그들에게 기도원에서 사육하던 돼지를 많이 잡아 대접했습니다. 유명한 수원 갈비는 물론입니다. 축구단원의 은사는 발끝에 있어 한두 골 넣으면 전국이 들썩하였습니다.

거기에 바로 기도의 무릎까지 꿇으니 인기가 충천했습니다. 유니폼 입은 젊은 찬양팀까지 대중 앞에서 복음성가를 부르고 나면 아멘으로 화답하는 등 기도원 분위기는 은혜로웠습니다. 거기에 나는 혀끝의 은사로 말씀을 선포하니 각각의 은사가 하모니를 이루었습니다.

그 무렵 할렐루야 교회의 뉴스를 듣게 되었습니다. 이형자 권사님과 최순영 장로님께서 그분들이 섬기시는 할렐루야 교회의 담임목사님으로 청빙하시기 위하여 미국의 영어권에서 목회하고 계시던 김상복 목사님을 여러 차례 방문하셨다는 소문을 듣고 나는 생각이 신중해졌습니다.

나는 내가 사는 세곡리 땅 지경을 열심히 확장하고 있었는데 장소 확장이냐, 인재 양성이냐에 대한 심경 변화였습니다. 나는 땅을 넓히며 동서남북을 다 점령하고 있었습니다. 이 끝과 저 끝에 대한 현몽이 있었기 때문입니다. 그러던 중에 미국 전도 여행도 자주 가게 되었습니다. 내가 있는 곳의 터전 확장하는 데만 온 신경을 쓰다가 미국을 다니다 보니 마음에 변화가 오게 되었습니다. 동서양의 땅을 보는 시야가 달라졌습니다.

보이는 땅의 확장이 중요한 것이 아니었습니다. 할렐루야 교회 장로님과 권사님이 김상복 목사님을 초빙하기 위해 세 차례나 미국을 방문했다고 했습니다. 그러니 건물이 큰 것이 아니라 사람이 커야 큰일을 하게 된다는 것을 깨닫고 인물을 기르는 데 신경을 쓰게 되었습니다.

하나님이 현몽하여 주신 것으로 세곡리를 헤어나지는 못했지만 인물의 귀중함을 깨달으면서 장학생을 기르려는 목표로 방황하는 청소년들을 위한 운동에 전념하였습니다.

인하공대, 홍익대, 광나루에 있는 장로회신학대학원, 한국외국어대, 미국의 탈봇신대원과 풀러신학대학원 학생들도 후원해 주었습니다. 그것도 적극적이었습니다.

#기도원의 부흥과 성장의 길목에서 있었던 오해

기도원이 10년이 지나 성장 단계에 오르니 시험도 많았습니다. 평상시에 기도원에 다니며 기도하는 청년이 있었습니다. 그는 자주 와서 은혜를 받던 청년이었습니다. 그런데 이야기를 들어보니 자기가 불우한 환경에서 자랐지만 호서대학을 수석으로 졸업하고 이제 서울 장신대 신학대학원에 입학하려고 하는데 나의 도움이 필요하다는 것이었습니다.

그런데 어색하게도 나를 믿음의 어머니로 섬기고 싶다는 것이었습니다. 그래서 도우면 알게 모르게 평범하게 돕지 무슨 어머니냐며 냉정하게 거절했습니다.

그런데 성령이 감동하시기를 "네가 진 빚을 갚아라" 하는 것이었습니다. 그것은 다름 아니라 '너도 남의 도움으로 공부했으니 누군가 너의 도움을 바랄 때 갚으라'는 것이었습니다. 기도원은 규모가 커지면 커지는 대로 항상 어려웠습니다. 하지만 성령의 감동을 받고 그를 도와 신학대학원을 졸업시켰습니다. 그리고 나도 그 청년을 도운 것만큼 그 청년으로부터 도움을 받았습니다.

그는 장신대 신학대학원생이었고, 나는 장신대에서 주선애 교수님을 비롯한 여러 교수님들이 가르치는 여성지도자 과정 연수를 받게 되었습니다. 그는 나의 통학 차량 운전을 맡아 주었는데 당시 30세였습니다. 일주일에 한 번 등교하는 공부였습니다.

월요일 오전 10시부터 공부하면 오후 4시 30분에 끝났습니다. 새벽기도가 끝나자마자 서둘러 차를 타고 서울에 도착하여 공부한 뒤 오후 4시 30분에 끝나고 바로 출발하여 기도원에 도착하면 밤이 되었습니다. 별 보고 떠났다가 별 보고 돌아왔습니다.

그렇게 2년을 공부하고 장신대학 학장님과 교수님들의 강의가 너무 좋아서 1년을 더 다녔습니다. 그런데 그것이 시험거리가 된 것입니다. 우리 기도원에 여전도사님이 한 분 계셨습니다. 그는 나의 후배였습니다.

그는 나를 너무나 사랑했습니다. 그런데 내가 이 남자 청년 전도사님과 새벽에 나갔다가 밤에 들어오니 의심의 눈을 가지고 바라보기 시작했습니다.

사람이 말을 만들면 얼마든지 말이 됩니다. 그에게 서울에 있는 학교 밑 광장동에 방을 얻어 주었습니다. 학교 등록금은 물론 철마다 옷도 갈아입혔습니다. 정성껏 후원해 줬습니다. 옛날 나의 후원자가 나의 신학공부 시절 너무 힘들었던 그때 도와주셨던 것을 기억하면서 기왕 돕는 것 정성을 다한 것입니다.

그는 공부도 잘했지만 운전과 피아노 연주도 무척 잘했습니다. 기도원 집회 때마다 오르간 반주 솜씨가 너무 좋아 은혜 받은 자들이 많았습니다. 그러면서 배우자도 만나게 되어 기도원에서 성대한 결혼식까지 올리게 되었습니다.

그런데 기도원 일을 9년이나 보던 그 여전도사님이 그 의심의 문제로 계시까지 받았다며 나를 의심하는데 나는 마음이 많이 상했습니다. 그리고 서로 싸우게 되었고 괴로움을 겪게 되었지만 그 싸움은 빨리 끝나지 않았습니다. 그는 기도원에 힘이 되어 준 사람들에게 선물 보따리를 들고 찾아다니며 누명을 만들어 씌웠습니다. 나는 너무 억울하고 분했습니다.

나는 다른 말은 다 들어도 그런 누명은 나와 거리가 먼 줄로만 알고 자신 있게 살았습니다. 이성에 대해서는 연애편지 한 장 받지 못한 사람이라는 말을 하고 산 사람이었습니다. 그런데 이런 말이 확대되어 너무 억울하고 고통스러웠습니다.

그런데 8월 대집회 때였습니다. 월요일이 집회 날인데 그 여전도사님이 토요일에 기도원을 나가 버렸습니다. 대집회 준비가 얼마나 막막한지 원망이 골수에 사무쳤습니다. 월요일이 되니 사람들이 기도원 대집회라고 웅성거리고 차 소리, 사람 소리가 점점 커졌습니다. 그때는 다른 강사는 없고 내가 강사로 말씀을 전하게 되어 있었습니다.

어찌 되었든 그날 밤에 메시지를 전해야 하는데 그 전도사님의 행동이 너무나 괘씸해 화가 났고, 집회 방해에 대한 원망도 더 컸습니다. 나는 방문을 닫아 놓고 몸부림을 쳤습니다.

"아이고, 하나님, 나 어떻게 해요. 설교의 영감이 하나도 떠오르지 않고 전도사에 대한 저주만 가득하니 나 어떡해요!" 하며 뒹굴다가 잠깐 잠이 들었습니다. 당시는 흰돌산기도원 내에 큰 저수지를 파야 해서 저수지 파는 전문가들이 와서 조사 중이있습니다. 또한 원형으로 된 큰 물탱크가 있었습니다. 그 물이 꿈에서 넘쳐흘렀습니다. 나이아가라 폭포와 같은 물이 한없이 밀려와 나도 떠내려갈까 조심하여 피하면서 꿈에서 깼습니다. 그런데 잠들기 전에는 저주가 가득했는데 꿈에서 깬 다음 나의 마음은 천국으로 바뀌어 있었습니다. 그때 하나님께 받은 책망이 있습니다. '너는 인간의 선으로 일하게 되었으니 죽게 되었다'는 것입니다.

상대방이 선하게 하면 나도 선하게 하고, 상대방이 악하게 하면 나도 악하게 하는 것이 인간의 선입니다. 그러나 주님의 선은 원수도 사랑하는 선입니다.

그때의 체험으로 손양원 목사님이 생각났습니다. 위에서 주신 힘이 아니면 원수 사랑은 할 수 없는 것입니다. 사랑도 받아야 하지 배운 사랑은 흉내에 불과합니다. 그때 주신 말씀이 마태복음 5장 11-12절이었습니다. "너희를 욕하고 핍박하고 거짓으로 악하다 할 때 너희는 기뻐하고 즐거워하라 이전 선지자들을 다 이처럼 하였느니라" 하는 말씀 앞에 나는 통곡하면서 "주여, 나도 선지자입니까?" 하고 물었습니다. 그리고 하나님의 말씀 앞에서 2년 된 싸움이 끝이 났습니다.

그러고 보면 그 전도사님이 얼마나 감사한지 모릅니다. 지금도 미움이 없습니다. 오히려 감사합니다. 그 시험이 아니었으면 내가 그 응답을 받았겠는가 생각해 보면 신앙의 철이 늦게 든 것 같습니다. 그런 체험 후 일주일 집회에 너무나 은혜가 컸던 것을 지금도 잊지 못합니다.

#한국이 낳은 여선지자 서인애 원장(?)

그 집회 후 미국 워싱턴에 있는 안나산기도원 원장의 초청을 받아 심령대부흥 산상 집회 강사로 가게 되었습니다. 나는 집회 광고 문구를 보고 혼자 웃었습니다. 나를 소개하는 광고는 이러했습니다. "한국이 낳은 여선지자 서인애 원장." 나는 예언도 못 하는 사람이요, 병 고치고 귀신 쫓는 은사도 없는 사람이기에 그런 광고는 나와 거리가 있고 맘이 편치 않았지만 이 일로 인해 '이전 선지자를 다 이처럼 했다'는 말씀을 받았을 때 "주여, 나도 선지자입니까? 그래서 사람들이 그런 거짓말로 나를 괴롭혔습니까?"라고 했던 것이었습니다.

한편 그 광고는 부담도 되었지만 위로가 되기도 했습니다. 사실이 아니면 오히려 기뻐해야 했는데, 사실이 아닌 것을 말하니 억울하다고 싸웠던 내 모습이 드러난 말씀 안에서 얼마나 스스로가 부끄럽고 미련하게 느껴지던지 허비했던 에너지가 아깝기만 했습니다.

그때 꿈에 본 천 석, 만 석은 말씀을 통한 생명의 양식으로 생각해 든든했고, 나이아가라 폭포수는 은혜의 단비와 생명의 강수로 생각해 든든했습니다. 어떤 살림이든 기본이 든든하면 부자입니다.

그래서 영적으로도 기본 세 가지만 있으면 든든하단 말이 나온 것입니다. 그것은 곧 말씀 충만, 은혜 충만, 성령 충만입니다.

#성지순례와 대성전 건축의 감동

나는 1980년도 중반에 성지순례를 다녀왔습니다. 전국에 흩어져 기도원을 운영하는 수도원 선후배들과 함께한 여행이었습니다. 여러 차례 여행 경험이 있는 사람이 있는가 하면 초행자들도 더러 있었습니다.

울릉도 사람이 처음 육지에 나왔는데 신발 벗고 버스에 올라가고, 또 보따리를 계속 이고 있어 내려놓으라고 했더니 자기 몸 하나 타는 것도 미안한데 어떻게 보따리까지 내려놓느냐고 했다는 에피소드가 있듯이, 비행기에서부터 재미있는 일이 벌어졌습니다.

비행기가 착륙하기 전이었습니다. 칫솔에 치약을 묻혀 화장실로 가려고 통로에 서 있는 사람이 있었는데 다들 그래야 하는 줄 알고 여러 사람이 줄지어 서게 되면서 이곳저곳에서 웃는 모습을 보고 나는 깜짝 놀랐습니다. 구경만 하고 놀라기만 할 것이 아니었습니다.

우리 한 사람 한 사람은 대한민국의 대표이고, 한 사람의 실수는 국가의 실수와 같은 것이기에 비행기가 공항에 착륙하자마자 단장에게 광고를 부탁했습니다. 내가 직접 말하면 자존심 상할 것이니 당연히 단장이 주의 광고를 해야 했습니다.

이런저런 사건들을 목격하면서 약 한 달을 뒤에서 스스로 줄 반장이 되어 숨은 봉사로 이들을 섬겼습니다. 누구보다 단장이 고마워했습니다. 마지막 코스에서 과분하게 명품 가방까지 선물 받았습니다.

성지는 어디를 가든지 사도들이 받은 고난의 흔적들이었습니다. 인생은 짧지만 역사는 길었습니다. 순교의 흔적들뿐이었습니다. 기독교 역사는 박해받는 역사였습니다. 그러나 결과는 부활이었습니다.

더욱이 이집트의 피라미드는 막대한 공을 들인 왕들의 무덤인 것을 보면서 하나님을 모르는 자의 무덤과 기독교인의 무덤이 크게 다른 점을 발견했습니다.

왕들의 사체까지도 신격화해 미라로 만들고 보석과 거대한 돌로 보관했습니다. 그러나 모세가 그렇게 유명해도 하나님은 모세의 시체와 무덤을 아는 자가 없게 하셨습니다. 믿음이 훌륭한 사람일수록 에녹도, 엘리야도 무덤 없이 승천하게 하셨습니다. 예수님도 무덤이 없어 남의 무덤에 들어갔다가 부활하심을 비교해 보았습니다.

우리나라 신라 시대의 왕릉들을 보면 얼마나 산봉우리처럼 거대합니까? 지금도 믿지 않는 자들의 묘를 보면 호화스럽습니다. 그런 호화판 묘에 대해 말들이 얼마나 많은지 모릅니다. 우리는 에녹과 모세와 엘리야 그리고 예수님의 묘에 관해 생각하며 겸허히 머리 숙여야 합니다.

믿음 없는 사람들을 본받지 말고, 성경을 통하여 훌륭하게 살았던 에녹과 모세와 엘리야와 예수님을 배워 생활부터 죽음 그리고 무덤까지 닮아야 하지 않을까 생각해 보았습니다.

일도 제대로 못 하면서 사후 문제부터 염려하고 계획하니 얼마나 믿음이 한가한 사람들입니까? 엘리야처럼 바쁘게 일하다가 무덤 없이 승천하는 충성됨이 한없이 부러웠습니다.

믿음의 눈으로 보는 순교자의 흔적들은 거대한 교회 건물로 남아 있었습니다. 믿음 좋은 자들의 흔적은 교회당이었고, 믿음 없는 자들의 흔적은 거대한 묘지였습니다. 그곳에서 나는 힘을 얻었습니다.

더욱 인상 깊었던 것은 베드로 쇠사슬 교회였습니다. 사람들은 주를 위해 선교했고, 주를 위해 고난의 옥고를 겪었고, 주를 위해 죽을 수 있었던 베드로의 신앙의 고귀함을 간직한 쇠사슬 교회를 만들었습니다. 거대한 금강석과 대리석으로 된 높고 견고한 건물들은 반석 같은 그의 믿음을 보여 주는 작품인데, 지하실 밑 옛날 그대로 캄캄한 옥중에 있는 쇠사슬 하나가 이 큰 건물의 씨앗이었습니다.

밤송이의 겉이 아니라 속에서 알밤의 맛을 찾듯이, 거대한 역사의 페이지 속에서 발견하는 알밤은 역시 고난과 희생의 십자가에서 많이 발견되는 진리입니다. 나는 거기서 새롭게 결단했습니다.

어찌 베드로의 믿음만 역사 속에 간직되겠습니까? 지금 시대에도 진실한 눈물과 땀의 가치는 똑같습니다. 예나 지금이나 금은 금이지 금이 납이 되지는 않습니다.

주님의 무릎 위에 쏟은 고난의 액체들은 예나 지금이나 영원한 금 같은 진액일 뿐입니다. 이 진액이 마르기 전에 진액을 발라 주님의 전을 지을 생각을 했습니다. '나의 생전에 다 못 하면 다음 세대에 하더라도 하는 데까지 최선을 다해 보자' 하며 성전을 건축하고자 하는 마음의 감동을 억제할 수 없었습니다.

"주여, 나에게도 주님의 무릎 앞에 쏟아 드릴 힘과 눈물이 있으니 1분, 1초라도 허비하지 않고 일하는 일꾼이 되게 하소서" 하는 마음이 간절했습니다. 성지순례를 마치고 귀국하여 다시 흰돌산기도원에 들어가 보니 이런저런 일들이 태산같이 쌓였고, 동서남북 산과 들은 주인을 기다린 듯 눈에 보이는 섯은 일뿐이었습니다.

일이 벅차다는 고백은 날로 더했습니다. "주님, 돈 쌓아 놓고 해도 이건 남자가 할 일이지 여자가 할 일은 아닙니다"라는 말은 힘들다는 말이었습니다. 집 짓기, 밥 짓기에 거센 업자들까지 총괄하고 나면 사람이 본의 아니게 억세집니다. 한편으론 여성의 본질에서 떠난 것 같지만, 일을 성사한 후에는 위에서 주신 강함과 지도력이었다고 더욱 믿게 됩니다.

"두려워하지 말라 내가 너와 함께하리라"(사 41:10)라는 성경 말씀은 내 속에서 살아 움직이는 원동력이었습니다. 그리고 제3성전을 짓기 위해 서서히 준비했습니다. 정월 초하루부터 사람들은 모여들기 시작했습니다. 송구영신 예배부터 사람들이 자리를 잡기 위하여 몰려왔습니다.

그 당시 있었던 제2성전은 100평밖에 안 되었습니다. 한 사람이라도 더 앉고 은혜 받게 하려고 강대상 앞으로 가까이 오게 하고, 성경 찬송은 각각 자기 무릎에 얹게 했습니다. 뒷자리는 앉을 수 없어 서서 밀어붙이다 보니 창문 유리창이 깨지는 일도 있었습니다. 그리고 강대상 위에까지 꽉꽉 차 있으니 강사가 강대상으로 헤치고 들어가기가 매우 힘들었습니다.

강사가 겨우 서서 설교할 만큼 자리가 비좁았습니다. 차를 몰고 왔다가 들어오지 못하고 돌아간 차들이 절반도 더 된다는 사무실의 보고를 받고 원장인 나는 무척 마음이 아팠습니다. 직원들도 아우성쳤습니다. 대성전을 빨리 세워야 한다는 것이었습니다. 그래서 그때 있는 실정을 그대로 광고했습니다.

"자, 여러분은 일찍 와서 자리를 잡고 은혜 받고 기도하지만 지금 들어오지 못하고 돌아간 분들이 더 많으니 우리 다 함께 힘을 모아 대성전 건축을 시작하는 것이 어떻겠습니까?" 하고 질문을 던졌습니다. 성도들은 한결같이 '아멘'으로 화답했습니다.

그래서 그 자리에서 대성전 건축 약속 헌금을 받았습니다. 즉석에서 3억 원이라는 거액이 작정되었습니다. 이것이 성전을 짓는 밑거름이 되었습니다. 그래서 이렇게 성전 건축을 시작하면 3, 4년이면 공사를 마무리하리라 생각했습니다.

유럽의 교회들은 보통 100년 넘게 지었으니 대부분 거대했습니다. 아마 한국에는 그렇게 오래 지은 건축물이 없을 것입니다. 오래 걸려야 3~4년입니다. 그래서 화성군청에 서류부터 작성해 올렸습니다. 한편으로는 은근히 안 될 것으로 생각했습니다. 그 땅이 영구 보안림이기 때문이었습니다.

당시 건축법에 따르면 허가가 안 되는 곳이기에 진작에 애를 먹은 지역이고, 그로 인해 막대한 정신적 에너지가 소모되었음을 알기 때문이었습니다. 그런데 웬일인지 단번에 건축허가가 나온 것입니다. '여호와 이레' 여호와께서 벌써 다른 사람을 통해 보안림 해제를 해놓은 것을 모르고 염려했던 것입니다.

우리가 사는 땅은 돌 땅, 돌산이었기에 광맥도 있지만 잡석도 많았습니다. 그래서 이미 채석장으로 사용하기 위하여 보안림이 풀린 상태였음을 모르고 있었습니다.

군 당국의 건축허가 조건은 이러했습니다. 첫째, 2킬로미터 밖에서부터 도로를 확장할 것, 둘째, 5천 명이 마실 수 있는 물을 확보할 것, 셋째, 동력선을 끌어들일 것. 이 공사를 먼저 하고 나서 건축허가를 받아야 한다는 것이었습니다.

어떻게든 다 해냈습니다. 이 공사만 해도 컸습니다. 그중에서도 5천 명이 사용할 수 있는 물을 확보하는 것이 제일 큰 문제였습니다. 전국에서 지하수를 제일 잘 파는 유명한 사람을 물색해 냈습니다.

그 역시 이곳은 물이 없는 땅이라고 했지만 막상 파보니 물양이 너무 많아서 어쩔 줄 몰라 했습니다. 그런데 파기만 하면 수도꼭지에서 물이 줄줄 나올 줄 알았는데 정전 상태에 되면 큰 혼란이 온다는 것입니다.

그래서 산 중턱에 큰 물 창고를 만들었습니다. 절간으로부터 산 땅이었습니다. 땅을 파고 시멘트로 대형 창고를 만들고 평토로 묻어 놓고 열쇠를 잠가야 했습니다. 혹시나 부정한 것으로 장난하는 자들이 있을까 하여 대청소할 때만 열도록 했습니다.

이렇게 하여 기초적인 준비가 끝났습니다. 이제 본격적으로 성전 기초 작업에 들어가야 했습니다.

그런데 전국에 있는 기도원 원장님들이 또다시 미국 전역을 순회하러 간다는 연락이 왔습니다. 그러나 나는 못 간다고 말했습니다. 나는 1년에 한 번씩 다녀왔고, 성전 짓는 데 전력을 다해야 한다고 말했습니다. 그때 이옥란 원장님께서 하시는 말씀이 서 원장이 동행하지 않으면 이번 미국 여행은 다 포기해야 한다는 것입니다.

그 많은 사람을 혼자서는 통제할 수 없다는 것입니다. 그때 유럽에서 큰 힘이 되어 주어 잘 감당했기에 이번에도 같이 가야지, 서 원장이 못 가면 다 못 간다고 했습니다. 그래서 마음을 가다듬고 다시 생각해 보았습니다. '저분들에게 나의 도움이 필요한 일이 무엇이 있겠는가? 이 일 외에는 나보다 훨씬 더 잘나가는 사람들인데. 헌신은 필요할 때 하는 것이다. 내가 그들의 기도원에 가서 삽질을 해주거나 잡일을 해주는 것도 아닌데 나 때문에 미국 전도 여행을 취소하게 하면 되겠는가?' 희생은 내 일을 미뤄 놓는 것뿐이라고 생각하고 그 중요한 건축은 다른 사람들에게 맡겨 놓고 봉사하러 간다는 마음으로 떠났습니다.

#기도처와 대성전 건축용지에 내린 은혜의 이슬비

1차로 하와이에 먼저 도착하여 여장을 풀고 있었습니다. 그런데 서울에서 전화가 왔습니다. "원장님 부재중 박광재 목사님이 오전에 와서 성전 건축 기공 예배를 드리고 떠난 그날 오후부터 원장님께서 늘 기도하셨던 기도처 주변에 원인을 알 수 없는 이슬비가 내립니다"라는 보고였습니다.

잠깐 그러다 말겠지 했습니다. 그러나 하루나 이틀로 그친 것이 아니고 한 주, 두 주로 그친 것도 아니라 미주 선교여행을 하는 3주간 동안 끊임없이 계속하여 내리고 있다고 연락이 왔습니다.

사람들이 이상하다고 구경을 온다는 것입니다. 희한하게도 아픈 사람이 그 이슬비를 맞고 병이 나았다고도 했고, 면사무소 직원들이나 동리 사람들도 와서 구경한다는 것입니다.

나무 밑에 대형 플라스틱 함지박을 준비해 놓고 냅킨을 두면 젖을 정도로 이슬비가 내린다는 것입니다. 이 소식을 들은 한국의 복음신문사 편집부장이 가서 확인하고는 기사화하였습니다. 기사의 타이틀은 "원인

모를 '은혜의 이슬비'"였습니다.

그와 같은 복음신문 기사를 오하이오주에서 보았습니다. 그때 우리 일행은 우리가 미국을 구경할 것이 아니라 돌아가서 흰돌산기도원에 내리는 '은혜의 이슬비'를 구경하자고도 했습니다. 나는 참으로 궁금하기도 하고 두렵기도 했습니다. 나도 없는데 또 무슨 부작용이라도 생길까 봐 걱정되었습니다.

과거 전도관에서 생수를 주님의 은혜보다 더 앞세워 모여든 사람들로 인하여 이상하고 괴상한 사이비 불량종교 이단 소리를 듣게 되었던 것이 떠오르며 두려워졌습니다. 그래서 계속 조용히 해달라고 당부했습니다.

그런데 인천에서 큰 교회를 목회하며 우리 기도원 초창기부터 자주 오신 예장 합동 측 소속 낙원제일교회 최병현 목사님께서 이 소식을 전해 듣고는 그 교회 대형버스로 교인들을 데리고 현장에 와서 확인하고 기도한 뒤 돌아가셨다는 보고를 해왔습니다. 다른 사람도 아니고 인천에서 대형 교회 목회를 하시는 그 목사님이 그러셨다니 그제야 믿어졌습니다.

그런데 이 이슬비를 놓고 각각 나름대로 많은 말들이 있었다는 것입니다. 동리분들은 "신이 오줌을 싼다"라고도 하고, 서울에 있는 어떤 사장님은 "비행기가 상공을 지나다가 기압골에 무슨 변화가 생긴 일"이라고도 하고, 어떤 사람은 "새나 벌레가 토한 것"이라고도 했습니다. 이에 서울에 살고 계시는 어느 법관 부인 권사님은 "어디서 감히 그런 불경한 말을 하느냐?"리고도 하였다고 했습니다. 그러나 나는 기드온이 이슬로 증거를 요구할 때 두 번이나 증거를 보여 주셨던 것이 성경에 기록되어 있으니 부인할 수도 없고, 내 눈으로 직접 보지 못했으니 인정할 수도 없었습니다.

그러나 이 사건을 직접 목격하고 확인한 나의 제부 박광재 목사님은 사진을 찍어 놓고 행사 때마다 그 일을 간증하셨습니다. 어찌 되었든 24일 만에 귀국하였을 때는 이미 22일 만에 은혜의 이슬비는 그쳤다고 해서 나의 눈으로는 직접 확인하지 못한 사건입니다.

어떤 사건도 십자가 외에는 자랑할 것이 못 됩니다. 그러나 이러한 사건을 이 책에 기록한 것은 이와 비슷한 사건이 구약성경 사사기에 있는 것을 생각했기 때문입니다. 그리고 대성전을 건축하는 첫 삽을 뜨는 기공예배를 드린 첫날부터 대성전 건축용지에서 22일 동안 일어난 일이기 때문이며, 수많은 목격자가 있었기 때문입니다.

그러나 하나님이 나의 중심을 보셨음은 확실합니다. 내가 미국에 못 간다고 한 이유 중 하나는 날마다 헌금 광고를 하여 대성전 짓는 일에 힘을 모으는 것이 더 필요했기 때문입니다. 그러나 실상 이 일을 멈추고 헌신한다는 뜻에서 다른 사람들을 위하는 마음을 갖게 된 것이었습니다.

그런데 막상 미국에서 돌아와 보니 그 '은혜의 이슬비' 사건 때문에 사람들이 더 많이 왕래하게 되었습니다. 그 결과로 들어온 건축헌금이 내가 그동안 광고하며 거둔 것보다 훨씬 많았습니다.

하나님께서 하시고자 하시면 영구 보안림도 미리 풀어 놓으시고, 원인 모를 '은혜의 이슬비'도 내려 주십니다. 그 기적을 목격한 성도들이 드린 헌금이 대성전 건축에 쓰였으니 나의 한정된 믿음으로는 무엇이라 말할 수가 없습니다.

나는 생전에 5만 번의 기도 응답을 받은 조지 뮬러를 기억합니다. 그 기도의 응답은 전부가 기적이었습니다. 조지 뮬러는 그 기적은 하나님의 필요에 따라서만 나타났다고 고백했습니다. 나도 작게나마 주님의 이름을 걸고 일하는 과정에서 크고 작은 역사를 체험해 보면서 조지 뮬러의 말에 공감하고 있습니다.

새벽부터 밤중까지, 젊어서부터 늙어서까지 인생의 해가 저물도록 일하면서 조금도 나를 위한 일이 되지 않기를 말씀에 비추어, 양심에 비추어 점검할 때가 있습니다. 점검하고 보면 버릴 것이 더 많고, 필요치 않은 것에 신경 쓸 때도 있었음을 발견합니다.

#대성전 짓는 과정과 하나님의 징계

미국 여행에서 돌아온 후 본격적인 공사가 시작되었습니다. 당시 설계사는 새문안교회 임 장로님이셨습니다. 보통 설계는 평당 2만 원이지만 그 장로님의 설계는 4만 원이었습니다. 그만한 가치가 있기에 설계부터 최고로 한 것입니다. 현장 감독은 유영희 장로님이셨습니다. 그 당시 유 장로님은 눈물로 헌신하셨고 한밤중이라도 '아니요'가 없는 모범적인 분이셨습니다.

설계대로 공사가 진행되는데 기초 작업 후에 레미콘 콘크리트 작업이 시작되었습니다. 한 대가 나가면 한 대가 들어오며 시간에 맞게 시멘트를 운반하고 땅에 부어야만 농도가 알맞게 되는 일이었습니다. 그런데 문제가 생겼습니다. 다름 아닌 기도원에서 봉사하고 있던 젊은 운전기사가 문제였습니다. 그는 안양에서 병원을 운영했던 의사의 아들로 아버지가 세상을 떠난 후 온 가족이 기도원에 들어와 살게 되었습니다. 어려서부터 잘 알았고 기도원 직원의 아들이기도 했습니다.

그의 형은 착하고 공부도 잘하고 믿음도 좋았습니다. 기도원에서 인천까지 통학하며 인하공대를 졸업했습니다. 그런데 동생은 공부하기 싫어서 가출을 몇 번이나 했고 종종 행방불명이 되었습니다.

거의 죽게 되어 응급실에 실려가 보호자를 찾다 보면 연락이 되곤 했습니다. 몇 번이고 학교 갈 준비를 하고 다음 주 월요일에는 학교에 간다고 해놓고 토요일만 되면 도망가 버리기를 여러 차례 하다가, 그럭저럭 나이가 들어 다행히도 좋은 배필을 만나 결혼하여 살게 되었습니다. 나는 그에게 운전면허를 따도록 해주었습니다. 그 운전 실력으로 안양에서 행복하게 살고 있었습니다.

그런데 운전 사고로 6개월 면허 정지를 받고 또 공백 기간에 기도원에 있겠다고 들어왔습니다. 기도원에서 살다 보니 그의 계산에 안양에서 사는 것보다 기도원에서 사는 것이 신앙은 고사하고 여러모로 더 나았던 모양입니다. 나는 그를 늘 아들같이 생각하였습니다.

그는 늘 싱글벙글 웃으며 아들, 딸 남매를 낳고 잘 살고 있었습니다. 그리고 부인에게 입버릇처럼 하는 말이 "여보, 우리는 기도원 나가면 죽는 날인 줄 알아" 하는 것이었습니다.

또 이성욱 권사 할머니에게 "할머니, 할머니와 나는 기도원 나가면 죽는 날이요" 하고 말하면 할머니는 대답하기를 "누가 나간다냐? 왜 자꾸 그런 말을 하니? 너나 나가지 말아라" 하고 지냈다고 하였습니다.

그런데 그가 그동안 처가 신세를 졌는데 이제는 그 신세를 갚아야 한다는 것이었습니다. 그래서 나의 방에 찾아와 "원장님, 우리 장인어른이 벽돌공이니 대성전 공사 중 예배당 벽돌 공사는 우리 장인어른이 하도록 해주세요"라고 정중히 부탁하였습니다.

그래서 "업자에게 맡긴 일을 간섭할 수는 없지만 부탁해 보자" 하고 나서, "같은 값이면 우리 직원에게 벽돌 공사를 좀 맡겨 주세요"라고 김 사장님께 부탁을 드렸습니다. 김 사장님은 그에게 벽돌 공사 비용 견적을 내 오라고 했습니다.

천 평이 넘는 큰 공사인데 그 장인어른은 한 장에 40원을 달라고 했습니다. 그 회사에서 쓰는 벽돌공은 30원을 달라고 했습니다. 그 차액이 어마어마하니 당연히 거절당한 것입니다.

이에 그 젊은이가 분풀이를 업자에게 하기 시작하면서 삐딱해졌습니다. "어디 이 공사를 제대로 하나 보자" 하고 앙심을 품고 안양에 있는 깡패를 동원해 산 너머로 사장을 데리고 가서 공갈 협박을 했습니다.

레미콘 들어오는 날에는 자동차, 경운기, 트랙터 등 있는 기계는 다 갖다 놓고 레미콘 들어오는 길을 막아 버렸습니다. 20대도 넘는 레미콘이 동리에 즐비하게 늘어서 구경거리가 되었습니다.

간신히 그를 달래 길을 비켜 주게 했지만 그의 분은 사라지지 않았고, 이젠 원장에게 도전했습니다. 당시 목양관은 현대식 건물로 보일러 시설이 되어 있어 난방이 제대로 되는 집이었습니다. 그 보일러실의 기름 게이지를 통해 기름을 확인하게 되는데 월동 준비를 하느라 미리 기름을 잔뜩 넣어 두고 있었습니다. 그런데 그가 기름 게이지를 뽑아 땅에 내려놓는 바람에 밤새도록 몇십 드럼의 기름이 새어 나가고 탱크는 빈 통이 되었습니다.

그런데 문제가 크게 번졌습니다. 2킬로미터 밖에 있는 큰 저수지까지 기름이 다 떠내려가고 논과 벼에까지 퍼지기 시작했습니다. 저수지 담당자와 사방 논 주인들이 저녁때쯤에 올라와서 저수지 속의 고기 떼와 곡식, 수질 오염에 대한 책임을 지라고 아우성을 치게 된 것입니다. 성전 짓는 어려움만도 큰데 이런 사고까지 터지자 입이 닫혀 버렸습니다.

작은 근심에는 말이 많지만 큰 근심에는 말문이 막힌다는 말이 꼭 들어맞았습니다. "아이고, 하나님!" 오직 이 외에는 아무런 말도 나오지 않았습니다. 그런데 이게 웬일입니까? 밤새도록 큰 장맛비가 내리고 홍수가 나고 산사태가 나서 흙탕물로 논둑과 밭둑이 다 뒤집혔습니다.

아침에 저수지에 가보았더니 기름 한 방울 볼 수 없게 대청소가 되어 버린 사건은 지금도 생각하면 하나님께서 도와주신 신나는 역사였습니다.

#남편이 죽었대요!

나는 제1성전과 제2성전을 지을 때 동리 사람들을 통해 많은 고난을 받았습니다. 제3성전을 지을 때는 몇 배의 고난을 짐작했고 죽을 각오를 했습니다. 그런데 이번에는 동리 사람들이 아니라 기도원 젊은 직원을 통하여 온 시험이었습니다. 그는 날마다 기도원의 운전 업무는 뒷전으로 하고 친구와 함께 친구 회사에 가서 운전하며 지내게 되었습니다. 그런데 편치 않은 마음에서였는지 친구의 운수 사업에도 막대한 걱정을 끼치는 실수를 연발했습니다. 그는 가끔 밤에만 들어왔다가 나갔습니다.

그래도 나는 그를 눈물로 권면했고, 새벽 3시까지 사랑으로 타일러 보기도 했습니다. '네 처자식을 생각해서라도 네가 절대로 그러면 안 되니 마음 잡고 다시 돌아오라'고 권면한 것이 마지막이었습니다. 그는 그 권면도 사랑도 물리치고 새벽에 도망가 버렸습니다.

그다음 주일이었습니다. 해마다 여름이면 열리는 화성군 봉담면 축구대회는 농촌 사람들의 즐거운 연중행사였습니다. 이 행사에서는 모두가 열렬히 응원하고 격려하며 하나가 됩니다. 우리 기도원에서도 해마다 적극적으로 협력하여 유니폼과 먹을 것도 많이 공급하였습니다.

우리 동네가 승리하는 해에는 우승기를 들고 우리 기도원을 한 바퀴씩 돌아주기도 했습니다. 그런데 그해는 우승한 해가 아니었고, 오히려 비보가 들어왔습니다. 그가 주일 10시쯤에 기도원에 있는 그의 아내에게 전화를 했습니다. 자기 옷을 가지고 나오라는 것이었습니다. 그의 아내는 내 옆에서 전화로 그를 타일렀습니다. "여보, 그러지 말고 들어와서 옷 갈아입고 예배드리고 가세요." "그래, 알았어"라고 그가 대답했습니다. 그래서 11시 예배에 들어올까 하여 온 식구들이 그를 기다렸습니다. 그러나 그는 예배에 오지 않았습니다.

주일예배가 끝나고 점심 먹을 준비를 하고 있었습니다. 그런데 전화 받는 그 아내의 말이 무언가 이상했습니다. "말도 안 돼. 한 시간 전에 전화 받았는데 그게 무슨 소리야. 말도 안 돼. 말도 안 돼" 하는 소리뿐이었습니다. 옆에서 그 통화를 듣고 있던 내가 물었습니다.

"뭐래? 뭐가 말도 안 된다는 거야?"

"아이 아빠가 죽었대요."

꿈인가 생시인가 병원에 가서 보니 그는 이미 홑이불을 쓴 채 누워 있었습니다.

주위의 젊은 사람들에게 무슨 일인지 물었더니 골대에 두 번이나 골을 넣고는 갑자기 거품을 품고 쓰러졌다는 것입니다. 기가 막혔습니다. 젊은 이는 그 힘을 자랑하지 말고, 부자는 그 부유함을 자랑치 말아야 한다는 말씀이 생각났습니다.

저녁노을에 지는 해도 아니요, 동녘 하늘의 아침 햇살처럼 환한 빛을 비추며 살아야 할 젊은이가 아침 이슬과 함께 사라지고 말았습니다. 한 가정의 대들보가 주저앉은 것이기도 했습니다. 하루아침에 하늘이 캄캄해지고 땅이 꺼지는 충격을 받게 되었습니다. 일 중에 가장 고통스러운 일은 젊은이의 장례를 치르는 일입니다. 나는 가끔 젊은이들에게 사랑한다는 고백을 듣곤 했습니다. 원장님의 관은 자기가 들고 갈 것이라는 말도 들었습니다.

그러나 가끔 오히려 내가 젊은이들의 관을 들게 되는 일이 생기면 참으로 곤혹스러운 심정을 감출 수가 없습니다. 참으로 아까운 사람이었습니다. 아무리 믿지 않는 자들이지만 이런 결과를 지켜보며 마을 사람들이 무엇을 어떻게 느꼈는지는 몰라도 그 이후 제3성전을 짓는 데는 방해하는 사람이 전혀 없었습니다.

오히려 은행 통장을 털어 대성전 짓는 데 돈을 빌려준 동리 사람들도 있었습니다. 그때 나는 느꼈습니다. 성전 짓는 과정에 마을 사람들을 동원하여 쓰시는 것도 하나님의 능력이었습니다. 부족한 사람을 돕는 길도 제각기 다르게 나타났습니다. 앞에서 행하시고 뒤에서 호위하심에 놀라움을 금치 못했습니다.

그래서 주의 일은 주님께서 하시는 것을 현장에서 목격하며 살아가게 되었습니다. 주의 일을 하는 현장은 주님의 역사와 기사의 장소가 되어야 하는데 때에 따라서는 연단의 장소요, 시험의 장소가 되는 일도 있게 됩니다. 내가 앞장서서 일하면 시험이 오지만, 주님께서 앞에서 행하시면 기사와 표적만이 나타나는 현장이 됩니다.

이렇게 공사는 계속 진행되었습니다. 나로서는 너무나 엄청난 공사였기에 공사 도중에 두려움이 여러 차례 스쳐 갔습니다. 시멘트 기초 공사가 너무나 커 두려운 마음에 "주여, 나는 죄인입니다. 나를 떠나소서!" 하던 베드로가 생각났습니다. 빈 그물로 허탈감에 싸였던 베드로를 찾아오신 주님께서 그물이 찢어질 정도로 수확하게 하셨을 때 한 고백이었습니다. 이 성전을 짓는 과정에서 분명히 나는 할 수 없는 일이었기에 주님께서 하시는 역사 앞에서 이런 두려움이 자주 스쳐 갔습니다.

그런데 내 생각에 3~4년이면 마무리 지을 수 있을 것 같았는데 경제적 여건이 달라지며 차질이 생기기 시작했습니다. 김영삼 정권이 들어서면서 부동산을 규제하기 시작했고, 금융실명제가 실시되면서 금전 유통이 막히게 되었습니다.

왕래하던 교인들도 건축 부담에 신경이 집중되면서 줄어들기 시작했습니다. 그러나 공사는 빚을 내면서 계속 진행되어 골조까지 올라갔습니다.

어떤 방법으로든지 중단 없이 끌어가는 것은 내 힘으로 되는 일이 아니었습니다. 나라는 사람은 누구에게 돈 빌리는 재주는 없었던 사람입니다. 그러나 업자가 일할 수 있도록 우선 유영희 장로님의 회사 명의로 어음을 발행하여 공사대금을 지급하였습니다. 우선은 좋았으나 뒤로는 매일 같이 날아오는 독촉장에 시달리게 되었습니다.

그런데 설상가상의 어려움에 또 부딪혔습니다. 업자가 하청업자에게 지급을 잘 해주지 못하여 얹어 놓은 철골을 부수겠다며 난동을 부린 것입니다.

철골 사장님과 잡부들이 12월이 되면서 기도원에 행패를 부리고 공갈과 협박을 하기 시작했습니다. 그 당시 성전 건축 감독으로 김o수 목사님을 세워 놓았습니다. 그는 옛날 한때 깡을 부리며 살았던 사람으로 회개하고 돌이켜 목사가 되었습니다. 그러나 그의 과거 사람들은 여전히 형님, 동생으로 연락을 하고 있었습니다. 그때 현장 감독을 김 목사님이 하고 있었는데 무슨 말 한마디만 하면 목사부터 죽인다고 현장에서 욕을 해댔습니다.

위협을 느낀 김 목사님 역시 예전의 형님, 아우들에게 즉석에서 전화를 걸어 도움을 청하였습니다. 대기한 듯 씨름 선수 같은 무서운 사람들이 봉고차 한 차로 달려왔습니다.

10여 명의 건장한 남자가 우르르 나타나 "어떤 녀석이야?" 하니까 목사고 기도원이고 다 죽인다던 사람들이 어디론가 슬슬 다 사라졌습니다. 그 후에는 업자와의 관계로 일이 끝나게 되었습니다. 성전 짓는 과정에서 얼굴도 이름도 모르는 깡패 집단까지 동원되어 소란이 잠잠하게 됐던 일은 지금도 한바탕의 웃음거리로 남아 있습니다.

하나님께서 이스라엘을 애굽에서 이끌어 내는 과정에서 메뚜기 떼와 파리 떼와 개구리와 곤충까지 동원해 강퍅한 바로를 손들게 하셨듯이, 이번에는 성전과는 아무 관계도 없는 건달패들이 난데없는 한 차 와서 으스대며 으르렁하는 소리에 한 토막 난동극은 바람 자는 듯 사라지고 조용해졌습니다.

하나님은 바람도, 자연도, 선하고 착한 자도, 때로는 불신자도, 깡패도 적기에 사용하시는 만물의 주인이심을 믿습니다. 또 만물이 주의 것이요, 만인이 주의 것이며, 성난 바람과 파도도 잠잠하게 하시는 살아 계신 만주의 주시요, 만왕의 왕이십니다.

이렇게 기도원 대성전 착공 후 이런저런 역사 속에서 많은 사람이 동원되었습니다. 특별히 감동적인 사건들이 평생 잊지 못할 간증거리로 남아 있습니다.

#병신산기도원이라고 조롱당하다

모든 계획은 사람이 하나, 인도하시는 이는 오직 하나님이십니다. 1974년에 흰돌산기도원을 설립하도록 인도하신 과정에서도 주님의 인도하심이 분명하고 선명했습니다.

인간의 생각과 계산으로는 도봉산이 산수가 좋고, 교통과 거리와 인맥과 산맥과 경치에서 흠이 없을 정도로 완벽했습니다. 하지만 하나님은

180도 방향을 돌려 험하고 각박하고 거센 화성군으로, 인맥과 산맥이 척박한 물줄기 없는 메마른 땅으로 인도하셨습니다.

그런 땅에서도 하나님이 나의 전부였기에 광야에서의 마라의 쓴 물을 통과하여 뒤돌아보지 않고 진행하였습니다. 천막을 벗어나 제1호 주택 건축을 시작하면서 음으로 양으로 앞에서 인도하시고 뒤에서 호위하시는 은총을 입는 위로와 경이를 경험했습니다.

무에서 유가 탄생하는 과정은 인간의 상상을 초월합니다. 내가 가진 것이 있고 아는 것이 있다면 유가 되지만 정반대의 사람임을 자인했기에 아무것도 할 수 없었습니다.

이러한 현실과 날마다 부딪히는 사건들을 헤쳐 나가기가 힘이 들었기에 눈물만이 나의 전 재산이었고, 믿음 하나만이 엎드린 약자의 전부였습니다.

하지만 눈만 뜨면 괭이나 삽과 호미로 파고 또 파도 물기 없는 돌산, 흙보다 돌이 더 많은 돌산, 메마른 에스겔 골짜기 해골의 느낌이 자욱한 환경을 보듬은 나의 살림은 눈물로 그려진 한 폭의 수채화 같은 하나님의 작품으로 재탄생하였습니다. 이는 겨자씨만 한 믿음에 생명의 싹이 트고 자란 십자가 흔적에서 부활의 생기가 분출된 것입니다.

인맥도 나와 같은 약자들로 구성되었습니다. 동네 사람들이 비웃고 조롱하는 소리가 내 귓전을 울렸습니다. 흰돌산기도원은 병신들만 모여 사는 병신산기도원이라는 조롱이었습니다.

동네에 사는 분들이 와서 품삯 받으며 일을 하니까 동네의 소문을 되받아 듣게 된 소리입니다. 손가락이 절단되어 주먹으로 밥을 하는 여인, 양 무릎 관절을 수술하여 인공 뼈로 버티며 절뚝대는 이 권사님, 어릴 적 마마로 곰보가 된 여인, 이들이 가진 값진 명함은 집사님, 전도사님, 권사님이었습니다.

'병신산기도원'은 사람들이 흰돌산기도원을 비난하고 핍박하는 가운데 붙여진 별명이었습니다. 어느 날 하나님이 내게 질문하셨습니다. "너보다 약한 자들에게 호령하고 큰소리친다고 강자가 되는 것이냐?" 약자는 보호의 대상이요, 호령은 강자에게 하는 것이 강자란 것이었습니다.

말씀을 통한 치유의 역사

권사님의 자궁암 치료

인천에서 반가운 전화가 한 통 걸려 왔습니다. 인천에서 만나자는 어떤 권사님의 전화였습니다. 그는 자궁암 환자였는데 우리 기도원의 겨울 집회에 참석했었습니다.

하혈이 심한 데다 냄새까지 심하게 나서 누군가가 옆에 앉을 수가 없었습니다. 게다가 집회 도중에 자꾸 나와서 기저귀를 갈아야 했습니다. 그런데 말씀을 듣다가 은혜를 받고 통곡하게 되었는데 병이 다 나았다는 응답을 받았다는 것입니다.

그리고 실제로 산에서 내려가 병이 다 나아 정상적인 사람이 되었다는 것입니다. 그런데 감사헌금을 하고 싶었으나 현금이 없어서 고민하며 안타까워하는데 성령의 감동이 오기를 "네가 가진 금패물이 있지 않느냐?" 하셨다고 하였습니다.

그래서 '옳거니, 내게 아무것도 없는 것이 아니구나' 생각하며 너무 반가워서 선화했다는 것입니다. 그래서 나에게 음식도 대접하고, 감사의 표시도 하고, 병 나은 간증도 하고 싶은 마음에 나를 청한 것입니다. 이런 전화는 반가울 뿐 아니라 여름 가물에 단비와도 같습니다.

12년 동안 앓았던 당뇨 합병증 치료

기도원에 오시는 분 중에 수원중앙침례교회 교인 한 분이 계셨습니다. 12년 동안 당뇨병과 여러 합병증에 시달리고 있었다는 것입니다. 남편은 목공소를 하시는 분인데 최 모 씨로 기억이 납니다. 사람이 성공하려면 사람의 이름을 잘 기억하고 그 집의 개 이름까지도 기억해야 한다는 말이 있는데 나는 그런 영특한 사람이 못 됩니다.

내가 기도원 출입을 하는 성도들의 신상에 대하여 잘 모르는 더 큰 이유는 그들이 나의 양이 아니라 각자가 다니는 교회의 목자가 돌보는 양이기 때문입니다. 또한 나의 친절과 관심이 그들에게 해가 될 수도 있기 때문입니다.

그녀는 기도원 집회 때 내가 설교하는 시간에 말씀이 불이 되어 자기 가슴에 떨어졌다고 하였습니다. 어찌나 뜨거운지 견딜 수가 없었고, 그런 다음 12년 동안 앓았던 병이 다 나았다는 것입니다.

그래서 그분 남편은 믿지 않는 사람인데도 병 낫고 기뻐하는 부인의 말을 듣고 정말 감사하다면서 이런 일을 가만히 있으면 안 된다고 하며 친필로 봉투를 써서 감사헌금을 했습니다. 그 글씨체가 좋았고 성함이 최 모 씨였으며, 일금 100만 원을 헌금하신 것으로 기억합니다.

그런데 그 남편은 목공소에서 나무토막을 모아다가 트럭으로 기도원 식당에 내려다 주는 봉사를 수없이 많이 하셨습니다. 부인은 집회 때마다 식당에서 봉사해 주시는 기쁨이 충만한 여인이었습니다. 그리고 기도원 방향으로 쳐다만 보아도 기쁨이 넘친다고 감격스럽게 간증하곤 했습니다.

죄 때문에 우는 회개의 눈물도, 은혜 받고 우는 감격의 눈물도 하나님의 은혜를 받는 통로가 됩니다. 그렇게 성령의 불이 임하여 병이 낫는 기적을 체험한 그는 수원중앙침례교회에서 1년에 몇십 명을 전도하는 전도왕이 되었습니다. 그래서 교회로부터 부부 동반으로 성지순례를 보내 주는 상까지 받았다고 합니다.

교회의 부흥이나 기도원의 성장은 이런 유의 은혜 받은 자들로 인하여 이루어지고, 그렇게 하나님의 나라는 점점 확장되는 것입니다. 오병이

어의 기적에 쓰인 자도 무명의 존재입니다. 강도 만난 자를 돌본 자도 무명의 사마리아인이었듯이 말입니다. 참으로 감사한 일이 아닐 수 없습니다. 모든 성경은 하나님의 감동으로 기록되었으니 감동된 말씀에는 용서와 치료와 평안과 축복이 있음을 확신합니다.

아마 그분은 지금쯤 권사가 되어 하나님을 잘 섬기고 있을 듯합니다. 가끔 그런 분들의 기뻐하는 얼굴을 다시 보고 싶지만, 전화번호도 주소도 모르기에 황혼기에 접어든 나는 가물거리는 옛 모습들을 그리워해 볼 뿐입니다. 한편으로 생각해 보면 내가 이렇게 무능했기에 나를 제쳐 놓으시고 주님께서 직접 그들을 상대해 주심이 더욱 감사할 따름입니다.

지금까지 내 손으로 안수하여 치료한 자는 한 명도 없으나, 내가 전하는 말씀을 듣다가 은혜 받고 치료받은 자들은 많다고 들었습니다. 또 그들이 헌금으로 하나님께 감사의 표시를 하는 것은 많이 보았습니다. 이처럼 주의 일은 주님께서 하시는데, 주님이 하시는 일에 뛰어들어 영광을 받으려는 자는 더욱 무능한 자입니다. 날마다 말씀으로 나를 쳐서 복종시키는 일에 초점을 맞추어야 승리할 줄로 믿습니다.

권사님의 입천장 혹 치료

하루는 허리가 굽은 70세도 넘으신 한 권사님이 손에 하얀 봉투를 들고 서울에서 찾아오셨습니다. 그 할머니 권사님은 오시자마자 내 손목을 붙잡고 우셨습니다. 이야기를 들어 보니 그는 과부로, 6남매를 길러낸 분이셨습니다.

그런데 지난번 집회 때 내 간증을 들으면서 일주일 내내 통곡을 하고 집으로 돌아가셨다는 것입니다. 그런데 흰돌산기도원 원장만 생각하면 통곡이 나와 집에서 또 통곡하니 입에서 먹피가 쏟아져 나왔다고 했습니다. 그분 입천장에 혹이 생긴 지가 오래되었는데 수술을 할 수 없어 그대로 지내던 중 그때 혹이 터져 까만 먹피가 쏟아져 나온 것입니다.

그 권사님은 자신의 입을 벌려 나에게 보여 주며 감격하여 또 우셨습니다. 그러면서 "원장님, 어떻게 그 많은 고비를 넘겼소?" 하면서 내 앞에서 또 통곡하셨습니다.

그 소리가 지금도 내 귀에 쟁쟁합니다. 혼자서 수절하며 살아온 힘들었던 자기 인생 경험에 비추어 같은 여자의 처지에서 나를 동정하며 우는 것으로 생각되었습니다. 동정에서건 은혜받아서건 그분의 입천장에 난 혹이 치료되었으니 그 권사님이 흘린 눈물은 좋은 결과를 가져와 감동적인 사건으로 마무리되었습니다.

우는 자의 이마에 표해 주시는(겔 9:4) 하나님의 은혜를 받으려면 반드시 필요한 것이 바로 눈물입니다. 눈물 없는 고체의 신앙보다 눈물 있는 액체의 신앙이 필요한 것입니다.

#한평생 나의 삶을 되돌아보니

공과 사에 대한 지난 나의 삶을 되돌아보니 공적인 일에 더 치중하여 마음과 행동이 인간미 면에서는 항상 낙제생인 것 같은 기분이었습니다. 신학교를 졸업하고 개신교 수도원에서 수련하며 극기 생활을 하면서 단체생활에서도 청춘을 불사르며 오직 예수 한 분만 바라는 일념으로 살아왔습니다.

육신이 살아 있는 동안에는 영육이 싸우면서 자아 발견을 하게 됩니다. 훌륭한 선배들과 후배들에게도 배울 점만이 아닌 부족한 점도 있었습니다. 그 당시 대부분의 선배님들은 후배인 나에게는 천사처럼 존경스러웠습니다. 그러나 간혹 실망스러운 면이 보이는 분도 있었습니다.

하나님께서 아브라함을 부르실 때 '너는 너의 부모 친척을 떠나 나를 따르라'고 하셨습니다(창 12장). 예수님께서도 제자들을 부르실 때 같은 방법을 사용하셨습니다. 그물도 버리고 즉시로 예수를 따르는 적극적이고 긍정적인 그리고 물속에도 뛰어들 수 있는 것이 제자의 길이었습니다.

우리도 역시 육신의 여러 생각과 계획은 단념하기로 하였습니다. 일생에 단 한 번뿐인 목숨과 청춘과 삶을 송두리째 드린 깨끗하고 정직하고 단순한 외길을 걷기로 서원했습니다.

세상 때 묻기 전 젊고 건강할 때 몸과 마음을 드리고 싶었습니다. 수도는 첫 경험의 길이라 당연히 선배들이 후배들의 모델이 되었습니다. 하지만 더러 부모와 형제들에 대한 책임감인지, 의무감인지 수도를 하면서도 본능적인 염려와 근심을 도맡아 하고 있는 분들을 선배나 동기생 중에서 보며 느끼는 바가 있었습니다. 그래서인지 나는 대인관계에서는 매우 쌀쌀맞은 편이었습니다.

#하나밖에 없는 동생에게 매우 엄격했던 나

나는 나뿐 아니라 동생 서금복 전도사까지도 나와 함께 수도의 길 걷기를 바라는 마음이 있었습니다. 나보다 동생이 받은 하나님의 은혜가 더 크고, 더구나 동생은 지혜롭고 성령의 체험도 확실했기 때문입니다. 그뿐 아니라 하나님은 과부의 하나님이요, 고아의 하나님이시며, 나그네의 하나님이란 성경 말씀이 있습니다. 우리 자매는 그 말씀에 해당하는 사람들이었기 때문에 하나님은 우리의 하나님이라는 확신 속에서 받은 은혜를 선포하는 데만 전념하기를 바라서였습니다.

신학생 때부터 다들 곤히 잠들 때면 우리 자매는 새벽 2시부터 일어나 구국 제단에 올라가 나라와 민족을 위하여 기도하였습니다. 그리고 4시 30분에 새벽종이 올리면 대성전에 내려와 새벽예배에 참석하였습니다. 우리 스스로가 이러한 기도의 훈련을 계속했습니다.

겨울방학과 여름방학 때 나는 고흥군에 있는 삼세보육원에 가서 40일간 예배 인도를 하게 되었습니다. 보육원 원장님께서 방학 때는 보육원에 와서 원생들에게 설교하라고 하셨기 때문입니다. 그러므로 졸업할 때까지는 방학하면 보육원에 가서 설교하고, 밀가루와 보리쌀을 가져와 연명

해야 했습니다.

하지만 동생은 방학이 되면 다른 학생들은 고향의 부모님께 가는데 자기는 갈 곳이 없어 산에 머물면서 사사봉 중턱에 있는 약수터 아니면 사사봉 정상에 올라가 담요를 뒤집어쓰고 기도하다 잠들곤 했습니다.

사람이 생각할 때도 얼마나 기가 막힙니까? 약하고 어린 나이에 갈 곳이 없어 담요 한 장 들고 산에 올라가 밤을 새우는 처지를 처량하고 불쌍하고 가엽게 생각하지 않을 사람이 어디 있겠습니까?

#서금복 전도사가 기도 중에 받은 큰 마이크

하나님은 구하는 자에게 주시는 하나님이십니다. 때가 되면 이루어 주십니다. 구하는 자에게 주신다는 약속은 신실하신 하나님께서 친히 하신 변치 않는 언약의 말씀입니다. 그러므로 밤마다 부르짖는 약자에게 응답하시는 하나님이십니다. 믿고 구하면 반드시 받는다는 것이 기도하는 자의 간증입니다.

동생은 그렇게 기도하다가 어느 날 큰 은혜를 체험하였습니다. 그날도 산에서 기도하다가 잠이 들었습니다. 그런데 동생의 머리 위 공중에 헬리콥터가 떠 있었습니다. 그 헬리콥터에는 장로님 내외분이 타고 계셨습니다. 장로님께서 "이 마이크 받을 사람은 나오라"라고 소리치는 음성이 들렸습니다.

동생은 그 소리를 듣자마자 눈을 뜨고 "그 마이크 저에게 주세요"라고 간청하였습니다. 노방전도를 하다 보면 육성으로 전도하기가 너무 어려웠기 때문입니다. 그래서 저 마이크를 사용해서 노방전도를 하면 좋겠다고 생각했기 때문입니다.

그런데 장로님께서 하시는 말씀이 "이 마이크를 주기는 주되 조건이 하나 있다"라고 하셨습니다. 그 조건이란 마이크 주인이 전하라는 말만 전해야지, 그렇지 않고 자기 마음대로 다른 말을 전하면 다시 회수한다는 것이었습니다. 그러시면서 "내가 그동안 이 마이크를 아무개, 아무개에게 주었다. 그런데 함부로 막 사용해서 다시 회수해서 가지고 오는 길이다" 라고 말씀하셨습니다. 그래서 동생은 자기는 예수님밖에 모르는데 무슨 말을 전하라고 하시는지 긴장이 되고 두려워서 떨고 있었습니다.

장로님께서는 오직 예수와 십자가 복음만 전하라고 부탁했습니다. 그러시면서 공중에서 마이크를 내려 주셨습니다. 그런데 그 마이크는 마치 천사들이 부는 나팔과 같은 큰 마이크였습니다.

동생은 기도 중에 장로님께 큰 마이크를 받은 그 이후부터 설교하려고 단상에 서기만 하면 성령의 감화와 감동으로 말씀이 술술 나오는 말씀의 은사와 기적이 동반하는 은사를 받았습니다. 그런 은혜 체험 속에서 내가 받은 은혜와 은사보다 더 많은 은혜와 은사를 받고, 또 지혜가 많은 동생이었기에 함께 이 수도자의 길 가기를 원했던 것입니다.

#서금복 전도사를 보면 세 가지에 놀랄 것입니다

그 후 동생은 기드온신학교를 졸업하고 또 영락신학교를 졸업한 뒤 우이동에 있는 영신교통 버스회사에서 산업선교를 담당하는 사목 전도사가 되었습니다. 동생을 이 운수회사에 소개해 준 고 권사님께서 동생을 소개하면서 그들에게 말씀하시기를 서금복 전도사님을 보면 세 가지에 놀라게 될 것이라고 하셨습니다.

"첫째는 키가 너무 작아서 놀랄 것입니다. 둘째는 말씀이 너무 좋아서 놀랄 것입니다. 셋째는 기적이 많아 나타나서 놀랄 것입니다." 이런 소개의 말씀처럼 산업선교 기간에 대단한 기적이 동반되는 사역을 하였습니다. 실례로 그 당시에 모 권사님께서 동생을 찾아와 그 앞에서 나운몽 장로님을 비방하였습니다. 그런데 그 순간 장로님을 비방하는 권사님의 한쪽 볼이 갑자기 고무풍선처럼 부풀어 올랐습니다.

당황하신 권사님께서 "서 전도사야! 나를 위하여 기도 좀 해줘라!" 하고 간청해서 "하나님! 하나님께서는 볼을 부풀어 오르게도 하시고 가라 앉게도 하시는 분이심을 믿습니다. 권사님이 회개하오니 정상으로 고쳐 주세요"라고 기도드리자 권사님의 부풀었던 볼이 곧 정상으로 돌아오는 기적이 나타났습니다.

그뿐 아니라 그 당시에는 버스 안내양들의 임금이 매우 적었습니다. 그런 까닭에 다 그런 것은 아닐지라도 안내양들 가운데 여러 사람이 운전사와 결탁하여 소위 말하는 '삥땅'을 했습니다. 그런데 때로 안내양들이 예배 시간에 신령과 진정으로 예배드릴 생각은 하지 않고 '오늘 삥땅해야지' 하고 나쁜 생각을 하면 그 즉시 손이 오그라들고 굳어지는 일이 발생하였습니다. 그런 일이 발생하면 안내양들끼리 오그라들고 굳은 팔을 펴 보려고 합심하여 안간힘을 다하며 애를 써도 팔이 펴지는 것이 아니라 오히려 더 오그라들고 굳어져 고통을 당했습니다.

결국 그 안내양을 내 동생 서금복 전도사에게 데려와 회개하게 하고 기도해 주면 그 오그라들고 굳은 팔이 펴지는 기적이 나타났습니다. 이러한 기적을 경험한 이후부터는 안내양들이 무서워서 삥땅하는 일들이 사라졌습니다.

반면 주일 강단에는 감사와 회개의 예물이 가득 쌓였습니다. 안내양들은 그 피곤한 가운데서도 눈물로 새벽예배를 드리고 근무하러 나갔습니다.

#박정희 대통령과 육영수 여사의 격려

그와 같은 안내양들에 대한 보답으로 영신교통 마 사장님은 안내양들의 후생복지를 배려해 주었습니다. 안내양들을 위하여 야간학교를 운영하여 공부하도록 했습니다.

그 결과 그들 중에는 열심히 공부하여 검정고시를 통과한 뒤 대학도 가고 신학교에도 진학하여 전도사님이 된 분도 있습니다.

은혜 받은 안내양들은 성가대를 조직하여 찬양도 불렀습니다. 심지어는 KBS TV에 출연해 합창을 하기도 하였습니다. 그러한 안내양들의 활동 상황이 각종 매스컴에 소개되었고, 이를 본 영부인 육영수 여사는 추운 겨울 안내양들에게 방한복을 선물하며 위로해 주었습니다.

그렇게 되자 박정희 대통령 시절에 영신교통 버스회사는 모범 운수업체로 인정을 받게 되었습니다. 그리고 국가로부터 다양한 혜택과 지원을 받았습니다. 박정희 대통령께서는 모든 운수업체는 영신교통을 본받으라는 훈시와 격려를 해주셨습니다.

이렇게 산업선교 사역을 열심히 하다 보니 내 동생 서금복 전도사는 기진맥진하여 탈진한 상태가 되었고, 건강 회복을 위하여 영신교통에서 운영하던 산업선교 교회에 사표를 제출하였습니다. 그러나 마 사장님은 받아 주지 않았습니다. '이런 상황에서 서 전도사님께서 사표를 내면 우리 교회와 회사는 어떻게 하느냐'며 사표를 반려하였습니다.

이러지도 못하고 저러지도 못하고 반감금 상태(?)에 놓여 있었는데 그런 피치 못할 상황에서 당시 보안사령부 고위직에 계시던 이경숙 권사님의 남편께서 보안사령부 소속 군용차를 가지고 와서 구출하여(?) 기도원으로 데리고 왔습니다.

영신교통 회사에서 기도원으로 출발하기 전 안내양들이 모두 나와 도로 바닥에 드러누워 농성하며 '전도사님께서 떠나면 우리는 어떻게 신앙생활을 하느냐'고 눈물로 애원하였습니다. 그러나 건강 회복을 위하여 아쉬운 작별을 고할 수밖에 없었습니다.

#나와 동역하게 된 서금복 전도사

동생은 그 길로 흰돌산기도원에 들어와 요양하면서 건강이 회복되었습니다. 그리고 그때부터 나의 기도원 사역을 돕게 되었습니다. 서금복 전도사가 나와 동역하고 있는 동안에 흰돌산기도원에서 은혜 받기 위하여 입산한 성도님들 중 몇 분은 원장인 나보다 동생인 서금복 전도사를 더 찾을 정도로 인기가 대단했던 기도원 초창기 시절이었습니다.

그러던 중에 후배인 박광재 전도사가 군에서 휴가를 나오면 기도원을 자주 방문하였습니다. 박광재 전도사는 서금복 전도사의 말씀과 믿음에 반해서 서 전도사에게 프러포즈하였습니다. 그러나 나는 두 사람의 결혼을 반대했습니다. 두 사람 모두 시집과 장가를 가지 않고 주의 일을 하기로 서원한 사람들인 까닭이었습니다.

그래서 나는 박 전도사에게 두 번 다시 기도원에 왕래하지 말라고 했습니다. 하지만 박 전도사는 나의 싸늘한 반대에도 계속 기도원에 와서 봉사하였습니다. 그리고 마침내 서 전도사와 결혼하게 되었습니다. 여호와께 복을 받은 자는 지혜롭고 현숙한 아내를 얻게 된다는 말씀처럼 박광재 전도사는 하나님께 복을 받아 서금복 전도사를 아내로 맞이하게 되었습니다. 박 전도사는 하나님께 큰 선물을 받았습니다.

그 당시 서울에서부터 우리 기도원을 출입하는 영육 간에 대표할 만한 대단한 지성을 갖춘 분들이 계셨습니다. 여의도에 있는 유니 의상실을 중심으로 기도하며 선교하던 '다섯 손가락' 구성원들이었습니다.

1. 고려합성 회장 부인 나ㅇ주 권사
2. 주기철 목사님 외손녀 윤ㅇ선 권사
3. 이인실 목사님 부인 유ㅇ숙 사모
4. 이화여자대학 영문학과 교수 고ㅇ자 권사
5. 이화여자대학 사학과 교수 김ㅇ영 박사

이분들께서는 기도원 개척 시절에 기도하려고 기도원을 자주 왕래하셨습니다. 이분들이 서금복 전도사와 박광재 전도사의 사연을 듣고는 나도 모르게 결혼 날짜와 장소를 정하고 적극적으로 협조하여 박광재 전도사가 교육전도사로 시무하던 신림동 동산교회에서 결혼식을 거행하게 되었습니다.

결혼 이후 두 사람은 경기도 광명시 소하동 376번지의 10여 평 정도 되는 병아리 부화장을 개조한 예배당에서 개척을 시작하였습니다. 대한예수교장로회 합동 측 소속 영광교회를 개척하여 40년 동안 시무하다가 만인의 축복 속에서 박광재 목사는 원로목사로 추대받았습니다.

'다섯 손가락' 구성원 중 고○자 권사님은 내 동생과 박광재 전도사를 특별히 사랑하여 영광교회 개척 시절부터 40년 동안의 목회 사역을 음으로 양으로 후원해 주셨습니다. 그뿐 아니라 동생의 3남매가 미국에서 유학하는 동안에도 힘이 되어 주고, 혈육인 내가 다 하지 못한 버팀목 역할을 해주셨습니다.

조카 아이들에게 '현대 이모'로 불리는 고 권사님께서는 지난 수십 년 동안 박광재 목사와 아들 박용수 목사에 이르기까지 2대에 걸쳐 지극 정성으로 후원해 주고 계신, 수넴 여인처럼 진주보다 귀한 보석 같은 권사님이십니다.

이렇게 내 생각과 하나님의 생각은 다르며, 하나님의 뜻은 하늘과 같이 높고 인간의 뜻은 땅만큼 낮습니다.

지금 돌이켜 생각해 보면 내 동생 서금복 전도사와 제부 박광재 전도사가 결혼한 것은 나를 사랑하시는 하나님께서 나의 사역을 끝까지 도우라고 마치 나를 위하여 두 사람을 결혼하게 하신 것과 같은 생각이 들어 하나님께 감사하기도 하고, 한편으로는 결혼을 반대했던 것이 미안하기도 합니다. 박 목사 내외는 가정도 목회도 인생도 승리했습니다.

#연세중앙교회 윤석전 목사님께 흰돌산기도원을 양도하다

흰돌산기도원의 역사는 무에서 유를 창조하는 생생한 기적의 현장이요, 하나님께서 영광받으시는 구별된 장소가 되었습니다.

그런 피나는 열정 속에서 울며 웃으며 제3성전도 비록 빚더미 위에서나마 완공되고 신축 감사 입당예배와 집회가 성대하게 거행되었습니다.

성도들도 형용할 수 없는 방법으로 동원되었습니다. 하지만 24억이라는 거대한 빚더미 문제 앞에서는 기도 응답도 무언이었습니다.

나의 목숨과 청춘, 땀과 눈물과 피 곧 3대 액체를 쏟아부어도 결국은 막다른 절벽의 시점에서 옥중 경험을 하게 되는 것인가 생각하며 지친 끝에 말문이 닫히고 묵상 기도 중에 하나님의 인도하심과 뜻을 기다리고 있었습니다.

24억이라고 하는 큰 빚을 청산하기 위해서는 현재 나보다 더 능력 있는 목사님과 그분이 섬기는 교회 또는 선교 기관에 양도해야 할 필요성을 느끼며 기도하고 있었습니다.

그런 가운데 어느 날 윤석전 목사님께서 기도원을 방문하셨습니다. 그리고 흰돌산기도원을 자신과 연세중앙교회에 양도해 주면 감사하겠다고 요청하셨습니다.

윤석전 목사님께서는 우리 기도원 직원들이 있는 가운데 나에게 말씀하시기를 '나를 후계자라고 생각하시고 흰돌산기도원을 연세중앙교회와 나에게 양도해 주시면 이후에 서인애 원장님께서 전개하실 복음과 선교 사역을 위하여 후원해 드리겠다'고도 하셨습니다.

그런데도 나는 정중히 거절하였습니다. 하지만 1주일 동안 서로 기도하기로 했습니다. 윤 목사님도 기도하고 우리도 기도하였습니다.

그러나 지금까지 '아니오'가 없던 응답의 장소에서 빚 때문에 기도원을 넘긴다는 것이 그리 쉽지 않았습니다. 그래서 사람들의 시선, 나의 자존심, 건물에 대한 애착, 지금까지 얻은 명예와 발전을 무시할 수 없다는 결론으로 감옥까지 갈 결심을 하고 있었습니다.

수많은 성도님이 정성을 함께 쏟아 올린 장소였기 때문에 미련을 갖고 기도하는 마지막 날이었습니다. 하나님의 응답이 왔습니다. "아브라함도 옮겼느니라"라는 단음이었습니다. 그 이후에는 후회도 없고, 미련도 없었습니다. 하나님께서 하시는 일은 참으로 쉽고도 가벼웠습니다. 어렵게 쌓

앉던 공든 탑도 놓을 때는 매우 가볍고 쉬웠습니다.

무너진 것이 아니고 더 크고 강한 자에게 넘기는 것이었기에 쉽고도 가벼웠습니다. 나는 한국에서 흰돌산기도원을 운영할 때 연세중앙교회 윤석전 목사님께서 해마다 우리 흰돌산기도원을 빌려서 목회자 사모 세미나를 인도하시는 광경을 직접 보았습니다. 그리고 참여하여 은혜도 많이 받았습니다.

하루는 기도원에 있을 때 미국에서 급한 전화가 왔습니다. 텍사스중앙교회에서 있을 북미주 지역 교역자 세미나의 주 강사님이 윤석전 목사님이신데 비자 발급에 문제가 발생해 첫날 저녁 집회에 못 오시니 서인애 원장이 와서 윤석전 목사님을 대신하여 말씀을 전해달라고 요청하는 급보였습니다.

이 일로 나는 갑작스럽게 비행기를 타고 미국으로 건너가 윤석전 목사님을 대신하여 텍사스중앙교회에서 집회 첫날 밤 설교를 했습니다. 그리고 이날 하나님께서 큰 은혜를 부어 주셨습니다. 야구로 말하면 벤치 스타가 안타와 홈런을 친 격이었습니다.

그때부터 미국의 수도인 워싱턴 DC에서 복음신문사를 경영하시던 장진우 장로님께서 미국을 비롯한 세계 곳곳에서 개최한 교역자 부부 세미나에 윤석전 목사님은 주 강사로, 나는 오후 특별강사로 초대해 주셨습니다. 강사님들이 모두가 남자인데 여자인 나를 홍일점으로 강사로 세우시는 것도 하나님의 크신 은혜이며 기적 중의 하나라고 생각하였습니다.

그런 까닭에 주 강사로 집회를 인도하신 윤석전 목사님의 설교와 간증을 여러 차례 미국에서도 들은 바가 있었습니다. 그때마다 윤 목사님의 설교와 간증을 들으신 대부분의 목사님들과 사모님들께서 의자에서 내려와 겸손히 무릎을 꿇고 가슴을 치며 통곡하며 회개하며 부르짖는 광경은 내 생애에 전무후무했습니다.

나는 그런 광경을 직접 목격하고 큰 은혜를 받았습니다. 미국 시애틀에서 개최한 북미주 교역자 부부 세미나에서도 주 강사님은 윤석전 목사님이셨고, 나는 오후 시간을 담당하는 특별강사로 섬겼습니다.

그곳에서도 역시 가슴을 치고 통곡하며 회개하시면서 기도하시는 목사님들과 사모님들의 은혜 받는 장면을 거듭 보았습니다. 그때 나는 나보다 영육 간에 더 크고 강한 능력을 소유하고 계신 윤석전 목사님께서 국내외적으로 수많은 목회자를 모아놓고 '통곡의 성전'으로 이끄시는 선교의 현장을 여러 번 직접 목격한 바 있었습니다.

과연 윤석전 목사님은 이 시대의 목사님들과 성도들의 잠자는 영성을 깨우시고 영적 대각성 부흥 운동을 일으키시기 위하여 하나님께서 보내주신 영적 거장이심을 확인할 수 있었습니다.

내가 흰돌산기도원 대성전을 건축하다가 24억이라고 하는 큰 부채를 걸머지고 힘들어할 때 하나님의 섭리와 인도하심에 따라 흰돌산기도원을 인수하시고, 지난 26년 동안 흰돌산기도원을 오늘날 세계적인 영적 대각성 부흥운동의 진원지나 다름없는 곳으로 부흥 발전시키시고 이끌어가시는 모습을 멀리서 지켜보면서 윤석전 목사님과 연세중앙교회 성도님들께도 진심으로 머리 숙여 깊은 감사를 드립니다.

#경기도 용인으로 거처를 옮기다

흰돌산기도원을 연세중앙교회와 윤석전 목사님께 양도해 드린 후 지난 23년 동안 흰돌산기도원 사역에 협력해 주셨던 목사님들과 성도님들을 위한 흰돌산휴양관을 설립하기 위하여 용인에 있는 3만 평의 임야를 구입하였습니다.

그 후 거처를 용인으로 옮기고 흰돌산휴양관 건축허가를 받기 위하여 용인 군청에 건축허가 신청을 하였습니다. 그러나 수년을 기다려도 휴양관 건축허가가 나오지 않았습니다. 우리가 구매한 임야 근처에 당시 김대중 대통령 조부의 선영이 자리하고 있어서 그 자리를 피하여 수십만 볼트의 고압선을 흰돌산휴양관을 건축할 예정이었던 부지 바로 뒷산으로 옮겨서 세운 까닭이었습니다.

그뿐 아니라 설상가상으로 우리가 구매하여 휴양관을 지으려고 계획한 임야 전체가 상수원 수질 보호지구로 지정되어 보안림으로 묶어 놓은 까닭이었습니다. 그런 까닭에 용인에 흰돌산휴양관을 건축할 수 있는 길이 완전히 막히고 말았습니다.

흰돌산휴양관 건축 문제를 놓고 기도하던 중, 아시아로 가서 복음을 전하려고 계획했던 사도 바울이 환상 중에 마게도냐 사람이 나타나 "건너와서 우리를 도우라"(행 16:9)고 하는 요청을 하나님의 인도하심으로 믿고 마게도냐로 건너가 복음을 전한 사실을 기억하였습니다.

또한 믿음의 조상 아브라함도 "내가 네게 보여 줄 땅으로 가라"(창 12:1)는 하나님의 명령을 듣고 70년 동안 정들어 살았던 본토 친척 아비 집인 고향 땅 갈대아 우르를 미련 없이 떠나 가나안 땅으로 이주한 사실을 깨닫게 되었습니다.

그리하여 마침내 오래전부터 미국으로 건너와 함께 사역하기를 바랐던 워싱턴 복음신문사 사장 장진우 장로님의 부친이신 장학균 장로님의 유언과 나성산기도원 원장이셨던 임명숙 목사님의 권고, 그리고 여러 동역자와 성도들의 요청으로 지난 60년 동안 정들었던 한국을 떠나 미국으로 사역지를 옮기게 되었습니다.

아마도 하나님의 원대한 섭리를 이해하지 못한 분들은 서인애 원장의 실패라고 생각했을 것입니다. 맞습니다. 나는 실패했습니다. 그러나 하나님께서는 실패하지 않으셨습니다. 이와 같은 결과는 오히려 화가 변하여 복이 되게 하시는 전화위복의 결과를 가져왔습니다.

전능하신 창조주 하나님께서 믿음의 조상 이삭에게 '르호봇', 즉 지경을 넓혀 주시는 복을 주셨듯이, 부족한 나의 선교 사역 지경을 세계적으로 더욱 넓혀 주시고 확산시키시려는 성삼위 하나님의 은총과 배려였다고 나는 생각합니다.

사실상 미국으로 사역지를 옮긴 이후 지난 26년 동안 한국에서 했던 복음 사역보다 더 폭넓게 사역을 감당하게 되었기 때문입니다.

나는 미국에서 비영리 선교단체인 흰돌선교회와 흰돌교회를 설립하고 미국 연방정부와 캘리포니아주 정부에 등록하였습니다. 그리고 미주 지역 대도시 순회집회를 비롯한 세계선교의 사역을 감당하였습니다.

특별히 미국에서의 사역 가운데 한인 1.5세 청소년들을 위한 사역에 힘써 왔습니다. 자신들의 의지와는 달리 부모들을 따라 미국에 이민 온 자녀들이 미국에서 공부하며 지내면서 수많은 고통과 어려움을 당하고 있습니다. 언어적인 충격과 인종 차별적인 충격, 각종 문화적인 충격 등으로 인하여 이를 극복하지 못하고 방황하며 살아가고 있는 이 한인 1.5세 청소년들을 복음으로 인도하는 사역을 감당해 왔습니다.

그동안 한국에서 나와 흰돌산기도원을 사랑해 주시고 후원 협력해 주신 목사님들과 성도들께서 매우 궁금해하셨을 것입니다. 서인애 원장은 26년 전 흰돌산기도원을 연세중앙교회와 윤석전 목사님께 양도하고 지금까지 어디에서 무엇을 하고, 어떻게 지내며, 어떤 사역을 하고 있을까 궁금하게 여기신 분들이 계실 것입니다.

나는 그러한 궁금증을 가지고 계시는 분들에게 감사를 표하고, 선교 사역 보고와 전도에 사용하기 위하여 진솔한 간증 및 하나님과 성도님들께서 내게 베푸신 사랑과 은혜를 회고하는 회고록을 겸한 이 자서전을 출판하게 되었습니다.

그러므로 지난날 한국에서 나와 흰돌산기도원을 사랑하시고 기도해 주시고 후원해 주셨던 존경하는 목사님들과 성도들님들께서 이 자서전을 통하여 하나님의 은혜와 위로를 받으시고 그동안의 궁금증을 조금이라도 해소하시기를 희망합니다.

3부

국외 복음 전파와
청소년 사역

일본 오사카국제기도원 교역자 집회

 일본 오사카국제기도원에서도 워싱턴 장진우 장로님의 초대로 오후 강사로 설교 간증을 하게 되었습니다. 그 모임은 국제 교역자 영적 대각성 집회였습니다. 미국에 계신 목사님 75명과 한국에서 오신 75명 그리고 일본 목사님들이 참석하였습니다.
 그때 4박 5일 동안 오후 시간은 나만의 간증 집회였습니다. 한국의 빛나는 별과 같은 강사님들, 즉 나겸일 목사님 외 여러분이 참석하였습니다. 미국에서는 워싱턴에 있는 안디옥교회 안병욱 목사님이 오셨습니다. 그리고 대뉴욕의 플러싱 제일감리교회 이승훈 목사님도 계셨습니다. 뉴욕 플러싱제일감리교회는 예배에 3천 명이 넘게 출석하는 미국 한인 교포 교회로서는 대형 교회입니다. 오후 예배가 끝나자 한국에서 오신 분들한테는 수고했다는 인사 받은 것이 생각나지 않는데, 미국에서 목회에 성공하신 강사님들은 격려해 주시듯이 "어떻게 그리 많은 은혜를 받았습니까" 하고 이북 사투리로 인사해 주셨습니다.
 그때 반응이 괜찮았는지 장진우 장로님과 장사라 권사님 내외분은 미국 집회 일정을 뉴욕과 워싱턴에서 40일간을 잡아 놓고, 심지어 주일 설교까지 쉬는 날 없이 잡아 놓았습니다. 그때 옛날에 내가 꾸었던 그 꿈이 생각났습니다. 이 끝은 기도원 땅끝이 아니고 극동 한반도에서 미국까지라는 것에 대한 확신이 생겼습니다. 기도원 이 끝에서 저 끝까지 땅을 사고 농사를 지어 천 석, 만 석 되는 것인 줄로만 알았던 나의 사고방식은 멀어졌고, 영적으로 해야 할 신령한 양식의 분량임을 알게 되어 방향을 돌리고 기도하게 되었습니다.

그때 워싱턴 DC 버지니아 안디옥침례교회 안병욱 목사님은 미국 내에서 존경받는 유명한 목사님이셨습니다. 그런데 그 교회에서 나를 초청하게 된 까닭은 목사님이 오사카에서 설교를 들으시고 은혜를 받으셨기 때문이라고 겸손하게 말씀하셨습니다. 그래서 온 교인들과 같이 은혜의 시간을 갖기 원한다고 하셨습니다. 그 교회에서는 두 번이나 집회를 인도하게 되었습니다. 마치 산해진미 밥상의 산나물처럼 한 몫 낀 것입니다. 안 목사님께서는 '서인애 원장님께서는 언제든지 교회를 오픈해 줄 테니 미국에 오실 적마다 우리 교회에서 집회를 인도하라'고 말씀해 주셨습니다.

안병욱 목사님께서는 나를 많이 아껴 주시고 워싱턴 시내 구경은 물론 역대 대통령들이 식사했다는 유명한 레스토랑으로 인도하여 극진하게 대접도 해주셨습니다. 마치 거부 보아스 밥상의 룻과 같은 은혜를 입게 된 것입니다. 그리고 흰돌산기도원에 헌금도 1만 불이나 해주셨습니다.

그리고 한국에 오시면 목사님 내외분은 우리 기도원에 종종 들르셨습니다. 목사님 사모님께서는 전화도 가끔 해주셨습니다. 그런데 지금은 두 분 모두 고인이 되셨습니다. 아쉽기노 하고 그립기도 합니다.

#홍일점 수련회 강사

안병욱 목사님을 일본 오사카 집회에서 알게 된 것은 그때 강사님이셨기 때문입니다. 당시 그 집회를 위하여 국내외에서 여러분의 내로라 하는 기라성같은 강사님들이 초빙되었습니다. 그중에 여자로서는 홍일점으로 내가 수련회 강사로 초청받아 간 것입니다. 몇백 명이 호텔 같은 수양관에 모였고 집회로는 성공적이었다고 하지만 항상 미숙함을 죄스럽게 생각합니다.

안 목사님과 같은 대형 교회 목사님께서 인정하신 사람이니까 다른 교회에서도 인정을 해주었습니다. 그런 까닭에 안 목사님과 절친하신 베델 감리교회 담임 박순종 목사님 교회에서도 집회를 인도했습니다.

다음 날 집회 장소를 향해 목사님과 함께 차를 타고 가는데 목사님께서 말씀하셨습니다. 내일 10시에 뉴욕 기독교 방송국에서 인터뷰를 해야 한다는 것입니다. 그래서 나는 못 한다고 이야기했습니다. 그래도 약속이 잡혀서 꼭 해야 한다고 하여 피하지 못할 분위기였습니다. 그런데 대뉴욕에 누가 더 큰지 은근히 겨루는 수많은 유명한 목사님들이 계시는데 나 같은 산골 출신 여자가 무슨 말을 어떻게 해야 할지 영 자신이 서지 않았습니다.

마치 해삼에 초를 치듯 마음이 오그라지기 시작했고 상당히 부담되었습니다. 그런 부담감에 짓눌리는 마음을 가라앉히고 그날 밤 단상에 올라가 준비 기도를 하는데 얼마나 울었는지 모릅니다. 실컷 울고 있는데 성령께서 감동하시기를 "누가 더 크냐 하는 뉴욕에서 네가 더 크다고 세운 것이 아니다" 하시며, 예수님의 제자들이 누가 더 큰지 다투며 주의 나라에서 주의 우편에 또는 좌편에 앉게 해달라고 했을 때 주님께서 지극히 작은 어린아이를 품에 안으시며 산 교훈을 해주셨던 것을 내게 기억나게 해주셨습니다.

내가 가장 어린 신앙이기에 나를 모델로 대뉴욕의 목사님들 앞에 세워 준다는 감동이었습니다. 나는 항상 기도 대목 중에 나는 어린아이라 말할 줄도 모르고 무엇을 어떻게 할 줄도 모른다고 기도하는 것이 입에 익숙했습니다.

그런데 방송국에서 할 인터뷰를 놓고 울 때 내가 어린애와 같아서 주님께서 나를 대뉴욕의 강단에 세워 주신다는 것이었습니다. 이처럼 세상에서는 똑똑하고 영리해야 수지맞지만, 주님을 섬기는 교회에서는 어린아이와 같아야 천국에 간다는 것을 다시 마음에 새겨야 했습니다.

그래서 방송이나 설교나 선교나 주의 일은 항상 겸손하고 진실하게 순종하며 섬기는 자세라야 편안하게 할 수 있습니다. 하나님의 도우심과 은혜로 간신히 방송 인터뷰를 마치게 되었습니다.

#난생처음 미국 뉴욕을 방문하다

나는 5년짜리 비자를 받아들고도 혼자서는 미국에 갈 용기가 나지 않았습니다. 미국 비자를 받은 지 벌써 3년이 지나가는데도 미국 방문을 하지 못하고 있었습니다. 내가 가장 존경하고 사랑했던 선배님은 미국 LA에서 기도원을 설립하고 운영하고 계셨습니다. 그런데 3년을 연거푸 한국을 왕래하시면서도 나에게 함께 미국에 가자는 말이 없어서 매우 섭섭하였습니다. 그래서 미국은 아무나 가는 곳이 아닌가 보다 생각했습니다.

그러던 중에 흰돌산기도원 개척 당시 물심양면으로 협조하시며 사랑해 주신 서울영락교회 장덕애 권사님이 미국으로 이민을 가셔서 나에게 미국으로 초청하는 편지를 두 번이나 보내오셨습니다. "미국은 참 좋소. 빨리 한번 오구래! 왜 못 오고 있소? 여기 먹을 것 많소! 아무것도 가져오지 말고 고춧가루만 가져오구려" 하는 편지였습니다. 그분의 따님은 김진채 권사님이셨습니다. 서울 필동에 계실 때 자주 왕래했던 사랑하는 권사님이셨습니다.

그 편지를 받고 반가워서 영어도 못 하는 주제에 용기를 내어 노스웨스트 비행기를 타고 뉴욕에 도착했습니다. 공항에서 권사님의 영접을 받고 플러싱에 사시는 권사님 댁에 여장을 푼 뒤 한 달 그 집에 거주하며 예배드리며 새벽부터 바쁘게 뉴욕 생활을 시작했습니다.

뉴욕 맨해튼에서 식품 가게를 운영하시면서 맨해튼 빌딩에서 근무하고 있는 뉴요커들을 위하여 샐러드바에 점심을 준비하는데 아침 7시부터 열심히 서둘러야 했습니다. 가게에 여러 명의 직원이 있었습니다. 모두가 빠릿빠릿하고 기계같이 빨리 움직였습니다.

그야말로 시간이 돈이란 말이 실감 나는 그곳의 일손들을 보고 새삼 깨달았습니다. '이런 기계처럼 빠르게 움직이는 사람들이기에 대뉴욕에서 적응하며 사는구나!' 가게 부엌에서 일하는 아주머니 한 분은 한국에서 사장으로 사업하다 실패하고 대뉴욕 식품 가게에서 주방장이 되었습니다. 그런데 그는 줄담배를 피우며 일을 하는데 앉아서 한가하게 피우는 것이 아니라 입에 담배를 물고 두 다리가 퉁퉁 부어 있어도 잠시도 앉지 않고 일을 했습니다.

모두가 그렇게 바쁘게 기계처럼 일하길래 나도 함께 한두 가지는 담당했습니다. 삶은 달걀 껍데기를 벗기는 일과 루나 샌드위치 담당이었습니다. 아침 7시부터 11시까지 40가지 음식을 준비하고 진열해 놓으면 11시 30분부터 손님들이 내려와 런치 박스에 준비된 음식을 각각 나름대로 저울에 달아 가는데 날마다 초긴장이었습니다.

그런 자세로 총 맞지 않고 3년만 버티면 빌딩을 산다는 것입니다. 나도 얼마만큼 견디고 할 수 있나 시험해 보았습니다. 그리고 미국 대뉴욕 생활을 피부로 느끼도록 미국 도착 후 한 달 세금 떼는 마음으로 땀 흘려 봉사했더니 권사님 아들 사장님이 무척 좋아하셨습니다.

7시부터 12시까지 열심히 일하고, 12시부터는 자유롭게 김 권사님과 맨해튼 거리를 누비며 제일 높은 빌딩에 가서 차 마시는 휴식 시간도 갖고 전망대에 올라가 뉴욕의 움직임도 구경했습니다.

그리고 디트로이트교회 집회 후 다시 뉴욕으로 와서 한국행 비행기에 올랐습니다. 한국으로 돌아오면서 나는 미국 땅을 밟고 이마의 땀으로 세금을 계산한 듯 보람을 느꼈습니다. 이것이 내가 난생처음 미국을 방문한 것이었습니다.

#미주복음신문사 장진우 장로님과 장사라 권사님의 초청으로 40일 동안 미국 25개 주를 순회하면서 부흥성회를 인도하다

나는 1980년부터는 미국 부흥성회를 자주 다녔습니다. 선배들의 기도원은 물론이고 한국의 횐돌산기도원에서 은혜 받은 성도들이 미국에 이민 와서 신앙생활을 하면서 섬기는 교회를 통하여 나를 부흥회 강사로 초청해 주었습니다.

미국 디트로이트에서부터 시작하여 25개 주를 다니게 되었습니다. 복음을 싣고 다니는 수레와 같이 복음 전할 기회가 많아졌습니다. 더욱이 워싱턴 DC에 있는 복음신문사 사장님인 장진우 장로님과 부인 장사라 권사님의 후원을 받아 미국의 수도 워싱턴 DC를 비롯하여 뉴욕에서 40일 간을 쉬지 않고 연속적으로 집회를 인도하였습니다.

장진우 장로님과 장사라 권사님께서 발행하시는 〈복음신문〉은 세계 각국으로 발송되어 두 분은 세계 각국 교회 및 목사님들과 친분관계가 특별하셨습니다. 이처럼 문서 전도에도 헌신하셨지만, 그 아버지이신 장학균 장로님과 어머니이신 쌍림동 할머니의 둘째 아드님으로서 국가와 민족을 위한 구국 제단으로 서울에서 유명하신 사명자의 집안이셨습니다.

그런 은혜의 줄기에서부터 장진우 장로님 내외분은 미주뿐 아니라 한국에서도 신령한 목사님만 만나면 강사로 초청하여 미주 50개 주에서 교파를 초월하여 각 교회의 영혼을 깨우는 일에 적극적이었습니다. 개교회 부흥회는 물론이고 교역자 집회도 세계적으로 개최하셨습니다.

한국에서는 조용기 목사님께서 시무하셨던 순복음중상교회와 곽선희 목사님께서 시무하셨던 압구정동 소망교회에서 대대적으로 한국 교회 목회자를 위한 집회를 진행하셨습니다. 장진우 장로님 내외분께서 주최하시는 집회에 강사로 초청받는 목사님들은 국내외적으로 영적으로나 지적으로 뛰어난 분들이었습니다.

존경하는 장진우 장로님은 성삼위 하나님께서 그분에게 맡겨주신 미국을 비롯한 조국 대한민국과 세계 복음화를 위한 사명에 죽도록 충성하고 헌신하고 봉사하시다가 천국으로 입성하신 위대한 종입니다. 우리 하나님께서 장 장로님께 의의 면류관, 생명의 면류관, 영광의 면류관, 금 면류관을 상급으로 씌워 주신 줄 믿습니다.

장진우 장로님께서는 해외에 나와 살면서 물심양면으로 〈복음신문〉 발행을 통한 문서 전도로 복음을 위하여 헌신 봉사하신 후 천국으로 가셨는데, 천국 입성하시는 날 그분의 얼굴이 마치 스데반 집사의 얼굴에서 광채가 났듯 30~40대의 얼굴로 변화되었다고 합니다.

장진우 장로님의 임종을 목격하신 안나산기도원 이경숙 원장님께서 직접 나에게 "야! 야! 우리 오빠 장진우 장로님의 얼굴이 30대 얼굴로 변하더라"라며 감탄을 연발하며 전해 주셨습니다.

하나님께서는 그렇게도 목회자를 살리는 부흥 운동을 세계적으로 폭넓게 땅끝까지 펼쳐 나가셨던 장로님의 영혼을 평안하게 천국으로 돌아가시도록 후대해 주셨습니다. 그런 까닭에 하나님께서 장 장로님께 맡겨 주신 복음 전파의 사명을 다 마치시고 떠나시는 마지막 그의 얼굴 모습에 스데반과 같은 광채가 나타나서 임종을 지켜보는 유족들에게 주님이 함께하시는 흔적을 남기셨으니, 바울 사도가 증언한바 의의 면류관을 상급으로 받으셨을 것이라고 확신합니다.

그분의 최후 승리의 흔적 소식을 들은 나는 너무나 부러웠습니다. 사람의 생각으로는 이런 분들은 더 오래오래 살아서 더 큰 희생을 통하여 십자가의 흔적을 더 남기면서 영향을 끼쳤으면 하지만, 하나님은 하나님의 때에 사용하시고 하나님의 때에 홀연히 데려가심을 성경의 선진들의 역사에서도 발견하게 됩니다.

#뉴욕 카네기홀 로열박스에서 관람한 합창제

제일감리교회 이승훈 목사님과는 일본에서 함께 강사로 있었기에 만

남이 어색하지는 않았습니다. 때마침 카네기홀에서 한인들의 성가 축제가 있었습니다. 한인들의 위상이 높아지면서 해마다 열리는 행사 중 하나였습니다.

이 목사님은 대형 교회 목사님들과 이사진이 되어 좌석도 귀빈석인 로열박스에 앉으시면서 나를 동석하게 해주셨습니다. 그때 한국 감리교단 여성합창단 250명이 출연했습니다. 그중에 나와 절친한 합창단원이 몇 명 있었습니다. 마침 감리교 합창단이기 때문에 이승훈 목사님의 배려로 다음 날 플러싱감리교회에서 합창을 하게 되어 있었습니다.

그런데 이들이 놀라 경기할 만한 광고가 그 교회에 붙었습니다. 서인애 원장 집회 광고가 붙어 있으니 얼마나 기가 막혔겠습니까? 한국 시골 출신 강사의 이름이 그 유명한 플러싱제일교회 벽보에 붙어 있으니 모두가 놀랄 만했습니다.

합창단원 중에 세 명이 한밤중에 호텔로 나를 찾아와 밤을 새우고 새벽에 헤어졌습니다. 그날은 합창단원들이 캐나다로 떠나는 날이었습니다.

참으로 재미있는 일이었습니다. "너희에게 성령이 임하시면 땅끝까지 내 증인이 되리라"라는 말씀이 이 소자에게 이뤄진 것은 하나님만 하실 수 있는 일이지 인간의 생각이나 힘으로는 상상할 수도 없는 일임을 고백하게 됩니다.

#제2의 사역지 결정을 위하여 제비를 뽑다

흰돌산기도원을 연세중앙교회 윤석전 목사님께 양도하고 제2의 사역을 위하여 흰돌산기도원 지경만 한 3만 평 임야를 구입하고 주소를 용인으로 이전한 뒤, '흰돌산휴양관 건축'이라는 새로운 프로젝트를 계획하여 대지에 물·전기·길 작업을 하고 집을 짓고 새 일을 착수하게 되었습니다

용인시에 종교 시설 비영리 단체로 몇 차례 허가를 신청했지만 거절당했습니다. 조금 기가 죽은 듯했지만 미국에 다시 와서 6개월을 체류하고

있었습니다.

다시 한국에 가서 사역할 것인가, 미국에서 선교 사역을 새롭게 시작할 것인가 하나님의 뜻과 인도하심을 알기 위하여 기도하고 있었습니다.

한편 나의 제부 박광재 목사님은 대한예수교장로회 합동 측 총회의 임원들을 선출하는 선거제도를 성경의 제비뽑기로 바꾸자는 선거제도의 개혁방안을 제시하신 목사님이십니다.

그런데 박광재 목사님께서 거룩한 성경의 제비뽑기 사역을 전개할 때 나는 한 번도 호응하여 용기를 북돋아 주지 못했습니다. 오히려 반대하여 눈물까지 흘린 일도 있었습니다.

박 목사님은 "제비는 사람이 뽑으나 모든 일을 작정하기는 여호와께 있느니라"(잠 16:33)라는 말씀을 재발견하고 자신의 삶과 목회 사역에 적용하면서 교단에 총회 임원 제비뽑기 선거제도를 정착시킨 성경의 제비뽑기 사역과 선거제도의 선구자입니다.

나는 제부인 박광재 목사님께 함께 1주일간 작정 기도를 하고 하나님 앞에서 성경대로 제비를 뽑아서 결정하자고 제안하였습니다.

1주일 후 가정예배를 드리고 둘이서 하나님의 뜻을 구하고 따르기 위해 제비를 뽑았습니다. 그 결과 미국에서 사역하라는 제비가 뽑혔습니다. 가슴이 철렁했습니다. 영어도 모르고, 동서남북도 모르고, 문화의 담벼락이 드높은 미국 땅을 생각하니 아무런 대책이 없어 답답해졌습니다. 하지만 낙심은 금물이었습니다.

아브라함도 가는 곳곳마다 여호와께 단을 쌓고 응답받고 전진하였지 뒤로 물러서지 않았으니, 생소한 미국 생활을 하려면 미국 생활에 필요한 3대 요소는 갖추어야 하겠기에 어덜트스쿨부터 등록했습니다. 운전과 컴퓨터도 배워야 하고, 영주권 취득을 위한 공부도 해야 했습니다. 다시 배우는 학생으로 돌아갔습니다.

미국 문화의 담벼락은 높이뛰기 운동과 같이 쉽지 않았습니다. 문화

충격, 인간관계에서의 충격 등 연단 과정에서 선후배의 도움과 위로보다는 형용할 수 없는 새로운 경험의 쓴잔을 맛보며 나그네의 서러움에 북받쳐 산천이 떠나도록 통곡도 하며 나날을 보내게 되었습니다.

하지만 아직도 받아야 할 영적 훈련을 깊이 숨어 있는 악성과 뭉쳐 있는 정신적 쓰레기를 청산하는 기회로 삼고 말씀 하나 붙들고 싸우며 건설하고, 건설하며 싸우자는 슬로건을 내걸고 죽기밖에 더하랴 하며 악전고투하였습니다.

충돌 속에 깨지고 부서지는 과정은 천지를 진동하는 다이너마이트로 바위산을 부수는 작업의 시간이었습니다. 내가 하고자 하는 일이 아니고 하나님이 인도하시는 새로운 삶의 현장에서 부딪치는 고난의 현장은 예나 지금이나 동서고금을 막론하고 같습니다. 성경의 아브라함이나 다윗이나 예수님의 시대에도 같은 방법으로 승자와 패자, 축복과 저주가 갈렸습니다.

이렇게 서툴고 힘든 미국 생활에도 말씀과 성령의 감동 속에서 위로와 용기를 얻고 전진할 수 있었음에 하나님께 감사드립니다.

#미국에서 시작한 본격적인 섬김 사역

한국에 있을 때는 여러 직원이 지극정성으로 섬겨 주었습니다. 그러나 섬긴 만큼 탈도 많고, 훈련 대상자들이 많았습니다. 하지만 미국 생활은 전부 섬김을 받는 것이 아니라 섬김을 받았던 것만큼 섬기는 것으로 바뀌었습니다. 한국에서는 이리저리 부지런히 살피며 진두지휘를 해야 하니 손에 물 묻힐 시간이 없었습니다. 마른자리에서 반찬 투정 하며 밥상 받은 일도 회개하며 바닥까지 낮아져서 서투른 미국 생활을 세리토스 아파트에서부터 시작하였습니다.

세리토스 아파트 가까운 곳에 있는 세리토스장로교회에서 드리는 새벽기도로부터 하루의 일과가 시작되었습니다. 사랑과 공의의 하나님은 남이 하는 일은 누구나 할 수 있게 음지가 양지 되고, 양지가 음지 되게, 지구본 돌리시듯 인생 삶의 역사의 수레바퀴를 회전시키시고 경험해 보지 못한 자리에 앉히시는 분이십니다.

평생 독신 주장에 꼿꼿한 멀대 장군처럼 철없이 밥상 받는 것을 당연한 줄 알고 살아왔던 한국에서의 정신을 산산조각 내는 작업도 쉽지 않았습니다.

네 살짜리 조카 박혜은을 돌보며 프리스쿨에 보내는 일, 중학생·고등학생 3남매 식사와 빨래와 청소와 허드렛일까지 작은 일도 아니고 쉬운 일도 아니지만 환경이 바뀌었으니 믿음의 사람으로서 감당해야 했습니다.

한국에서 흰돌산기도원 대집회 때마다 제부 박광재 목사님이 자신의 목회에 헌신하면서도 진정을 다해 나의 성역에 헌신해 준 은혜를 생각하며 그의 세 자녀 돌보는 것을 교역자 가정의 자녀를 위한 선교사 파송으로 여기고 힘든 줄 모르고 최선을 다했습니다.

내가 낳았다 해도 이보다 더할 수는 없다는 고백은 1인 3역을 한 기분에서 한 말이었습니다. 내가 비록 결혼은 하지 않았지만 모든 여자가 하는 일을 실감 나게 시키시는 공의의 하나님을 생각하며 부딪치는 일을 기쁨으로 감당했던 것도 역시 하나님께서 주시는 은혜와 말씀을 되새김질하게 되고 감당하게 되니 생각할수록 더 하지 못한 아쉬운 마음뿐입니다. 설교도 더 하지 못한 아쉬움뿐입니다.

#포모나 'Shield of church'에서 신청해 준 영주권

나의 사명은 단상을 살리는 것이었기에 서투른 운전 실력과 정신력을 가지고 매 주말이면 사명 감당하는 초심을 버리지 않고 70마일의 장장 2시간씩 오가는 나성산기도원까지 가서 영주권 신청이 거부되는 날까지 충성 봉사하였습니다.

그러나 법대로 충성해야 하는 일이니 그곳에 더는 있을 수 없었습니다.

방향을 돌려 포모나 'Shield of church', 미국 오순절 교단 헤드쿼터의 적극적인 협조로 영주권을 신청했습니다. 이 교회는 미국의 대교단인 오순절 교단의 감독님께서 시무하고 계시는 교회로서 성도들도 수천 명 모이는 흑인 교회였습니다. 그야말로 뜨거운 성령의 불이 붙은 교회였습니다.

감독님도 흑인인데 인자하시고 세심하시고 은혜로우셨습니다. 때때로 나에게 통역 설교도 시키셨습니다. 나의 설교를 통역해 주신 목사님은 한국 교회에서 '눈물의 선지자'로 불리셨던 김치선 목사님의 아들이신 김세창 목사님이셨습니다.

김세창 목사님은 우리나라의 대한신학대학교 학장을 역임하신 분이시자, 미국에서 유학하신 분으로서 한국어와 영어에 능통하셨습니다.

한때는 대한신학교 학장의 직임을 완수하신 후 미국과 아프리카 등 세계를 순회하시면서 복음을 전하셨습니다. 그런 까닭에 나는 김 목사님과 아프리카에도 동행하여 복음을 전할 기회를 얻게 되었습니다.

김 목사님께서는 부족한 나와 세계 선교 사역을 동역하기를 원하셨습니다. 그러나 안타깝게도 그로부터 얼마 후 천국으로 가셨습니다. 하나님께서는 그동안 한국의 선후배들에게 받은 상처를 위로하여 주시듯 감독 목사님과 김세창 목사님을 통하여 나를 도와주셨습니다.

오순절 교단에 속한 Shield of church는 재정이 건전하여 영주권도 신속하게 나왔습니다. 또 본격적으로 사역하도록 협조해 주시고, 흰돌선교회를 운영하노록 창립 기념 집회노 열어 주시고, 3박 4일을 복음방송국에 광고도 해주셨습니다. 더구나 복음방송국에서는 광고만 내보내는 것이 아니라 나의 한국에서의 사역을 알고 인터뷰를 요청하여 3일 동안 계속 인터뷰까지 공개되었습니다.

#흰돌교회 설립과 복음방송국 방송 설교

포모나의 미국 교회인 Shield of church에서 드린 흰돌교회 창립 예배는 성황리에 끝났습니다. 그곳에 한국 커뮤니티를 위한 예배 시간도 정해 주셨습니다. 방 하나에서 10여 명의 한국 성도들이 모여 흰돌교회를 개척하였습니다. 한국에서 대중 설교에 익숙하다가 미국에서 골방 개척을 하는 것이 그리 만족스럽지는 않았습니다.

그러던 중에 복음방송국으로부터 요청이 들어왔습니다. 인터뷰 반응이 근래에 처음으로 좋았으니 내 설교 테이프를 보내 달라고 했습니다. 그러나 나는 정중히 거절하였습니다.

한국도 아닌 미국 땅 가장 낮은 자리에서 방송 설교는 과분하기만 했습니다. 하지만 다시 요청이 왔습니다. 두 번째도 거절하였습니다. 몇 사람이 있어도 사람 앞에서 하는 설교는 경험이 있어서 사양할 수 없지만, 방송 인터뷰보다 방송 설교는 더 어렵게만 느껴졌기 때문입니다.

복음방송국으로부터 또다시 설교 테이프로 방송 설교를 내보내자는 제안이 들어왔고 나도 다시금 정중히 거절하였습니다.

하지만 그날 밤 희귀한 꿈을 꾸게 되었습니다. 이전에 흰돌산기도원을 운영하는 과정에서도 큰 문제가 있으면 큰 뱀을 죽임으로 승리한 체험적 꿈이 여러 차례 있었습니다.

전신주만 한 큰 뱀을 잡지 못해 영력의 부족함을 느끼고 그 후 기도할 때마다 공중에 날아가는 용도 잡을 수 있는 힘을 달라고 사탄을 물리치는 영력에 대한 기도를 여러 차례 했던 것도 상당히 오래전의 일이었습니다.

꿈도 분석하면 여러 가지 꿈이 있습니다. 보통 꿈 얘기들을 들으면 개꿈이 많고 실몽, 잡몽, 허몽도 있지만, 아브라함과 요셉과 다니엘이 꾼 꿈은 개꿈이 아니라 미래에 있을 일에 대한 영몽이었습니다.

복음방송국의 설교 방송 요청을 거절한 날 밤에 꾼 꿈에서는 기차만큼 길고 큰 찬란한 색채를 가진 용이 광야를 지나고 있었습니다. 내가 막내 조카를 부르며 "혜은아, 저것 좀 봐라" 하고 소리를 지르자 그 소리를 들은 용이 우리 집을 향하여 기어오고 있었습니다. 나는 아무런 무기도 없고 대책도 없었습니다. 그러나 파리처럼 날아가 용의 목덜미에 붙어서 물어뜯기 시작하여 한 번 물어뜯고는 하는 말이 용의 대가리만 자르면 된다는 외마디를 하고는 계속 물어뜯었습니다. 그러다 보니 기차만큼 컸던 용의 머리가 소머리만큼 작아져 내 손에 잡혔습니다.

그 순간 그것을 확 던져 버렸습니다. 삼손은 나귀 턱뼈 하나로 블레셋 사람을 죽이고 용사가 되었는데, 나는 이로 큰 용을 물어뜯는 꿈이었습니다. 용의 머리를 던지는 순간 하나님의 음성이 들렸습니다. "네 입에 힘이 있느니라. 네 입이 살았느니라" 하는 음성을 세리토스 골방에서 들었습니다. "미국에 있는 악령의 세력은 이와 같다"는 음성도 들려주셨습니다.

그 음성을 듣고는 복음방송국에 전화를 걸고 방송 설교 하는 날짜와 시간을 받고 1주일에 한 번 테이프를 만들어 방송국에 전달하였습니다. 그 일은 조카 박용수가 했습니다. 용수가 아니면 방송 테이프를 제작할 사람이 없었습니다. 그 결과 설교에 신경을 집중해야 했습니다.

그저 단순히 30분 설교가 방송되는 것도 중요하지만, 녹음 제작하는 어린 조카 용수의 귓전에 말씀이 들어가게 하신 하나님의 계획이 더 크고 놀라운 섭리였습니다. 사춘기라 이유 없이 예민한 시기에 주일이면 예배에 빠지고 싶어도 빠질 수 없게 되고, 설교를 녹음 제작하는 일에 신경 쓰며 설교 말씀을 제일 먼저 흡수하는 사람이 되었습니다.

그때부터 내가 은퇴하는 날까지 내 설교를 계속 듣고 보고 살았습니다. 그러니 내가 은퇴한 후에는 자동적으로 말씀 전하는 목사가 되었습니다. 이제는 완전히 독립하여 '얼반 필그림 교회' 담임목사로 세계가 부르는 유능한 청소년 사역자와 목회자로 세워졌습니다. 박용수 목사는 국내외에서 청소년 집회의 사역자와 강사로 초청을 받고 있습니다.

하나의 목회 경험만이 아니라 20대 초반에 반항기에 있는 LA의 청소년들을 위한 운동에도 앞장서 3대 진액을 쏟으면서 열정을 다한 경험을 토대로 청소년들의 아픈 마음을 치유하고 있습니다.

자신의 경험을 토대로 행함을 가르치신 예수 그리스도의 정신을 이어받아 그때나 지금이나 최선을 다하는 모습을 보며 사랑과 관심을 갖고 응원하고 있습니다.

'나는 심었고 아볼로는 물을 주었으나 자라나게 하신 이는 오직 예수 그리스도이다'라고 말한 바울처럼 하나님께 모든 영광과 존귀와 감사를 세세 무궁토록 올려드립니다.

2장
아메리칸 드림에 고통당하는 자녀들

#이놈의 계집아이가 큰 문제이다

　내 집에 함께 사는 갈 목사님 사모님은 영어도 잘하고 미국 생활에 대처하는 순발력도 대단했습니다. 아이들까지 잘 이해하며 미국 생활에 척척박사 같았습니다. 잘나가는 사람도 누구를 만나느냐에 따라 삶이 180도 달라지기도 합니다.

　세 식구 살아가는 데도 힘이 들어 사모가 개인택시를 해서 밥 먹다가도 호출이 오면 숟갈 놓고 재빨리 나가는 소방관의 생활과 흡사함을 한집에서 보고 느끼고 있었습니다. 그 옛날 밸리에서 살 때는 벤츠를 타고 호화주택에서 공주와 천사처럼 살고 주의 종들에게도 천사 대접하듯 하여 나도 여러 번 은혜를 입었습니다. 미국에 오래 있다 하여 나 성공만 하고 지상천국을 이루는 것은 아닌 것입니다.

　하루는 아침에 호출이 와서 나갔다 들어오면서 골칫거리 이야기를 했습니다. "이놈의 계집아이가 큰 문제야."

　엄마가 학교에 데려다주고 일터로 가면 이 여자아이가 수업에 들어가지 않고 자기를 부른다는 것입니다. "택시 아줌마, 나 백화점에 데려다주세요" 한다는 거였습니다.

그리고 엄마가 데리러 오기 2시간 전에 학교 문 앞에서 엄마가 오기를 기다려, 엄마는 학교에서 공부 잘하고 있는 줄로 믿을 수밖에 없도록 하는 머리 회전이 빠른 지능적인 애였습니다.

또 백화점에서 물건을 훔치다 경찰에 잡혔는데 엄마를 부르지 않고 자기를 불러 한두 번은 문제를 해결해 주었다고 합니다. 하지만 그 아이의 부모는 자신의 아이가 죄를 저지르고 있는 줄도 모르고 기대와 소망만 잔뜩 키워가고 있는 상태였습니다.

아이는 이런저런 사고뭉치가 되어 있었으며, 겉모양은 프랑스 유행 스타일에 명품으로 치장되어 있지만 알맹이는 노숙자와 다름없었습니다. 빛 좋은 개살구라는 소리가 어울릴 정도였습니다.

다 그런 것은 아니지만 빨리 자리 잡고 사각지대를 벗어나 20대에도 사장이 되고 세계로 뻗어가는 승리자들도 많습니다.

각 방면에서 한국의 위상과 기백을 드러내며 자랑스러운 한국의 이미지를 높이는 자들이 있기에 한국이 세계 속에 우뚝 선 나라로 세계인의 이목을 집중시키고 있는 것입니다.

이런 세계적인 인물들이 나오기를 바라는 마음으로 우리 집 거실에서 몇몇이 모여 기도회를 계속하고 있었습니다. 모이는 분들은 목사님, 권사님, 집사님, 사모님, 전도사님 등 직분자들이었습니다.

LA에 모여드는 젊은이들이 은혜 받고 변하여 새사람이 되고 세계적인 인물들로 변하여 나라를 살리는 일꾼이 되기를 바라며 중보기도를 하였습니다. 하지만 모임의 취지에 따른 입술의 기도는 가능했지만 막상 문제는 기도하는 자들의 신앙이었습니다.

말씀으로 정리된 정상적인 것보다 비정상적인 자세들을 발견한 나는 국 따로, 밥 따로 식의 그룹 형성을 중단하고 겸허히 회개하며 말문을 닫고 있었습니다. 이 모두는 말씀과 기도가 전부가 아닌 모양만 비슷하고 내용은 야릇한 것이었습니다.

기도하는 사람일수록 자기를 비워 희생과 헌신의 회개와 절제 속에 성경에서 말하는 길로 가야 합니다. 그런데 피스메이커가 아닌 트러블메이커가 될 수 있는 위험신호의 내용이었습니다. 그것만이 아니었습니다. 여기저기에서 아이들 문제로 힘들어하지만 실제로 아이들보다 어른들의 문제가 더 심각한 것도 많이 목격했습니다.

문제의 아이들 배후에는 문제의 부모들이 있는 것입니다. 문제가 많은 환경에서는 아이들이 미처 성숙하기도 전에 가출하는 일도 많습니다. 그러다 실종 신고로 사회를 혼란하게 만듭니다. 어른이 젊은이들에 대한 지배력을 상실하고, 학교에서는 선생님들이 학생들에 대한 지배력을 상실한 지도 오래되었습니다.

#나성산기도원과 한 여자 중학생

어떤 40~50대 여성이 중학생 여자아이 하나를 데리고 나성산기도원에 올라왔습니다. 얼굴에는 흰무늬가 절반쯤 있었습니다. 머리카락은 빨간색이요, 얼굴에는 흰 버짐이 번져 있었습니다.

임명숙 원장님이 보시기에 그 아이의 스타일이 마음에 들지 않았는지 그 여학생이 자리에 앉자마자 즉석에서 지적하였습니다. 그 아이는 왠지 도발적으로 대들었습니다. "옷이나 머리의 색깔 선택은 나의 자유입니다. 원장님은 왜 색깔 있는 옷을 입으세요?"

되로 주고 말로 받으니 어른들의 권위는 옛날 호랑이 담배 피우던 시절의 이야기가 되었습니다.

문제가 있어도 부모나 어른이나 대통령이나 선생이나 그것을 고칠 능력은 상실한 시대, 권위가 낙동강이나 한강에 깊이 잠수해 버린 시대인 것 같습니다. 이런 시대에 미국의 청소년 선교와 부흥 운동은 만만한 일이 아닙니다. 엄두도 내지 못할 일입니다.

하지만 그대로 방치만 하고 있을 때가 아닙니다. 해보지도 않고 계산만

하고 외면한다면 이는 직무유기이며 하나님께 잘못하는 것입니다. 거대한 용의 머리통을 입으로 물어뜯었던 힘은 나의 힘이 아닌 위로부터 하나님께서 부어 주신 능력이었습니다.

사탄의 머리를 물어뜯었으니 이제부터 목숨을 걸고 청소년 운동에 심혈을 기울이기 위해 연약한 무릎을 꿇고 중보기도부터 시작하였습니다. 그런데 앞서 말했듯 기도하는 사람들의 모양새가 겉으로는 은혜로운 것 같으나 실제로는 은혜스럽지 못한 두 그룹의 현상이 나타났습니다. 어린 청소년들에 대해 영향력 없는 어른들의 모습에 실망하면서 그 귀중한 중보기도 시간을 중단하는 선포를 하였습니다.

두세 사람이 모여도 하나님이 함께하시는 그 귀중한 기도 시간을 중단한 것은 나의 생전에도 처음 있는 일이었습니다. 하지만 청소년 선교까지 중단할 수는 없어서 그것은 계속하였습니다. 옛날에는 범죄의 발상지가 대뉴욕이었습니다. 하지만 현재 미국의 범죄 도시는 '천사의 도시'라고 불리는 로스앤젤레스입니다.

#영어 공부가 힘들어 화장실에 숨은 여학생

공적인 일들이 끝나고 사적 관계도 한가하지는 않게 적당히 바쁜 것도 감사하기만 합니다. 누군가에게 아직은 신앙적인 도움이 필요하다고 하니, 나이 들어 골방에 숨어 한숨 쉬는 사람은 아니다 싶어 다행스럽게 생각합니다.

은퇴 후에도 가냘픈 기도 소리이지만 한 사람의 기도보다 두 사람의 기도가 더욱 힘이 되고, 두 사람보다 여러 사람의 기도가 더욱 힘이 됩니다. 그래서 주님께서 모여서 합심하여 기도하라 하심의 의미가 더욱 실감 납니다.

기도의 필요성을 느낄 뿐 아니라 아무리 바쁘고 어려워도 정해진 시간에는 멀리 있어도 멀다 하지 않고 기쁘고 즐거운 마음으로 달려와 주는 열성 때문에 더욱 힘이 나고 그들의 열정에 찬사를 보냅니다.

이렇게 위에서 함께하시고 옆으로는 협력하는 힘으로 선교 현장이 어느덧 확대되었습니다. 이제는 어린 청소년들을 먹이고 다독이는 것만이 다가 아니었습니다. 사람 한 명이 다 존귀하지만 청소년 한 명은 가정마다 국가의 대들보보다 더 기대가 큰 소망의 존재입니다.

그러나 이런 귀중한 보배들이 방치된 상태에서 갈 바를 알지 못하여 우왕좌왕하며 비틀거리는 모양새가 참으로 안타까웠습니다. 부모들은 아메리칸 드림을 가지고 미국에 와서 노동 현장으로 뛰어들어 별 보고 집을 나와 별 보고 집에 들어갑니다.

아이들 공부는 공교육에 맡겨 놓고 부모들은 아이들과 눈 마주칠 시간도, 대화할 시간도 놓치고 겨우 먹고 자기만도 바쁩니다. 발을 동동 구르며 그 옛날 시장의 동동구리무 장수와 같은 자들이 많습니다.

하루는 어덜트스쿨에서 영어 공부를 하는 시간에 젊은 여성이 아이가 다니는 학교에서 걸려온 전화 연락을 받고 급히 나갔습니다. 아이가 학교에서 없어졌다는 것입니다. 학교가 난리가 나고, 그 엄마는 가슴이 철렁하고 진땀이 솟구쳤습니다. 경찰을 부르고 학교가 떠들썩했으나 찾을 길이 없었습니다.

하지만 나중에 알고 보니 화장실에 숨어 있었습니다. 영어 공부가 너무 힘들어 수업에 들어가기 싫어서였습니다. 이렇게 크고 작은 사고를 치고 구석에서 비실대는 아이들은 금방 하나가 되어 갱단도 되고, 마약 단속의 대상도 됩니다.

부모의 눈을 속이며 거짓말로 효자 노릇을 하는 아이들이 모여 재미있고 쉬운 꾀에 빠져 버려 구제가 어려워지는 안타까운 이야기들이 줄줄이 엮인 사탕처럼 많았습니다.

이런 사고 몇 가지를 목격하면서 강 건너 불구경하듯 하면 하나님께 책망을 들을 것 같았습니다.

한인 1.5세 청소년 선교 사역의 비전

#청교도의 나라 미국에 설립한 흰돌선교회

한국 흰돌산기도원에서 줄기차게 뻗어나간 영적 줄기는 어느덧 미주까지 뻗어나와 이민의 삶을 시작하였습니다. 일찍부터 이민 와서 자리 잡은 여러 선배 사역자들은 이민 선교 사역을 안정적으로 잘 감당하고 계셨습니다.

하지만 조기 은퇴자의 새 삶은 모두가 서툴기만 했습니다. 면학 종신의 결심을 가지고 다시 허리띠를 졸라맸습니다. "할렐루야! 아멘!"은 그리스도인의 공통어이지만, 미국은 "할렐루야! 아멘!"만 하고 하늘만 쳐다보면 되는 곳이 아니었습니다.

신앙으로 시작된 이 땅에서 맨발과 맨주먹으로 시작한 나는 역시 문화의 장벽을 뛰어넘기 위한 훈련으로 영어 학교의 문턱부터 드나들기 시작했습니다. 새벽기도부터 시작하여 동생의 3남매들을 돌보면서 네 살짜리 조카 혜은이가 프리스쿨에서 받아오는 숙제를 내가 먼저 사전을 찾아가며 공부했습니다.

문장으로 문제를 주면 간단한 문장으로 답을 해야 했습니다. 조카는 나를 굉장히 영어 잘하는 이모로 생각하고 순종도 잘했습니다. 나 역시 미국 어린이 학교 기초부터 시작하니 한국식 공부와 사뭇 달라 초등학교에 다니듯 새로웠습니다.

초등학교 2학년 때까지 조카의 숙제를 내가 먼저 했습니다. 그리고 초등학교 2학년 한국 교과서도 구입하여 조카의 영어와 한글의 기초를 잡아 주는 역할까지 매일의 일과가 쉽지 않았습니다. 그러다 보니 어느덧 영적 갈증이 시작되었습니다.

기도 자리를 사모하게 되면서, 월요일부터 금요일까지는 조카 아이와 열심히 공부한 뒤 금요일 오후 3시쯤 아이와 함께 세리토스에서 출발하여 서북쪽을 따라 70마일 거리를 2시간 정도 달려가 나성산기도원에서 주말 설교 담당으로 단상을 지켰습니다. 그리고 월요일이면 새벽부터 LA로 돌아와 각각 다른 학교에서 열심히 공부했습니다.

모두가 새로운 시작인 운전면허부터 영주권과 시민권 취득을 위해 그 옛날 산기도 하던 정신으로 하면 된다는 확고한 신념과 정신으로 굳은 머리를 달래가며 마음의 자세를 낮추며 공부에 집중하였습니다.

해도 해도 실력은 늘지 않고, 나와 함께 대화하여 줄 사람이 없어 간단한 대화도 어색하고, 고무줄을 당기다 놓으면 오그라지듯이 실력에 자신감을 잃을 때도 많아 매 순간 광야의 쓴맛이었습니다. 영주권을 나성산기도원에서 신청했기 때문에 여러 달 힘들게 봉사했으나 신청한 영주권 발급을 거부당해 법적으로는 더는 나성산기도원에서 일할 수 없게 되었습니다.

그리하여 방향을 바꿔 포모나에 있는 오순절 재단 헤드쿼터의 문을 두드렸습니다. 그 결과 세계 150여 나라에 선교하고 있는 교단에 가입되고, 미국 오순절 교단의 감독님께서 시무하시는 Shield of church에서 적극적으로 협조해 주셔서 영주권을 신청했습니다.

#재미 한인 1.5세 청소년 집회 사역
매주 교회 안의 청소년만이 아닌 LA를 중심으로 사방 각처에 있는 청

소년을 위한 대집회를 계획하였습니다. 집회를 통하여 방황하고 있는 재미교포 한인 1.5세 청소년들에게 하나님의 말씀을 전하려는 계획과 영적 비전을 선포하였습니다.

OUR VISION
DECLARATION & GOAL

REBORN 2005 VISION 선언문
REBORN 1.5 Korean Young Generation Movement를 통하여 1.5세 청소년들의 영적 각성의 시간이 되게 하여 주소서.
1.5세 청소년 사역의 부흥과 연합의 출발점이 되게 하여 주소서.
1.5세 청소년 사역을 위한 교회의 아낌 없는 투자를 허락하여 주소서.
교회의 부흥을 이끌어 갈 차세대 리더들로 훈련시켜 주소서.
미래의 행복한 가정을 꿈꾸며 이끌어 갈 리더들로 훈련시켜 주소서.
이민 사회에서 주님의 거룩한 영향력을 발휘하는 리더들로 훈련시켜 주소서.
더이상 1세와 2세 사이에 낀 어정쩡한 세대가 아니라 양 세대를 이끌어 갈 수 있는 세대임을 깨닫게 하여 주소서.
아직도 주님을 영접하지 못한 이 땅의 수많은 1.5세 청소년들을 위해 통곡하며 중보하는 기도의 용사들이 되게 하여 주소서.

Goal of REBORN 2nd (2005)
- 1.5세 MOVEMENT의 시작
- 1.5세 청소년, 한어 대학부 사역자들과의 연합 구축
- 1.5세의 정체성 확립 – "젊은이여, 환상을 보라!"

"더 이상 사이에 낀 어정쩡한 세대가 아니라 두 세대를 이끌어 가야 할 세대"
● 1.5세의 비전 제시-Spread out to the Churches, your Family, and your Society
오병이어 중보기도, Fund 회원자 5,000명 모집

Goal of REBORN 3rd (2006) Theme 세대를 초월한 연합의 시작
3일간의 집회 계획 및 추진
DAY 1. 1.5세 청소년과 부모의 연합
DAY 2. 1.5세 청소년과 청년의 연합
DAY 3. 1.5세와 2세의 연합

FOUNDER, IN EAI SEO
주님의 이름으로 환영합니다.
지혜의 왕 솔로몬은 잠언서에서 '청년아 네가 하고 싶은 대로 해보아라 그러나 그로 말미암아 하나님께서 너를 심판하실 것을 기억하라'고 훈계함으로써 청년의 때를 헛되이 보내지 말라고 가르치고 있습니다. 청년의 때가 얼마나 귀하고 아름답습니까? 보석으로 말하면 진주와 같다고 할 수 있을 것입니다.
그러나 진주는 거저 만들어지는 것이 아닙니다. 상처받지 않은 조개는 진주를 생산할 수 없다고 합니다. 어떤 의미에서 이곳 미국에 살고 있는 한인 교포 1.5세 청소년들은 문화적으로, 인종적으로, 학문적으로 상처받은 조개와 같다고 생각합니다.
우리가 받고 있는 상처를 진주와 같은 귀하고도 복된 생애로 거듭나는 기회로 삼아야 합니다.
청년의 때를 어떻게 사느냐에 따라서 그의 미래가 결정됩니다. 하

나님을 경외하면 하나님께서 상처받은 심령을 싸매어 주시고 위로해 주시며, 오색 찬란한 빛을 발하는 영롱한 진주와 같은 값진 생애를 살게 하실 것입니다.

우리 한인 교포 1.5세 청소년들을 사랑하시는 하나님께서는 3년 전 이곳 미국 LA에 한인 1.5세 청소년들을 위하여 흰돌선교회를 설립케 하셨고, 1.5세 청소년들을 흰돌선교회로 보내셔서 하나님을 찬양하며 말씀을 듣게 하셨습니다.

3년 전 청소년들의 모습은 마치 에스겔 골짜기의 마른 뼈들과 같았습니다. 그러나 지금은 하나님의 말씀과 성령의 생기가 불어와서 뼈들이 연합하고, 힘줄이 생기고, 살이 오르며, 그 위에 가죽이 덮이니 'Jesusholic'이라고 하는 강력한 그리스도의 군사들로 다시 태어나게 되었습니다.

금번에는 하나님께서 우리 한인 교포 젊은이들에게 더 큰 비전을 주시기 위하여 전 미주 1.5 & 2세 젊은이들을 위하여 귀하게 사용하시는 JAMA Conference 대회의 창립자이시며 대표이신 김춘근 박사님을 보내셔서 "젊은이여, 환상을 보라!"라는 제목의 말씀을 듣게 하시니 감사합니다.

금번 기회에 김춘근 박사님을 통하여 들려주시는 계시의 말씀을 듣고 바울 사도와 같이 "와서 우리를 도와 달라"고 하는 마게도니아인의 환상을 보게 되기를 바랍니다. 그리하여 우리 한인 교포 1.5세 청소년들 가운데에서 전 미국과 세계 열방과 족속을 향하여 복음을 들고 나아가는 사명자들이 많이 나오기를 기원합니다.

흰돌선교회 회장 서인애 드림

SPEAKER, JOHN KIM

Greeting from…

"젊은이여, 환상을 보라!"

미국의 LA에 살고 있는 한인 교포 1.5세 청소년들이여! 여러분들은 이민 1세와 2세들을 연결해 주는 중보자 역할을 하는 매우 귀중한 next generation입니다.

하나님의 은혜로 10월 22일(토) 오후 6:30부터 L.A Normandie 거리에 있는 나성청운교회에서 'Reborn 2nd' 집회가 열립니다.

흰돌선교회 주최로 여는 이 집회는 LA에 있는 여러 기독교 단체들의 적극적인 후원으로 교단과 교회를 초월한 모임입니다. 한인 청소년 사역자들이 연합하여 주관하는 'Reborn 2nd' 한인 1.5세 청소년 집회를 통하여 에스겔 선지자와 같이 환상을 보게 되기를 바랍니다.

주후 1907년 우리 조국 평양과 LA 근교에 있는 Azusa 거리에서 일어났던 영적 대각성 운동이 100년을 맞이하는 이때에 LA 중심에 있는 Normandie 거리에서 다시금 재현되기를 기대합니다. 성경은 비전이 없는 백성은 망한다고 하였습니다.

금번 집회를 통하여 LA에 있는 새벽이슬 같은 청년들이 주께로 많이 나아와 주님의 대언의 말씀을 듣고 성령의 충만을 받아 미주 한인 교포 2세 기독 청년들과 연합하여 강한 영적 연합군이 조직되기를 소원합니다.

그로 말미암아 Normandie 상륙작전을 통하여 제2차 세계대전을 연합군의 승리로 이끈 아이젠하워 대통령과 맥아더 장군과 같은 신앙의 용장들이 많이 나와서 이곳 LA와 전 미국과 온 세계를 복음으로 정복하는 그리스도의 정병들이 되기를 기원합니다.

JAMA 대표 김춘근 박사 드림

흰돌선교회는 해마다 흰돌선교회 설립일을 기념하여 국내외의 유명한 청소년 지도자들을 물색하고 교섭하고 초청하여 1차씩 대대적인 청소년 집회를 개최하였습니다. 주간신문 복음신문을 비롯한 각계의 일간 신문과 방송국에 홍보 광고를 내고 첫 집회인 제1차 '리본' 집회를 개최하였습니다.

그 결과 국내외에서 사역하고 계시는 한인 커뮤니티의 대표적인 영적 지도자들과 정치 지도자들께서 집회를 축하하고 격려하는 메시지들을 보내 주셨습니다.

4장
국내외 영적 지도자들의 축하 메시지

❤ 'REBORN 2005' 집회에 보내 주신 축하 메시지

축하 메시지 1

미래의 한인 교포 교회와 미국 교회와 세계 교회의 주역이 될 한인 1.5세 청소년들에게 존귀하신 하나님의 은총이 함께하시기를 축원합니다.

이번 기회에 월드미션신학교 재학생인 박용수 전도사가 간사로 섬기는 휜돌선교회에서 JAMA 대회의 대표이신 김춘근 박사님을 강사로 초청하여 'REBORN 2ND' 한인 1.5세 청소년들을 위한 집회를 개최하게 된 것을 축하드립니다.

특별히 이번 집회를 통하여 LA 지역에서 한인 청소년 사역을 담당하고 있는 사역자들이 연합하여 하나님을 찬양하며 미국과 세계를 향한 선교적인 비전을 공유하게 됨을 기쁘게 생각합니다.

향후 20~30년 사이에 미국의 주류 사회와 세계의 리더들은 최소한 3개 국어를 구사할 수 있는 젊은이들이 될 것입니다. 그런 의미에서 우리 한인 교포 1.5세 청소년들에게는 큰 희망이 있습니다.

이미 여러분은 한국어와 영어 등 2개 국어를 구사하고 있는 까닭입니다. 주 안에서 조금만 더 열심히 노력한다면 얼마든지 3개 국어 이상의 언어에 능통할 수 있을 것입니다. 이번 집회를 통하여 큰 은혜를 받고 미래의 한국과 미국과 세계의 지도자로서의 꿈을 꾸고 환상을 볼 수 있기를 바랍니다.

세계는 지금 한인 교포 1.5세 기독 청소년들을 기다리고 있습니다. 다니엘과 사드락과 메삭과 아벳느고처럼 하나님만을 섬김으로 큰 은총을 받는 젊은 한인 1.5세 청소년들이 'REBORN 2ND' 선교집회를 통하여 많이 일어나기를 축복합니다.

월드미션(WMU)신학대학 총장 임동선 목사

축하 메시지 2

한인 1.5세 청소년 선교는 한국과 미국과 세계와 하나님 나라의 희망이며 미래입니다.

특별히 미국 한인 교포 사회에서 1세와 2세를 연결해 주는 교량과 징검다리인 1.5세 청소년들이야말로 한국인의 얼과 언어와 문화와 예절과 신앙을 2세들에게 전수하는 중요한 역할을 담당할 수 있습니다. 그러므로 한인 교포 사회와 교회공동체는 한인 1.5세 청소년 선교 사역에 관한 관심과 후원을 아끼지 말아야 할 것입니다.

세계성시화대회 총재 김준곤 목사

축하 메시지 3

부모님을 따라 미국에 와서 이민자의 삶을 사는 한인 1.5세 청소년들에게 주님의 위로와 축복이 함께하시기를 진심으로 기원합니다.

저는 청소년들과 접촉할 기회를 많이 가져 본 목사입니다. 지금도 남가주기독교교회협의회 회장으로서 한인 청소년들의 현실을 바라볼 때 한인 청소년들의 장래를 위하여 염려하지 않을 수 없고, 기도하지 않을 수 없습니다.

인종과 문화와 언어의 차이로 겪는 충격으로 인하여 적지 않은 우리 한인 1.5세 청소년들이 방황하고 있습니다. 그러나 이러한 청소년들의 안식처가 될 만한 문화적인 공간이 너무나도 부족합니다.

감사한 것은 우리 한인 청소년들을 사랑하시는 하나님께서 3년 전에 이곳 LA에 흰돌선교회를 세우시고 한인 1.5세 청소년들을 불러 모으시고 찬양과 말씀으로 양육하시며 저희의 상한 심령을 어루만지시며 치유하시고 계십니다.

그러나 아직도 수많은 우리 한인 1.5세 청소년들이 마치 나인성 과부의 아들처럼 영적으로 사망의 잠을 자고 있습니다. 이와 같은 암울한 영적 상태에 놓여 있는 한인 1.5세 청년들이 이번 'REBORN 2ND' 선교 집회를 통하여 "청년아, 일어나라"라고 하시는 주님의 음성을 듣고 사망의 잠에서 깨어 일어나기를 축원합니다.

남가주기독교교회협의회 회장 이정남 목사

축하 메시지 4

국내외적으로 청소년 문제는 날로 심각해져 가고 있습니다. 특히 우리가 거주하고 있는 이 미국 땅 LA의 경우는 그 어느 곳보다도 더욱 심각한 상황에 놓여 있습니다. 많은 청소년이 인생에 있어서 가장 소중한 시기를 낭비하는 모습을 바라보며 마음이 아픕니다.

우리 주님께서 인류를 구원하시기 위하여 십자가를 지시고 골고다를 향하여 가실 때 뒤따라오며 눈물을 흘리는 여인들을 향하여 '나를 위해 울지 말고 너희와 너희 자녀들을 위하여 울라'고 하신 말씀의 의미를 되새겨 보게 됩니다.

이 땅에서 방황하는 한인 1.5세 교포 청소년들의 선교를 목표로 3년 전에 LA에 세워진 흰돌선교회를 통하여 매주 목요일 오후에 한인 1.5세 청소년들이 모여서 하나님을 찬양하며 말씀을 듣고 영적으로 새롭게 변화되고 있다는 소식을 듣게 되어 매우 기쁩니다.

더욱이 전 미국에 사는 한인 1.5세 및 2세들에게 영적인 비전을 제시하고 미국을 복음으로 새롭게 하는 영적 대각성 운동을 전개하고 계시는 JAMA Conference 대표 김춘근 박사님을 초청하여 "젊은이여, 환상을 보라!"라고 하는 주제로 'REBORN 2ND' 한인 1.5세 청소년 선교 집회를 열게 된 것을 축하합니다.

LA 성시화운동 대표 대회장 박희민 목사

축하 메시지 5

"오직 성령이 너희에게 임하시면 너희가 권능을 받고 예루살렘과 온 유대와 사마리아와 땅끝까지 이르러 내 증인이 되리라"라고 말씀하셨습니다. 우리는 주님의 지상명령을 받들어 저 멀리 땅끝까지 나가서 외지선교를 해야 합니다. 그러나 동시에 우리의 가장 가까이에 있는 이웃인 한인 교포 청소년들에게도 복음을 전해야 합니다.

그동안 우리 교포 교회가 한인 청소년들을 위한 선교를 한인 2세 청소년들에 초점을 맞추다 보니, 2세 청소년들에 관한 관심과 투자에 비해 한인 1.5세 청소년들에 대하여는 소홀히 했던 경향이 없지 않았습니다.

그러는 사이 우리 한인 1.5세 청소년들은 선교의 사각지대에 놓이게 되었고 세속 문화에 이끌려 방황하기 시작했습니다. 이제 우리 한인 교포 교회는 더 늦기 전에 한인 1.5세 청소년 선교 사역에 대한 전략을 세우고 관심과 투자를 아끼지 말아야 할 것입니다.

이를 위하여 우리 복음방송국에서도 조속한 시일에 24시간 방송을 하여 청소년 선교 사역에 힘을 쓰려고 기도하며 차근히 준비하는 중입니다. 이를 위하여 기도해 주시기를 바랍니다.

금번에 우리 미주 복음방송국에서 청소년 찬양 사역 프로그램을 담당하고 있는 사명 배달부 박용수 전도사가 한인 1.5세 청소년들을 위한 'REBORN 2ND' 선교 집회를 개최하게 된 것을 축하하며 이번 집회를 통하여 LA와 전 미주 지역에 거주하는 한인 교포 1.5세 청소년 선교 사역에 관한 관심과 후원이 불일 듯 일어나기를 기원합니다.

미주복음방송 사장 임종희 목사

축하 메시지 6

우리 조국 대한의 자랑스러운 아들딸들인 1.5세 청소년들이 이 미국 땅에서 이민자의 삶을 살면서 언어적, 학문적, 인종적, 환경적인 여러 가지 문화적 갈등과 충격으로 말미암아 심령에 상처를 받으며 살아가고 있는 현실을 생각할 때 긍휼히 여기는 마음을 갖게 됩니다.

우리 한인 1.5세 청소년들을 사랑하시는 하나님께서 이들을 위로해 주시고 상처를 치료하시고 새 힘을 주시려고 서인애 회장님을 동하여 이 땅에 흰돌선교회를 설립하게 하셨고, 지난 3년 동안 이름 없이 빛도 없이 묵묵히 청소년 선교 사역을 위하여 헌신케 하신 줄 믿습니다. 이러한 서인애 회장님과 흰돌선교회의 헌신을 알고 계시는 하나님께서는 흰돌선교회 창립 3주년을 맞이하여 미국의 한인 이민자들 가운데 가장 큰 존경을 받고 계신 JAMA Conference 창립자 겸 대표이신 김춘근 박사님을 강사로 보내셔서 여러분의 선교 사역에 힘을 더해 주시고 격려와 위로를 해주시는 줄로 믿습니다.

이번 'REBORN 2ND' 한인 1.5세 청소년 선교 집회를 통하여 한인 교계에서 1.5세 한인 청소년 선교 사역에 대한 필요성과 중요성을 절감하게 되기를 바라며, 그럼으로 말미암아 휜돌선교회의 청소년 선교 사역의 범위가 더욱 넓어지고 깊은 뿌리를 내려서 풍성한 결실을 거두게 되시기를 축복합니다.

미주 총신대학교 총장 조해수 목사

축하 메시지 7

청소년들은 언제나 부모와 사회의 희망이요, 자랑이면서도 동시에 가장 신경 쓰이는 문제의 세대이기도 합니다. 그 이유는 그 나이가 성장이 가장 활발한 시기이기 때문이고, 자기 정체성을 찾기 위한 몸부림의 성장 단계이기 때문이기도 합니다.

청소년 때에 신앙으로, 인격으로 자리 잡으면 일생을 자리 잡은 것이고 만약에 청소년 시기를 헛되이 보내면 그 인생도 헛된 것이 될 가능성이 큰 것입니다. 교회들이 청소년들을 위해 힘을 모아야 할 이유가 여기에 있고, 이번에 휜돌선교회에서 청소년 선교 집회를 하는 목적도 여기에 있을 것입니다.

그런 의미에서 이번 청소년 집회 소식이 진심으로 기쁘고, 또 김춘근 박사께서 성령이 충만한 메시지를 전하실 것을 생각하니 그 또한 반갑기 짝이 없는 심정입니다. 성령이 충만하게 역사하시는 집회 되기를 기도하며, 수고하시는 모든 분들에게 찬사를 보냅니다. 할렐루야!

베델한인교회 손인식 목사

축하 메시지 8

휜돌선교회의 창립 3주년과 이를 기념하는 특별집회 개최를 진심으로 축하합니다.

휜돌선교회가 한인 1.5세들을 위하여 사역한다니 더욱더 감사한 마음입니다. 1.5세라고 하면 새로운 환경, 새로운 언어권에서 적응하느라 어려움을 겪는 세대라고 할 수 있습니다.

하지만 성경의 위대한 인물들이 두 가지 문화나 언어를 경험한 이민자들이라는 사실을 기억한다면 1.5세라는 것은 오히려 희망과 축복을 의미한다고 볼 수 있습니다. 아브라함, 이삭, 모세, 요셉, 다니엘, 사도 바울 등 많은 신앙의 거장들이 이민자요 다양한 언어와 문화를 경험하거나 그 속에서 살아가는 이들이었습니다.

휜돌선교회의 사역을 통하여, 특별히 하나님께서 귀하게 사용하고 계시는 김춘근 장로님과 특별집회를 통하여 이와 같은 훌륭한 인물들이 많이 배출되기를 간절히 기도드립니다.

나성영락교회 림형천 목사

축하 메시지 9

휜돌선교회가 주최하는 청소년 선교 집회가 청운교회에서 열린다는 소식을 접하고 기쁜 마음으로 이 글을 씁니다. 이 시대의 청소년은 미래의 희망이면서도 큰 골칫덩어리라고 인식되는 듯합니다. 이런 시기일수록 하나님이 청소년 여러분을 향해 어떤 마음과 생각을 갖고 계시는지 알아야 할 것입니다.

"청년이여, 환상을 보라!"라는 주제에서도 읽을 수 있듯이, 하나님은 여러분과 여러분의 미래에 대해 지극한 관심을 가지고 계십니다. 아니, 여러분이 반드시 봐야 할 환상(vision)이 되는 분입니다.

이 환상을 보지 못하면 여러분이 걸어가야 할 길이 보이지 않아 헤매게 될 것입니다.

이번 청소년 선교 집회를 통해 많은 청소년이 이 환상을 보고, 예수님을 구주와 주님으로 모시며 그 앞에서 합당한 삶을 결단하는 놀라운 일들이 일어나길 간절히 바랍니다. 청소년 시기에 본 환상으로 말미암아 예수를 구주로 믿고 영적 지도자가 되어 교회와 그 나라를 섬기게 될 그리스도의 정병들이 일어날 것을 확신합니다.

남가주 사랑의교회 김승욱 목사

축하 메시지 10

이 땅의 구원받은 성도들이 하나님께 드려야 할 진정한 예배는 감사 찬미입니다.

찬양은 하나님께 대한 우리 신앙의 표현이기도 합니다. 젊은 기독인들이 준비한 이번 찬양제에 우리 주 하나님의 각별하신 은총이 함께하시길 기도합니다.

하나님께는 큰 영광을 돌리며, 참석한 모든 이들은 은혜와 감격을 누리는 축복된 시간이 되길 기원합니다. "그러므로 우리는 예수로 말미암아 항상 찬송의 제사를 하나님께 드리자 이는 그 이름을 증언하는 입술의 열매니라"(히 13:15).

미주기독교방송 대표 남철우 목사

축하 메시지 11

하나님께서 인간을 창조하신 목적이 하나님을 찬송하게 하심이라고 성경은 증언하고 있습니다(사 43:21). 하나님께서는 '내 찬송을 우상에게 주지 않겠다'고도 말씀하셨습니다(사 42:8). 이곳 LA의 놀만디 거리에 있는 청운교회에서 한인 교포 1.5세 청소년 선교 사역 단체인 흰돌선교회 주관으로 매주 목요일 오후 7시부터 'Jesusholic' 한인 청소년들이 모여 하나님을 찬양하는 모임을 갖고 있다고 하는 기쁜 소식을 들었습니다.

더욱이 이 'Jesusholic'(예수님께 중독된) 한인 1.5세 청소년 찬양 모임이 하나님의 은혜 가운데 해마다 발전을 거듭하여, 이번에는 미주 한인 청소년들에게 영적 대각성 운동을 전개하시며 희망의 메시지를 전하고 계시는 JAMA Conference의 창립자 겸 대표자이신 김춘근 장로님을 강사로 모시고 청소년 찬양 집회를 개최하게 된 것을 기쁘게 생각하며 축하를 드립니다.

여호사밧 왕이 노래하는 자를 택하여 거룩한 예복을 입히고 군대 앞에 세우고 하나님을 찬양할 때 하나님께서 천군 천사를 동원하여 대적을 물리치셨습니다(대하 20:21-23). 사도 바울과 실라가 빌립보 감옥에서 하나님을 찬미할 때 옥문이 터지고 간수가 회개하고 구원받은 것(행 16:25-34)과 같은 놀라운 성령의 역사가 일어나서 이 땅의 어둠의 세력은 물러가고 구원받은 한인 1.5세 청소년들이 많이 일어나기를 기원합니다.

남가주 장로성가단 단장 최대영 장로

축하 메시지 12

엘리 제사장의 가문이 그 자녀들의 범죄로 인하여 점점 기울어져 갈 때 하나님께서는 어린 사무엘을 성전에서 키워 제사장과 선지자로 세워 주셨습니다. 사울 왕의 시기와 질투로 인하여 생명의 위협을 받으며 피해 다니는 다윗을 하나님께서는 방패와 피난처가 되어 보호해 주셨고 마침내 이스라엘의 성군으로 세워 주셨습니다.

이렇듯 이 미국과 우리 한인 교포 사회가 어둠 속에 처하여 사방이 잠을 자는 현실을 안타깝게 여기신 하나님께서 3년 전 이곳 LA 땅에 휜돌선교회를 세우시고 한인 1.5세 청소년들을 불러 모으사 십자가 군병들로 세워가고 계심을 봅니다.

3년 전에는 영적으로 오합지졸 같았던 청소년들이 3년이 지난 지금은 믿음직한 그리스도의 정병들로 성장하고 성숙한 모습을 보면 마음이 뿌듯합니다. 'Jesusholic!' 예수님께 중독된 청소년들의 헌신하는 모습을 보며 우리 조국과 미국과 주님의 나라의 미래와 희망을 봅니다.

휜돌선교회 창립 3주년을 기념하여 개최하는 'Reborn 2nd' 한인 1.5세 청소년 부흥을 위한 말씀과 찬양의 집회를 통하여 많은 한인 청소년들이 미국 주류사회와 세계의 차세대 지도자들, 미래의 주역으로 세워지기를 축원합니다.

거룩한 성경의 제비뽑기 실천운동 총재
교회와 국가의 선거제도 개혁운동 총재
박광재 목사

축하 메시지 13

청소년은 다음 세대의 주역이며 우리의 미래입니다. 그들이 올바르게 성장할 때 그만큼 우리의 장래는 밝습니다. 오늘날 우리는 우리의 청소년들이 주축이 되어 세계무대로 한류 열풍을 확산시키고 있는 것을 보면서 믿음직하고 자랑스럽게 생각합니다.

그러나 한편으로 다른 언어와 문화 속에서 성장하고 있는 청소년들 중에 문화적 충격과 갈등을 극복하지 못하고 방황하거나 잘못

된 길을 가고 있는 안타까운 모습을 보기도 합니다. 그들이 돌이킬 수 없는 길로 들어서기 전에 예방하고 그들의 상처를 치유하여 새로운 꿈을 가질 수 있도록 안식처를 제공하고 이끌어 주는 그것은 우리 모두의 사명이라고 생각합니다.

이번 "젊은이여, 환상을 보라!"라는 주제로 개최되는 'Reborn 2nd' 행사는 우리 청소년들에게 미래의 꿈과 비전을 제시하는 좋은 기회가 될 것으로 기대합니다. 행사를 준비해 오신 서인애 목사님을 비롯한 관계자 여러분의 노고를 치하하며, 이번 행사가 많은 호응을 얻고 큰 성과를 거두길 기원합니다.

주 로스앤젤레스 총영사 이윤복

축하 메시지 14

LA에서의 이민 교회 사역을 마치고 한국에서 교회를 섬기면서 이민 사회와 이민 교회에 대해 더욱 많은 것들을 생각하게 됩니다. 그 가운데서도 특별히 코리안 디아스포라의 후예들로서 4천여 이민 교회와 700만 디아스포라 공동체를 이끌어 가야 할 1.5세 청소년들의 소명에 대한 뜨거운 마음이 생겼습니다.

휜돌선교회를 통하여 순수한 열정과 헌신된 마음을 하나님께 올려드림으로 세상을 변화시킬 주의 군사로 빚어지는 귀한 은혜가 있기를 축원합니다.

서울 사랑의교회 오정현 목사

축하 메시지 15

'청소년들이여, 시선을 예수께 고정하라.'

하나님이 이 세상을 창조하셨습니다. 모든 피조물들에게는 시간이라는 기회가 주어졌습니다. 그런데 시간은 한 번 지나가 버리면 다시 주어지지 않습니다. 즉, 오늘은 지나면 다시 올 수 없습니다. 그것처럼 당신에게 주어진 청소년 시절은 지나면 되돌이킬 수 없는 단 한 번의 기회인 것입니다.

이 기회를 잘 이용하면 미래를 보장받는 것입니다. 당신의 미래가 행복이냐, 불행이냐는 당신이 무엇을 보고 있느냐가 결정지어 주는 것입니다. 나는 청소년 여러분께 외치고 싶습니다. 오직 예수만을 바라보라고, 그 생명 되시는 예수만이 당신의 미래를 행복으로 이끌 수 있는 분이시라고 말입니다.

당신의 시선을 예수에게서 다른 곳으로 돌리지 말고 고정하라고 말입니다. 나는 젊음의 기회를 지나친 사람입니다. 미래를 사는 사람입니다. 즉, 모든 것을 경험한 사람으로서 기회가 언제이고, 미래가 어떤 것인지를 아는 사람으로서 나의 경험을 말하는 것입니다.

청소년 여러분, 지금 당신께 주어진 청소년의 시절이 당신의 미래를 결정짓는 매우 귀중한 시간이라는 것을 아시고 당신의 시선을 예수에게 향하시고 그 시선을 고정해서 행복한 미래를 꿈으로 간직하시고 성경 말씀을 계속 읽으십시오. 그러면 이 행위가 예수께 시선을 고정하는 것입니다.

그것이 당신의 미래를 보장하는 것입니다. 하나님께서 인생들에게 주신 생명의 말씀을 꼭 가슴속 깊이 간직하는 청소년의 시절이 되어야 합니다. 그래서 당신의 미래가 그리스도 예수 안에서 참된 인생의 삶이 되시고 행복한 삶이 계속되는 복이 임함으로 영혼 구원의 복과 이 땅에서 모든 일이 막힘이 없는 형통한 복이 임하여 기쁨과 평안함이 넘치는 생애가 되시기를 간절히 바랍니다.

남가주 한인목사회 회장 윤석평 목사

'REBORN 2006' 집회에 보내 주신 축하 메시지

축하 메시지 1

PRAISE GOD! 2005년에 이어 2006년에도 'REBORN' 집회가 개최되어 진심으로 기쁘게 생각합니다. 'REBORN' 집회를 통하여 LA 온 세대가 각성하고 회개하며 부흥됨으로 큰 연합이 이루어지며, 더 나아가 모든 세대를 변화시키는 큰 세력이 되기를 소망합니다.

JAMA president Dr. John Kim

축하 메시지 2

인생의 역전을 꿈꾸는 자들이 돼라. 공부해서 남 주는 인생이 되자. 돈 벌어 남 주는 인생이 되자. 절대로, 절대로 포기하지 말라. 하나님을 감동시키는 사람이 돼라. 조국 대한민국을 사랑하라. 명품 인생이 돼라.

유스미션(YOUTHMISSION) 대표 원베네딕트 선교사

축하 메시지 3

이번 'REBORN 2006' 집회는 거듭나지 못한 청소년들에게는 거듭나는 기회가 될 것입니다. 꿈이 필요한 청소년들에게는 하나님의 꿈을 심어 주는 집회가 될 것입니다. 사명을 발견하지 못한 청소

년들에게는 사명을 발견하는 집회가 될 것입니다. 열정이 식어버린 청소년들에게는 그 가슴에 불을 붙여 주는 집회가 될 것입니다. 노래를 잃어버린 청소년들에게는 그 입술에 찬양을 담아 주는 집회가 될 것입니다. 하나님의 크신 능력이 'REBORN 2006' 한인 1.5세 청소년 집회에 넘치시길 빕니다.

동양선교교회 강준민 목사

축하 메시지 4

할렐루야! 'REBORN 2006' 한인 1.5세 청소년 집회에 참여하신 청소년 여러분들을 주님의 이름으로 환영하고 축복합니다. LA에서의 15년이 넘는 이민 교회 사역을 마치고 한국에서 교회를 섬기면서 이민 사회와 이민 교회에 대해 더욱 많은 것들을 생각하게 됩니다.

그 가운데에서도 특별히 코리안 디아스포라의 후예들로서 4천여 이민 교회와 700만 디아스포라 공동체를 이끌어 가야 할 1.5세, 2세 한인 청소년들의 소명에 대한 뜨거운 마음이 생겼습니다. 저는 여러분 속에 심어진 우주적 교회의 불씨를 바라봅니다.

이번 'REBORN 2006' 집회를 통하여 선포되는 강력한 복음의 능력과 찬양 가운데 만나주시는 주님의 은혜를 풍성하게 경험하기 바랍니다. 그리하여 상처 입은 마음들이 온전히 치유되고 회복되기를 기도합니다. 나아가 순수한 열정과 헌신된 마음을 하나님께 올려드림으로 세상을 변화시킬 주의 군사로 빚어지는 귀한 은혜가 있기를 축원합니다.

서울 사랑의교회 오정현 목사

축하 메시지 5

이역만리 미국의 LA에서 한인 1.5세 청소년 복음화를 위하여 선교 사역을 펼치고 계시는 흰돌선교회 서인애 회장님과 청소년 부흥과 사명 회복을 위한 찬양 사역을 펼치고 있는 Jesusholic Praise Leader 박용수 전도사와 1.5세 한인 기독청소년 사역자들과 흰돌선교회 후원자들과 중보기도자들에게 하나님의 은총이 함께하시기를 기도드립니다.

흰돌선교회 창립 3주년을 맞이하여 돌아오는 10월 22일 오후 6시 30분에 나성청운교회에서 흰돌선교회 주최로 Jesusholic 밴드와 한인 기독청소년 사역자들이 연합하여 한인 1.5세 청소년 부흥을 위한 말씀과 찬양의 잔치인 'Reborn 2nd' 집회를 거행한다는 기쁜 소식을 전해듣고 흰돌선교회 후원회 이사장으로서 기쁜 마음을 금할 길이 없습니다.

더욱이 바쁘신 중에도 LA에 거주하고 있는 한인 1.5세 청소년들에게 꿈과 비전을 갖게 하시려고 "젊은이여, 환상을 보라!"라고 하는 메시지를 전해주시기 위하여 강사로 참여해 주시는 김춘근 박사님께 감사를 드립니다.

그리고 우리 한인 1.5세 청소년들의 복음화와 사명 회복과 부흥을 위한 'Reborn 2nd' 집회에 축하 메시지를 보내 주신 LA 기독교계 영석 시노사들과 특별히 이윤복 보스앤젤레스 총영사께 감사를 드립니다.

우리 고국에서 염려하는 바는 적지 않은 유학생들과 1.5세 한인 청소년들이 미국에서 이민자의 삶을 살면서 언어적, 학문적, 인종적, 문화적인 충격과 그로 인한 갈등 속에서 고통당하며 힘겨워하고 방황하고 있는 현실입니다.

그러나 그와 같은 상황을 잘 알고 계시는 긍휼이 많으신 하나님께서 한인 1.5세 청소년들을 위로하시고 치유하시기 위하여 서인애 회장님을 보내셔서 그곳에 흰돌선교회를 세우게 하셨습니다.

금번에 열리는 한인 1.5세 청소년들의 복음화와 부흥을 위한 'Reborn 2nd' 집회를 통하여 우리 한인 1.5세 젊은이들이 선교적 사명을 회복하고 세계복음화의 환상을 보게 되기를 바랍니다.

또한 우리 한인 1.5세 청소년들이 한민족으로서의 정체성은 물론 미국에 영주하고 있는 미국 이민자로서의 정체성과 천국 백성 된 하늘나라 시민권자로서의 정체성과 사명을 회복하기를 기원합니다.

흰돌선교회 후원회 이사장 이종욱 변호사

축하 메시지 6

여호와를 앙망하는 자는 날마다 독수리처럼 새 힘을 얻는다고 성경은 말씀하고 있습니다. 새들 중에 왕인 독수리는 하늘 높이 비상합니다. 더 멀리 보기 위하여서는 더 높이 날아야 합니다. 우리 대한의 아들들인 1.5세 청소년들은 이 미국의 이민자들 가운데서도 더 높은 이상을 품고 더 높이 비상해야 합니다.

남보다 더 높아지려고 하면 남보다 더 힘을 써야 합니다. 남과 같이 해서는 남보다 더 높아질 수도 없고, 남보다 더 좋아질 수도 없습니다. 특히 책을 읽지 않는 사람은 미개인이 될 수밖에 없습니다. 청소년 시기에 많은 책을 읽으십시오. 열심히 학문을 연구하십시오.

무엇보다 영원한 진리요, 베스트 셀러인 하나님의 말씀 성경을 애독하십시오. 성경은 하나님을 경외하는 것이 지혜와 지식의 근본임을 가르치고 있으며, 개인의 생사화복과 사회와 국가와 세계의 흥망성쇠가 전능하신 하나님의 손 아래 있음을 증언하고 있습니다.

그러므로 1.5세 청소년들이여! 젊었을 때 그 하나님을 경외하십시오. 그리고 하나님의 독생자인 예수 그리스도를 구주로 믿으십시오. 그리하면 여러분과 여러분 가정에 구원이 임할 것입니다. 1.5세 청소년들의 선교 집회인 'REBORN 2ND' 개최를 축복합니다.

남가주 한인 기독실업인회 회장 모종태 장로

축하 메시지 7

먼저 흰돌선교회 창립 3주년을 축하드립니다.

그동안도 문화적 갈등으로 방황하는 1.5세 청소년들을 영의 양식으로 양육하느라 수고하신 서인애 회장님의 노고를 치하하는 바입니다.

우리의 2세들은 한국과 미국의 문화적 차이와 이민 1세와 2세 간의 문화적인 차이 등으로 저들 또한 수많은 갈등 속에 힘들게 살아가고 있는 청소년들입니다.

우리 1세들은 저들을 향해 걱정과 염려 속에 많은 투자도 하지만 정작 저들의 문화를 이해해 주고 격려해 주며 주님의 사랑으로 인도하는 일선 선교 사역자들의 헌신은 결국 우리의 후대에 하나님이 기뻐하시는 큰 열매로 맺히리라 믿습니다.

금번 제3주년 기념행사와 앞으로의 선교 사역 위에 큰 은총이 임하시기를 기원합니다.

남가주 장로협의회 회장 강동희 장로

축하 메시지 8

젊은이들의 건전한 문화공간은 반드시 필요합니다. 특별히 기독교 젊은이들의 문화공간은 두말할 필요가 없습니다.

휜돌선교회는 그동안 요란하지 않게 꾸준히 내적·질적으로 훈련받고 성장해 왔습니다. 이번 'Reborn 2nd' 집회를 통하여 잠자는 젊은이들을 깨울 수 있기를 바랍니다.

의식 없는 젊은이들을 변화시킬 수 있기를 바랍니다. 꿈을 꾸는 젊은이, 일어나 빛을 발하는 젊은이들로 거듭나게 하는 선교회로 계속 발전하기를 기원합니다.

KCB-TV(크리스찬 중앙방송) 사장 장태준 목사

축하 메시지 9

하나님으로부터 선택받고 살아가는 우리의 이민 생활 속에서 하루도 빠짐없이 기도해야 할 제목은 우리 2세들의 장래에 관한 것입니다. 앞으로 우리 1세들이 이루어 놓은 모든 현실을 이질 문화권에서 생활하는 그들이 잘 받아들여 승계하고 발전시켜야 함에도, 현 LA 교계에서 대학을 졸업한 젊은 2세들이 교회를 떠나는 경향이 많다는 것은 참으로 기도제목이 아닐 수 없다고 생각됩니다.

이런 현실을 1세들이 새로운 신앙의 방향 설정과 기도로 대처하지 않으면 안 된다고 생각하는 바, 이런 시기에 한인 이민 역사 100여 년을 통하여 한인 이민자들 가운데 가장 존경을 받고 계시는 분 중에 한 분이신 JAMA Conference의 창립자 겸 대표이신 김춘근 박사님을 강사로 모시고 'REBON 2ND' 한인 1.5세 청소년 집회를 개최하게 된 것을 축하합니다.

이번 행사로 말미암아 많은 젊은이들이 하나님의 참 사랑과 은혜를 깨닫는 역사적인 계기가 되기를 바라면서, 우리 차세대 젊은 청소년들의 영적인 성장과 아울러 자아 정체성 회복과 그들의 삶에 새로운 꿈과 환상과 비전을 제시하기 위하여 집회를 마련해 주신 흰돌선교회 서인애 회장 이하 모든 이사들과 'Jesusholic' 청소년들에게 주님의 은총이 함께하시기를 간절히 소망합니다.

남가주 기독교교회협의회 이사장 박철규 장로

축하 메시지 10

흰돌선교회 창립 3주년을 주님의 이름으로 축하합니다.
흰돌선교회 회장이신 서인애 목사님의 헌신과 보살핌 가운데 흰돌선교회가 성장하여 새벽이슬 같은 한인 1.5세 청소년들이 많이 모여서 'Jesusholic' 십자가 군병들이 조직된 것을 기쁘게 생각합니다.
우리 믿음의 방패 교회와 산하의 온 교회가 흰돌선교회의 부흥과 발전을 위하여 기도하고 있습니다. 흰돌선교회와 우리 믿음의 방패 교회는 주 안에서 한 형제와 자매가 되었습니다. 수년 전 우리 부부는 한국을 방문하여 서인애 목사님께서 이루어 놓으신 하나님의 큰 사역의 현장을 목격하고 돌아왔습니다.
하나님께서 서인애 목사님을 한국 복음화를 위하여 귀하게 사용하셨음을 우리 부부는 확실히 믿습니다. 하나님께서 서인애 목사님으로 하여금 한국의 복음 사역을 은혜 가운데 마무리하게 하시고 세계 선교의 비전을 품게 하셔서 이 미국 땅에서 또다시 새로운 선교 사역을 펼칠 수 있게 하셨습니다.
우리 부부는 서인애 목사님의 세계 선교 사역이 많은 결실을 맺을 수 있도록 최선을 다하여 협력할 것을 약속합니다. 금번 흰돌선교회 주최로 열리는 'Reborn 2nd' 한인 1.5세 청소년 부흥을 위한 말씀과 찬양의 집회에 놀라우신 성령의 역사가 임하시기를 주님의 이름으로 축원합니다.

Suffragan Bishop Henry B. Alexander,
Dr. Marty Alexandar

❦ 'REBORN 2008' 집회에 보내 주신 축하 메시지

축하 메시지 1

한국대학생선교회를 위하여 헌신해 온 나의 사역과 경험으로 보아 한인 1.5세 청소년 선교는 한국과 미국과 세계와 하나님 나라의 희망이며 미래입니다. 특별히 미국 한인 교포 사회에서 1세와 2세를 연결해 주는 교량과 징검다리인 1.5세 청소년들이야말로 한국인의 얼과 언어와 문화와 예절과 신앙을 2세들에게 전수하는 주요한 역할을 담당할 수 있습니다.

그러므로 한인 교포 사회와 교회공동체는 1.5세 청소년 선교 사역에 관한 관심과 후원을 아끼지 말아야 할 것입니다. 이번 'REBORN 2008' 한인 1.5세 청소년 집회를 주님의 이름으로 축복합니다.

세계성시화대회 총재 김준곤 목사(한국대학생선교회 창설자)

축하 메시지 2

휜돌선교회의 사역은 꿈을 심어 주는 사역입니다. 젊은이들의 가슴속에 하나님의 꿈을 품게 하고 거룩한 삶을 추구하도록 도와주는 사역입니다. 또한 성령님의 능력을 통해 자신 안에 있는 잠재력을 극대화해 하나님의 영광을 위해 사용할 수 있도록 도와주는 사역입니다. 흰돌선교회의 사역에 힘찬 박수를 보냅니다.

동양선교교회 강준민 목사

축하 메시지 3

지난해 'REBORN 2007' 강사로 초청을 받아 함께 은혜를 나눈 것을 기쁘게 생각합니다. 이곳 LA에서 한인 1.5세 청소년들이 해마다 1,000여 명씩이나 모여 열정적으로 하나님을 찬양하며 기도하는 모습을 확인하면서 매우 큰 감동을 받았습니다.

이번 'REBORN 2008' 집회를 통해서도 LA 지역의 모든 교회들과 청소년 사역자들 그리고 청소년들이 연합하게 되기를 기원합니다. 그동안 한인 1.5세 청소년 선교와 'REBORN' 집회를 위하여 헌신해 오신 회장 서인애 목사님을 비롯한 이사님들과 흰돌선교회를 통한 한인 1.5세 청소년 선교 사역을 축복합니다.

주님의영광교회 신승훈 목사
(남가주 한인기독교교회협의회 회장)

축하 메시지 4

하나님과 성경 말씀이 통치하는 그리스도의 왕국 건설을 목적으로 청교도들이 세운 나라 미국이 오늘날 하나님을 찬양하기보다는 사탄을 찬양하고 온갖 귀신들을 숭배하는 핼러윈 문화가 뿌리를 내리고 확산되고 있습니다.

그뿐 아니라 하나님의 창조질서와 인류공동체, 가족공동체를 파괴하려는 동성결혼 운동이 만연하는 등 소돔과 고모라와 같이 타락해 가고 있습니다. 이러한 때에 한인 1.5세 청소년들이 연합하여

"로스앤젤레스를 구원하자"(RESCUE LA)라고 하는 희망의 타이틀을 걸고 개최하는 'REBORN 2008'의 성공을 기원합니다.

밸리세계비전교회 김재연 목사(남가주 한인목사회 회장)

축하 메시지 5

요한 웨슬리가 회심한 이후 청년들이 모여 'Holy Club'을 조직하고 성경을 연구한 결과 강력한 성령의 역사가 일어나 17세기 타락하고 부패했던 영국과 유럽과 미국에 부흥과 경건 운동이 일어났습니다. 이처럼 21세기에 이곳 LA에서도 예수에 중독된(Jesusholic) 한인 1.5세 청소년들을 통하여 영적 부흥과 경건 운동이 일어나 LA와 전 미국과 세계가 복음화되기를 바랍니다. 특히 이번 'REBORN 2008'을 통하여 사탄문화의 메카인 'Holly Wood'가 'Holy Wood'로 변하기를 기원합니다.

동산교회 한기형 목사
(기독교감리회 미주연회 초대감독)

축하 메시지 6

청소년들은 우리의 미래이며 차세대 주역입니다. 오늘날 우리의 청소년들이 세계무대에서 우리나라 이미지 제고에 큰 몫을 하는 것을 볼 때 믿음직스럽고 자랑스럽습니다. 흰돌선교회가 1.5세 청소년들에게 정체성 확립을 공고케 하고, 미래의 차세대 주역으로 성장할 수 있도록 비전을 제시할 수 있기를 기대합니다.

주 로스앤젤레스 총영사 김재수

축하 메시지 7

한민족이 미국에서 깊이 뿌리를 내리고 조국 대한민국과 미국과 세계를 빛내며 하나님의 나라를 이 땅에 건설하고 확장하기 위하여서는 한인 1.5세 청소년들에 대한 관심, 후원 그리고 지속적인 기도가 필수적입니다.

금번 'REBORN' 집회를 통하여 이들이 예수님을 구주로 영접하고 구원받아 삶의 방향을 끝마치고 새로운 비전을 품어 LA를 구원하고 미국과 전 세계로 나아가는 십자가의 군사들로 살아가도록 물심양면으로 협력을 부탁드립니다.

거룩한 성경의 제비뽑기 사역 총재
박광재 목사

GREETING

» **서인애 목사**, Senior Pastor & Founder

어느덧 한 해도 결산의 12월이 되고 보니 마음의 옷깃을 가다듬고 지난 시간들을 되돌아보며 영적 결산에 대해 회개하게 됩니다. 세계정세도 하루가 다르게 선악이 공존하며 숨 가쁘게 급변해 가고 있습니다.

생각만 해도 끔찍하고 부끄러운 사건들이 버젓이 합법적인 일로 둔갑이 되고 어리둥절한 대중문화로 탈바꿈이 되어 거리를 활보하는 세상을 보며 심히 안타까워집니다.

그리고 한창 자라고 정상적인 성장이 필요한 젊은이들의 영적·정신적 빈약함을 통회해 봅니다. 세상 문화의 중심이라 불리는 LA가 범죄율이 걷잡을 수 없이 높아져 악의 도시가 되어 버린 지도 벌써 오래인 것 같습니다.

그러나 이렇게 무너져 가는 사악한 환경 속에서도 희망의 등대로 우뚝 서 있는 휜돌의 가족들의 존재에 대해 하나님께 감사드립니다. 한 생명을 천하보다 귀하게 여기며 좁은 품에라도 안고 어르고 달래며 사역하는 모습들이 미숙하나마 21세기의 보기 드문 감동적 현장이라 생각하며 땅끝까지 자랑하고 싶습니다.

이번 쇼케이스(Showcase)도 영적 연단의 현장에서 체험한 감동들을 하나로 묶다 보니 역시 행진곡도 되고 승리의 개선가도 되는 귀한 작품입니다. 우리 모두 함께 하나님을 찬양합시다.

이런 감동의 등불이 꺼지지 않도록 배후에서 이들의 에너지 공급에 헌신하는 숨은 종들의 사랑과 격려와 응원 역시 노벨상이 부럽지 않은 주님의 흔적이라 생각하니 역시 마음이 흐뭇해집니다.

강산도 변하고 역사도 변하지만 기도와 말씀과 찬양의 3박자는 영원불변의 진리입니다. 불변의 메아리가 전 세계인들의 가슴 깊이 파고들기를 기도합니다.

» Rachel Yoon, Dean-Bachelor of Music Program Musicians Institute

LA에 이렇게 저희와 비전을 나눌 수 있는 휜돌선교회가 있다는 것은 주님의 은혜입니다. 정말 축복받은 기회의 땅 미국이지만 기회는 그냥 주어지는 것이 아닙니다. 제 가슴과 머리를 때린 전도서의 말씀이 있습니다.

"해 아래에서 보니 빠른 경주자들이라고 선착하는 것이 아니며 용사들이라고 전쟁에 승리하는 것이 아니며, 지혜자들이라고 음식물을 얻는 것도 아니며 명철자들이라고 재물을 얻는 것도 아니며 지식인들이라고 은총을 입는 것이 아니니 이는 시기와 기회는 그들 모두에게 임함이라."

저는 이 말씀을 통하여 우리가 열심히 최선의 노력은 다해야 하지만 주님께서 주시는 시기와 예비해 놓으신 기회가 없이는 아무것도 이룰 수 없고, 그것은 덤이 아니라 필수 조건이라는 것을 배웠습니다. 우리 모두는 주님의 은혜로 이 자리까지 왔고, 또 오늘도 그 은혜로 살아가고 있습니다.

이제 우리는 주님께로부터 받은 은혜의 전달자가 되는 일을 게을리 해서는 안 됩니다.

열심히 오늘을 살아가는 LA의 청소년들에게 주님의 은혜를 전파하고 삶을 나누는 초교파적, 범교회적 사역을 감당하고 있는 흰돌선교회는 주님께서 역사하시는 단체임이 분명합니다. 앞으로도 영향력을 더욱더 넓고 깊게 미칠 수 있는 흰돌선교회가 되기를 기대하며 기도합니다.

» 소향, CCM 가수

안녕하세요. 소향입니다. 참으로 감사합니다.

흰돌선교회와 같은 아름다운 일들을 감당하는 단체가 일어나 한인교포 1.5세라는 중요한 세대를 위해 기도하고 나아가는 모습을 보는 것이요. 한국은 중요한 나라입니다. 그 나라의 디아스포라들을 통해 하나님은 이미 많은 일들을 하셨지만 아직 다 이룬 것은 아닙니다. 우린 더욱 그분의 놀라운 뜻을 빌건해 나가야 하고, 그분이 각자에게 허락하신 소망을 그리며 싸우는 마음으로 기도하면서 찾아가야 합니다. 흰돌선교회는 그분의 부르심이 어디에 있는지를 발견한 하나님의 부르심을 입은 중요한 청소년 선교단체임을 믿습니다.

천국의 시민권을 상징하는 이 흰돌을 가진 흰돌선교회가 많은 하늘의 백성 된 1.5세들뿐 아니라 더 많은 사람들에게 그의 나라와 때를 알리고, 복음 안에서 나타나는 사랑과 소망을 믿음으로 전파할 수 있기를, 그리고 주께서 부르신 젊은 자녀들과 청년들을 더욱 그리스도의 마음으로 섬기며 나아가기를 기대합니다.

분명 흰돌선교회를 사랑하시고 아끼시는 하나님께서 주님 오시는 그날까지 이 선교회를 쓰시고 많은 이들을 준비시키시는 데 사용하실 것을 믿습니다.

MISSION FOR UNREACHED 1.5 KOREAN DIASPORA

» Mission Statement

흰돌미션은 1.5세 한인 디아스포라 젊은이들에게 그리스도의 사랑을 전하고, 이들의 필요를 찾아 섬기며, 나아가 이들을 통하여 본토 한국뿐 아니라 온 열방이 하나님께 돌아오는 것을 사명으로 하는 미국 LA 지역을 기반으로 하는 청소년 선교단체입니다.

흰돌미션은 다섯 가지 영역 곧 예배, 훈련, 중보기도, 사회봉사, 선교를 통하여 그리스도와 이웃을 섬깁니다.

» Hyndor Mission, 비전선언문

흰돌미션의 비전은 고국을 벗어나 흩어진 1.5세 디아스포라 젊은이들에게 꿈을 심어 주어, 이들을 통하여 본향인 한국뿐 아니라 보내진 나라에 하나님의 부흥과 회복이 일어나도록 하는 것입니다.

성경의 역사를 통하여 하나님께서 다니엘과 느헤미야와 같은 디아스포라를 사용하셔서 하나님의 역사를 이루신 것을 상기하며, 현시대에도 그들과 같은 젊은이들을 통하여 하나님께서 새로운 일을 행하시기를 꿈꾸고 소망합니다.

» Value Statement

1. 건강한 신앙. 복음주의에 기반한 신학을 바탕으로 특정한 교단

에 속하지 않으며 선교지향적 사역을 추구한다.

2. 예배 중심. 흰돌은 예배 공동체로 우리의 삶의 목적이 예배에 있음을 인정하고 예배자의 삶을 추구한다.

3. 영적 성장. 공동체를 이루는 개인에 대한 흰돌의 부르심은 각 구성원의 영적 성장을 돕는 것에 있으며, 이를 개인을 향한 가장 큰 목적으로 한다.

4. 사회 공헌. 흰돌은 이웃을 사랑하라고 말씀하신 그리스도의 가르침을 본받아 우리가 속하여 있는 지역사회에 우리의 달란트를 사용하여 봉사하며, 이를 통하여 그리스도의 사랑을 세상에 알린다.

5. 다양성 인정. 성명, 나이와 학력 등을 통한 차별을 반대하며, 그리스도의 한 몸 된 동등한 지체로 공동체 구성원의 다양성을 인정한다.

6. 권위. 흰돌은 하나님께로부터 시작되는 위로부터 오는 권위를 인정한다. 조직에 헌신된 사역자와 리더의 권위를 인정하며, 의사 결정의 기반을 둔다.

7. 관계. 관계는 교회의 각 개인을 연결하여 주는 끈으로 이를 사용하여 교회는 호흡하며, 관계의 중심은 그리스도에 있으며, 확장성과 개방성을 지향하며 다양성을 존중한다.

8. 공동체. 흰돌은 그리스도께서 주인 되시는 공동체의 역할을 감당하며, 공동체에 소속된 모든 지체를 그리스도 안에서 한 가족으로 불러주심(Called in Christ)을 인정한다.

9. 가정. 흰돌은 그리스도 안의 예배 공동체이자 그리스도를 머리로 하는 한 형제자매로 하나님의 가족 됨을 인정하며, 각 구성원이 속한 가정을 존중하며 중보함으로 동행한다.

Vision 1

RE-BIRTH through Jesus Christ

한인 1.5세 청소년에게 복음을 전함으로 예수 그리스도를 통해 거듭나도록 하는 것입니다. 집회마다 Altar calling 시간을 통하여 수많은 청소년들이 주님을 영접하고 있으며, 또한 이들을 지역교회로 연결하는 가교의 역할을 감당합니다.

"휜돌? 나에게는 생명 같은 곳이에요. 항상 기쁨과 희망을 주고 하나님의 사랑을 한없이 느끼게 해주는 너무 소중한 곳입니다. 특히 'REBORN' 집회는 하나님을 향한 열정과 사랑을 함께 경험하고 회복할 수 있는 절호의 기회입니다. 비록 지금은 멀리 떨어져 있지만 'REBORN' 때만 되면 무조건 비행기 타고 날아갑니다."

박새롬(24, UC Berkeley 3학년)

Vision 2

RE-NEWAL upon faith

한인 1.5세 청소년에게 비전, 용기 그리고 정체성을 심어 줌으로써 어려운 이민 생활 속에서 꿈을 잃어버린 청소년들을 세계를 변화시키는 믿음의 세대로 새롭게 세우는 것입니다.

"2년 전만 해도 저는 쉽게 포기했고, 공부에 대한 욕심도 없었으며, 무엇보다 자신감이 없었습니다. 하지만 'REBORN'을 통해 제가 주님의 자녀임을 깨닫고, 또 제 삶은 저만을 위한 삶이 아님을 깨달았어요. 그래서 지금은 거룩한 부담감을 가지고 주님께서 사용하시기 합당한 그릇이 되기 위해 준비하고 있습니다."

이동훈(18, Loara High School Senior)

Vision 3

RE-UNION as One church

한인 1.5세 청소년 지역 교회의 연합적 고리를 연결하며 더 나아가 교회, 언어, 세대, 문화를 초월하여 이 땅의 부흥을 위해 기도하는 것입니다.

"'RESCUE LA' 땅 밟기 기도에 처음 참여했을 때 '이걸 왜 하지?'라는 의심으로 가득했었습니다. 그러나 한 걸음씩 옮길 때마다 제 마음도 조금씩 움직이고 있었습니다. 이 땅을 바라보시는 하나님의 마음을 갖게 되니 기도하지 않을 수 없었습니다. LA 땅의 부흥을 시작으로 주의 나라가 확장되길 소망합니다!"

허익준 (22, CAL POLY 4학년)

Vision 4

RE-CREATION of Christian culture

타락한 세상의 문화를 기독교 청소년 문화로 재창조하여 청소년들이 하나님께로부터 받은 다양한 은사와 재능을 통하여 섬길 수 있도록 최상의 기회를 제공합니다.

"사진작가란 꿈을 이루기 위해 NYU에서 사진 공부를 하고 싶어요. 'REBORN'을 통해 사진부로 섬기게 해주시고 비전을 주신 하나님께 너무 감사드리고, 앞으로 제가 찍을 모든 사진이 하나님과 그의 사랑을 알릴 수 있는 도구가 되길 원합니다."

엄소현(17, CV High School Senior)

REBORN HISTORY

'REBORN' 집회는 지난 6년간 초교파적인 청소년 연합집회로서 연간 1,000여 명이 넘는 청소년들에게 복음과 비전을 제시하며 아울러 지역교회 청소년 사역과의 연합을 도모하는 LA의 대표적인 집회로 자리매김했습니다.

제1회 REBORN 2004
주제: "New Generation has arrived"
강사: 서인애 목사
장소: 청운교회 교육관
참석인원: 500명

제2회 REBORN 2005
주제: "젊은이여, 환상을 보라!"
강사: 김춘근 박사(JAMA)
장소: 청운교회 본당
참석인원: 1,000명

제3회 REBORN 2006
주제: "STAND: Do you feel his heartbeat?"
강사: 원베네딕트 선교사(Y. Mission)
장소: NEWHOPE Chapel parking lot
참석인원: Day-1 900명 / Day-2 1,400명, 총 2,300명

제4회 REBORN 2007
주제: "From the red carpet! To the cross!"
강사: 신승훈 목사(주님의영광교회)
장소: LA MUSIC THEATRE
참석인원: 800명

제5회 REBORN 2008
주제: "Get out of the grave! March out to the world!"
강사: Matthew Barnett(Dream Center)
장소: Wilshire EBELL Theatre
참석인원: 1,000명

제6회 REBORN 2009
주제: "하나 됨의 승리"
강사: 이동현 목사(Rise Up Korea)
장소: 동양선교교회 OMC
참석인원: 800명

첫 집회인 제1회 REBORN 2004 집회 때는 500여 명의 청소년이 모였습니다. LA 재미 한인 기독교 역사상 한인 1.5세 청소년들이 한자리에 이렇게 많이 몰려든 사실을 확인하기 위하여 각 매스컴에 종사하는 기자들이 모여들었습니다. 어떤 사람이 이런 뉴스거리를 만들어 낸 인물인가 하고 확인해 보니 조그마한 한인 재미교포 할머니였다고 합니다. 그러나 실상은 하나님께서 주도하신 운동이었습니다.

청소년 운동에는 투자뿐입니다. 웬만한 교회는 청소년들에게 투자할 여력이 없어 청소년들을 잃어버린 교회가 많습니다. 그나마 규모가 큰 교회에서는 재정적으로 투자할 수 있어서 청소년부가 부흥할 수 있었습니다.

내가 막상 팔을 걷어붙이고 청소년 사역을 해보니 부어도, 쏟아도, 표도 안 나고, 끝도 없습니다. 아무튼 그 당시는 심각했습니다.

그다음 해 제2회 REBORN 2005 집회 강사로는 미국 청소년 운동의 대가이신 김춘근 박사님을 강사로 초빙하였습니다. 역시 유명한 강사님을 초빙한다는 집회 광고가 나가니 그 넓고 큰 청운교회 강당에 1,000여 명의 청소년이 운집하였습니다. 이전 해에 개최한 제1회 REBORN 집회 때보다 배나 많은 청소년이 모여들었습니다.

이는 마치 어린 소년이 주님께 드린 오병이어에 주님께서 축사해 주시니 5,000명이 먹고도 열두 광주리가 남은 광경과 흡사하였습니다.

그다음 해 개최한 제3회 REBORN 2006 집회의 강사로는 한국에서 유명한 젊은 청소년 사역자인 목사님을 초빙하였습니다.

제3회 REBORN 2006 집회 때는 첫날 900명, 둘째 날 1,400명 연인원 총 2,300명이 모였습니다. 이전 해인 제2회 집회 때보다 배나 많은 숫자였습니다. 해마다 갑절로 모인 것입니다.

청소년 집회는 제6회에 이르기까지 매년 진행하였습니다. 그런데 집회 운영 경비가 너무 많이 들었습니다. 집회 장소 대여비를 비롯하여 강사님들의 사례비, 비행기 표값, 호텔 숙식비 등 집회 경비 조달 및 여러 가지로 너무나 많은 신경을 쓰게 되고 감당하기가 너무 벅찼습니다.

그래서 제7회 때부터는 내실 있게 하자는 명분으로 재정비하는 차원에서 잘 진행되던 'REBORN' 청소년 집회를 잠정적으로 중단하였습니다.

그렇게 하고 보니 너무나 큰 아쉬움을 감출 수가 없습니다. 혹여 이 글을 접한 성도님들 가운데 재미 한인 1.5세 청소년들을 사랑하시는 영육 간에 많은 복을 받으신 뜻있는 후원자가 나와 다시금 한인 1.5세 청소년 집회 'REBORN'을 재개하고 계승하게 되기를 기도드립니다.

#한인 1.5세 청소년 사역의 스태프

- 대표 : 서인애(In Eai Seo) 목사
- 총괄 : 박용수(Jeremiah Park) 전도사(흰돌선교회 책임전도사, 예배사역자, Fuller Seminary)

  정훈주(Mark Chung) 전도사(Fuller Seminary)

  이해봉(John Lee) 전도사(Talbot Seminary)

　　　　　김상훈(John Kim) 전도사(Talbot Seminary)
- 행정 : 김여영 간사
- 간사 : 박혜정(UP coordinator)
　　　　　박상미(UP coordinator)
　　　　　임성준(Jesusholic Band)
　　　　　박혜미(Jesusholic Band)
　　　　　박새롬(WLWS coordinator)
　　　　　정진근(Media Team director)
　　　　　신명진(Jesusholic Band)
- 팀장 : 장혜연(SNS Team)
　　　　　박지웅(Fundraising Team)
　　　　　임형준(Media Team)
　　　　　박소희(Usher Team)
　　　　　곽경미(Booth Team)

#큰조카 박용수 목사

초기 한인 1.5세 청소년 선교 사역의 실무책임자는 동생 서금복과 제부인 박광재 목사의 아들인 조카 박용수 청년이었습니다. 그는 당시 신학생도 아니고, 전도사도 아닌 청년으로서 집회를 이끌어 가느라 참으로 애를 많이 썼습니다.

초심을 쏟아부으면서 성령의 임재가 아니면 대중 앞에 설 수도 없고, 감당할 수도 없었습니다. 청소년들의 리더 역할을 감당하느라 땀과 눈물과 목숨까지도 아끼지 않으며 'Jesushollic'이라는 예수님께 중독된 십자군의 리더로서 스타가 되었습니다.

조카 박용수는 고등학생 때 공부도 잘하여 학교에서 칭찬받는 우등생이었습니다. 그러다 잠시 사춘기에 크게 반항한 적이 있지만 지금은 모두 잊지 못할 추억으로만 남아 있습니다.

　이런 어린 학생이 이모가 영적 전쟁의 생명탄과 같은 말씀을 준비하여 녹음하고 테이프로 만드는 과정에서 모든 작업을 뛰어난 음향 감각과 재능을 가지고 도맡아 해주었습니다.

　기계박스를 안고 신경 써서 설교 테이프를 제작해 방송국까지 가져다주는 과정에서, 그때는 그러려니 했지만 지나고 보니 처음부터 끝까지 말씀을 품고 살았습니다. 그 결과 그는 지금 LA 업처치의 젊은 청년들을 상대로 젊은 목회를 알차게 하고 있습니다. 그 모든 것이 그를 사용하기 위한 하나님의 섭리였던 것을 깨닫게 됩니다. 하나님의 깊고 오묘한 뜻은 지나 봐야만 알 수 있는 보물입니다.

　박용수 청년은 김여영 청년을 만나 결혼하고 박창성, 영어명으로 조슈아 곧 여호수아를 낳았습니다. 아들 박창성은 할아버지 박광재 목사와 할머니 서금복 사모가 하나님께 "우리 손자 박창성에게 솔로몬과 같은 지혜를 주시고, 다니엘과 같은 지식을 선물로 주세요"라고 기도한 탓인지 하나님께서 우수한 두뇌를 선물로 주셨습니다.

　그런 까닭에 학교에서 시험을 볼 때마다 성적이 항상 '올 A'입니다. 캘리포니아주에서 손꼽히는 기독교 사학 하이스쿨에서 장학금을 받고 장학생으로 재학하고 있습니다. 박창성은 선조들로부터 물려받은 신앙을 7대째 이어가고 있습니다.

　박용수 전도사는 월드미션신학대학을 거쳐 세계 선교 신학의 명문인 미국 풀러선교신학대학원을 졸업하고 초교파인 한국 기독교 독립교회 연맹에서 목사 안수를 받았습니다.

　그리고 현재는 LA PICO와 Kingsly 코너에 얼반 필그림 처치를 설립하여 담임하고 있습니다. 또한 국내외적으로 청소년 집회의 강사로 초청을 받고 활발하게 청소년 선교 사역을 하고 있습니다.

#누군가가 반드시 해야 할 청소년 사역

지난 26년 동안 미주에서 전개한 선교 사역을 회상해 볼 때, 나의 주 여호와 하나님께서 앞서가시며 이끌어 주시고 뒤에서 밀어주시며 호위해 주시고 행하신 일들이 떠올라 가슴이 뿌듯합니다.

마치 야생마와 같았던 한인 1.5세 청소년들이 새벽이슬 같은 청년들로 변화되고 주님께 헌신한 신실한 청소년 사역자들로 세워지기까지는 하나님의 전적인 은혜와 흰돌선교회의 부흥과 발전을 위하여 헌신하고 봉사하고 기도하고 후원해 주신 분들이 뒤에 계셨습니다.

청소년들의 신앙 교육을 좁은 곳에서만 할 수는 없었습니다. 가끔 다른 주에 있는 은혜롭고 세계적으로 명성 있는 선교단체에서 개최하는 성대한 청소년 콘퍼런스 소식을 접할 때마다 그곳에 참여시키기 위하여 그들을 보내는 데 소요되는 경비만도 엄청났습니다.

연중행사처럼 흰돌선교회 청소년 멤버들을 몇 명씩 골라 번갈아 가며 다른 주에 보내, 새로운 신앙운동의 현장을 방문하여 폭넓은 교육과 시청각 교육을 겸한 감동과 도전을 받게 하고 새로운 지혜와 힘을 충전하게 했습니다. 그런데 그 비용도 만만치 않았습니다. 비행기 티켓 비용, 호텔 비용, 식사 비용 등 뒤에서 후원해 주지 않으면 생각도 못 할 일이었습니다. 이러한 후원을 받으며 훌쩍 성장하고 자란 후에는 글로벌 시대의 부르심을 받고 세계 각국으로 흩어진 디아스포라 청년들도 셀 수 없이 많습니다.

그야말로 이름 없이 빛도 없이 군대의 콜링으로부터 시작하여 각자의 사정과 형편대로 각 곳에서 콜링받고 디아스포라가 되어, 세계 선교의 현장에서 모범 사역자들로 국제무대를 이끌어 가고 있습니다.

지금 돌이켜 생각해 보니 지난날 좀더 힘있게 후원해 주지 못한 점이 후회도 되지만, 당시에는 최선을 다한 까닭에 감사와 기쁨으로 흐뭇하고 뿌듯하여 노년에 보약보다 더 좋은 살아 있는 생약과 같습니다.

지금은 익숙했던 이름들도 잊혀져 가는 고령인데도 옛 기억을 되새김질하며 단체로 묶어 기도로 응원하고 있습니다. 그들 모두 가정과 사회와 국가와 세계의 삶의 현장에서 빛과 소금의 역할을 감당하는 일에 최선을 다하고 있는 선두주자들이 된 줄로 믿습니다.

청소년 선교 사역은 누군가가 반드시 해야 할 매우 중요한 사역입니다. 그런데 이 청소년 선교 사역은 투자가 없으면 불가능합니다. 지금 내가 기도하고 소망하는 바는, 이 글을 접한 사람들 중에 청소년 선교 사역을 위하여 헌신하는 사명자들이 나오는 것입니다. 재정적으로 후원해 주실 수 있는 분이면 더 좋겠습니다.

앞서 언급했듯이 내가 꿈에서 용의 권세를 밤새 물어뜯었음은 청소년 사역의 힘을 상징하는 것이었습니다. 문제가 있을 때마다 속으로 '더 물어뜯어야 한다'라고 외치며 입의 검으로 싸우다 보니 팬데믹도 지났고, 이제 내 나이도 83세나 되었습니다.

그런 까닭에 이제 청소년 선교 사역의 일선에서 은퇴하고 기도만 하고 있습니다. 이제는 미주 흰돌선교회에서 은혜 받고 성장한 그냥 두고 보기에도 아까운 젊은이들이 바통을 이어받아 말씀과 기도와 찬양에 집중하니 후회도 미련도 없이 감사하기만 합니다.

4부

평생 잊을 수 없는
후원 동역자들

1장
한국에서의 기도원 사역과 동역자들

나는 한국에서는 휜돌산기도원, 미주에서는 휜돌교회와 휜돌선교회를 설립하여 운영하였습니다. 그러나 혼자서는 아무것도 할 수 없었고 수많은 하나님의 사람들이 기도와 물심양면으로 내가 가는 좁은 길에 힘이 되어 주셨습니다.

어느 시대나 천국 복음이 전파되는 곳에는 방해하고 훼방하는 자들도 있었지만 반면에 협력하는 동역자들도 있었습니다. 구약 시대의 대표적인 예로 엘리야 선지자 시대에는 사렙다 과부가 있었습니다. 엘리사 시대에는 수넴의 귀한 여인이 있었습니다.

신약 시대에는 사도 바울이 복음을 전파할 때 보호자 역할을 감당해 준 겐그레아의 여집사 뵈뵈가 있었습니다. 그리고 바울의 복음 전파 사역을 돕기 위해 자신들의 목숨까지 내놓고 충성한 브리스가와 아굴라 부부 등 여러 동역자가 있었습니다.

주님의 일인 천국 복음 전파 사역은 혼자서는 감당할 수 없고 반드시 동역자와 협력자와 후원자가 있어야 하기 때문입니다. 주님께서는 부족한 내가 지난 60년간 복음 사역을 감당하는 동안 여러 동역자와 협력자와 후원자를 보내 주셨습니다.

나는 평생 그분들의 희생과 헌신과 봉사를 잊을 수 없습니다. 그래서 사도 바울이 로마서 16장에 동역자들의 이름을 열거하여 기록으로 남겼듯이, 나도 나의 동역자들과 후원자들의 희생과 헌신과 봉사를 기록으로 남기려고 합니다.

#장학균 장로님과 쌍림동 할머님

영적 훈련 10년이 지난 후 30대에는 선택의 길이 많았습니다. 기드온신학교를 졸업하고 여기저기에서 유혹도 많았습니다. 진학이냐, 결혼이냐, 아니면 평생 주의 일을 하기 위한 개신교 수도원의 종신서원이냐 하며 하나의 답을 찾고 있었습니다. 시종일관 마음에 담은 것은 오직 이것 하나였습니다.

나는 나의 힘으로 공부한 것이 아니었습니다. 성도들이 뜨거운 사랑의 손길로 밀어주고 당겨준바 양심의 고백을 주님께 드린 것입니다. 다른 동기들이나 봉사자들이 과부가 되거나 실연의 상처를 입은 후 손을 들고 헌신하는 과정을 보면서, 젊고 건강할 때 상처 없는 깨끗한 새것을 주님께 드리는 심정으로 종신 서약을 하고 영적 훈련을 위해 수도실에 몸을 담았습니다.

오직 성경 읽기와 기도에만 매달리는 과정을 마치고 그야말로 독립선언을 하고 천막 하나로 울보가 될 수밖에 없었던 흰돌산기도원 개척을 시작했습니다. 15년의 연단이 끝나게 되었을 때는 여기저기에서 강사 초청이 쉴 새 없이 많았습니다. 기도원 개척하기 전에 수첩의 기록을 보니 150개의 교회 명단이 적혀 있었습니다.

그 당시는 전국적으로 부흥 강사들이 많지 않을 때였습니다. 가정의 초대도 적지 않았습니다. 나는 쉴 틈 없는 사람이 되었습니다. 엄격한 수도원 생활 중에도 원내의 쌍림동 할머니 댁에서 가정예배에 초대하면 재빨리 가서 인도하고 성대한 대접으로 영양 결핍도 해소하고 흐뭇한 대화도 나누었습니다. 옛날에는 가정 초대 시 항상 안방으로 인도하여 방에서 예배를 드렸기에 더 흐뭇한 시간이었다고 생각합니다.

용문산기도원에 있는 별장에는 손님을 대접하며 예배하는 체구가 거대하신 장학균 장로님과 아담하신 쌍림동 할머니가 계셨습니다.

쌍림동 할머니 댁은 장학균 장로님께서 용문산기도원 별장에서 신앙생활하시고 집회 때는 서울의 유명하신 목사님들과 정·관계의 유명인사들이 자주 와서 집회에 참석하면서 가정예배를 함께 드리게 되었습니다.

또한 한국 교회의 유명 은사자들이 함께하는 별장이었습니다. 산중 생활인데도 할머니 댁에는 요리사가 있었습니다. 할아버지는 비서가 있었습니다. 의식주는 풍성한 대가 집 별장이었습니다.

서울 한남동 유엔 빌리지의 프랑스식으로 우뚝 솟은 호화주택 지하실은 은혜를 사모하는 자들이 항상 기도하며 예배를 드리는 장소였습니다. 에이브러햄 링컨이 대통령 재임 기간에 백악관을 기도실로 만들었듯이, 쌍림동 할머니 댁은 영적 샘물이 지하실 거실에 있는 축복의 거점이었습니다.

나는 이 두 분의 사랑을 받으며 교제하고 대화하면서 헌신 봉사하는 삶을 배웠습니다. 이 모든 시간은 나에게는 보배 같은 시간이었습니다. 그 후 장 장로님 내외는 미국으로 이민을 가시게 되었습니다. 가끔 한국에 나오시면 나를 불러 미국에 가서 10년만 공부 더 하고 멀리 뛰기를 하라고 권고해 주셨습니다. 워싱턴 DC에는 영어 공부와 신학 추천과 경제 담당, 재정 보증 등 모두가 준비된 상태였습니다.

그분의 6남매는 모두 미국으로 유학 와서 생육, 번성하고 은혜롭게 지상천국을 이루고 살고 있습니다. 장 장로님도, 권사님도 오래전에 천국으로 가시고 남은 자손들이 영적 줄기에서 주의 일에 헌신하고 복음 전파에 온 힘을 다하고 있습니다.

장학균 장로님께서는 생전에 나를 자신의 친딸처럼 사랑해 주셨습니다. 그래서 나를 미국으로 데려가 기도원을 운영하기를 원하셨습니다. 그래서 장 장로님께서 돌아가시기 전 마지막으로 남기신 말씀이 '똘똘이 서인애 원장을 미국에 데려오라'는 것이었다고 유족들로부터 전해 들었습니다.

그와 같은 은혜와 사랑에 늘 감사했습니다. 그것은 곧 주님의 사랑이었습니다. 이런 사랑 때문에 항상 사랑의 빚을 안고 살았습니다. 그렇지만 영적 운동에 행여나 장애가 되지 않을지 염려하고, 또 감당할 만한 자격이 부족함을 느끼고 할머니를 피하여 다니면서 기회를 미루고, 천막을 들고 산으로 들어가 눈물로 시작하여 눈물로 마치는 흰돌산기도원 사역을 시작하였습니다.

#이성자 권사님과 이성욱 권사님

내 나이 또래 사람들이 어렸을 때는 놀이 기구가 거의 없었습니다. 겨우 줄넘기, 고무줄, 오자미, 공기놀이 그리고 땅 뺏기 놀이가 고작이었습니다. 그중 나에게 제일 인상 깊었던 것은 땅 뺏기 놀이였습니다. 먼저 크게 원을 그립니다. 그 안에 한 뼘 원을 그려 내 집을 만들어 놓고, 상대방 쪽에도 원을 한 뼘 그려 집을 만듭니다. 그러고 나서 사금파리를 둥글게 갈고 닦습니다. 그걸로 우리 집 제일 마지막 끝부분에서 재기 시작하여 손톱으로 치면서 들어가 남의 집 안에 들어가면 내가 한 뼘을 차지하는 놀이였습니다. 나는 땅 뺏기 놀이를 좋아했습니다. 시간만 있으면 마당에 원을 그리고 땅을 차지하는 놀이를 했습니다.

이 놀이는 아마 전쟁 때 이북과 이남의 어른들이 서로 땅을 뺏기 위해 싸우는 것을 보면서 아이들이 만든 놀이였나 봅니다. 어른이 되어서는 더욱 실감 나게 실질적으로 땅을 차지하기 위한 신경전을 벌이게 되었습니다. 내가 처음에 흰돌산기도원을 설립하기 위하여 세곡리에 들어갈 때는 땅 1,000평만 나눠서 샀습니다. 그런데 땅 주인이 나머지 4천 평도 우리보고 사라고 했습니다.

그래서 열심히 기도하고 헌금을 모아 우선 서류를 갖추기로 한 후 4천 평을 매입하기로 했습니다. 그러나 나중에 애초 약속과 다르게 평당 200원짜리를 300원을 달라고 했습니다. 그때는 속이 많이 상했습니다. 그래서 방향을 정반대로 돌려 차라리 불신자의 산을 사게 해달라고 기도해야겠다고 생각했습니다.

모르는 사람도 아닌데 어쩌면 매번 저럴 수가 있을까 싶어 아주 섭섭했습니다. 그때 불신자인 땅 주인은 답십리에 살고 있었습니다. 그런데 우리 동리가 고향이라 자주 내려오셔서 한 바퀴씩 산을 돌아보시고는 꼭 우리 집에 들르시곤 했습니다. 그때마다 차를 대접하면서 대화를 나누는 시간을 가졌습니다.

"할아버지, 저 산을 만약 파신다면 평당 얼마나 받으실 건가요?"

"부르는 게 값이지요."

"그런데 그 산을 매매하실 의향은 없으신가요?"

"암, 없지!"

그 산은 조상에게 물려받은 것이라 길이길이 보전해야 한다고 말씀하셨습니다.

"도대체 몇 평이에요?"

"9,000평이지."

나는 기도원의 지경을 더 넓혀야 하고 그 땅은 기도원에서 꼭 필요로 하는 땅이기 때문에 종종 그 산을 찾아갔습니다. 그리고 부활절 예배는 꼭 그 땅에서 드렸습니다. 쓸모없는 죽은 땅도 부활의 땅이 되게 하고, 기도원이 필요로 하는 땅이 되게 하기 위해서였습니다. 그 땅 밑에서부터 위 봉우리까지 올라가서 기도했습니다. 기도의 제목은 간단했습니다. 내가 처음에 산 땅 금액이 평당 200원이었으니 9,000평이면 180만 원이었습니다.

"하나님 아버지, 그 땅을 팔 수도 있고 살 수도 있게 해주세요" 하는 기도를 매일 드렸습니다. 할아버지께서 또 다녀가십니다.

"할아버지, 이제 그 땅을 매매하시지요."

"안 팔아요. 평당 500원 줄래요?"

"500원은 말도 안 돼요. 200원짜리를 500원 받으시면 다른 땅값도 오르기 때문에 500원은 말도 안 돼요."

그러고 나서 얼른 "하나님, 2×9=18로만 해주세요"라고 암호로 주님께 부르짖었습니다. 식사 때나 잠잘 때나 일할 때나 언제든지 "500원은 말도 안 돼요. 2×9=18로 해주세요"라고 기도했습니다. 그 말로 잠꼬대까지 할 정도가 되었습니다.

서울 광진구 광장동 워커힐 아파트에 한 달에 한 번씩 가정예배를 인도해 드린 권사님 댁이 있었습니다. 그 권사님은 한강교회 권사님이셨습니다. 그분의 언니인 이성욱 권사님께서 우리 기도원에 같이 사시기 때문에 함께 그 댁에 심방을 가게 되었습니다. 심방 가기 전날 밤에 참 좋은 꿈을 꾸게 되었습니다. 꿈의 내용은 이러했습니다.

미국에서 목사님이 오셨는데 목사님께서 손을 내 머리에 얹으시면서 축복기도를 받으라고 해서 받았습니다. 온몸이 녹는 듯하였습니다. 기도를 받으면서 '아멘' 하다가 깼습니다. 그리고 나는 그 꿈 이야기를 이성욱 권사님께 했습니다. 참 좋은 꿈을 꾸어 기분 좋게 서울에 심방을 가서 그 집 안방에 앉아 묵상 기도를 드렸습니다.

그런데 이성욱 권사님께서 문득 나의 '2×9=18' 기도가 생각났는지 갑자기 배꼽을 잡고 웃으셨습니다. 그래서 나도 웃음보가 터진 듯이 점잖은 집에서 방바닥을 치면서 참지 못한 웃음을 터뜨리며 박장대소했습니다.

그 집 주인이 무슨 일로 그렇게 웃느냐고 물으셨습니다. 언니 되시는 이성욱 권사님께서 대답하시기를 '우리 서인애 원장님의 기도는 어린애같이 머리도 꽁지도 없이 2×9=18이라고만 하는 게 너무나 우습다'고 했습니다. 그 말을 들으신 이 권사님이 깜짝 놀라셨습니다. 놀란 이유는 다음과 같습니다.

권사님의 남편께서는 실크 제조 회사를 하셨습니다. 그런데 실크 사업이 잘되었습니다. 그래서 미국에 지사를 설치하고 시동생을 지사장으로 파견하였습니다. 이에 앞서 먼저 특별기도를 하기로 정하고 3일간을 기도했습니다. 그런데 이런 중요한 문제를 놓고 기도하는데 어떻게 맨입으로 기도하겠는가 하는 생각이 들었습니다.

그래서 이 권사님께서는 하나님께 드릴 예물을 준비하였습니다. 그 예물은 그분의 남편이 미국 출장 갔다 오시면서 그분에게 줄 선물로 사 온 180만 원짜리 다이아몬드 반지였습니다.

그런데 내가 "500원은 말도 안 돼요" 하면서 '2×9=18'로 180만 원에 해결해 달라고 한 액수가 그 선물의 값과 딱 들어맞아 놀랐다는 것입니다. 그러면서 하시는 말씀이 "하나님은 참 세밀하시네요. 먼저 계약금을 가지고 가세요. 다이아몬드 반지를 원장님은 팔지 못하시니 제가 팔아서 드릴게요" 하셨습니다.

나는 그날 권사님께 계약금으로 쓰기 위하여 20만 원을 받았습니다. 그리고 그 돈을 가지고 산 주인 되시는 어르신을 찾아 답십리 쌀가게로 갔습니다. 할아버지는 배가 부르다는 식으로 완강히 거절하셨습니다. 나는 안타까운 심정으로 기도원에 들어가 기도의 제목을 하나 더 만들었습니다.

새로 만든 기도는 급한 기도였습니다. "하나님, 저 사람 배부른 사람인데 급하게 돈 쓸 일이 생기게 해주세요. 500원은 말도 안 돼요. 2×9=18로만 해주세요"라고 기도했습니다.

믿음대로 얼마 후에 그 할아버지는 나를 찾아오셨습니다. 그야말로 급히 돈을 쓸 일이 생겼다는 것입니다. 큰손주 녀석이 결혼했는데 집을 사 달라고 졸라대는데 날마다 싸움질이 벌어져 할 수 없이 이 산을 파는 길밖에 없다는 결론을 내리고 찾아오시는 길이라는 것이었습니다. 그래서 총 240만 원에 9천 평을 매입하게 되었습니다.

반지를 헌납하신 분은 이성자 권사님입니다. 이 권사님은 이름 없이 빛도 없이 조용히 기도하시며 물심양면으로 우리 기도원에 협력해 주신 향기 나는 그리스도인이셨습니다. 나는 하나님께서 물질을 필요로 하실 때마다 어디서든 이분의 마음을 움직여 사용하시는 것을 지켜보았습니다.

이 권사님이야말로 참 좋은 하나님의 친구이셨다고 생각합니다. 주님의 장례를 준비하기 위하여 300데나리온의 귀한 옥합을 깨 봉헌한 막달라 마리아와 같은 귀한 권사님이십니다. 주님의 크신 은혜로 무병장수하기를 축복합니다.

#평생 잊지 못할 임정원 권사님

김선도 목사님께서 시무하시던 광림교회에 임정원 권사님이라는 분이 계셨습니다. 그분은 성령의 감동을 따라 사시는 분이셨습니다. 기도원을 개척하고 첫 성전을 지었습니다. 주변 물도랑을 미처 만들지 못하고 겨우 예배당 45평만 지었습니다.

한겨울이 지나고 나니 얼음이 녹으면서 예배당 건물이 갈라져 하늘이 보일 정도였습니다. 당장 무너질 듯하여 불안감에 떨고 있을 때 임 권사님 일행이 기도하러 처음으로 우리 기도원에 왔습니다. 그때 나를 위로하시며 거액을 헌금하셨습니다.

사람을 사서 수리하라고 하셨습니다. 그 후에 계속해서 우리 기도원 23년 역사 가운데 변함없이 헌금을 해주신 고마우신 분이십니다. 너무 평안하게 부담 없이 협조해 주셨습니다. 권사님은 집에서 40일을 금식하신 경험도 있으셨습니다.

그리고 본인이 섬기는 교회에서는 신앙이 흔들리는 자들을 잘 인도하시는 등 영적 체험이 대단히 많고 크신 분으로서 여러 사람으로부터 존경을 받는 권사님이셨습니다. 이분은 한 달에 한 번씩 친목계를 하셨습니다. 그 목적이 친구들을 전도하는 것이었습니다. 공주 사범학교를 나온 친구들이어서 서울에서 다 내로라 하는 분들이었습니다.

　권사님은 한국에서 철마다 나의 옷을 담당해 주셨습니다. 니트로 된 의상을 직접 짜는 기술이 뛰어나셨습니다. 나를 위해 그 기술을 배운 듯이 나에게 직접 만드신 옷을 많이 주셨습니다. 그리고 이후 그분의 온 식구가 미국 산호세로 이민 와서 사셨는데 계속해서 물심양면으로 미국 흰돌선교회에 협력하셨습니다.

　믿음으로 숨어서 봉사하는 그 아름다운 믿음의 행위에 하나님이 준비하신 금메달 받는 날이 분명히 있을 것을 확신합니다.

　가끔 권사님께 전화를 드리면 혈압 때문에 조심하고 사신다면서도 나의 건강을 염려해 주셨습니다. 그런데 임 권사님께서도 몇 년 전에 천국으로 가셨습니다.

#박광재 목사와 서금복 사모의 헌신과 봉사

　나는 한국에서 흰돌산기도원, 미주에서 흰돌교회와 흰돌선교회를 설립하여 운영하였습니다. 그러나 나 혼자서는 아무것도 할 수 없었고 하나님의 사람들이 기도와 물심양면으로 내가 가는 좁은 길에 힘이 되어 주셨습니다.

　이제 해 저문 언덕에서 뒤돌아보니 제부 박광재 목사님과 내 동생 서금복 사모 내외가 특히 큰 힘이 되어 주었습니다. 그리고 내가 주 앞에 서는 데 들러리가 되어 주었습니다. 그 감사를 먼저 주님께 드리고, 또한 동생 내외에게도 감사를 전합니다.

　앞서 언급했듯이 동생과 나는 울보였습니다. 눈물은 약자의 무기입니다. 왜냐하면 눈물은 뼛속의 거짓 없는 진실이기 때문입니다. 울면서 살아보니 눈물은 보증수표와 같았습니다. 성도들이 드리는 눈물의 기도를 하늘의 천사들이 금 대접과 금 향로에 담아 하나님의 보좌에 올리기 때문입니다(계 4:8, 8:3). 약하니까 울었습니다. 없으니까 울었습니다. 내 나이 여든셋 평생을 살아본 결과, 눈물은 기쁨의 근원입니다.

눈물을 흘린 것만큼 노년에 얻은 기쁨과 감사는 천하를 주고도 바꿀 수 없는 천상과 지상의 지극히 큰 하나님의 은혜와 선물과 축복입니다. 울 때가 있고, 기쁠 때가 있는 상대성의 원리입니다. 펜을 들고 보니 그동안 제부 박광재 목사님과 동생인 서금복 사모에게 감사의 마음을 제대로 표현하지 못한 것 같습니다.

이왕 가족 얘기 나온 김에 한마디 더 하자면 박광재 목사님도 울보입니다. 박 목사님이 눈물 흘리는 모습을 목격한 조용덕 목사님은 박광재 목사를 '눈물의 선지자 예레미야'라고 불렀습니다. 나도 그 눈물을 본 적이 있습니다. 내가 수원의 흰돌산기도원 사역을 마감하고 제2의 사역을 위하여 용인에서 땅을 사고 집을 지으며 수고할 때입니다. 한 직원의 잘못된 표현에 내가 난처해하는 것을 목격하며 대신 피눈물을 흘려주던 모습은 지금도 잊지 않고 기억합니다. 그뿐 아니라 박 목사님은 영광교회 목회사역 기간에 주일예배 설교를 할 때도 종종 눈물을 흘렸다고 들었습니다.

주님의 고난과 구원받은 은혜와 성군 다윗의 성전 건축과 사도 바울의 고난을 생각하며 눈물을 많이 흘렸다고 합니다. 특별히 사랑하는 성도들이 사명을 다 마치고 천국 입성을 하면 담임목사로서 천국 환송 예배를 집례할 때마다 눈물로 고별설교를 했다고 들었습니다. 박 목사님의 눈에서 흐르는 눈물과 콧물은 마치 낙지발과 같았다고 동생이 말해 주었습니다.

박 목사의 가문은 한국 기독교 140년 역사 속에서 6대와 7대에 이르는 신앙의 전통을 계승해 오면서 목사와 장로와 권사만도 100여 명이 넘는 뼈대 있는 신앙의 명문 가문을 이루고 있습니다. 나는 박광재 목사를 처형과 제부라고 하는 관계 속에서 지난 50년을 지내는 동안 가장 가까운 거리에서 지켜보았습니다.

나는 박광재 목사님을 존경하며 참 목자의 표상이요, 목양의 성공 사례라고 생각합니다. 박 목사님 내외는 은퇴 후에도 가정에서 하루 3번씩 다니엘 기도를 드린다니 정말 흐뭇하고 든든함이 이루 말할 수 없는 영적 자산이라고 생각합니다.

목회 사역 40년과 거룩한 성경의 제비뽑기 사역 50년, 그뿐 아니라 나의 복음 사역 60년 동안 배후에서 이름 없이 빛도 없이 적극적인 협력과 헌신으로 흘린 땀과 눈물의 진한 액체가 값비싼 향유처럼 인간 만리향이 되어 자손만대로 그리스도의 은혜가 영원하기를 축복합니다.

#박중현 목사님 내외분과 그 자녀들의 헌신

사람은 항상 외모를 먼저 보게 됩니다. 처음에는 다들 잘 순종하고 꼭 필요한 사람인 것처럼 믿음도 행함도 좋게 보입니다. 기도도 잘하고, 예배 참석도 잘하고, 철야도 잘합니다. 하지만 시간이 지날수록 본래의 성격과 행동이 노출됩니다. 그래서 사람은 오래 겪어 보아야 그 사람의 진정한 내면을 알게 됩니다. 로마가 하루아침에 이루어진 것이 아니듯 사람도 마찬가지라고 생각합니다. 오랜 시간 동안 산전수전, 그야말로 이른 비와 늦은 비와 태풍도 홍수도 겪어보면 그 사람의 어떠함이 드러납니다.

수많은 사람이 기도원에서 은혜를 받고 다녀갔습니다. 하지만 진정한 은혜의 사람과 사명자들은 생각이 다르고, 행동이 좋습니다. 이런 사람들을 보면 감동이 다르고, 서론보다 결론이 좋습니다. 시켜서 일하는 사람과 일을 찾아 솔선수범하는 자가 다른 것입니다. 이런 사람은 10명 중의 하나요, 100명 중의 하나이며, 더 큰 사람은 1,000명 중의 하나입니다.

군대에서 사령관의 계급이 다르고, 대대장이 다르고, 중대장이 다르고, 소대장이 다르듯 아무나 어깨에 계급장을 다는 것이 아닙니다.

구약성경에도 천부장과 백부장과 십부장이 존재하듯이 하나님께서도 사람의 마음과 행동에 따라 하늘의 스타가 되게 하십니다.

그런 면에서 기도원 초창기부터 주인의 즐거움에 동참하며 성실하게 살아온 박중현 목사님은 고귀한 3대 액체를 바친 헌신과 영적 생활이 과거나 현재나 변함없기에 마음 깊이 존경하고 있는 분입니다.

박 목사님은 말이 없는 대신 행동이 곧 말이었습니다. 함께 기도원 사역을 하면서 나도 그분도 말이 필요 없을 정도로 하나님 뜻에는 언제나 한마음이었습니다.

나는 한국에서의 기도원 사역을 마감하고 미국으로 왔으나, 박 목사님은 기도원 입구 산기슭에 터전을 잡고 비영리 선교단체인 섬김의 집을 마련하였습니다. 그리고 오갈 데 없는 노인들을 대상으로 양로 요양원을 설립 운영하면서 낮은 자를 위한 섬김과 헌신과 봉사와 희생의 삶을 살고 있습니다. 결코 아무나 할 수 없는 강도 만난 이웃을 돌보는 선한 사마리아인의 역할을 감당하고 계시는 목사님과 임정희 사모님께 감사드립니다.

아울러 박 목사님의 자녀손들 아들 박준영 집사와 며느리 세라, 딸 박혜영 집사와 사위와 손주들은 주의 일에 없어서는 안 될 참된 일꾼들입니다.

항상 힘이 되어 드리지 못해 죄송한 마음뿐입니다. 금번에 나는 문서전도를 마지막 사명으로 생각하며 출판을 앞에 놓고 특별기도를 하였습니다. 하나님의 뜻이 아니면 자서전 출판도, 흰돌선교회 사역도 멈추게 해달라고 부르짖어 기도했습니다. 그 어느 누구에게도 말 못 할 심각한 내용의 기도였습니다. 하지만 하나님의 허락하심을 증명이라도 해주시듯 한국의 박 목사님으로부터 전화가 왔습니다. 전화 내용은 3일 동안 계속 나에 대한 꿈을 꾸었다는 것입니다. 워낙 말씀이 없는 분이라 꿈에 대한 자세한 내용을 물어보지는 못하였습니다.

하지만 그 이후 박 목사님 내외분과 독일에서 살고 있는 아들 박준영 집사와 며느리 세라 집사가 선교비와 사랑의 헌물을 보내 주셨습니다.

이와 같은 박 목사님 내외분과 자녀들의 후원과 헌신을 접하며 흰돌선교회 존립과 자서전 출판을 기뻐하시고 하락하시는 하나님의 사인과 표증과 확증으로 믿게 되었습니다.

그러므로 나의 간절한 기도 응답에 대한 감사와 기쁨을 함께 나누고 싶은 마음에 이러한 기도 응답의 체험담을 글로 남기고 있는 것입니다. 구두로 전하든 문서로 전하든 전파되는 것은 그리스도이니, 그리스도의 생명이 영원히 우리와 함께하시기를 기도합니다.

특별히 먼 나라인 독일에서 살고 있는 박 목사님의 자제분들은 지나간 2년 동안 아무런 소식도 없이 소식이 끊겼었습니다. 그런데 갑자기 아무런 말도 없고, 설명도 없이 흰돌선교회 선교비를 보내 주신 헌신에 감사를 드립니다.

이러한 은밀하신 하나님의 역사를 바라보면서 사람의 마음을 감동하시고 움직이셔서 자서전 출판에 새 힘을 실어 주신 하나님께 감사와 찬송과 영광을 돌립니다.

역시 주의 일은 주님께서 하십니다. 이번 자서전 출판의 역사는 기도의 응답임을 확신합니다. 할렐루야!

#양명진 전도사님의 헌신

양명진 전도사님은 나의 신학교 후배입니다. 양심이 바르고 사명감이 투철한 전도사님입니다. 신학교를 졸업하고 수도원에 입도하거나, 결혼하여 가정을 갖거나, 타 교회의 전도사님으로 부임해 가지 않고 내가 개척하는 흰돌산기도원으로 들어와 나의 수발을 들며 많은 수고와 헌신과 봉사를 했습니다.

박광재 목사님께서 교회를 개척할 당시에는 영광교회에서 운영한 영광선교원의 원감 교사로 봉직하며 수고하기도 했습니다. 그리고 수원의 북부감리교회와 역시 수원의 영락교회에서도 전도사로 시무하였습니다. 그 후 또다시 우리 흰돌산기도원으로 들어와 오랫동안 헌신과 봉사와 수고를 많이 했습니다.

내가 기도원을 연세중앙교회와 윤석전 목사님께 양도해 드리고 미국으로 건너와 선교 사역을 할 때도 미국까지 동행하여 뒷바라지를 해주었습니다. 참으로 고마운 전도사님입니다.

지금은 한국의 어느 양로병원에서 호스피스로 봉사하면서 헌신하고 있다는 소식을 들었습니다. 하나님께서 지난날 양명진 전도사님이 흰돌산기도원 사역과 나를 위하여 헌신하고 봉사하며 수고하신 일에 대하여 보상하심으로 무병장수하기를 두 손 모아 기도드리고 두 손 들어 축복합니다.

#유영희 장로님 내외분의 헌신

유영희 장로님 내외분도 참으로 고마운 분들이십니다. 집회 때뿐 아니라 평소에도 자신들의 집이나 회사처럼 기도원을 출입하시면서 수고를 많이 하셨습니다. 또한 나와 기도원 식구들은 물론 기도원 집회 때마다 강사님들에게도 단골로 음식 대접을 하셨습니다.

흰돌산기도원 대성전 건축 시에는 자원하여 현장 감독을 하셨습니다. 건축하는 중 부족한 재원을 마련하기 위하여 자신이 경영하는 회사의 어음을 발행하여 경제적인 어려움을 막아 주시기도 하셨습니다. 그리고 자신이 사업상 거래하는 은행으로부터 신용대출도 받아 주셨습니다.

흰돌산기도원 대성전 건축을 위하여 진 24억의 빚을 감당하지 못하고 결국은 연세중앙교회와 윤석전 목사님께 기도원을 양도해 드리고 미국으로 건너와 선교 사역을 진행할 때도 가끔 사모님과 함께 미국을 방문하시어 운전을 비롯한 여러 업무들을 도와주셨습니다. 참으로 고마운 장로님 내외분이셨습니다.

하나님께서 지난날 유영희 장로님 내외분의 헌신과 봉사와 수고를 기억하시고 은혜를 베풀어 주셔서 장로님께서 경영하시는 사업과 자녀들에게 형통함과 풍성한 복을 내려주시고, 두 분 모두 무병장수하시기를 두 손 모아 기도드립니다.

#MBC 탤런트 김웅철 집사 내외분의 헌신

제2성전 때부터 기도원 집회 시 늘 성전 앞자리에 앉아 기도하며 은혜 받은 분이 있었습니다. 잠바 차림에 수수한 모습으로 와서 매번 이름 없이 기도하는 사람이었는데, 알고 보니 MBC 탤런트였습니다.

그가 와서 기도한다는 소문이 돌기 시작했습니다. 그는 MBC 방송사의 신우회 총무로 일하던 김웅철 집사님이었습니다. 그분이 은혜 받으니 또 다른 탤런트들이 오기 시작했습니다. 그리고 집회 때 그분들이 시간 강사로 서기 시작했습니다.

김웅철 집사님은 그 유명한 탤런트 정영숙 권사님께서 전도한 분이셨습니다. 정 권사님께서는 숨은 기도의 멤버들과 전국 땅 밟기 운동을 하며 순회하는 가운데 흰돌산기도원까지 와서 기도하게 되었습니다.

그 후 김웅철 집사님이 우리 기도원의 단골 손님이 된 것입니다. 알고 보니 그분의 부인이 적극적이고 긍정적인 사고방식으로 밀어붙이는 결사적인 기도의 사람이요, 헌신의 사람이었습니다.

우리 흰돌산기도원의 집회 때마다 손수 꽃꽂이로 단상을 아름답게 장식하셨습니다. 아마 그 꽃값만 해도 엄청났을 것입니다. 남대문시장 꽃가게에서 꽃을 사서 그 남편 탤런트 등에다 한 짐 지고 나오다 사람들이 너무 많아 복잡하면 "짐이요, 짐!" 하고 지게꾼처럼 소리를 질렀습니다.

수년간 변함없이 기쁨과 감사로 봉사하는 모습이 사람들의 마음을 너무나 흐뭇하게 하는 모범이 된 부부였습니다.

그런데 하루는 그의 부인이 원장실에 찾아와 기도를 부탁했습니다. 흰돌산기도원 성전 건축을 위하여 콩팥을 병원에 기증하기로 하였는데, 이미 검사가 끝났고 가족과도 의논이 끝났으며 신장 기증받을 사람도 정해졌다는 것입니다. 그리고 이제는 수술 날짜만 남아 있는데 기도를 받고 가겠다는 것이었습니다.

한편으로는 너무나 감동적이고 흐뭇하기도 했습니다. 사도 바울이 전도할 때 빌립보 성도들이 바울을 얼마나 사랑하고 사모했던지 눈이라도 빼서 바울의 전도에 협력하겠다고 한 적이 있는데, 이 부족한 사람이 성전 짓는 과정에서 이런 사람이 나타났다는 것이 너무나 감동적이었습니다.

그러나 나는 그 길을 허락할 수 없었습니다. 그는 시부모님도 계셨고 자식들과 남편에게 매인 몸인데, 그리고 허약한 사람인데 어떻게 그런 기도를 할 수가 있겠습니까? 내가 그때 '하나님은 당신의 몸과 맘과 행동 전체를 요구하시지 콩팥 하나만 요구하시는 분이 아니요, 건강해서 몸을 다 바쳐 주의 일을 해야 한다'고 말씀드리자 그는 낙심된 듯이 서운하게 생각했습니다.

그러나 마지못해 순종했고, 그 후 그는 미국으로 들어가 신학을 공부해 노스캐롤라이나에서 훌륭한 목회자가 되었습니다.

미국으로 떠나기 전 그 부인은 또 깜짝 놀랄 헌신을 했습니다. 어린애 돌 반지로 시작해서 결혼 패물, 금붙이를 전부 흰돌산기도원에 바쳤습니다. 그리고 빈손 들고 뉴욕으로 가서 피나는 고생과 어려움을 겪고 멸시, 천대, 학대받은 일을 간증하는데 마음이 아팠습니다. 그곳에서 두 번이나 부흥회 초청을 했기 때문에 그런 간증을 듣게 되었습니다.

심은 대로 거둔다는 말씀이 이뤄져 그가 그 지방에서 존경받고 축복받고 힘차게 일하는 모습을 보면서, 길이길이 마음 깊이 사랑하며 축복하는 사람들로 나의 마음 깊이 남아 있듯이 하나님의 나라에서도 그러하리라 생각했습니다.

나는 그런 사람들에게 은혜를 갚지 못한 사랑에 빚진 자가 되었습니다. 내가 못 갚는 그 빚은 주님이 그들의 목회 현장에서, 그리고 현세와 내세에 약속대로 100배, 1,000배로 갚아 주시길 두 손 모아 기도할 따름입니다.

하나님의 나라는 이러한 헌신적인 분들의 힘으로 이뤄진다고 믿습니다.

#예장 합동 제92회 김용실 총회장님의 후원 협력

김용실 목사님과 내가 영적인 교제를 처음으로 나누게 된 것은 50년 전입니다. 나를 친딸처럼 사랑해 주셨던 엄묘선 권사님께서 나라와 민족을 위한 구국 기도를 드리기 위하여 세우신 삼각산 구국 제단에서 매월 개최한 기도회에 내가 강사로 가서 설교할 때부터입니다.

그러니까 50년, 반백 년이나 되었습니다. 엄묘선 권사님께서는 당시 김용실 전도사님을 믿음의 아들로 삼으시고 친아들처럼 적극적인 후원과 지원을 해주셨습니다. 김용실 목사님께서 총회 신학대학원을 졸업하시고 개척 목회를 하실 때도 성남시에 있는 연정교회 부지를 구입하여 봉헌하심으로 오늘날 대형 교회로 부흥 발전하도록 후원해 주셨습니다.

김 목사님은 그 시절부터 기도를 많이 하셨고 설교도 잘하셨습니다. 그런 까닭에 한국 교회의 부흥 강사로 헌신하셨습니다. 한국 교회에 존재하는 대부분의 부흥단체에서 대표 회장직을 역임하신 목사님이셨습니다. 그런 바쁜 사역 가운데도 우리 흰돌산기도원의 초창기 제1성전 건축과 제3대성전 건축 때 오셔서 기공 예배를 인도해 주신 분이십니다.

나와는 친남매처럼 지내고 계시는 목사님이십니다. 나뿐 아니라 나의 제부 박광재 목사님과는 예장 합동 총회 소속으로 함께 계시면서 친형제와 같은 친분을 나누고 계십니다. 김 목사님은 박광재 목사님께서 한국 교회의 세속적인 금권·불법·타락 선거와 중세교회적인 성직 매매 행위를 개혁하는 차원에서 전개하고 있는 성경의 제비뽑기 선거제도에 의하여 예장 합동 제91회 부총회장님으로 뽑히셨습니다.

그리고 그 이듬해 개최한 예장 합동 제92회 총회에서 총회장님으로 추대되신 귀한 목사님이십니다. 그래서 그런지 김용실 총회장님께서는 총회 현장에서 박광재 목사님을 만나거나 전화를 걸면 "우리는 유부녀를 홀리는 강남의 제비족이 아니라, 날마다 우림과 둠밈으로 제비 뽑는 사역을 감당하는 거룩한 대제사장 아론과 같은 거룩한 제비족입니다"라고 농담을 던진다고 하였습니다.

　김용실 총회장님께서는 총회 임원 제비뽑기 선거제도에 의하여 총회장님으로 당선되신 목사님으로서의 본분과 사명을 감당하시기 위하여 성경의 제비뽑기 선거제도를 폐지하기 위한 교단 정치꾼들의 권모술수를 막아 내시고 계속 시행되도록 하신 분이십니다.

　연정교회에서 개최한 제92회 총회 현장에서 총회 임원 제비뽑기 선거제도 폐지 헌의안이 올라와 총대들이 찬반 양론으로 갈려 치열한 논쟁을 할 때, 사회를 보시던 김용실 총회장님께서 발언권을 얻어 다음과 같이 발언하셨다고 합니다.

　"총회 임원 제비뽑기 선거제도는 우리 교단에서 타 교단에 내놓을 만한 최고의 유명 브랜드입니다. 타 교단들이 부러워하고 자신들의 교단 총회에서도 도입하려고 준비하고 있는 선거제도입니다. 그런데 왜 이렇게 좋은 선거제도를 폐지하려고 합니까? 여기서 토론을 중지하고 가부를 묻겠습니다." 그런 다음 총대들에게 가부를 물은즉 절대 다수의 총대들이 계속 유지하기를 원하여 존속시키신 분이십니다.

　지금은 정년이 되어 현직에서 은퇴하셨지만 가끔 사모님과 함께 미국을 방문하실 때면 세리토스의 우리 집에서 머무시고 가시는 모범적인 잉꼬부부 목사님이십니다.

#안상각 장로님과 안명환 목사님의 대를 이은 헌신

　자녀들이 열 살이 되면 급속도로 성장하여 아빠와 같이 힘겨루기와 키재기를 하면서 부모의 마음을 뿌듯하고 자랑스럽게 하듯, 흰돌산기도원 운영도 울고 웃고 싸우면서 건설하고, 건설하며 싸우다 보니 어느덧 10년이 지나고 급속도로 성장하였습니다. 그리하여 기도원 살림도 살이 찌고

윤택해져 이팔청춘의 기백처럼 아름답고 좋은 소문 많이 퍼지며 부흥 성장하고 있었습니다.

살림도 됫박살림이 변하여 말쌀이 되고, 말쌀이 변하여 가마니쌀이 되고, 가마니쌀이 변하여 한 차, 두 차 트럭의 쌀이 필요하도록 기도한 대로 이루어졌습니다. 이런 기도는 용문산기도원에서 기숙사 생활 할 때 드리던 기도였습니다.

됫박쌀도 없을 때 드리던 기도가 어느덧 가마니쌀을 지나 트럭 쌀이 되는 큰 살림이 되었습니다. 살림의 기본은 쌀이지만 또 다른 기본이 되는 소금을 대형 트럭에 싣고 오시는 분이 계셨습니다.

생전 처음 뵌 안상각 장로님은 서해 서천에서 염전을 40~50년간 운영하신 분이셨습니다. 그해에 들여온 소금은 간수가 있으니 3년 묵힌 간수 빠진 소금을 사용하라 하시며 소금에 관한 상식과 맛과 영양에 대해 설명해 주셨습니다.

가지고 오신 소금을 내려놓고는 냉수 한 잔 드시지 않고 자상하신 아버지처럼 미소 짓고 떠나시던 모습은 지금도 잊지 못할 은혜와 감동으로 남아 있습니다. 주의 일을 주님이 하시듯, 주님의 때에 사용하시는 믿음의 용사였습니다.

아합 왕 때도 7천 명을 숨겨 놓으셨는데, 하나님의 뜻대로 시대적 사명을 감당하는 자들에게도 역시 숨겨진 일꾼들을 동원하셔서 필요한 대로 봉사, 헌신하도록 하신 안상각 장로님은 아무 부담도 주지 않고 연락도 없다가 다음 해에도 또 한 트럭, 그렇게 10년이 지나가도록 변함없이 해마다 한 트럭씩 소금을 봉헌해 주셨습니다.

그러한 장로님을 생각할수록 하나님이 하시는 주의 일에 감사와 기쁨을 숨길 수가 없었습니다. 성령의 사람들은 생각이나 언행 심사가 같습니다. 하나님께서는 가냘프고 비천한 나에게 음으로 양으로 구하지 않은 것까지도 쓰고 먹고 퍼주고도 남게 주셔서 살아가는 현장에서 복음과 함께 전하고 기록하게 하셨습니다.

#예장 합동 제98회 안명환 총회장님의 후원 협력

40년 넘게 안상각 장로님께서 믿음으로 행하신 감동의 역사는 장로님 대에서만 끝난 것이 아니었습니다. 안 장로님의 자제분 되시는 안명환 목사님도 역시 우리 기도원을 수년간 음으로 양으로 적극적으로 후원해 주셨습니다.

내가 흰돌산기도원을 운영할 때 수원에서 왕래하는 사람들에게서 뜨겁게 감동받기보다 역시 수원의 인심이 무서울 정도로 차갑게 느껴지던 어느 날 수원에서 우리 직원 일동을 초대하여 대접하겠다는 목사님이 계셨는데, 원장도 함께 모시고 나오라고 하셨습니다.

가뭄에 단비 같은 초대를 사양하지 않고 시간 약속대로 하던 일을 멈추고 총출동하여 가서 보니 수원 명성교회 담임 안명환 목사님이셨습니다. "초대해 주셔서 대단히 감사합니다. 그런데 초면에 웬일이십니까?" 하고 겸손히 인사드리고 물었습니다.

"원장님은 초면이시지만 저는 9년을 멀리서 지켜보았습니다. 지켜본 결과 우리 기도원을 세우지 않고 흰돌산기도원을 우리 자매 기도원으로 생각하며 기도하고 후원하기로 했습니다"라고 하셨습니다. 그 후부터 계속해서 여전도회 회원들을 행사 때마다 한 차씩 우리 기도원에 보내 주시며 성전 안의 안내로부터 헌금위원까지 여러 모양으로 봉사하게 해주셨습니다.

그리고 절기 때마다 부식들을 역시 한 차씩 보내 주시는 은혜를 크게 입게 해주셨습니다. 부친이신 안상각 장로님은 해마다 소금을 한 차씩 보내 주셨고, 그분의 아드님이신 안명환 목사님은 봉사하실 성도님들과 부식을 한 차씩 보내 주셔서 싸늘한 수원의 분위기를 상쇄할 만한 위로와 사랑의 손길로 큰 힘이 되어 주셨습니다.

개척부터 성장할 때까지 크고 작은 일을 할 때마다 빈손으로 시작하니 눈물만이 나의 전 재산이었습니다. 예루살렘 통곡의 성벽 서쪽 벽에 선 것처럼 의논할 제직이 없다고 울었고, 대문도 울타리도 수위도 없다고 나의 약함을 호소하며 우는 날이 많았습니다.
　그뿐 아니라 돈도 없고, 지식도 없고, 집회 때는 사람이 많지만, 집회가 끝나면 한없이 쓸쓸하고, 빨래와 쓰레기만 태산 같고, 때로는 깡패나 도둑에 대한 두려움이 엄습할 때도 있었습니다. 말씀을 선포하면 천하가 두렵지 않게 강하고 담대해지면서도, 어떨 때는 손 맥이 풀리고 아무것도 할 수 없고, 작아지고 또 작아지며 아무것도 할 수 없는 약한 마음을 가질 때도 있었습니다.
　영과 육의 양면성의 자아를 발견했기에 나의 나 된 것은 오직 하나님의 은혜였음을 고백하는 것이 진실입니다. 날마다 현장과 싸워야 하지만 자아를 발견하면서 세례 요한의 고백처럼 그는 흥해야 하고 나는 쇠해야 한다고 고백하게 되었습니다. 주님은 요한보다 큰 자가 없다고 하셨습니다.
　이모저모로 주님이 하시는 일을 보면서 1분 1초도 작고 큰 일에 주님이 함께하시지 않았다면 지푸라기 하나 들 힘도 없었음은 자타가 아는 사실이었습니다.
　성경에 기록된 말씀만 성령의 감동으로 된 것이 아니라, 주의 일 하는 기도원이나 교회도 성령의 감동이 아니면 누구도 할 수 없는 주님의 일이라고 생각합니다.
　큰 교회에서 목회하시면서 이렇게 흰돌산기도원의 살림까지 챙겨 주셨던 셀 수 없이 많은 헌신 앞에 말없이 몸과 맘 쏟아 모든 감사와 영광을 주님께 돌려드리며, 영원히 잊지 못할 마음 담아 자손 대대로 아브라함의 가문이 되기를 기도하고 있습니다. 하지만 철없었던 지난날의 나의 허물과 실수에 대하여는 뒤늦게 반성하며 깨닫는 은혜 앞에 머리 숙여 뒤늦게 반성문을 적어놓고 싶습니다.

의논도 인사도 없이 기도원 일을 마감하고 미국에 와서 뒤늦게 자책하고 있었습니다. 그런데 안 목사님은 대한예수교장로회 교단의 어른이자 총회장님으로 미주의 열린문교회 부흥회 강사님으로 초청받아 오셨을 때도 외면하지 않고 여전히 부족한 나를 찾아주시고 대접까지 해주셨습니다. 그리고 기쁜 마음으로 이 책의 추천서까지 써주셨습니다.

끝까지 받기만 하는 작은 자의 모델처럼 은혜 입은 흔적만 남았음을 겸손히 기록합니다. 열국의 아비인 아브라함 가족처럼, 안상각 장로님과 안명환 목사님의 대를 이은 헌신의 축복이 아드님의 목회의 현장까지 대대로 임하기를 바라는 마음입니다.

#이종욱 변호사와 정경옥 권사님의 헌신

황혼의 길목에서 옛 추억의 장치를 작동시키자 한 분 한 분이 삭제되지 않은 채 선명하게 살아나고 있습니다. 이종욱 변호사님은 법원 단지인 서초동에서 법률사무소를 경영하던 엘리트 변호사님이십니다.

그의 부인 정경옥 권사님은 신앙이 좋아서 늘 교회에서 봉사하고 기도하는 삶을 살았습니다. 또 미모가 뛰어나고 재치가 있는 현숙한 여인입니다. 권사님은 문제만 생기면 우리 기도원으로 올라와 기도하곤 하였습니다.

그런데 어느 날 가정에 심각한 문제가 발생하였습니다. 우리는 그 문제를 놓고 기도하였습니다. 그런데 하나님의 크신 은혜로 해결되었습니다. 그 이후부터 이 부부는 나의 사역을 전적으로 후원해 주셨습니다.

어느 날 이 변호사님과 정 권사님 내외의 추천으로 그분들이 다니시는 교회로부터 나에게 부흥회 초청이 들어왔습니다. 이 변호사님이 직접 교회 목사님께 부탁하여 허락받고 나를 부흥 강사로 초청한 것입니다. 강사실은 변호사님 댁으로 정했습니다. 새 이부자리와 화장품과 잠옷 등 일주일 동안 필요한 필수품을 준비해 주셨습니다.

정 권사님의 마음가짐이 성경에 나오는 수넴 여인과 같았습니다. 집회가 끝나고 강사실에서 사용했던 이부자리까지 차에 실어 기도원에 내려주고 떠났던 일이 내 기억 속에 삭제되지 않고 남아 있습니다. 그뿐 아니라 이 변호사님은 재판에 문제가 있는 사람들을 기도원에 많이 보내 주셨습니다.

변호사 사무실을 이전할 때도 나를 초청하여 정중하게 예배드리고 사례도 두둑이 주셨습니다. 그리고 새해마다 세뱃돈을 준비하여 선물과 함께 주셨습니다. 내가 한국에 나갈 때마다 선교비를 챙겨 주시기도 했습니다.

또 제2의 사역을 위하여 용인에 준비한 땅 문제로 한전과 법정 시비 사건이 발생했을 때 지방법원, 고등법원, 대법원에서까지 승소하게 해주셨습니다. 내가 믿고 아끼는 일등 변호사님이십니다. 이제는 변호사 사무실에 성경을 비치해 놓고 과거에 성경 없이 일했던 때의 무능함을 고백하기도 했습니다.

변호사님은 한동안 미국의 비영리 선교단체인 흰돌선교회 회장직을 맡아 수고해 주셨습니다. 이종욱 변호사님과 정경옥 권사님 내외분은 내 평생 잊지 못할 고마운 분입니다. 주님의 은총이 두 내외분과 자손들 위에 영원히 함께하시기를 축원합니다.

#오산읍 장로교회 권사님의 건축헌금

화성군 오산읍 장로교회에 다니시는 권사님이 계셨습니다. 이 권사님은 흰돌산기도원에 오셔서 내 설교를 들어본 적이 한 번도 없는 분이십니다. 그런데 그분의 말에 의하면 흰돌산기도원 원장님만 생각하면 눈물이 난다는 것입니다. 부엌에서 조리하다가도 원장님만 생각하면 감출 수 없도록 눈물이 나니 이상한 징조라는 것입니다.

그래서 어느 날 기도의 동역자들과 함께 흰돌산기도원을 찾아오셨습니다. 만나서 잠시 이야기를 나누는데 또 울기 시작했습니다. 이분은 시골

촌뜨기도 아니요, 세련된 미모의 여성인 데다 교회에서 활동도 많이 하시는 분 같았습니다. 헌금을 준비해 오셨는데 그 당시로서는 결코 적지 않은 금액인 600만 원이나 되었습니다.

그 후 그는 계속하여 몇 차례나 더 헌금했습니다. 그때는 대성전 건축이 본격화되던 때였습니다. 한 번도 만나 본 적 없는 사람의 마음을 움직여 거액의 헌금을 드리도록 인도하신 성령님의 감격스러운 역사를 경험하는 순간순간들은 삼복더위에 이마의 땀을 식혀 주는 산들바람처럼 우리를 울다가도 웃게 하는 기쁨의 순간들이었습니다.

#반신불수 장애우가 드린 건축헌금

여름 대집회에 모이는 숫자는 몇천 명이나 됩니다. 겨우 대성전의 지붕은 씌웠으나 미완성된 채로 몰려드는 인파를 수용하여 집회를 인도하였습니다. 집회를 마치고 마지막 사람들이 다 떠나가고 나서 뒷마무리를 하기 위해 원내를 한 바퀴 돌아보게 되었습니다.

여자 화장실과 샤워장을 샅샅이 살피다가 나와 갑자기 부닥친 한 여자가 있었습니다. 그는 소아마비 환자로 반신불수 장애인이었습니다. 손발이 정상이 아니었고 얼굴 모양도 마찬가지였습니다. 눈과 눈이 마주치자 성치 못한 몸으로 깜짝 놀란 표정을 지었습니다.

왜 그러시냐고 물었더니 은혜 받은 간증과 마음의 소원을 말했습니다. 그는 처녀 때 하나님께 약속드린 것이 있다고 하였습니다. 자기가 원하는 남자와 결혼시켜 주시면 하나님을 위하여 신앙생활을 잘하며 봉사활동도 잘하겠다고 약속했다는 것입니다.

그래서 원하는 남자와 결혼하였고 3남매를 낳았습니다. 남편의 사업도 잘 성장하여 편안한 삶을 살아왔다고 했습니다. 그 남편 되시는 분이 쌍용주유소를 경영했으므로 생활도 안정이 되어 있는 상태였습니다.

그런데 다 자란 아이들이 엇나가기 시작했습니다. 그래서 가출했던 딸

아이를 기도원에 데리고 와서 한 주간 동안 회개하며 지내게 되었습니다.

두 사람이 다 은혜를 받고 보니 처녀 때 하나님께 약속드린 것을 어긴 죄를 회개하게 되었습니다.

그런데 은혜 받은 곳에 헌금을 드리고 싶은 마음과 본 교회에 드리고 싶은 마음 사이에서 갈등이 생겼던 것입니다. 그리하여 생각 끝에 결정하기를 서 원장님과 정면으로 마주치는 일이 생기지 않으면 본 교회에 헌금을 드리기로 했답니다. 그런데 기도원의 물이 너무 좋아서 떠나기 전에 한 번 더 씻으려고 물을 찾아왔다가 나를 정면으로 만나게 되었으니 그렇게 놀란 표정이 되었던 것입니다.

그런데 그때 나는 집회에서 들어온 헌금을 모두 다 털어 건축회사 사장님께 드리고 난 상태인지라 그날 당장 어음 갚을 금액이 모자라는 형편이었습니다. 그런데 바로 그때 이분이 마음에 약속한 헌금을 당장 하겠다는 것입니다.

그의 집은 기도원에서 가까운 동리에 있었습니다. 그분이 그날 가져온 헌금이 2천만 원이나 되었습니다. 그날 내가 막아야 했던 어음 액수가 딱 2천만 원이었습니다. 할렐루야!

2장
미국에서의 청소년 사역과 동역자들

#미주 흰돌선교회 장영주 이사님의 헌신

강산이 두 번 변하고 하나님의 인도하심에 미국 땅에 와서 문화와 교육과 언어에 장애인과 같은 사람으로서 같은 수준의 노인 사업도 아닌 한인 1.5세 청소년 운동을 시작하였습니다.

이민 초년생으로 청소년 선교 사역을 착수하고 기도 모임을 주도하면서 재미 한인 1.5세 청소년들 가운데서 세계적인 인물들이 탄생하기를 소망하며 밑거름을 뿌리는 사역을 시작하고 있었습니다.

한인 1.5세 청소년 선교 사역이 진행되면서 이 소식을 들은 LA에 거주하는 청소년들이 처음에는 대략 50명이 모이더니, 어느 날 갑자기 100여 명이 2층 교회로 몰려왔습니다. 2층 교회가 무너질 듯 같은 두려움이 엄습해 왔습니다. 그리하여 청운교회를 담임하고 계신 이준만 목사님을 만나 의논하기 위하여 청운교회를 방문하였습니다.

청운교회 새벽예배 시간에 나가 예배를 드리고 난 후에 이준만 목사님을 만나 뵙고 청운교회 부설 교육관을 청소년 선교 사역관으로 빌려 사용하기로 허락을 받고 돌아왔습니다. 집회 장소를 큰 교회로 옮기고 보니 주차장 문제도 해결되고 여러모로 좋았습니다. 하지만 경제적인 부담은

3배로 늘어나면서 무거워졌습니다.

청소년 선교 사업은 투자뿐입니다. 무조건 투자입니다. 아이들은 돈이 없고 철도 없습니다. 하지만 일을 저질러 장소가 확장되었습니다. 또다시 하나님께 도움을 구하는 기도에 전무해야 했습니다. 그다음 날 또다시 우리 거실에서 중보기도를 하고 있었습니다. 그때 뜻하지 않게 한 여인이 혜성처럼 나타났습니다.

그분은 장영주 집사님이셨습니다. 장 집사님이 기도회에 참석해 질문을 던졌습니다. 여기서 하는 일이 무엇이냐고 물었습니다. 나는 어젯밤에 있었던 일, 갑자기 벌떼처럼 몰려온 청소년들에 대한 설명과 3배로 늘어난 경제적인 부담을 이야기했습니다.

그 말을 들은 장영주 집사님은 즉석에서 "그 경제적인 부담은 제가 감당할게요" 하며 자신의 신앙 간증을 했습니다. 그 후 그는 계속해서 적극적인 하나님의 사람, 청소년들의 어머니가 되어 물심양면으로 헌신해 주었습니다. 장 집사님은 그야말로 내가 감당해야 할 경제적인 부분도 맘 편하게 후원해 주었습니다. 그리고 내가 마음껏 일할 수 있도록 최선을 다하여 협력해 주었습니다.

그뿐 아니라 법적인 여러 절차 등 큰 일도 마음 쏟아 해결해 주었습니다. 그는 앞뒤에서 호위하고 후원하는 든든한 반석과 같은 믿음으로 협력해 주었습니다. 내가 3년 전 은퇴한 후 지금까지도 나의 노후를 보살피고 있습니다.

이 모두가 사람이 하려고 해서 하는 것이 아니라 우리 사이에 하나님이 함께하시기 때문임을 고백합니다.

그는 십수 년이 지나도 변함 없고 공치사하는 일도 없는 하나님의 메신저로, 미주 흰돌선교회 이사님으로 적극적으로 주의 일을 하고 있습니다. 그는 세상 친구들과도 즐거운 시간을 많이 보내고 누리는 축복을 받은 분입니다. 하지만 하나님을 위한 뚝심과 확신은 확실합니다. 그의 믿음은 말하는 믿음이 아닌 행하는 믿음입니다. 마땅히 해야 할 일은 똑 부러지게 해냅니다. 드러나게 일을 하는 자가 아니라 숨어서 하나님과만 눈을 맞추고 마음을 쏟아 드리는 사람입니다.

세상에 속한 사람 같은데 하늘에 속한 기묘한 사람입니다. 하나님만 사용하시기 위해 깊이 감춰 놓으신 보석함 속에 있는 다이아몬드나 진주 같은 사람입니다. 강산이 두 번 변하여도 한결같은 마음입니다.

열 번이고 백 번이고 나와 함께 청소년 선교 사역에 수고해 주신 열국의 어미 장영주 이사님께 감사를 드립니다.

세상 끝날까지 더 좋은 열매가 충실하도록 웃거름을 더해 주는 헌신과 봉사의 삶을 살게 되기를 축복합니다. 주님의 일 하는 기쁨, 주님의 즐거움에 동참하기만을 위해 기도하며 숨어서 뿌리 역할을 하신 장영주 이사님을 위하여 젊은 일꾼들의 기도가 한층 더해지기를 부탁드립니다.

#이영자 권사님의 헌신

남가주 사랑의교회는 서울 사랑의교회 오정현 목사님께서 개척하신 교회로 LA에 소재하고 있는 교회들 중 명성 있는 대형 교회입니다. 나도 가끔 특별 행사 때 참석한 바가 있습니다. 말씀도, 시스템도, 교인들도, 주차 시설도, 제자 훈련도 각 방면이 모두 우수하고 은혜로운 교회입니다.

지난번에 조카 박용수 목사가 사랑의교회 청년부에서 개최한 집회에 강사로 초청을 받아 집회를 인도할 기회가 있어서 뒷전에서 기도하며 응원하려고 오랜만에 사랑의교회 청년 집회에 참석했습니다.

담당 목사님도 친절하고 인상이 좋았습니다. 사회자나 여러 간사님과 순서 맡은 분들도 역시 큰 교회에서 훈련받은 청년들답게 은혜로웠고, 기도의 열기도 대단해서 젊은이들의 뜨거운 집회에서 나도 은혜를 많이 받았습니다.

젊은이들의 뜨거운 열정은 가슴 깊은 곳에서 솟아나는 시대적 불기둥 같았습니다. 하나님은 마치 거부 보아스의 타작마당에서 이삭을 주웠던 룻과 같이 흰돌선교회에 LA 지역에 소재한 대형 교회를 비롯한 여러 교회들이 미처 수행하지 못한 한인 1.5세 청소년들을 구원하는 이삭 줍기 사역을 감당하도록 허락하셨습니다.

처음에는 영주권 관계로 포모나 'Shield of church' 오순절 교단 헤드쿼터에서 한국 커뮤니티를 위하여 일하라고 교단 감독님께서 예배실을 선처해 주시고 적극적으로 후원해 주셨습니다. 하지만 그곳은 흑인 지역인지라 한국인들이 없어서 그 당시 5명으로 시작한 아주 작은 예배였습니다.

그러한 상황에서 어덜트스쿨에서 사랑의교회에 출석하시는 이영자 권사님을 만났습니다. 우리는 같은 신앙인으로 만나 대화를 나눴는데, 내 나이에 교회를 개척한다고 하는 소리를 듣고는 동정심이 생겼는지 주일날이면 본교회인 사랑의교회 대예배를 드린 후 포모나에 있는 아주 작은 규모의 흰돌교회 예배에 참석해 주셨습니다.

이 권사님은 이민 선배로서 내가 하는 흰돌선교회의 일원이 되어 함께 기도하고 속주머니 털어 헌금과 시간으로 봉사해 주며 일주일에 한 번씩 중보기도회에도 참석하였습니다. 중보기도 시간이면 10여 명 정도가 세리토스 우리 집 거실에 모여 기도하였습니다. 그때 이 권사님은 중보기도회 팀장 역할을 맡아 주셨습니다. 그 당시 중보기도회 팀장으로 수고해 주신 고마움은 지금도 잊을 수가 없습니다.

이런 기도들을 흡수했던 청소년들이 이제는 제법 가정과 나라와 세계를 이끌어 가는 40대 중반의 사회 중역들이 되어 얼반 필그림 처치로 독립하고 세계를 향한 부르심을 받으며 활동하고 있습니다.

이와 같은 흰돌교회와 흰돌선교회의 부흥과 발전과 성장 과정에서 이영자 권사님의 기도와 헌신과 봉사가 있었음을 생각하며 감사한 마음을 전합니다.

#김정옥 권사님의 헌신

가정생활에 충실하면서도 섬기는 교회에는 열국의 어미처럼 기도와 섬김의 본이 되신 김정옥 권사님은 그 옛날부터 은혜 생활을 순수하게 하면서 자녀들까지 체험적인 신앙생활을 하도록 이끌었으며, 어디서나 똑같은 말을 하는데도 해결사와 같은 영적 힘을 소유하고 계십니다.

젊은이들의 새벽예배도 생명처럼 여기며 출석하여 응답받는 모범적인 신앙의 충실한 열매의 간증을 들을 때마다 그 은혜의 간증 한 마디 한 마디가 돈 자랑 백 번 하는 것보다 부럽기가 짝이 없습니다. 합심 기도 때 처음에는 대표 기도를 해도 내가 80세가 넘으면서 청각도 함께 약해져 작은 소리에는 '아멘'을 할 수가 없었습니다.

하지만 몇 년 계속된 기도 훈련 덕분인 듯 지금은 기도의 내용과 음성까지도 감동적이며 '아멘'이 부흥회 때와 같습니다. 우리는 모일 때마다 돌아가면서 예배를 인도합니다. 예배 인도가 어색하지 않게 하고, 가정예배나 구역예배 정도는 인도할 수 있게 하기 위해서입니다.

다 그런 것은 아니지만 신앙생활을 오래 하다 권사가 되고, 집사가 되어도 예배 인도는 쉽지 않기 때문입니다. 그러므로 어디서든 주님의 제자들처럼 직분자들은 소그룹의 리더로서의 참석도 필요하지만, 예배를 인도할 수 있는 훈련을 하면서 기도해야 합니다. 서당 개 3년이면 풍월을 읊는다는 말처럼 권사님도 이제는 훌륭한 소그룹 지도자가 되었습니다.

#최병숙 전도사님의 헌신

최병숙 전도사님의 수년간 변함없는 봉사와 기도의 헌신은 더욱 감동적입니다. 종종 나는 저렇게 할 수 있을까 자문해 보면 저절로 머리가 숙여집니다. 말없이 사랑으로 뒷전에서 전도사님의 영혼 구원 사역을 축복하며 기도하고 있습니다.

팬데믹 기간에는 사람을 피하며 두려워하는 자들이 많았습니다. 하지만 우리 기도의 용사들은 재난이나 죽음을 초월하여 계속적으로 기도의 시간과 자리를 지켜간 것에 감사를 드립니다. 앞으로도 누군가가 해야 할 시대적 기도의 사명에 충실하여 여호와의 불이 꺼지지 않게 계속 지켜나가는 사람들이 되기를 기원합니다.

나라와 민족을 위하여, 교회를 위하여, 사랑하는 자녀들을 위하여 모이기를 힘쓰며 계속 기도한다는 것은 아무나 할 수 있는 것이 아닙니다. 이 시대를 살아가면서 성경대로 기도하는 사명은 구속사의 반열에서 한나가 사무엘을 위하여 기도했듯이 엘리야 시대에 숨겨진 7,000명에 속한 하나님께서 쓰시는 데 필요한 사람들이 하는 일입니다.

그 외에도 가지각색의 믿음의 분량대로, 은사대로 모이면 기도하고 서로 섬기는 자세는 볼수록 귀하고 아름답습니다. 이 시대에 없으면 안 되는 꼭 필요한 복음의 사역자입니다. 최병숙 전도사님이 계심으로 삶의 행복을 느낍니다.

#이세용 목사님과 이용주 사모님의 헌신

어덜트스쿨도 여러 해 다녔습니다. 주말이면 단체로 학교 버스를 타고 교육현장 견학도 많이 다녔습니다. 선생님들 훈육 방법도 열정적이었고 친절 봉사도 대단했습니다. 여러 나라 사람들이었기에 각 나라의 문화 행사도 흥미롭고 즐거웠습니다.

문화 행사 기간이면 준비하느라 다들 열심이었습니다. 각 나라의 민요도 들려주어야 하고, 음식도 간단하게 선보여야 했습니다. 우리는 모두 모여 '아리랑'을 부르느냐, '갑순이와 갑돌이'를 부르느냐를 놓고 의논하였습니다. 결국 '갑순이와 갑돌이'로 결정되었습니다.

이 노래를 부르기 위하여 연습하는 과정에서 다들 너무 점잖고 감정 표현을 절제해 재미가 없었습니다. 얼굴들이 더 굳어진 상태였습니다. 내가 나서서 흥겹게 그야말로 바디랭귀지로 시범을 보였습니다.

갑자기 웃음바다가 되고 박수가 터졌습니다. 노래 자랑을 하려면 감정 표현이 포인트라고 말했습니다. 얌전하게만 있던 사람이 그날의 분위기는 정반대였습니다. 한국말과 한국 노래는 익숙한 편이었기 때문입니다. 하지만 영어 시간에는 기가 죽었고, 1주일이면 각 반에서 나눠주는 페이퍼만 해도 엄청난 양이었습니다.

집에 오면 숙제에 온 신경을 기울이니 성경과는 거리가 멀어졌습니다. 나의 영이 점점 약해지는지 양심의 가책을 받으면서도 한번 해보자 하고 영어 공부에 적극적이었습니다. 매일 옆의 컴퓨터로 공부하는 반에서 2시간씩 이어폰을 쓰고 공부했습니다. 반복하고 또 반복했습니다.

그러는 중에 욕심대로 되지 않고 귀에 이상이 와서 귀가 어두워짐을 느꼈고 청각 장애인처럼 이것도 저것도 아닌 상태가 되었습니다.

이세영 목사님은 작사가, 작곡가이시기에 감동적인 노래도 많이 지으시고 부르십니다. 겨우 한 번씩 내가 대표 기도를 하면 칭찬받는 것으로 부족함을 때운 것 같았습니다. 성경공부에 은혜도 있었지만 모인 분들의 분위기도 너무 좋았습니다. 모두가 그 시간을 사모하고 만나면 은혜로웠습니다.

은혜로운 분위기가 만들어진 데는 이용주 사모님의 역할이 더욱 컸습니다. 이 목사님과 사모님이 영어권에서도 상위층에 속해 있으면서 각각의 위치에서 열심히 모범을 보이며 생활하시는 것을 보면서 존경심이 더해졌습니다. 성경공부에 모인 분들뿐 아니라 환자를 대하시는 모습을 보며 하나님이 주신 천직에도 'A플러스' 점수를 주고 싶었습니다.

아가서에 기록된 술람미 여인과 같다고 느꼈습니다. 노루와도 같고 사슴과도 같이 재빠르게 행동하셨습니다. 공사가 바쁘신 중에도 나의 문화적인 부족함을 채워 주시느라 신경 써주시고, 나의 건강을 위해서도 앞뒤로 신경을 써주신 고마운 분들이었습니다.

나는 오직 성경과 기도에만 집중하여 살아왔기에 세상을 살아가는 것이나 문화에는 어두운 사람입니다. 그런 나를 위하여 음으로 양으로 안내하시느라 참으로 신경을 많이 써주심에 갚을 수 없는 사랑의 빚을 졌음을 고백합니다. 약자로서 받은 하나님의 은혜와 축복을 생각할수록 감사합니다.

성경공부에서 배운 말씀과 베풀어 주신 사랑에 고마운 마음을 금할 길이 없습니다. 그뿐이 아니었습니다. 서울대생 동문회가 해마다 홀리워드 볼에서 열립니다. 연중 유명한 프로그램을 선정하여 한자리에서 관람합니다. 그때는 각각 가족을 비롯해 가까운 분들도 초대하여 함께 즐기는 시간입니다.

그런데 이용주 사모님의 배려로 이 모임에 어색함 없이 동참하게 되면서 좋은 추억을 남기게 된 것도 잊을 수 없는 고마움입니다. 은혜는 갚을 수 없는 자에게 베푸는 것이 진짜 은혜입니다.

젊은 날에는 전 미국 도시의 절반을 혼자 다녔습니다. 그러나 나이 들어 천국 문 가까이서 노크하고 기다리는 지금은 그 용기가 다 사라지고 이용주 사모님의 가이드를 기다리며 의지하는 습관에 젖어 있습니다. 워싱턴 안나산기도원과 텍사스 별장, 노스캐롤라이나, 나성산기도원에 갈 때도 인도해 주셨습니다.

노스캐롤라이나에서 다시 초대하는데도 이용주 사모님 일정에 시간을 맞추어 대기하는 것이 익숙해졌습니다. 하지만 복음을 전하는 데 동반자가 된 일에 보람과 감사도 있을 것이기에 당당한 기분입니다. 내 일이 아니고 주님의 일이기 때문입니다.

하던 일 멈추고 천 리 길, 만 리 길을 뛰어가도 주의 일은 주님이 하시기에 앞에서 인도하시고 뒤에서 호위하심을 감동을 주어 깨닫게 하시니 기쁘고 즐겁게 감당하며 그저 부족함만 느낄 뿐입니다. 영적 프로그램에 집중하여 헌신하는 기쁨은 받은 자 외에는 느낄 수 없는 것입니다.

사막 같은 나그네의 행로에서 사역의 동반자가 되어 시간을 쪼개어 동행해 주신 행적은 이후 대심판 날에도 증거물이 될 것입니다. 주님의 크신 은총과 축복이 이세영 목사님 내외분과 함께하시기를 기도드립니다.

#장정준 권사님의 헌신과 사랑하는 옥란 성도

　기도 모임의 사명을 따라 사렙다 과부처럼 유난히 봉사에 열중하는 장정준 권사님과 하나님의 은혜를 사모하는 기도의 은사를 받은 기도 대장 신 사모님의 열정과 헌신도 존경스럽습니다.

　또 새로 믿게 된 막내 옥란이의 신앙 성장은 나중 된 자가 먼저 되는 축복인 듯 함께 기도하는 자들에게 큰 감동을 줍니다.

　모여 기도하고 성경공부하면서 쑥쑥 자라는 영적 성장이 날이 갈수록 새롭습니다. 모두가 가진 달란트대로 수고하여 갑절의 칭찬 받기를 기원합니다.

3장
재미 기드온신학교 동문 동역자들

1967년 2월 7일, 300명의 기드온신학교 학생들이 목숨을 걸고 자유의 다리를 건넌 적이 있습니다. 그 당시에 고락을 함께했던 동문들이 미국 캘리포니아에서 60년 만에 만나 매월 동문회로 모입니다. 아직도 모두 60년 전 그 열정을 간직하고 있으며 거의가 목사님들로 구성되어 있습니다.

미국에서 여러 선배들이 먼저 천국으로 입성하시고, 우리도 천국문 앞에서 대기표 받아 들고 이름 불러 주실 때를 기다리며 세마포 단장에만 신경을 집중하고 있습니다.

한 달에 한 번 모이는 월례회이지만 소풍 가는 듯 설레며, 아론의 지팡이에서 싹이 나듯 80세가 넘은 사람들의 모임에도 웃음의 싹이 트고, 일하는 관록에도 감동의 새싹들이 각자의 은사대로 보입니다.

부담 없이 돌아가며 예배를 인도하고, 각자가 당번대로 식사를 대접하면서 어린애 돌잔치 하는 기분도 들고 별스럽지 않은 말에도 웃음보가 터지면 엔돌핀 공장장들처럼 싱글벙글입니다.

남가주 감림산기도원 원장이신 최정희 목사님과 진리감리교회 김 목사님, 모 신학교 송인 교수님 내외분, 목회와 가정사에서 성공하시고 현재 문학 작가로 활동 중이신 신영애 사모님과 기도의 용사이신 장금옥 전도사님 등 모두가 국보급 같은 분들입니다.

　나는 이 모든 분을 숨겨진 문화재감이라고 평가하고 싶습니다. 거기에 김연주 목사님이 사랑의 배달부처럼 선물을 한 차 싣고 매달 모임에 동참하는 모습도 은혜롭습니다.

　그중에 나이배기인 나에게는 주름살대로 계산하여 어른이란 명칭하에 계급장처럼 완장을 채워 놓아 동문회 모임의 왕초가 되었습니다.

　이렇게 각자가 동서남북에서 예수 향기 날리며 사역하시던 분들이 이제는 은퇴하시고 각자의 소그룹 활동에 최선을 다하고 있습니다.

　그러면서도 문학 작가로 활동하시는 송인 목사님과 최정희 원장님, 또 한 분의 문학 작가이신 신영애 사모님과 여러 동문들이 기도의 합작으로 등을 밀어주시니 감사할 따름입니다.

　그런 까닭에 순풍의 돛단배처럼 모두가 함께 가게 해주셔서 한편 죄송하면서도 자나 깨나 감사와 찬양을 주님께 올려 드립니다.

　나이가 들수록 시간이 살과 같이 빠르게 지나고 있습니다. 성경 품고 사는 것도 물론이지만, 안팎에 쌓인 일들도 적지 않습니다. 소인은 일을 피하지만 대인은 일을 찾아서 만들며 삽니다. 거목은 아니지만 그래도 소인은 아닌듯 바쁘게 지내는 것을 기쁘고 감사하게 생각합니다.

　일 없는 하루하루는 지루하기 짝이 없습니다. 병원에 간 사람은 할 일이 없고, 옥중에 있어도 일이 정지됩니다. 그들은 하루가 천 년같이 지루하고 힘듭니다. 일 많은 것도, 바쁜 것도 천 년이 하루 같다는 일꾼에게 주시는 천국의 개념에서 하신 말씀인 것 같아서 무슨 일이나 기쁘게 하며 사니 행복합니다.

　오늘이 주중인가 하면 어느덧 주말일 정도로 바쁩니다. 요즈음은 60년 만에 만난 동문도 있고, 수십 년 된 동문들이 한 달에 한 번씩 기도 모임을 하고 있습니다. 대부분이 80줄이 되어서 만나다 보니 육신은 연약해도 만남의 뜻이 같아서 매우 마음이 기쁘고 즐겁습니다.

옛날 산에서 받은 은혜의 맛은 변함없고 오히려 연륜을 통한 성숙한 내면은 점점 새로운 감동을 받습니다. 만나는 동문은 대부분 목사님들이 십니다. 피차간에 흉금을 털어놓고 이야기합니다. 제재 없는 웃음소리에 화기애애한 분위기입니다.

#LA 감림산기도원 최정희 원장님의 헌신

최정희 원장님은 나의 신학교 후배입니다. 경남 양산에 있는 감림산기도원을 개척할 때부터 이옥란 원장과 함께 기도원을 부흥 발전시키는 데 큰 공헌을 하신 분입니다. 최정희 원장님은 40일 금식기도의 위력으로 일본 선교와 부산 일대에서 영력을 발휘한 뒤 사역의 지경을 넓혀 미국에 이민 오셔서 LA에 감림산기도원을 설립하시고 헌신하셨습니다.

미국 캘리포니아에서 뜨리띠아스와 기도 운동에 크게 이바지하였습니다. 얍복강가에서 환도뼈가 부러지게 기도한 후 이스라엘이란 칭호를 받아낸 야곱처럼 최 원장님도 기도 뒤에 환도뼈가 어긋나서 절뚝거리는 흔적이 남았습니다. 최정희 원장님은 나이 들어 은퇴한 후 골수를 수술받고 야곱처럼 지팡이를 의존하고 있습니다.

하지만 영적 수준은 더욱 성숙해져 '꺼지지 않는 호렙산의 불길'이라 부르고 싶습니다. 세리토스에서 멀리 떨어진 리버사이드에 살고 계시는 최정희 원장님은 국내외적으로 일하는 관록이 여전하고 일선에서 은퇴하였는데도 펴는 손, 베푸는 손길은 여전합니다.

10명 미만의 작은 숫자이지만 한 달 내내 준비한 물품들을 한 차씩 풀어 나누어 주기 좋아하는 것도 은사인 것 같습니다. 도둑질도 손발이 맞아야 한다는 것처럼 함께하신 김 목사님의 말씀과 협력에도 그리스도의 흔적을 남기는 일에 감동적입니다.

리버사이드 카운티에서 세리토스 카운티까지 그 먼 거리를 멀다 하지 않고 달려와 주심이 사랑에는 거리도 무관한 듯 시도 때도 없이 만날 때마다 산타 할아버지를 연상하게 됩니다. 요즈음은 젊은 목사님이 새롭게 교회를 개척하는 일을 돕기 위하여 후원하고 계십니다.

나의 자서전 출판 소식을 듣고 출판하는 데 보태라고 후원 헌금도 주셨습니다. 그 사랑과 은혜에 감사를 드립니다. 속히 건강을 회복하셔서 무병장수하는 은혜를 누리시기를 두 손 모아 기도드립니다.

#시인 송인 목사님과 사모님의 섬김

LA에 사시는 송 목사님 내외분도 각각 은사는 다르지만, 아직도 강의하시며 할 일이 즐비하시면서도 동문회 모임에는 일등으로 참석하십니다. 사모님의 음식은 늘 푸짐하고 맛깔납니다. 마치 친정집에 온 듯 떠들썩하게 기분 좋은 분위기를 연출하며 챙기는 모양이 큰딸이나 맏며느리 같습니다.

송인 목사님은 재미 교포 문단에 등단한 시인입니다. 지적인 글솜씨와 시적 감각에 사진작가로도 손색이 없으신 다재다능하신 분이십니다. 하지만 동문 모임에서는 천진난만할 정도로 섬기는 모습에 마치 유치원 모임 같을 때도 있습니다.

#오영애 사모님의 적극적인 사고방식

20대에 만났다가 60년 만에 다시 만난 오영애 사모님은 선구자의 삶으로 모범을 보이신 신 목사님의 사모님이십니다. 목사님은 목회도 가정도 성공적으로 일구신 뒤 먼저 천국에 가시고, 사모님은 사녀손들의 효도를 받으시며 식지 않은 은혜의 첫사랑을 그대로 이행하다가 뒤늦게 우리와 만남의 자리를 갖게 되었습니다.

오영애 사모님은 작가로도 유명하십니다. 지금도 시와 수필을 쓰는 데 시간을 투자하고, 글사랑 회원들과 함께 글방을 맴돌며 우리와 달리 차원 높게 노년을 지나고 있습니다. 나와의 만남도 본인의 산문집 출판 기념일에 초대하면서부터입니다.

출판 기념일에 친척과 가족들과 아들딸과 외국인들까지 함께한 것을 보고 느낀 점이 있었습니다. 그 옛날 바랑 메고 머리 깎은 스님으로 대면했던 것과 현재 하늘과 땅 차이로 다른 것은 복음으로 은혜 생활을 한 결과라는 것이었습니다.

그 후로 깍듯이 선배로서 과분한 대접을 받으며 일주일에 한 번씩은 세리토스 장로교회를 섬기면서 얼굴을 보며 허심탄회하게 이야기보따리를 푸는데 시시한 말끝에도 배꼽을 잡고 웃곤 합니다.

성격도 비슷하고, 체구도 비슷하고, 긍정적인 그리고 적극적인 사고방식의 삶도 비슷해 한 번 웃음이 터지면 엔돌핀 생산 공장같이 되어 버립니다. 사모님 덕분에 뒤늦게 즐겁게 지내고 있습니다.

#장금옥 사모님의 헌신과 필수품 공급

몇 명 되지 않고 두세 명만 되어도 공동체입니다. 공동체 속에는 보석같이 귀한 자들이 숨어 있습니다. 겉으로 보기에는 허약자이고 국가의 도움을 받으며 살아가야 하는 자들에게도 그리스도의 향기는 숨어 있습니다. 건강도 없습니다. 수입도 국가에서 받는 것 외에는 없습니다. 하지만 주의 일 하는 것과 기도하는 일에는 변함이 없습니다.

국가에서 받은 냅킨과 화장지 뭉치를 비틀거리며 들고 들어오는 모습은 심지어 의기양양합니다. 성경의 과부의 엽전과 같은, 부자와 비교할 수 없는 지극히 적은 수입에서 바치는 물건입니다.

팬데믹 기간에 코스트코에는 화장지가 품절이었습니다. 늦게 가면 살 수가 없었습니다. 하지만 우리 집에는 화장지가 풍년이었습니다. 팬데믹 기간에 집을 개방하여 기도실로, 몇몇 공동체를 구성하여 말씀의 집으로 사용했기 때문에 장금옥 사모님이 필수품 공급원이 되었습니다.

5부

현재 나의 신앙과
삶의 이야기

1장
세리토스장로교회에 출석하다

　세리토스는 제2의 나의 고향인 듯 나의 마음도 평안합니다. 첫발을 들인 세리토스장로교회도 황보연준 목사님 때부터 말씀이 좋았고, 큰 기침 한 번에 전 교회가 조용할 정도로 권위가 있고 거목처럼 우뚝 서 있는 든든한 목사님이 계셔서 참 좋았습니다.
　그 후 김한요 목사님 때도 살아 있는 말씀을 뿜어내는 우렁찬 성대와 영맥, 전 교인을 압도하는 지휘력에 감탄하고 은혜를 받았습니다. 많은 세월이 흘러 세 번째 맞이한 박규성 목사님도 여전히 말씀에 포인트를 맞추고 흐트러짐 없이 영적 교과서인 성경 본문에서 5대 영양소를 선포하고 교인을 사랑하며 끝없는 열정을 다하셨습니다.
　성도들은 예배가 끝나고 서로 만나면 "오늘 말씀 정말 좋지요?" 하며 화답하는 것이 우리 눈과 입술을 미소 짓게 하는 미덕입니다. 교회에서 원망이나 불평은 금물입니다.
　모이면 사랑하고, 헤어지면 서로가 중보기도하며, 서로의 마음을 보듬는 따뜻한 온기가 필요합니다. 사랑하는 교회, 섬기는 교회, 흔들림 없는 반석에 세운 말씀 충만, 성령 충만한 교회가 있음에 감사합니다.
　내가 앉은 자리에서 기도하고 응답받기를 구했습니다. 성령 시리즈로 계속된 설교에 힘을 얻어 팬데믹 기간에 전무후무한 새벽기도를 하고 받은 은혜의 체험이 감사했습니다.

모두가 사랑받는 사람이 행복하다고 말합니다. 사랑을 받지 못하면 우울증 등 모든 병의 근원이 되어 병원 출입이 잦아집니다. 하지만 참 그리스도인은 정반대로 귀일됩니다. 사랑하는 사람으로 극치에 달합니다.

#내가 사는 세리토스

세리토스는 신도시의 매력은 없어도 자랑할 것이 많은 도시입니다. 20년을 살아왔어도 험한 일은 없었습니다. 나무가 많고 공원도 많습니다. 한국 상점도 여러 곳이 있습니다. 고속도로도 가깝습니다. 교육 시스템은 물론 타운센터, 노인센터, 은행, 식당 등이 다 있고 조용해 어느새 정이 들었습니다.

어색한 시인으로 둔갑하여 뒤뜰 앞뜰의 푸른 잎사귀와 나누는 속삭임도 정말 좋습니다. 물 주고 거름 주며 잔풀 뽑아 준 공치사하며 "잘 자랐구나" 칭찬하며 사랑의 맛을 느끼는 평범한 노인 생활이 주 안에서 행복합니다. 때로는 과장하여 이곳을 에덴이라 부르기도 합니다.

소소한 일상생활도 해질 때까지 무척 바쁩니다. 하루가 훌쩍 가버립니다. 천국의 그림자입니다. 천국은 천 년이 하루 같고, 지옥은 하루가 천 년같이 지루합니다. 지옥의 모형은 옥중과 같은 병원입니다.

우리는 모두 팬데믹을 통과했습니다. 수많은 사람이 죽어 시체들이 즐비했습니다. 저마다 마스크를 쓰고 문 걸고 집 안에서 뉴스에 시선을 돌리고 있었습니다. 사람의 왕래도 두려웠습니다. 하지만 그런 와중에도 모처럼 몇 명을 전도했습니다. 그런데 교회 카페도 문을 닫았습니다. 그래서 우리 집 앞문을 열었습니다.

주일 1부 예배가 끝나면 우리 순원들은 우리 집 식탁에 앉아 오손도손 각자의 입을 열어 하고픈 말을 하며 식사를 하고 커피를 마시는 만남의 시간을 오붓하게 가졌습니다. 팬데믹이 끝나고 교회 카페가 다시 문을 열었습니다. 나의 수고도 끝났습니다.

"지극히 작은 일도 자원하는 맘으로 하면 그것이 곧 주의 일이다." 우리 순장님은 겉보기엔 순장이란 단어와 거리가 있는 분입니다. 하지만 한 순에서 오래 지나고 보니, 보는 정에 속정까지 알게 되었습니다. 40년 넘게 교회 생활을 하셨습니다. 교회 중심으로 신앙생활을 하셨습니다. 그러므로 세리토스장로교회 외에는 잘 모르는 분입니다.

나 역시 다른 분은 잘 몰라서 전도한 새신자들을 권사님께 맡기고 오랜만에 한국을 다녀왔습니다. 너무도 많은 관심 속에 한눈팔지 않게 잘 지켜 주셔서 고마운 마음뿐이었습니다. 순장을 못하는 분이 아니었습니다. 자격이 충분하신 분이셨습니다. 위에서 시키면 안 할 분이신데 어쩌다 자연스럽게 맡게 된 순장이셨습니다. 순장님 명함조차도 어색하다고 손사래 치는 분이 요즘은 낮은 데 처하시며 잘도 챙기십니다. 물줄기는 낮은 데로 흐르듯이 은혜와 축복도 낮은 데로 임하시는 원리는 원칙입니다. 잘 적응해 주고 따라주는 순원들이 각자의 은사대로 신앙생활을 잘 하고 있어서 예쁘고 귀합니다.

#LA 카운티 세리토스에서의 일상생활

매일 아침 일어나면 창문을 열고, 또 마음 문을 열며 일상생활이 시작됩니다. 책상에 앉아 묵상하며 영적 세포를 호령하고 각 뼈 마디마디 잠든 세포도 깨워 기상시킵니다. 어제의 일의 연속도 있고, 새로운 일을 찾기도 하고, 뇌와 영이 정상인지 신문도 읽고, 여러 해 동안 기록한 메모와 헌 노트장 정리도 하고, 잊고 살았던 필요한 단어와 문장도 점검해 보면서 쓰레기와 보물이 무엇인지 구별이 되는 것을 보니 아직은 치매가 온 것 같지 않아 행복합니다.

음식물 쓰레기 처분하듯 내 언행 심사 속에 쌓여 있는 독소와 비위생적인 사고방식에 대한 관리 부족을 냉정하게 판단하고 시간 들여 새로운 영적 작업을 할 필요가 있었습니다. 노트 앞에 펜을 들고 앉아 있으면 풋내기 냄새가 물씬 나지만 펜 끝을 자극하여 클릭해 보니 누적된 자료들이 화답하는 숨소리가 들립니다.

언제나 이사 갈 준비를 하다 보면 각종 보따리와 장롱 속 구석구석을 점검하고 정리하게 됩니다. 내가 목포에서 20년 살다가 경상도로 이사할 때는 짐이 달랑 가방 하나였습니다. 결사적으로 금식하고 일주일 후면 죽을 것을 각오했기 때문입니다. 하지만 하나님의 주권으로 경상북도 금릉군 어모면 능치동 산 274번지 용문산기도원에서 15년 동안 영적 훈련의 긴 시간을 보냈습니다.

그 후 경기도 화성군 봉담면 세곡리로 이사 갈 때도 별 짐이 없었습니다. 천막 하나 들고 들어간 살림이었습니다. 경기도에서 23년 동안 흰돌산기도원 사역을 하다가 미국으로 올 때도 가방 하나였습니다. 하지만 미국에서의 현재 26년째 생활에서 또 한 번의 이사가 필요합니다. 천국으로의 이사입니다.

천국 갈 때 지금 내가 소유한 것들은 전부 쓰레기감입니다. 오직 믿음 하나만 필요합니다. 학력도, 학위도, 나이도, 인물도 아닙니다. 종으로 횡으로 믿음의 행위로 세마포뿐입니다.

하나님과의 종적인 관계와 인간들과의 횡적인 관계와 만물 속에 묻혀 살면서 만물의 호흡 속에서 하나님의 숨결을 느끼며 만물과도 대화하고 소통하는 심령의 감동으로도 하나님께 감사하며 사는 것입니다.

모두가 일생이라고 하는 시간과 공간 안에 함께 사는 사람들로서 필수품들을 만지며 누리며 살면서도 무감각했고 무표정했던 감정부터 되살리며 식물의 숨소리에도 귀 기울이는 지혜가 필요합니다.

항상 빈손 인생으로 가냘프게 살다가 경기도 지방에서 흰돌산기도원을 운영하는 동안에는 천막에서부터 대형의 대범한 역사의 현장으로 탈바꿈되었습니다.

약자를 세워 강한 자를 부끄럽게 하시는 하나님의 통치 방법이었습니다. 결론적으로 나는 통 큰 여자가 되었습니다. 동서남북 산과 들은 하나님께서 줄 재어 주신 기업이었습니다.

괭이와 삽으로 불법 건물을 지었던 흔적 위에 대형 장비를 들이고 본격적인 건설을 함으로 불법이 변하여 합법이 된 것은 강산이 두 번 바뀌어 이루어진 일이었습니다. 정복한 땅을 일구고 가꿔 생산한 농산물도 한 트럭씩 되었습니다. 큰 살림, 큰 역사는 하나님의 지혜와 능력을 울면서 관찰하는 심정이었다면, 공적 살림을 마무리한 후부터는 규모도 축소되었습니다.

현재는 은퇴한 지도 수년이 되었습니다. 늙으면 아이가 된다고 아이에게 맞는 살림살이입니다. 더 있으면 코앞의 그림을 보며 도리도리하며 주님 품에 안긴 천국 아이로 입성하게 될 것입니다.

#집 뒤뜰에 있는 자연 생태계 이야기

소꿉장난 같은 집 뒤뜰에 돋아난 푸른 잎만 보아도 감성이 풍성해집니다. 이불도 담요도 없이 겨울을 잘 견디고 초봄에 망울져 피어난 꽃송이들은 새색시의 빨간 치마 색보다 더 사람의 시선을 집중시킵니다.

5월의 마지막에도 꽃은 피고 집니다. 바로 옆집에 있는 겨울에 죽은 척하고 앙상했던 석류나무도 제일 먼저 움이 돋습니다. 지금은 석류 꽃이 잔가지 굵은 가지에 바람 따라 흔들거리니 제각기 나름대로 춤을 추는가 봅니다.

나무 사이사이 공간에 상추씨, 깨씨 뿌려놓은 것은 어느새 장년이 되어 씨 맺을 준비에 제각기 바쁩니다. 열매의 대왕 같은 헤비급 호박의 줄기차게 뻗어가는 기세는 식물들 속에 염치가 없습니다. 되는 대로 다른 나무에 그늘지게 하고 점령하면 뒤로 물러서지 않고 한없이 좁은 땅 줄기로 휘감고 잎사귀로 그늘지게 하는 힘이 장수입니다. 뻗는 기세는 막무가내입니다. 나름대로 새싹들이 자라난 기간에는 엄살이 심합니다. 영양이 부족하면 빳빳한 자세로 배고픔을 알리고, 목이 마르면 그만 축 처져 버립니다.

사막에서 자란 수목들은 스스로 버팁니다. 밤이슬에도 만족합니다. 그러나 인간의 관심 속에 사랑받은 채소들은 고춧잎도 반들대고 상춧잎도 반들거립니다. 마치 화장한 미인 같습니다. 하지만 하루만 목이 말라도 엄살 부리며 누워 버립니다. 늦가을부터 큰 나무들은 버티는 힘이 강합니다. 담장 뒤 거목인 소나무는 물을 먹지 않아도 뿌리 깊은 역사 속에서 흡수력이 튼튼하여 사시사철 늘 푸른 절개를 자랑하면서 사람들에게는 병풍이 되어 주고 초목들에는 견디는 힘을 교훈하고 있습니다.

이사 올 때 심어놓은 감나무는 다람쥐들의 놀이터요 땡감 때부터 먹이 사냥에 맡아놓은 장소입니다. 다람쥐는 쥐과에 속하지만 재주 부리며 꼬리 흔드는 것이 귀엽습니다. 뒤뜰 벌레들도, 나방도 작은 푸른 입을 사람이 먹기 전에 먼저 시식하지만, 참새 떼들은 품앗이하듯 들락거리며 열심히 사이사이의 벌레 잡아먹는 고마운 청소부입니다.

새까만 까마귀들은 새벽종 치는 듯 새벽부터 깍깍거리며 단체로 먹이 찾아 출근하고, 해 질 무렵에는 퇴근길에 큰 나무 가지 가지에 자리 잡고 잠이 듭니다. 한국에서는 까마귀가 흉조라 하지만 유럽이나 서구에서는 길조라고 합니다. 뒤뜰에 가끔 나타나는 검은 까마귀 부부가 딘백질 지렁이를 잡는지 땅도 파고 껑충껑충 뛰기도 하면서 토끼 흉내를 냅니다.

20년 넘도록 농약이나 비료 없이 밑거름, 웃거름으로 영양을 공급받은 우리 집 담장 안 뒤뜰은 맨발로 뛰어도 좋은 자연의 쉼터입니다. 나이 팔순이 훨씬 넘어 죽은 자와 방불하지만 뒤뜰 가꾸며 관리하는 것도, 생산해서 먹는 재미도 쏠쏠합니다.

#백수(白壽)를 하겠다고 사람들이 말합니다

값비싼 옥합이라 할까, 골동품이라 할까? 진품은 해가 갈수록 부르는 것이 값입니다. 하지만 판매품이 아닌 보관물입니다. 녹슬지 않게, 도둑 맞지 않게 관리하고 지켜야 합니다. 엘리 제사장은 하나님의 법궤 관리를 잘못하여 블레셋 사람들에게 법궤를 빼앗겼습니다. 그 결과 '이가봇' 곧 하나님의 영광이 이스라엘 국가에서 떠났습니다. 도둑맞은 양심, 도둑맞은 신앙은 폐품이 됩니다. 아무 쓸모가 없습니다. 폐품이 많을수록 지구는 아프다고 몸부림칩니다. 하루하루가 지나고 1년이 지나면 몇 차례씩 뜻하지 않은 불길한 순간들을 맞이하게 됩니다.

사람들은 나를 대할 때마다 '서 원장님은 백수 하겠다'고 이구동성으로 나의 건강을 과대평가합니다. 하지만 그런 평가는 그저 인사에 불과한 평가입니다. 육을 가진 사람으로서 팬데믹 기간에 봉착하여 나의 모습을 신중하게 생각해 보았습니다.

사람이 사람을 대하는 것, 더욱이 젊은이들을 대하는 자세는 마치 죄인이 된 듯 어색한 기분도 스쳐 갑니다. 대재앙의 날에는 근신하는 자세로 야무지게 마음을 다짐하여 언제 어디서나 하늘의 초대를 받을 준비를 하게 되었습니다.

그동안 영어 성경은 다섯 번이나 필사하였습니다. 영어 찬송도 혼자서 많이 불렀습니다. 운동하며 1시간 걷는 날이면 영어로 찬송을 1시간은 부를 수 있었습니다. 주기도문, 사도신경, 십계명, 팔복, 시편 1편과 23편 등 내 속의 저장고에 저장하는 말씀의 부자가 되길 바라는 간절함이었습니다.

말씀과 찬송이 나의 전문으로, 매일 밥 한 그릇 뚝딱 해치우듯 영의 말씀도 한 접시에 적어놓고 종이 접시가 수북이 접히는 연습장이 되었습니다. 영의 양식을 사모하는 어린애와 같았습니다.

미국에 살면서 시민권자로서 미국 국가도 당연히 불러야 했습니다. 미국 국가가 좀 길고 단어도 생소하여 사전을 찾아가며 단어 공부를 했습니다. 의미심장한 뜻이 포함된 가사를 이해하며 미국인들의 정신력에 합세한 듯 용기가 솟았습니다. 이런 구구절절 의에 주리고 목마른 자의 자세로 성경 말씀과 찬송으로 마음을 도배한 것은 다른 잡된 것들이 내 속에 자리 잡지 못하게 담을 만드는 것이었습니다.

이처럼 주님 앞에 설 때 기록된 말씀으로 담대히 설 수 있는 자세를 만들어간 시간이었습니다. 이렇게 갈고 닦은 말씀을 생활에 적용하는 것이 성공했는지, 모자랐는지는 하나님만이 아실 것입니다. 성경의 진리를 사모하며 새벽기도는 세리토스장로교회에서 1년을 특별 새벽기도회로 다짐하고 시작했습니다.

새벽마다 기도하는 자들은 각자 정해진 듯 20~30명이 같은 자리에 앉았습니다. 나는 맨 뒷좌석에 앉아 기도하였습니다. 나의 열정을 다하여도 육의 눈은 떴지만 영의 눈은 어두웠습니다. 나의 기도는 거지 맹인 바디매오의 기도를 연상시키는 기도였습니다. 거지의 목소리, 거지의 간절함이 너무 시끄러워 옆에 있던 사람들이 "시끄럽다. 잠잠하라" 하여도 그의 기도는 계속 "나사렛 예수여"라는 간단한 단음이었습니다.

그 간절함의 연속이었습니다. 얼핏 보면 대단히 무식해 보일 수 있지만 사람들의 힘으로 제어할 수 없는 감당하지 못할 부르짖음이었습니다. 지금 같으면 경찰에 신고당할 수도 있는 장면이었습니다. 하지만 예수님은 응답하셨습니다.

"네가 무엇을 원하느냐?"

"주여, 보기를 원하나이다."

이 한마디의 응답을 바라고 부르짖었습니다. 거의 매일 내 속에 기록된 말씀을 꺼내 기도하였습니다. 세리토스장로교회에서 내 생애에 전무후무한 진땀을 짜내고 뼛속에서 나오는 뜻깊은 기도를 드렸습니다. 누가 제재할 때까지, 시끄럽다 할 때까지만 한다는 마음으로 계속 시끄러운 기도와 찬양을 힘을 다하고 마음을 다하고 목숨을 다하여 1년 동안 드렸습니다.

집에서는 뱃속에서 나오는 주기도문 찬양을 1년 동안 했습니다. 세리토스 주거 지역의 하우스에서 옆집 사람들이 일터로 나간 후 문을 닫고 혼자 하는 찬양 독주회처럼 산봉우리에 간 자세로 성대 수련하듯 오랜만에 힘을 발휘하는 기회였습니다.

옆집에서 시끄럽다고 하는 반응이 나올 때까지가 나의 찬양의 시간이었습니다. 하지만 한 사람도 문을 두드리는 자가 없었으니 다행이었습니다. 하지만 아직도 거지의 부르짖음에 미달인가 하는 자책도 했습니다. 찬송을 부르고 나면 등골에서 땀이 날 정도였습니다.

그런 찬송과 기도가 간절할 때 낮은 수준의 기도로 부르짖었습니다. 성경에서 예수님의 기도는 이마의 땀이 핏방울같이 되는 기도였습니다. 시내산에서의 모세의 기도도, 갈멜산에서의 엘리야의 기도도, 그발강의 에스겔과 힛데겔 강가의 다니엘의 기도도 높은 수준의 민족을 대표하는 리더들의 기도였습니다.

종잇장에 기록된 명문대 신학박사 학위증도 중요합니다. 하지만 에스겔 9장의 눈물로 기도하는 자의 이마에 허락하시는 하나님의 인이 하나님께서 인정하시는 증인의 자격증이라고 믿습니다.

미친 것 같고, 비정상적인 사람 같고, 이단인 것 같을 수 있으나 정신은 또렷합니다. 오히려 성경의 달인이 되지 못한 자를 성경에서는 '화 있을진저'라고 단호하게 책망하셨습니다.

#죽을 만큼 큰 아픔이 찾아오다

성령의 전신갑주를 입고 원수 앞에 담대한 영력이 필승의 조건입니다. 이런 적극적인 시간이 나의 마지막을 준비하는 과정이었습니다. 그런 결과 진짜 죽을 만큼 큰 아픔이 다음 해에 나를 찾아왔습니다.

처음에는 통증이 약하게 아픔을 주었습니다. 하루이틀 참고 소화제로 달랬습니다. 하지만 3~4일 후에는 견딜 수 없을 만큼 큰 고통이 강타하였습니다. 성경공부반 이용주 사모님께 저녁 7시에 전화를 드렸습니다.

사모님께서 청진기를 들고 달려와 주셨습니다. 오늘 밤을 넘기기 힘들다 하고 응급실로 데리고 가서 급속히 일사천리로 입원실까지 배정받았습니다.

진단 결과 병명은 신우염이었습니다. 작은 박테리아를 감당할 만한 면역력과 에너지가 고갈되어 있었습니다. 백혈구 수치가 상승하고 혈압, 당뇨 등 모든 것이 비정상적으로 만세를 부르며 나의 마지막을 예고하는 듯하였습니다.

그러므로 80세가 넘은 나이에 이제 주님 앞에 서야 하는 자로서 나의 영혼을 받아 달라는 간절한 기도를 드렸습니다.

"주님, 나는 혼자입니다. 지금이 족합니다"라고 무언으로 나의 마음을 드려 묵상으로 기도하였습니다. 하지만 의사의 약물 투입으로 다시 호전되어 5일 만에 퇴원하였습니다. 1차 힘든 고비는 넘긴 뒤 자제하고 근신하며 옆에 계신 사모님께도 감사에 감사를 연발했습니다.

그러는 중에 내가 미처 하지 못한 한 가지가 떠올랐습니다. 쓸모없이 늙고 병들어 오래 사는 것보다 병원에서 이번 기회에 나의 생명을 받아달라고 소리 없이 호소했습니다.

병상에서 본 천국 가는 길

거지 맹인 바디매오와 같은 기도의 응답인지 조그마한 영몽들이 조금씩 보이고 눈이 열린 듯했습니다. 천국 문에 선 것도 아니었습니다. 높은 언덕에서 천국 가는 길이라고 내려다보고 있었습니다.

그 길은 지금의 세계와 똑같은 나무와 돌과 물이 흐르는 모양이었습니다. 한 가지 다른 것은 물의 광채와 나무의 광채와 돌들의 광채가 움직이는데 색색이 다르고, 전부가 보석의 광채였습니다. 나무인데 움직이는 광채요, 돌인데 움직이는 생명체처럼, 보석으로 보였습니다. 굽이굽이 흐르는 물도 광채가 찬란했습니다.

사도 요한이 본 천국의 길도 황금 보석 길이요, 천국의 열두 문도 진주 문이라고 하였습니다. 성경에 기록된 천국의 길을 현몽으로 보았지만 살아 움직이는 보석 길을 병원에서 본 것이 지금도 선명합니다.

우리는 천국의 길을 말할 때 맹인들이 코끼리를 손으로 만져 보고 설명하듯 합니다. 다리를 만져 본 맹인은 기둥 같다고 표현하고, 배를 만져 본 맹인은 벽과 같다고 표현하듯이 부분적인 설명과 해석들입니다. 나는 믿음이 보석이라면 천국은 보석 길이라고 표현하고 싶습니다.

#다시 성경에만 집중하기로 결심하다

나의 본업인 성경 연구에만 집중하기로 결정을 내리고 어덜트스쿨을 중단했습니다. 내 나이에 외국어 하나쯤은 쓸 수 있어야 하니까, 그리고 영어 성경에 집중하기 위하여 창세기부터 기록하기도 했습니다. 영어 성경을 기록하니 나의 마음에 기록한 것 같아 재미있었습니다.

영어 성경을 다섯 번째 기록하면서 영어 단어 공부도 더 재미있어져서 열심히 기록했습니다. 그러던 중에 성경공부하는 목사님 댁이 있다는 소식을 듣고 옆집 김준희 집사님을 따라가 참석했습니다.

모두가 영어 전문가들이었습니다. 1주일에 한 번 있는 시간인데 이세영 목사님이 매일 새벽 일찍 일어나셔서 하시는 기도와 준비가 모인 사람들에게 큰 감동을 주었습니다. 그런 까닭에 나부터 감동의 시간이었습니다. 그분들은 대부분 영문과 출신이었습니다.

어디를 가나 나는 자격 미달, 자격 상실이었습니다. 돌아가면서 몇 절씩 읽었습니다. 아주 서툴러 당번대로 읽어가며 진땀이 나도 낙심치 않았습니다. 서당 개 3년이면 풍월을 읊는다는데 비슷한 풍월을 해도 가면 재미있고 은혜로웠습니다. 돌아가면서 기도하고 찬양도 했습니다.

다시 성경에만 집중하기로 하였습니다.

신앙과 생활의 유일한 표준인 성경 말씀을 읽고 듣고 쓰고 연구하고 그대로 행하는 것이 얼마나 큰 복인지 모릅니다.

"복 있는 사람은…오직 여호와의 율법을 즐거워하여 그의 율법을 주야로 묵상하는도다"(시 1:1~2).

"이 예언의 말씀을 읽는 자와 듣는 자들과 그 가운데에 기록한 것을 지키는 자는 복이 있나니 때가 가까움이라"(계 1:3).

자서전을 마무리하며

 나의 현재 삶과 사역을 궁금해하시는 동역자님들과 후원자님들을 위하여 선교 보고를 겸한 문서 선교 차원에서 진솔한 간증과 회고록을 겸한 자서전을 집필하였습니다.
 생사를 맡기는 기도 중에 희미하게 한 가지가 떠올랐습니다. 미국에 오자마자 나의 정신과 신경이 건강할 때 하나님이 나와 함께하셨던 기적에 대한 과정을 적어둔 노트가 생각났습니다. 적어놓기는 했어도 하나님의 사인이 없어서 묻어둔 노트였습니다.
 삼겹줄 전도법에 입으로 전하고, 행실을 보이며, 문서로 전하는 정도였습니다. 앞에서 말했듯이 이 끝과 저 끝 동서양에서 나의 힘 다한 듯 끌어왔다고 생각하며 나의 영혼을 맡기는 순간 희미하게 스쳐 간 것이 문서 전도가 아닌가 하던 차에 때마침 동문들의 모임을 시작하면서 60년 만에 만난 이들 가운데 작가가 두 명이나 있었습니다.
 그리하여 나의 숨겨 놓았던 노트장을 보여 주게 되었습니다. 한 목사님이 보존용과 전도용으로 책을 내자는 응원에 용기를 내 둔필을 들기 시작하여 미국에서의 선교 사역 활동을 기록해 보았지만 역시 나이도 있고, 진실한 표현은 산상의 소리에 불과함을 고백합니다.

돌다리도 두들기며 건너라는 격언대로 이번에는 제부 박광재 목사님께 노트장을 보여드렸습니다. 전화해 여러 가지를 이야기하는 끝에 눈물로 대화를 하였습니다. 나만 울보인 줄 알았는데 박광재 목사님도 울보였습니다.

눈물은 3대 액체 중 진실의 표현입니다. 그러므로 눈물의 기도는 보증수표입니다. 이마와 등골의 땀은 근면의 상징입니다. 게으르지 말고 열심을 품어 주를 섬기라는 하나님의 지상명령입니다. 피는 생명입니다. 목숨 걸고 성의를 발휘해 최선을 다하는 결과가 순교의 정신입니다.

살고자 하여 오만 꾀를 다 부리면 죽을 것이고, 일사각오로 죽고자 하는 자는 살 것이라는 교훈은 성경의 진리입니다. 1천조가 넘는 세포 속에서 한 줄기 하나님의 DNA가 그 1천조를 다스리도록 영적 세포를 강하게 하는 과정입니다. 영적 세포가 1천조의 잔잔한 세포를 정복하고 다스리는 영의 사람으로 최후의 승리를 해야 합니다.

나의 기억장치와 저장창고에 무엇이 기록되고 저장되었는지 점검해야 합니다. 사람이 살다가 이사를 하게 되면 버려야 할 쓰레기들이 얼마나 많은지 모릅니다. 어떤 집은 대형 쓰레기통이 가득 차고 넘칩니다. 이처럼 물질 신앙은 보이는 것이 많으면 부자인 줄로 착각하고 거기에 몰두하고 행복이라 생각합니다.

하지만 영의 사람은 물질이 아닌 영적 에너지, 하나님의 형상, 보이지 않는 속성에 관한 간결한 핵심입니다. 땀과 눈물과 피, 3대 액체의 사용법도 엄연히 다릅니다. 손끝, 혀끝도 사용법이 다릅니다.

인류의 종말도 급속도로 가까워졌지만 개인의 종말도 멀리 있지 않아 날마다 깨어 회개하고 천국 문 두드리는 좋은 습관도 예행해 보았습니다. 영주권 취득이든, 회사 입사든, 대학 입학이든 각종 귀중한 시험에는 예행연습이 필요합니다.

힘쓰고 애쓰는 자가 천국에 합당합니다. 에너지 고갈로 체중이 내려가고 죽음의 문턱까지 경험했지만 한두 가지의 확신을 갖는 나의 영적 분량을 보는 눈이 열린 듯한 체험이 있었습니다.

1년 동안의 기도를 마치기 전이었고 병들기 전이었습니다. 어느 날 하나님께서 현몽해 주셨습니다. 전에 없던 현몽이었습니다. 사역 중에는 악령들과의 싸움의 극치에서 여러 차례 뱀을 죽이면 승리하는 예고의 응답이었습니다. 미국 사역에서는 큰 용의 형체가 있으면서 현몽임을 기록했습니다. 하지만 1년간 특별 새벽기도를 드리는 중에 받은 현몽은 달랐습니다.

생전 처음 보는 스트롱 박스였습니다. 대형금고였습니다. 한국에 있는 금고를 미국에 있는 상원의원 같은 분들이 미국으로 옮겨 와서 관리하고 있었습니다. 옮겨온 분위기가 굉장히 엄숙하였습니다. 그러면서 자리를 잡은 박스에 손을 얹고 선서하는 장면이었습니다.

내가 관리하도록 미국 정부에서 관리하는 보관 방법에 대한 선서식을 거행하였습니다. 박스 위에 나의 손을 얹어 선서했습니다. 천국을 상징하는 미국에서 내가 매일 손을 들고 기도하는 자세와 똑같은 자세로 선서식을 거행하는 것을 보면서 감탄하며 깨고 보니 꿈이었습니다. 믿음으로 하는 것은 하늘에 쌓인 보물임과 영원히 보관됨을 믿고 의심치 않습니다.

뜻이 하늘에서 이룬 것같이 땅에서도 이뤄지는 하나님과의 관계는 영원합니다. 나의 일생에 행한 일을 천국을 상징하는 미국이 영원히 보관한다는 선서식이었습니다. 옛 흰돌산기도원이 확장될 때도 미국에 계신 목사님의 축복기도를 받는 꿈을 꾸는 날 문제가 해결되었습니다. 이번의 현몽에서도 역시 미국 상원에서 선서식을 했습니다.

사람은 언제나 아파야 병원에 갑니다. 나는 병이 나서 고통 중에 병원에 입원하는 것이 처음이었기 때문에 천국을 사모하며 내 영혼을 받아 주시라고 무언의 기도를 드렸습니다.

나의 지나온 84년간의 생애 동안 나와 함께하시고 나를 인도하시고 나를 복음의 사역자로 사용해 주신 하나님의 은혜를 진솔하게 간증하고 회고하며 선교 사역을 보고하는 자서전을 마무리하면서, 그동안 국내외에서 부족한 종의 기도원 사역과 선교 사역에 동참하여 협력해 주시고 후원해 주신 모든 동역자들과 후원자들의 복음 전파 사역과 자손들 위에 성삼위 하나님의 크신 은혜가 함께하시기를 축복합니다.

🌱 수도와 수행, 기도 중 지은 성가

1. 흰돌산기도원가

1. 은혜의 높은 산 흰돌산기도원
   이곳에 생명 샘 솟는다 넘친다

2. 축복의 보물산 기름진 동산
   은혜 진리 쏟아지는 축복의 터전

3. 밤에는 기도하고 낮에는 일한다
   눈물과 땀이 있다 건설이 있다

4. 동서남북 산과 들은 우리의 일터
   일구고 가꾼다 늘어난 살림

(후렴) 아름다운 이 동산에 부지런한 우리
   생활은 조국 복음화의 일꾼이로다

2. 나를 위해 하늘 영광 다 버리시고

1. 날 위해 하늘 영광 다 버리시고
   말구유에 태어나신 가난한 살림
   일생을 우리를 위해 희생하시고

피와 땀을 흘려서 바치는 마음
　　　이 땅 위에 그 무엇이 넓다 하리요
　　　예수님의 사랑은 끝이 없어라

2.　날 위해 많은 고생 다 당하시고
　　　밤이면 이슬 젖고 기도하시고
　　　낮이면 병자 가정 심방하셔서
　　　불철주야 몸소 본을 보여 주셨네
　　　주님 외에 참사랑 어디 있을까
　　　예수님의 사랑은 변함 없어라

3.　날 위해 죽으시고 부활하신 후
　　　구름 타고 승천하며 하시는 말씀
　　　날 위해 천국 집 예비한 후에
　　　천군천사 나팔 불며 같이 오리니
　　　항상 깨어 기도로 단장을 하고
　　　등불 들고 주님 맞을 준비하라네

4.　험한 세상 이별하고 주님 따라서
　　　고대하던 황금성에 진주 문 지나
　　　천군천사 영광 중에 찬란한 세계
　　　고생 대신 받은 영광 이것이었네
　　　이 땅 위에 그 무엇이 찬란하리요
　　　주님 주신 금 면류관 참 아름답다

3. 십자군 용사들아(곡 찬송가 393장)

1.　세상 무기 필요 없다 십자군 용사
　　　사령관의 지휘자는 예수님이니
　　　말씀으로 전신갑주 무장을 하고
　　　따라가는 십자군 용사들

2. 찬양 속에 타오르는 뜨거운 불길
　　젊은 가슴 깊음에서 솟아오르네
　　하늘 문도 마음 문도 열리는 찬양
　　찬양하는 십자군 용사들

3. 다니엘이 기도하니 사자가 떨고
　　모세 기도 두려워서 홍해 열렸네
　　십자군이 기도하니 세상이 떠네
　　기도하는 십자군 용사들

4. 유엔은 세계 평화 목적을 하고
　　소련은 공산 통일 목적을 하나
　　우리는 영혼 구원 목적을 하고
　　선교하는 십자군 용사들

(후렴) 모여라 십자군 용사들이여
　　　앞으로 힘있게 전진하리라
　　　너도 나도 힘을 뭉쳐 진군해 보자
　　　소망 있는 십자군 용사들

4. 성경은 최대의 선물(곡 목마른 사슴)
　– 1973년 6월 기도원 약수터에서

1. 성경은 백만 인의 최대의 선물
　　성경은 문화의 기초석이요
　　성경은 지식의 근본이 되고
　　성경은 시대의 망원경이라

2. 성경은 성령 감동 받은 책이라
　　남녀노소 영적 교육 교과서라네
　　상하 질서 흥망성쇠 인류 역사가
　　이 성경 진리 안에 다 들어있네

3. 성경 보니 만왕의 정치도 있고
   바울 사도 영적 체험 문학도 있고
   솔로몬의 지혜와 잠언이 있네
   성경의 원리 배워 승리합시다

4. 성경 보니 예수님은 의학 박사라
   문둥병자 간질병자 귀신들린 자
   벙어리와 시각장애 고쳐주시는
   만병의 대의사가 성경에 있네

5. 성경 보니 천국에는 황금 보석길
   유리 바다 건너편에 열두 진주 문
   거문고에 장단 맞춰 춤을 추면서
   흰옷 입은 무리들이 노래하는 곳

6. 성경 보니 천국에는 고통이 없네
   시기 질투 원망 불평 전혀 없으니
   해와 달과 등불까지 필요가 없고
   우리 주님 얼굴 보며 기뻐하는 곳

5. 은혜의 샘물 터졌네

1. 복음의 아들딸은 목이 갈하나
   하갈의 가죽부대 메말랐도다
   브엘세바 방성대곡 눈물 터지니
   하나님의 응답으로 샘물 터졌네

2. 영력 장군 삼손도 기진맥진해
   부르짖어 엔학고레 샘물 터졌네
   정의와 진리의 샘물 터지면
   최후 승리 악당들을 물리치리라

3. 모세 기도 응답하여 샘물 터지니
그 이름 므리바 반석이었네
구하면 터지는 예수의 반석
우리 맘에 터지도록 기도합시다

4. 정과 욕의 허영에 들뜬 수가성
여인 물동이 죄동이 던져 버리고
뱃속에서 영생하는 생수가 터져
메시아를 증거하는 사람이 됐네

5. 시와 찬미 새 노래로 기도하는지
은혜 진리 충만하면 생명강 되네
밤이 없고 저주 없어 평강이 되고
모든 은혜 충만하여 은혜 바다라

6. 얍복강기도원가

1. 총소리 들려오는 서부 전선에
이 한 몸도 아낌없이 바쳤사오니
남북한의 복음 통일 주시옵소서
부르짖는 얍복강기도원

2. 봉서산 기슭에 흘려진 눈물
삼천만의 기쁨의 근원이 되고
평화 상속 받기 위해 희생을 하며
생명 내 댄 얍복강기도원

3. 임진강의 맑은 물결 응원을 하고
굶주린 북한 동포 환영을 하니
우리 모두 힘을 뭉쳐 진군해 보자
소망 있는 얍복강기도원

4. 김일성이 제아무리 악하다 해도
   하나님의 사랑에는 녹아지리니
   우리 모두 사랑으로 정복해 보자
   소망 있는 얍복강기도원

5. 백두산에 태극기를 꽂아 놓고
   모란봉에 기도원을 설립하고
   평양 땅에 예배당을 수축하자
   소망 있는 얍복강기도원

6. 유엔은 세계 평화 목적을 하고
   소련은 공산 통일 목적을 하나
   우리는 복음 통일 목적을 하고
   기도하는 얍복강기도원

(후렴) 모여라 얍복강기도원으로
   앞으로 힘있게 북진하리라
   너도 나도 힘을 뭉쳐 진군해 보자
   소망 있는 얍복강기도원

7. 바람 노래

1. 삼천리 금수강산에 찬란한 오색빛은
   철 따라 입히신 은혜 언약의 무지갤세
   성도여 그 언약 믿고 은혜의 오색빛을
   생활로 단장을 하고 세상에 자랑하세

2. 시대적 찬 바람 소리 각국서 들려오고
   심판에 봄바람 경고 하늘서 들려오네
   이 나라 대적의 바람 북에서 들려오니
   성신의 불바람 일으켜 힘있게 기도하세

3. 말세의 과학 바람에 우주를 정복하고
   서양의 문명 바람에 동양의 예의 죽네
   죄악과 음란 바람에 미니 옷 유행돼도
   우리는 세마포 단장코 주 맞을 준비하세

4. 이브의 유혹 바람에 아담이 타락하고
   들릴라 간사 바람에 삼손은 힘 빠졌네
   이세벨 우상 바람에 아합 왕 망했어도
   에스더 기도 바람은 하만을 몰아냈네

5. 아간의 탐심 바람에 그 가족 멸절하고
   유다의 금욕 바람은 예수를 팔았도다
   게하시 탐욕 바람에 문둥병 들렸으니
   내 맘의 큰 도둑 잡고서 천국을 건설하세

6. 사무엘 기도 바람에 엘리가 무너지고
   다윗의 정의 바람에 사울 왕 무너졌네
   얼빠진 교회 바람과 부정한 정치 바람
   사치와 유행 바람을 기도로 몰아내세

7. 다니엘 영력 바람에 사자가 굴복하고
   모세의 능력 바람에 홍해가 갈라지고
   엘리야 기도 바람에 하늘문 열렸으니
   그 능력 우리도 믿고 힘있게 기도하세

8. 나의 마음 성전 삼으소서

1. 눈에 비늘 덮였으니 맘에 어둠 가득하고
   죄의 비늘 벗지 못해 천국 보기 아득하네
   눈은 몸의 등불이니 신령의 눈 고치시고
   실로암 못가로 나를 보내 씻으소서
   죄의 비늘 눈의 비늘 주여 벗겨 주옵소서

2. 뻣뻣하고 둔한 혀끝 지금 당장 풀어주사
   기도 말씀 술술 풀려 샘 솟듯이 하옵소서
   벙어리와 귀먹은 자 에바다 열리었다
   나의 입과 혀끝에도 에바다 하옵소서
   나의 귀와 혀끝에도 에바다 하옵소서

3. 마른 내 손 회복하사 주의 양을 건지시고
   죄에 묶인 발목 풀어 복음 수레 만드시고
   동서 사방 땅끝까지 주여 나를 보내소서
   말씀 능력 충만하여 달려가게 하옵소서
   손과 발에 능력 주사 주여 나를 보내소서

4. 주님 나의 머리 되사 지혜 총명 명철 주고
   나의 마음 성전 삼아 주여 나의 주 되소서
   죄의 간막 헐으시고 마음 휘장 찢어 주사
   나의 마음 성전 삼아 작은 천국 만드소서
   나의 마음 성전 삼아 주여 나의 주 되소서

9. 예수믿고 영원히 싱글벙글
   (1980년 성지순례 당시 작시한 노래)

1. 예수믿고 회개하고 새사람되고
   예수믿고 은혜받고 축복도받고
   예수믿고 변화받고 사랑도받고
   별별곳 다 다니네

2. 예수믿고 회개하고 새사람되고
   예수믿고 신부처럼 새단장하고
   천군천사 수종드는 불가마타고
   저 천국 올라가네.

3. 그곳에는 아픔도 고통도 없네
   그곳에는 미움도 전쟁도 없네

　　　　바라보라 사모하라 예수님얼굴
　　　　우리를 기다리네.

4.　　천국에는 황금보석 12진주문
　　　　눈부시게 광채나는 예수님얼굴
　　　　거문고 소리에 장단마추며
　　　　영원히 싱글벙글

5.　　싱글벙글 싱글벙글 싱글벙글
　　　　천군천사 수종든다 싱글벙글
　　　　싱글벙글 싱글벙글 싱글벙글
　　　　영원히 싱글벙글

화보

삼선봉 구국 제단

장금옥 사모(좌), 필자(중), 동생 서금복 사모(우)

 주의 일은 주님이 하십니다

기드온신학교 판문점 자유의 다리 시위 모습

화보

흰돌산기도원 제1성전

흰돌산기도원 제1성전 봉헌 예배와 참석한 성도들

주의 일은 주님이 하십니다

흰돌산기도원 제2성전 전경

이영무 목사와 할렐루야 축구 선교단의 찬양 모습

제1회 전국 목회자 세미나에 참석한 목회자들

흰돌산기도원 제2성전 입당 예배 기념 사진

화보

교역자 부부
세미나에
참석한
교역자들

제2회 전국 목회자
세미나에 참석한
목회자들

주의 일은 주님이 하십니다

대성전 봉헌식에 모인 성도들

대성전 건축 시 내린 은혜의 이슬비 현장

 화보

대성전 기공식 예배에 참석한
예장 합동 제92회 김용실 총회장

대성전 기공식 예배에 참석한
예장 합동 제98회 안명환 총회장

흰돌산기도원 대성전 기공식 예배에 참석한 성도들

주의 일은 주님이 하십니다

흰돌산기도원 대성전 신축 입당 감사 예배

화보

흰돌산기도원 대성전 신축 기념 대성회에 참석한 성도들

주의 일은 주님이 하십니다

여의도 유니선교회 회원 일동 기념 사진

양재동 횃불선교회 회장 이형자 권사 자매와
우리 자매

여의도 유니선교회 다섯 손가락

화보

1사단 중심의 군 선교 기념 사진

주의 일은 주님이 하십니다

헌금 보따리를 들고 오신
성혜원 원장님(중)과 함께

새마을 운동 여성 지도자 표창

흰돌산기도원 건축을 위하여
헌신한 김웅철 목사 사모(우)

화보

하와이 에덴장로교회 집회 당시
와이키키 해변에서 찍은 기념 사진

뉴욕 자유의 여신상 앞에서 찍은 기념 사진

365

주의 일은 주님이 하십니다

미국 흰돌교회
창립 멤버들
기념 사진

서인애 수도사의 목사 안수식에
참석한 성도들

제1차 북미주 지역 목회자 부부
세미나에 참석한 목회자들

화보

제15차 재북미 한인 기독교 교역자 세미나에서 특강하다

주의 일은 주님이 하십니다

사랑하는 막내 조카 박혜은 결혼 기념 사진

흰돌선교회 청소년 사역자 야유회